주자학의 형성과 논변의 사유구조

주자학의 형성과 논변의 사유구조

주자의 독자적인 사상체계 내지 철학으로서의 주자학을 연구대상으로

변원종 지음

한국학술정보[주]

목 차

序　論

　朱子(1130~1200, 名은 熹, 字는 元晦 또는 仲晦, 號는 晦菴, 晦翁, 雲谷老人, 滄海病叟, 遯翁)는 孔・孟 이후 중국철학사에서 중요한 위치를 차지하고 있는 철학자이다. 그는 종적으로 '下學而上達'하는 천인합일사상을, 횡적으로는 격물치지를 통해 주객합일의 세계에 도달하는 활연관통의 방법론을 제시했을 뿐만 아니라 공・맹 유학의 전통을 계승하여 송대 성리학을 집대성하였다. 따라서 그는 지난 800여 년 동안 중국사상사뿐만 아니라 한국・일본 등 동남아시아 유교문화권에 있어서 입지적인 위치를 차지하였다. 그에 의해 집대성된 송대 성리학은 육・왕 학파와 청조의 몇몇 학자들에 의해 몇 차례나 비판과 도전을 받았다. 그럼에도 불구하고 주자학에 대한 정확한 이해는 송대 성리학과 조선조 성리학의 이해를 위한 관건이 아닐 수 없다. 따라서 주자학은 근대 서양철학이 중국에 들어올 때까지 중국인의 의식 가운데 가장 뿌리깊이 자리를 잡고 있었던 유일한 철학체계였다.

　송대 성리학이 발흥하게 된 주요 배경을 살펴보면 다음과 같다. 첫째, 도・불의 성행으로 유학은 침체를 면치 못했으며 도・불 사상에 비해 이론적으로 열세를 면하기 어려워 이것을 극복하려는 철학적 모색이 성리학으로 드러난 것이다. 둘째, 한・당 시대 유학의 훈고, 사장 학풍에 대한 반성도 성리학 발흥의 한 계기가 되었다 할 수 있다. 따라서 송대 성리학자들은 인성론 중심의 선진유가 이론에 본체론을 연결시킴으로써 보다 논리적이고 형이상학적인 이론체계를 구성하여 도・불 사상에 대응하려고 하였다.

　주자학은 주렴계, 장횡거, 정명도, 정이천의 철학을 종합적으로 체계화한 것으로 송학, 성리학, 정주학, 도학, 리학, 신유학 등으로 불린다. 본고에서는 다만 주자의 독자적인 사상체계 내지 철학으로서의 주자학을 연구 대상으로 삼고자 한다.

　주자학은 격물치지의 인식론을 바탕으로 이기론의 우주본체론을 형성하였다. 그 형성과정에 있어 리학 내부에서는 육상산의 비판과 함께 이른바 '中和論辯'의 과정을 거쳐 성숙되었고, 밖으로는 진량의 도전을 받으면서 형성되었다. 육구연과의 논변은 주로 태극에 관한 개념과 존덕성과 도문학, 즉 공부방법론이 문제가 되었다. 주·육논변은 송명이학이 이학과 심학으로 分岐되는 촉매제 역할을 하는 계기가 되었으며, 또 양자의 공부방법론에 대한 철학적 탐색이라는 점에서 중요한 의미를 갖는다.

　또한 '중화논변'은 주자의 철학사상의 형성과정에 있어 사상적 체계를 갖는다. 그는 스승인 이연평과 친우인 장남헌, 채원정과의 토론과정을 거쳐 자신의 중화설을 정립하고 또 그의 학풍을 확립하였다. 즉 주자는 이연평으로부터 未發處의 靜的 학풍을 배우다가 37세 이후 친우 장남헌으로부터 已發공부의 動的 학풍을 접하고 채원정과의 토론과정을 거쳐 두 이론을 종합한 중화설을 정립하였다. 이 과정 속에서 주자는 이들의 심성론과 수양론으로부터 많은 영향을 받았으며 또 그의 학풍에 있어서도 성숙된 면모를 보여주었다 하겠다.

　그리고 진량과의 '왕패논변'은 이제까지의 리학 내부의 논쟁과는 달리 유학의 근본문제에 대한 비판이라는 점에서 그 의미를 달리한다. 물론 그것은 멀리 공자의 덕치관, 맹자, 순자의 왕패관과 그 軌를 함께하는 것인데, 義와 利의 가치문제, 王과 霸의 정치철학적 관점 그리고 한·당 시대를 보는 역사철학적 관점이 주된 논쟁거리였다. 이들

12

논쟁들은 리학 내부, 외부의 논쟁을 떠나 주자학의 형성과정에 중요한 의미를 갖는다. 이를 통해 주자학이 육왕학이나 소위 사공학과 구별되는 특성을 찾을 수 있다는 점에서 본 연구의 중요한 의의가 있다고 볼 수 있다.

이러한 관점에서 주자학의 형성과정과 이들 3대 논변을 중심으로 주자학의 철학적 특성을 연구하고자 한다. 본 연구는 주자학이 형성되는 과정으로서 도·불 등 異學과의 관계를 심도 있게 구명하면서 北宋諸儒의 철학적 문제의식이 주자에 의해 종합적으로 체계화되는 과정을 검토하고, '中和論辭', '朱·陸論辭', '王覇論辭'의 과정과 전개내용을 분석 정리함으로써 이를 통해 주자학의 철학적 특성이 무엇인가를 연구함에 그 목적이 있다.

주자학의 연구는 한국 성리학의 연원이 되고 그 연구의 관건이 된다는 점에서 그 의의를 갖는다. 또 주자학은 선진유학, 양명학, 실학 등 유학 내의 다른 철학과도 구별되는 특성을 지니고 있다는 점에서 의미가 있다. 아울러 이러한 주자학의 특성을 연구하기 위한 과정으로서의 형성과정과 3대 논변의 연구를 통해 주자학과 이에 맞섰던 다른 학문과의 異同處를 발견하는 동시에 철학적 이론의 발전 추이를 조명할 수 있을 것이다.

주자학이 이러한 유학사적, 사상사적 의미를 갖는 문제임에도 불구하고 이에 관한 연구는 비교적 소홀했던 편이다. 다만 최근에 孫英植의 『宋代 新儒學에서 哲學的 爭點의 硏究』,[1] 尹用男의 『朱子의 體用理論에 관한 硏究』[2]가 대표적이고 부분적인 연구 성과로는 崔一凡의 『儒敎의 中庸思想과 佛敎의 中道思想에 관한 연구』,[3] 李東熙의 『朱子

---

1) 서울대 대학원(박사학위논문), 1992.
2) 성균관대 대학원(박사학위논문), 1992.

學의 철학적 특성과 그 展開樣相에 관한 연구』,[4] 崔英攢의 『朱子學에 있어서 孔·孟 天人觀의 承受와 展開』,[5] 이승환의 『진량과 주회의 왕패논변』,[6] 박경환의 『공부방법론으로서의 존덕성과 도문학』,[7] 노사광의 『중국철학사』,[8] 장군매의 『한유에서 주회까지』[9] 등이 있다. 이들 연구 성과들은,[10] 대체로 주자학의 형성과정에 있어 중요한 논쟁이었던 3대 논쟁을 단편적으로 다룬 것이다. 다만 손영식의 연구는 3대 논변의 체계적 연구를 통해 주자학 형성의 과정을 심도 있게 다루었다는 점에서 본 연구에 많은 도움을 주었다.

---

3) 성균관대 대학원(박사학위논문), 1990.

4) 성균관대 대학원(박사학위논문), 1989.

5) 충남대 대학원(박사학위논문), 1991.

6) 중국철학연구회 지음(논쟁으로 보는 중국철학), 예문서원 1994.

7) 上揭書.

8) 정인재 역, (中國哲學史 宋明 篇), 探求堂 1989.

9) 김용섭, 장윤수 옮김. (한유에서 주회까지) 형설출판사, 1991.

10) 풍우란은 그의 중국철학사(송명 편)에서 3대 논변을 개괄적으로 서술하였고, 최일범은 중화논변을 언급하였으며, 이동희는 중화논변을 통해서 한국 성리학까지 연구하였고, 최영찬은 송명 유학의 본원인 천인합일을 통한 주자학을 고찰하고, 이승환은 동기주의와 결과주의로서의 왕패문제만 다루었고, 박경환은 鵝湖之會에서 진행된 인식론만을 언급하고, 장군매는 왕패문제를 부분적으로 다루었다. 그러나 1995년 이후 주자학에 대한 연구의 성과는 실로 비약적인 성과를 거두었다고 볼 수 있다. 그 예로 황금중의 『주자의 공부론 연구』 연세대학원 2000, 항광명의 『주자 심성론의 퇴계 철학적 전개』 대전대대학원 2001, 최정묵의 『주자의 도덕철학에 관한 연구』 충남대대학원, 손정호의 『주자의 교육사상에 관한 연구』 경상대대학원 2001, 박성규의 『주자철학에서의 귀신론』 서울대대학원 2004, 송봉구의 『주자 거경궁리의 연구』 2005, 방세영의 『주자예론의 윤리학적 연구』 한국학중앙연구원 한국학대학원 2005, 전용원의 『주자역학 연구』 한양대대학원 2006, 김철호의 『주자의 선악론 연구』 한국학중앙연구원 한국학대학원 2006. 이상의 주자와 관련된 박사학위논문이 나왔다.

14

이렇게 볼 때 주자학의 형성과정과 논변을 통한 주자학의 철학적 특성에 대한 체계적이고도 종합적인 연구 실태는 아직도 미흡하다고 사료된다. 본 연구는 기존의 연구 성과를 참고하면서 주자학의 철학적 특성이 무엇인가를 밝히고자 한다.

주자학의 연구의 범위와 방법 내지 전개과정에 관해 그 학문영역은 실로 방대하다. 그것은 그의 형이상학적 우주론과 심성론, 수양론, 격물치지론, 경학, 경세사상 등 종합적인 철학체계는 물론 사학, 문학 등 폭넓은 분야를 망라한다.

다만 본 연구에서는 주자학의 이해를 위해 北宋 五子를 통해서 그의 사상이 형성되는 과정을 탐구하고, 주자사상의 형성과정을 이해한 연후에 철학적 쟁점인 '中和論辯', '朱·陸論辯', '王覇論辯'에 국한하여 주자학의 특성을 살펴보고자 한다.

이와 같은 목적을 달성하기 위해 본고는 다음과 같은 방향에서 서술하고자 한다. 첫째는 도·불 사상에 의해서 침체되었던 성리학의 발흥과 전개양상, 그 철학적 방법론을 설명하고, 따라서 도·불의 異學과 분변되는 북송제유의 철학적 방법론인 '生生不已'와 '天人合一'에 대한 사상이 구체적으로 설명될 것이다. 두 번째는 주자가 스승인 이연평으로부터 靜을 중시한 '未發氣象體認'을 인륜일상에서 구하라는 교지를 받았다. 그러나 靜坐法으로 '天理體認'에 침잠했으나 어떤 시원한 깨달음의 경지를 얻을 수가 없었다. 그러던 중 연평의 죽음을 전후하여 호상학파 남헌과의 교류가 시작되었고, 이 교류를 통하여 주자의 '已發未發'사상이 변화를 가져오게 되었다. 이것이 '中和舊說'로 남헌의 '察識端倪說'의 영향으로 '已發未發說'을 心, 性으로 간주하였으나 채원정과의 토론과정을 통해 '已發, 未發, 動靜'을 회통하는 '新中和論'이 성립되었다. 그러나 주자사상에 결정적으로 영향을 준 것은 역시 정이천의 사상이다. 정이천은 心·性·情으로 三分하여 성은 형이상의 리요, 심과 정은 實然인 형이하의 기에 한정시켰다. 주자는 정이천의 사상을 계승하여 중화를 이루기 위한 공부방법이 敬으로 제시되고, 미발시의 함양공부가 敬이라면 이발시의 공부는 치지라고 하여, 『대학』의 '격물치지'를 통하여 보다 자세히 설명된다.

이러한 '신중화론'이 정립되는 과정과 그 이론적 전개양상을 검토하여 주자와 육상산의 철학적 입장 차이를 논변을 통해 검토해 나갈 것이다. 이들의 주된 쟁점이었던 태극·무극의 문제와 공부방법으로서의 존덕성, 도문학의 문제를 양자의 관점에서 비교 검토함으로써 주자학과 상산학과의 차이점을 밝히게 될 것이다. 또한 왕패논변의 사상적 연원으로서 공자의 덕치관, 맹자의 왕패관, 순자의 왕패관을 다루어 보고, 이를 바탕으로 전개되는 왕패논변, 義·利의 문제, 한·당에 대하 역사철학적 관점의 차이를 고찰하게 될 것이다. 아울러 이들 논변의 바탕에 자리한 철학적 기초로서 양자의 '理氣論' 내지 '道器論'을 고찰하고 다음으로 왕패논변의 철학적 의미가 무엇인가를 탐색 조명할 것이다. 마지막으로 주자학 형성의 배경과 3대 논변의 과정을 통해 정립된 주자학의 철학적 특성이 선진유학이나 양명학, 실학 등과도 구별되는 주자학의 색깔이 무엇인가를 찾는 작업이 될 것이다.

종래의 연구들이 대체로 주자의 이기심성론에 치우쳐 온 점과는 달리 주자학 형성의 과정과 그 형성과정의 하나였던 3대 논변을 통하여 그의 철학적 특성을 조명한다는 점에서 새로운 의미가 있으리라 생각된다. 그리고 이는 논쟁을 통한 철학체계의 정립이며 특성의 발견이라는 점에서 본 연구의 의미가 있다 하겠다.

宋學의 形成과 朱子學의 成立

1. 宋學 勃興의 歷史的 思想的 背景

宋學이 발흥할 수 있었던 계기는 다각적인 면에서 고찰해 볼 수 있는데 이 중에서도 당시의 사회·정치·문화적 요인이 내재한 역사적 배경을 검토해 보기로 한다. 왜냐하면 宋代의 개국은 五代 이후 지배계층의 타락과 문란 등으로 방향성을 상실한 정신적인 위기에서 찾아볼 수 있기 때문이다.

그 첫 번째 요인이 安祿山과 史思明에 의해서 시작된 安史의 亂(755~763. A.D.)과 黃巢의 亂(875~884. A.D.)에 이르기까지의 戰亂이다. 이 전란들이 全 華北을 휩쓸어 당 왕조의 국가체제에 성쇠를 가늠할 만큼 큰 영향을 준 대사건으로 평가되고 있기 때문이다.

두 번째는 환관세력의 발호와 지배계층의 문란에 따른 관리의 부패 그리고 민생고를 들 수 있다. 趙翼의 『二十二史 箚記』에 의하면 穆宗 以來 8명의 제왕 중 일곱 제왕이 환관의 손에 의해서 제위되었다고 한다.[1] 제왕을 능가하는 막강한 힘을 구사하는 환관의 영향력을 미루어 짐작할 수 있다. 이처럼 안사의 난을 기점으로 퇴락하기 시작한 당 조는 더욱 환관이 전권을 장악함으로써 제왕이 국사를 명찰하지 못했으므로 이에 따른 지배계층의 문란과 관리의 부패 그리고 민생고는 필연적으로 일어날 수밖에 없었다. 당시 호구 중 살기 어려워 도망간 호구 수가 반을 넘고 조세의 징발이 이미 멸한 상태여서 국가의 재정

---

1) 趙翼, 『二十二史 箚記』, "自穆宗以來八世 而爲宦官所立者七君." 263面.

이 부족한 것을 보면 민생이 얼마나 도탄에 빠졌는가를 알 수 있다.[2]

세 번째는 불교와 도교의 폐해를 들 수 있다. 외래종교인 불교는 종교적 신앙의 차원에서 사람들의 정신적 삶에 큰 영향을 미쳤다. 도가철학을 원용하여 태동한 도교 역시 그들의 종교적 특성 때문에 심론과 기론을 강화하여 형이상학적 기반을 굳건히 함으로써 중국사상계에 막대한 영향을 발휘하였다. 그러나 말기에 접어들면서 불교와 도교의 사원은 정권의 비호 아래 경제적 부를 축적하여 인민을 착취하는 기관으로 전락하여 막대한 폐해를 일으켰다.

당 황실을 건국한 고조는 3교를 노자, 공자, 석가의 순으로 배열하였다. 태종도 "노자는 이씨 성으로 짐의 시조이다. 그러므로 명칭이나 지위가 당연히 부처보다 앞서야 한다."[3]라고 명하여 道先後佛 정책은 당나라 황실의 기본방침이 되었다. 그래서 당 황실은 노자를 높이기 위해 시호를 추존하는 일까지 여러 번 있었다.

이와 같이 당 왕조가 노자를 추존한 것은 태종이 언급한 것처럼 당 왕조의 성씨와 노자의 성이 같았기 때문이다. 따라서 노자는 당 왕조의 선조가 되었고, 도교 및 종사자들은 당 왕실에서 호의적인 예우를 받았다. 또 남북조 시대부터 건립하기 시작한 道觀도 당대에 와서는 전국에 1,687개소가 되었고, 도사는 776명, 女冠은 988명이나 되었다.[4] 每觀에는 觀主 1人, 上座 1人, 監齋 1人 등이 있어 이들이 도관의 모든 일을 통괄하였다. 특히 睿宗은 노자를 칭송하여 그의 第八女, 第九女까지 道에 입문케 하고 이들을 天皇天后로 받들었을 뿐 아니라, 또 이들을 위해서 도관을 설립하고 道勢 확장에 진력을 다하였다.[5]

---

2) 『舊唐書』, 下卷 列傳 38, 「韋嗣立條」, "今天下 亡逃過半 組調旣減 國用不足."

3) 『佛祖統紀』, 卷39, 「太宗 貞觀 5年條」.

4) 『舊唐書』, 卷48, 百官志 "天下觀一千六百八十七 道士七百七十六 女冠九百八十八."

20

玄宗에 의해 每州와 諸府에 있는 官設 道觀에 노자의 眞容을 金銅으로 만든 像이 안치되었다.6) 특히 당 무종은 이미 제위에 오르기 전에도 도교에 대한 관심이 많았던 인물이다. 이런 무종이 제위에 오르면서 불교탄압이 본격적으로 이루어진 사실은 새삼스러운 일이 아니다. 당시 長安에서 폐불의 실상을 직접 목도했을 뿐 아니라 피해자이기도 한 일본 승 圓仁이 저술한 『入唐求法巡禮行記』 권4에 실린 도교 편애에 대한 칙문의 내용을 살펴보면 그 대강을 알 수 있다.7)

이토록 무종의 도교 偏信은 불교 탄압에 크게 작용하게 된다. 또 武宗 會昌 元年 10월 전국에 모든 僧尼 중에서 팔을 자르거나 군역을 피하기 위하여 승려가 된 자, 몸에 형벌을 받은 흔적이 있는 전과자나 무뢰한, 일찍이 不淫의 계율을 범하였거나 처를 거느리고 있는 자 그리고 계율을 닦지 않는 자는 모두 강제로 환속시키도록 했다. 뿐만 아니라 승려로서 돈이나 곡식, 토지, 장원을 가지고 있으면 그것을 모두 관에서 몰수하였다.8) 만약 재물이 아까워 환속시키기를 청하면 환속

---

5) 『册府元龜』, 卷53. "十二月癸制日 玄元皇帝朕之始祖 無爲所庇不亦遠乎 第八女西域公主 第九女昌隆公主 性安虛白神融玄昧 並令入道 奉爲天皇天后 宜於京城右造觀 仍以來年正月 令二公主入道."

6) 『唐會要』, 卷50. "開元二十九年九月七日勅 諸道眞容 近令每州於開元觀安置 其當州及京兆河南太元等諸府有觀處 亦各令本州府寫貌 分送安置 天寶三載 三月 雨京及天下諸郡 於開元觀開元寺 以金銅鑄元宗等身 天尊及佛各一軀"

7) 무종은 도교를 편애하여 불법을 증오하고 시샘하였다. 따라서 스님과 三寶를 좋아하거나 듣고자 하지 않고 長生殿 內道場에 옛날부터 安置했던 佛像과 經典을…… 무종이 영을 내려 경전을 태우게 하고 불상을 파괴하였다. 스님들을 불전에서 나오게 하여 각기 本寺로 돌아가게 했다. 그리고 도장으로 天尊인 老君의 像을 안치하고 도사에게 영을 내려 道經으로 바꾸어 도술을 수련케 했다.(圓仁, 『入唐求法巡禮行記』, 卷4. "今上偏信道敎 憎嫉佛法 不喜見僧 不欲聞三寶 長生殿內道場 自古已來 安置佛像經敎…… 今上便令焚燒經敎 毀折佛像 起出僧衆 各歸本寺 于道場內 安置天尊 老君之 像 令道士轉道經 修鍊道術."

하도록 하되 租·庸·調의 조세를 부담하는 일반 양민으로 삼도록 하였다. 이때 長安의 환속한 兩 街 僧尼는 左街는 1,212인이고, 右街는 2,259인이었다고 한다.9) 이들은 본적지로 돌아가 兩稅戶에 충당되어 다시 入寺, 入京하여 거주하지 못하게 하였다. 같은 해 9월에는 무명승의 환속을 京師 이외의 모든 道·府·縣에서도 단행하게 되었다. 또 승니가 소유할 수 있는 노비의 수를 제한하였는데, 비구는 남자 종 1명, 비구니는 여자 종 2명만을 부릴 수 있고, 그 나머지는 모두 본가에 돌아가게 하였다. 만약 본가가 없으면 官에서 매매하고, 노비 중에서 무예나 의약 기타 기술을 가진 자는 승니가 데리고 있지 못하게 하였다. 아울러 이때부터 사사로이 머리를 깎고 출가하는 것을 엄격히 규제·금지시켰다. 그리고 회창 4년에 접어들면서부터 佛骨供養을 금지시키고 代州 五臺山, 泗州 普光寺, 終南 五臺, 鳳翔 法門寺 등의 순례를 금지시키고 또한, 이 四靈域에 一錢이라도 布施하는 자와 포시를 받는 자에게 각각 杖二十으로 치죄했다.10) 그 실례가 무종 때 폐불사건으로 도교의 척불주장과 관계된 사건이다. 毁寺와 재산의 환수를 보면 당시 불교 경제 규모의 일면을 알 수 있다. 천하의 절 4,600여 개소와 蘭若(암자) 40,000여 개소를 毁折하고, 노비 십오만, 승니 이십육만 오백 인을 환속시켰다.11) 毁寺 당시의 환속 승(260,500)을 당시

---

8) 圓仁, 『入唐求法巡禮行記』, 卷3. "天下所有僧尼 解燒 練呪術 禁氣 逃軍 身上杖痕 鳥文 雜工功曾犯淫 養妻 不修戒行者 並勅還俗 若僧尼有錢物及穀斗田地庄園 收納官."

9) 圓仁, 『入唐求法巡禮行記』, 卷3. "十八日早朝還俗訖 左街還俗僧尼 共一千二百十二人 右街還俗僧尼 共二千二百五十九人."

10) 圓仁, 『入唐求法巡禮行記』, 卷3. "並不許置供及巡禮等 如有人送一錢者 脊杖貳拾 如有僧尼等 在前件處受一錢者 脊杖貳拾."

11) 『佛祖統紀』, 卷42. "八月勅諸寺立期毁折 括天下寺四千六百所 蘭若四萬所 ……收良田數千萬頃 奴婢十五萬人 僧尼歸俗者二十六萬五百人."

22

호구 수(4,955,551)와 그 비율을 산출해 보면[12] 얼마나 많은 사람들이 승려계층에 종사했는지 그 답이 나온다. 한 가구에 가족 수는 명시되어 있지 않지만, 호당 육인이 거주한다고 가정하면 약 삼천만 명이 되고, 승려 수는 전 인구의 11.5%에 해당한다. 이에 唐 武宗은 會昌 5年(845 A.D.)에 대대적으로 불교의 사찰을 허물고 승려를 민간인으로 환속시켰다. 크고 작은 절이 4600여 곳, 작은 암자 4만여 곳이 폐사되고, 환속승려가 26만여 명이었으며, 사찰의 노비 15만여 명이 해방되었다. 불교를 금하는 관리가 임무를 띠고 아직 성문을 나서기 전에 사방에서 백성들이 일어나 먼저 절에 가서 기물을 부수고 사찰의 기와까지 뜯어내었다. 이상을 짐작하면 불교가 성행한 이후에 정권의 비호를 빌미로 백성들에게 많은 해악을 범하여 백성의 분노가 극에 달해 있었음을 알 수 있다.[13]

이처럼 안사의 난과 황소의 난을 거치면서 지배계층의 부패로 인한 민생고의 문제와 불교의 폐해 등으로 당시 사람들에게는 이러한 문제를 해결할 수 있는 새로운 사상의 영입이 절실히 요청되었다. 그러나 유교는 실제로 훈고 · 주소학에 치중함으로 그 사상 면에서 도교와 불교의 이론에 대적할 철학적 체계가 턱없이 부족한 상태였다. 선진시대 이후 유학은 漢儒들에 의해서 정치술이나 일체의 존재 및 관계를 우주론 중심의 사상으로 일관하였으므로 덕성이나 가치의 문제는 존재의 영역에 의탁할 수 없었다. 이러한 시대적 배경 속에서 唐代의 韓愈와 李翱 등이 도 · 불 사상을 배척하고 漢代 儒學에서 벗어나 새로운 사상의 구축을 시도하였다.

---

12) 『通鑑綱目』, 卷50, 「武宗會昌 5年條」, "是歲天下戶數 四百九十五萬五千一百五十一."
13) 周桂鈿 著 문재곤 외 옮김, 『강좌 중국철학』, 예문서원 1993, 191면.

이처럼 송대 성리학은 漢·唐 시대에 발전한 노장사상과 불교사상을 비판하고 극복함으로써 유학사상을 철학적으로 체계화한 것을 의미한다. 성리학의 중심개념인 '性'은 불교의 불성이나 노장의 자연성을 말하는 것이 아니라 인간성을 말하는 것이다. 이 인간의 본성은 하늘의 命이 인간성에 내재해 있는(天命之謂性) 천성을 말하는 것으로, 이 인간 본성에 관한 이치를 성리라 하며 이 성리를 연구하는 학문을 성리학이라고 부른다.14)

불교가 후한 때 유입되어 사상적 발전을 갖게 된 주 이유는 다음과 같다. 晉나라 이래로 소란한 세파에 시달린 사람들은 당시 성행했던 황노신선술에 의하여 심신의 안정과 불노장생의 길을 모색하였다. 그러나 삶의 안식처인 이상은 찾을 수 없고, 불노장생의 문제는 인간의 힘으로는 불가능한 일이라는 것을 자각하게 되었다. 사람들이 이와 같은 현실문제에 봉착하여 안심입명의 길을 구하는 것에 회의할 즈음 불교가 전래하여 심원한 교지로 이러한 문제를 다소 해소해 주었다. 즉 사회가 혼란하고 민생이 도탄에 빠졌을 때 인간존재의 불완전성을 자각하여 어떤 초월적인 능력을 믿음으로써 이 믿음을 통해 내세 희원이라는 믿음을 찾는 것이 바로 종교의 귀의였다.

살펴본 바와 같이 당대에는 도·불학이 성행하여 그에 대한 예우가 대단하였으며 그 폐해 또한 극심하였다. 먼저 도가와 도교에 대해서 언급하면 도가는 노장의 철학을 중심으로 하는 도학을 주로 지칭한 것이고, 도교는 三張 二葛을 중심으로 하는 종교를 말한다. 도교가 종교로서 기반을 확립한 것은 불교가 수입된 이후인 후한 말경으로 三張에 의해서 교단조직의 기초를 확립하고, 二葛에 의해서 교리의 기초를 수립했다. '五斗米道', '太平道'는 교단조직의 형태이고 葛洪의 『抱朴子』,

---

14) 柳正東 외 3人 공저, 『儒學原論』. 성균관대학교 출판부, 1986, 101面.

24

魏伯陽의 『參同契』는 道術 道敎의 기본 경전이라고 할 수 있다.[15) 도가와 도교는 이처럼 분명히 구별되었지만 唐 王朝에서는 도가와 도교의 구별 없이 도교의 창시자를 노자로 보았다. 그 예로 高宗 乾封 元年(666)에는 老子에게 太上元元皇帝라는 칭호를, 中宗 神龍 元年(705)에는 太上元元皇帝의 칭호를 그대로 사용하고, 玄宗 天寶 元年(742)에는 太上元元皇帝의 칭호에다 同 二年(743)에 이르러 大聖祖라는 칭호를 내리게 하였다. 또 8년에는 大聖祖大道元元皇帝, 13년에는 다시 大聖高上大道金闕元元皇帝[16) 등을 말한다. 後漢 桓帝 때 苦顯에 老子의 祠廟를 모시기 시작한 이래 唐代에 이르러서 그 전례를 찾아볼 수 없는 예우를 시행한 것이다. 그리고 도교에 종사하는 道士 및 女冠들의 신분에 대해서도 각별한 대우를 하였다. 玄宗은 官設 道觀에 노자의 眞容을 每州와 諸府에 金銅으로 띤 像이 안치되었고,[17) 天寶 元年에는 莊子를 南華眞人, 文子를 通元眞人, 列子를 沖虛眞人, 庚桑子를 洞靈眞人 등으로 封하고, 이들이 지은 저서에 '經' 字를 붙여 南華眞經, 通元眞經, 沖虛眞經, 洞靈眞經[18) 등으로 부르게 하였다.

---

15) 道敎成立에 기여한 인물로서 三張, 二葛을 말하는데, 三張은 張陵·張衡·張魯를 말하고, 二葛은 葛玄과 葛洪을 말한다. 道敎가 그 기초를 확립한 것은 三張에 의해서이고, 이들의 제자가 되어 道를 배우려는 자나 病의 치료를 받으려는 자는 五斗米를 내는 것으로 規例를 삼았으므로 '五斗米道'라 부르고, 道敎의 도리들은 于吉의 『太平經』에서 찾아볼 수 있다.

16) 『唐會要』, 卷50. "乾封元年 三月二十日 追尊老君爲太上元元皇帝 至永昌元年 卻稱老君至神龍 元年二月四日 依舊號太上元元皇帝 至天寶二年正月十五日 加太上元元皇帝 號爲大聖祖元元皇帝 八載六月十五日 加號爲大聖祖大道元元皇帝 十三載二月七日 加號大聖高上大道金闕元元皇帝."

17) 『唐會要』, 卷50. "開元二十九年九月七日勅 諸道眞容 近令每州於開元觀安置 其當州及京兆河南太元等諸府有觀處 亦各令本州府寫貌 分送安置 天寶三載三月 雨京及天下諸郡 於開元觀開元寺 以金銅鑄元宗等身 天尊及佛各一軀."

高宗이 시행했던 도교 위주의 종교정책이나 道觀의 설립 등도 도교숭상의 역할을 감당하고 있었다. 당대에 불교의 外護者로 유명했던 則天武后까지도 老君을 당 황실의 원조라 하고 관리채용 시험에 노자『도덕경』을 첨가하고자 청원했다.19)

불교는 위진남북조를 거쳐 수·당에 이르러 그 전성기를 이루었다. 특히 당조에는 중(和尙)을 심히 존숭하여 국사로 대접하고 憲宗은 친히 佛骨을 궁중에 들여 삼 일 동안 제를 올려 서로 경쟁적으로 奉佛을 하였다. 이와 같은 일은 몸을 망치는 일이고, 또 생업을 버리고 施佛하니 이것은 가산을 탕진케 하는 일이고, 또 산업에 종사하지 않고 봉불만 하니 결국 나라를 망하게 하는 일이었다.20) 중국에서는 예로부터 사람의 몸은 부모에게서 받은 것이라 하여 몸을 해치지 않고 잘 보존해야 했는데, 이들은 고행을 한다면서 정수리에 향불을 피우고 손바닥에 기름을 부어 불을 붙이니 이는 灼膚하는 일로 용납할 수 없는 일이었다.21) 그러므로 모든 사람이 생업에 종사하여 의식주를 마련해야 함에도 입산수도한다고 일손을 놓고 비럭질을 행하고, 부역도 안 하고 조세도 안 내면서 재물을 모아들이니 이것이 바로 나라가 가난하고 백성이 곤궁하게 된 원인이 되었다. 따라서 佛事는 흥하고 인사는 폐하여 형정은 날로 문란해졌던 것이다.

---

18) 『唐會要』, 卷50. "天寶元年二月二十日勅文 追贈莊子南華眞人 所著書爲南華眞經 文子列子庚桑子 宣令中書門下更討論奏聞 至其年三月十九日 宰臣李林甫等奏曰 莊子旣號南華眞人 文子稱號通元眞人 列子號沖虛眞人 庚桑子號洞靈眞人 其莊子文子列子庚桑子 並望隨號稱 從之."

19) 『舊唐書』, 卷5, 高宗本紀 上元元年 十二月 壬寅條 "天后上意見十二條 諸王公百寮 皆習老子 每歲明年一準孝經論例試於有司."

20) 韓廷一撰『韓昌黎 思想研究』. 臺北 商務書館, 民國 71. 126~127면 참조.

21) 『韓愈全集』,「論佛骨篇」, "焚頂燒指 百十爲群解衣散錢 自朝至暮 轉相倣效 惟恐後 時老少奔波 棄其業次."

26

이러한 도·불의 융성함에 비하여 유학은 한·당에 이르는 동안 훈고학으로 시종하여 세인의 관심을 받지 못하였다. 그러나 당 중엽부터 도·불의 사상내용을 파악하고 『주역』과 『중용』의 사상을 통해 유학사상에 대한 자체 반성으로 그 학문적인 흐름을 형이상학적인 문제로 전환하게 되었다.

송대 성리학의 기초와 발단은 당대의 韓愈(768~824 A.D.)와 李翶(~ 846 A.D.?)에 의해서 당시 도·불에 치우친 초현실적 문제를 해결하려고 『대학』, 『중용』과 같은 경전을 연구하여 새로운 학문적 경향을 시도한 것에서 비롯된다.

한유는 『原道』에서 맹자를 추존하고 공자의 正傳이 된다고 하여 요순에서 공맹에 이르는 전통적인 도통을 설하였다.[22] 한유는 인의를 중심으로 하는 도덕을 제창하고 천하의 공공한 도리로 斯道를 언표하여 도·불의 도와 구별하였다.[23] 도·불 사상은 '無爲自然'과 '淸淨寂滅'을 주장한다. 유가에서는 인간이 온갖 시련과 도전을 극복하여 자아실현과 사회관계를 보다 윤택하고 조화롭게 유지하는 것을 목적으로 하는 데 반해서, 도가는 그것을 부정한다. 또 인간이 사회 현실 속에서 공생공존하면서 상부상조하는 것이 인륜의 도리인데 불가는 이를 외면한다고 보았다. 즉 유가의 학문은 현실생활에 있어서 생양의 도를 중시한다. 따라서 사회구성원의 본질적인 문제인 '相生相養'의 도리가 완성되면 사회질서가 수립되지만, 불가에서처럼 사회윤리인 '상

---

22) 『韓愈全集』, 「論佛骨篇」, "斯吾所謂道也 非向所謂老與佛之道也 堯以是傳之舜 舜以是傳之禹 禹以是傳之湯 湯以是傳之文武周公 文武周公傳之孔子 孔子傳之孟軻 軻之死 不得其傳焉."

23) 『韓愈全集』, 「論佛骨篇」, "凡吾所謂道德云者 合仁與義言之也 天下之公言也 老子之所謂道德云者 去仁與義言之也 一人之私言也……其言道德仁義者 不入於楊 則入於墨 不入於老 則入於佛."

생상양'의 도리를 저버리고 '청정적멸'만을 추구한다면 사회의 질서가 무너지는 것이라고 본 것이다.[24]

또한 도가에서 "성인이 죽지 않으면 큰 도둑이 그치지 않는다. 말(斗)을 부수고 저울대를 꺾어 버리면 백성이 다투지 않는다."[25]라고 하는 데 대해, 한유는 성인의 공이 없었다면 인류는 멸망한 지 오래였을 것이라[26]고 반박한다. 관개를 하고 제방을 쌓아 황하의 범람을 水利한 우임금이나, 치국을 잘하여 태평성대를 이루었다고 하는 요·순 임금도 현실에 직면한 사실을 자각한 것이다. 따라서 사람의 적극적인 노력으로 문화와 역사를 발전시키고, 윤택하고 조화롭게 삶을 영위할 수 있도록 인류생활을 相生養之道로 가리킨 것이다.[27] 한유는 사회가 안정되어 평화를 유지하려면, 상생양지도를 버리고 무위자연을 기본으로 삼아야 한다는 도가의 이론을 반박하였던 것이다.

이와 같은 상생양지도의 실현을 위한 방법으로 한유는 『예기』의 「대학편」을 인용한다.[28] 『대학』의 '팔조목'과 '삼강령'의 귀결점은 '평천하'와 '止於至善'에 있다. 한유가 『대학편』을 인용한 근본취지는 평천하하기 위한 치인에 있었으므로 격물치지의 수기적인 측면을 생략하였다. 즉 한유의 논리전개는 『대학』의 팔조목 속에서 격물치지로부터 평천하에 이르기까지의 '수기의 학'의 측면을 생략하고 평천하(古之欲明明德)로부터 치지와 격물에 이르기까지의 '치인의 학'의 측면만을 취급하고,

---

24) 『韓愈全集』, 「論佛骨篇」, "今其法曰 必棄而君臣 去而父子 禁而相生養之道 以求其所謂淸淨寂滅者."

25) 『韓愈全集』, 「論佛骨篇」, "聖人不死 大盜不止 剖斗折衡 而民不爭."

26) 上揭書, 「原道」, "嗚乎 其亦不思而已矣 如古之無聖人 人之類滅久矣."

27) 上揭書, 「原道」, "有聖人者立 然後敎之以相生養之道."

28) 大學은 원래 [禮記] 중의 한 편[42편]이었는데 이것을 別册하여 『論語』, 『孟子』, 『中庸』과 함께 四書로 하였다. 이처럼 大學이 [禮記] 속의 한 편에 지나지 않는 것을 처음으로 특별히 강조한 사람이 韓愈이다.

격물치지 두 조목은 생략했다. 이것은 인간존재를 파악하는 그의 방법에서 볼 때 쉽게 이해할 수 있다. 즉 한유에 있어서 學의 목적은 개인의 내재적 존재구조를 인식하는 데 있지 않고, 천하를 화평하게 한다는 정치적 실천원리를 찾는 데 있다. 결국은 뜻을 정성스럽게 한다고 하는 개인적 실천원리로까지 소급할 수는 있지만, 격물치지라고 하는 자기인식의 공부와 수양원리는 의미가 없기 때문에 더 이상 소급할 것은 없다. 즉 치인을 전제로 하지 않는다면 수기는 의미가 없다[29]고 본 것이다.

이고는 『주역』과 『중용』의 경전을 가지고 그 이론을 전개하는 데 있어서 노장사상과 불교의 교리를 기반으로 체계화하였다고 볼 수 있다.[30] 한유의 배불론은 주로 불교의 단점을 지적하여 불교를 배척하였다면, 이고는 불교의 장점인, 즉 인간의 근본적 고통인 생사고락에서 벗어나는 해탈론을 유교의 논리로 재구성함으로써 불교의 존재를 부정하였다. 그는 사생의 문제에 관해서 사람이 죽으면 어디로 가는가라는 물음을 제기하고 그에 대한 답으로 『주역』의 '계사전'에 있는 "시작에 근원하여 마침을 살핀다. 그러므로 사생을 아는 것이다. 정기는 물이 되고 유혼은 변하는 것이니 이 때문에 귀신의 정상을 안다."는 문장을 제시하였다. 또한 공자의 "아직 삶도 알지 못하는데 어떻게 죽음을 알겠는가?"라는 말로 사생의 문제에서 생사의 문제로 환원시켜 생사에 대한 문제를 불교의 교리가 아닌 『주역』의 「계사전」의 이론으로 논리체계를 세움으로써 인생의 무상함을 느끼는 데서 오는 번민을 해결하려고 했다.[31]

---

29) 李基東, 『朱子學の地域的展開』. 東洋書院. 昭和 62. 135面.

30) 柳承國, 『東洋哲學研究』, 槿域書齋, 1983. 169面.

31) 『李翶全集』, 「復性書中」, "敢問死何所之耶　曰　聖人之所不明書於策者也
易曰　原始反終　故知死生之說　精氣爲物　游魂爲變　是故　知鬼神之情狀　斯

이고는 불교에서의 成佛과 같은 논리, 즉 인생의 무상감에서 오는 번뇌의 해결을 유교사상에서는 성인이 되는 것이라고 설명했다. 이고에 의하면 성인의 경지는 고요하게 하여 움직이지 않아도 이른다든지, 말한다든지, 빛낸다고 하는 의지적인 노력을 함이 없어도 저절로 통하고 저절로 빛나는 초월적 단계에 이르고, 情이 작용하기는 하지만 정에 의해서 인간의 본성이 구속되지 않는 사람이다.[32) 천지자연의 섭리와 이치에 어긋나지 않으니 무위자연을 실현한 사람이고, 또한 천지자연의 변화를 알고 천하의 도에 통달하여 천하의 일을 이루고, 이면에 신비성을 가지고 있는 사람이기 때문에 서두른다거나 간다는 등의 작위적인 행위에 의하지 않고도 저절로 빠르고 저절로 이르는 것이 성인이다.[33)

이고는 사람의 본성이 성인이 될 수 있는 가능성은 본성을 따르는 데 있고 인간이 그 본성을 배반하는 것은 바로 정 때문이라고 보았다. 즉 걸주의 성과 요순의 성이 하나라고 말할 수 있지만, 성인과 범부의 차이가 생기는 까닭은 희로애락의 정으로 인해 성을 흐리게 하는 데 있다. 마치 물이 맑지만 모래가 흐리게 하는 것이요, 불에 연기가 있

盡之矣 子曰 未知生 焉知死 然則原其始而反其終 則可以盡其生之道 生之道旣盡 則死之說 不學而自通矣."

32) 上揭書, 「復性書上」, "聖人者 寂然不動 不往而到 不言而神不耀而光 制作 參乎天地 變化合乎陰陽 雖有情也 未嘗有情也…… 易曰 夫聖人者 與天地合其德 日月合其明 四時合其序 鬼神合其吉凶 先天而天弗違 後天而奉天時 天且弗違而況於人乎 況於鬼神乎 此非自外得者也 能盡其性而已矣."

33) 上揭書, 「復性書中」, "聖人至誠而已矣 堯舜之擧十六相 非喜矣 流共工 放驩兜 殛鯀 竄三苗 非怒也 中於節而已矣 其所以皆中節 設敎于天下故也 易曰 知變化之道者 其知神之所爲乎 中庸曰 喜怒哀樂之未發 謂之中 發而皆中節 謂之和 中也者 天下之大本也 和也者 天下之達道也 致中和 天下位焉 萬物育焉 易曰 唯深也 故能通天下之志 唯幾也 故能成天下之務 唯神也 故不疾而速 不行而至 聖人之謂也."

을 때 그 빛이 밝지 않은 것은 물과 불이 청명하지 않아서 그런 것이
아니고, 연기와 沙土에 의해서 흐려지기 때문이다. 즉 정은 흐린 것이
고 성은 맑은 것이나 흐린 정이 맑은 성을 가리므로 결국 성인이 되
지 못하는 것이다.[34] 성이란 하늘의 명이고 성인은 그것을 얻어서 현
혹되지 않는 사람을 일컫는다.[35] 그러므로 성은 맑게 보존해야 하지
만 감정은 소멸시켜야 한다고 하는 것이 '復性滅情論'이며 이것이 바
로 성인에 이르는 방법론이다. 즉 물과 불이 본래는 맑고 밝지만 외적
인 조건이 가해져서 흐려지고 밝지 못한 것처럼 성과 정을 상반되게
봄으로써 인간의 선악의 내원으로 삼은 것이다.

성과 정의 관계에서 보면 정은 성으로 말미암아 생겨난다. 정은 스
스로 정이 될 수 없고 다만 성에 근거해서 정이 된다. 성도 정으로 말
미암아 드러나는(明) 것으로 성은 천명이요, 정은 성이 動한 것이다.
이처럼 성이 주체이고, 정은 종속의 위치에 있으니 성인이라도 정이
없을 수 없다. 단지 정의 영향을 받지 않을 뿐이다. 이것을 이고는 '情
不作'이라 표현하였다. 다시 말하면 性이 주체의 역할을 잘 수행하여
情이 이 주체의 모습을 그대로 따라 나타내 주도록 하는 것이 復性이
다. 그는 情을 발기하는 원동력이 되는 작용을 '思慮動靜'으로 봄으로
써 '復性滅情'하는 방법으로 '弗思弗慮'를 통하여 思慮動靜에서 벗어나
절대적 靜의 세계를 확립하는 것 그리고 誠의 실천을 들고 있다. 이와
같이 誠의 수양을 통한 復性工夫를 함으로써 성인의 도에 도달할 수
있는 방법을 제시한 이고의 방법론은 송대 유학이 『주역』과 『사서』를

---

34) 上揭書, 「復性書上」, "人之所以爲聖人者 性也 人之所以惑其性者 情也 喜
怒哀懼愛惡欲七者 皆情之所爲也 情旣昏 性斯匿矣 非性之過也 七者循環
而交來 故性不能充也 水之渾也 其流不淸 火之煙也 其光不明 非水火淸明
之過 沙不渾流斯淸矣 煙不鬱光斯明矣 情不作性斯充矣."
35) 上揭書, 「復性書上」, "性者 天之命也 聖人得之而不惑者也."

중심으로 연구하게 된 동기와 발단이 되었다고 불 수 있다.

이와 같이 불교와 유교의 철학적 동기나 본질은 방법론에서 드러난다. 불교의 궁극적인 목표가 어떻게 하면 成佛할 수 있는가에 관심이 있다면, 유교 역시 궁극적 목표는 成聖이 되는 방법을 가르쳐 주는 데 있다. 이처럼 성불이나 성성은 수양방법에 의해서 가능하다는 목적을 가지고 있으나, 성불은 현실이나 인간세간을 떠나 출세간적으로 수양하는 것을 말한다. 해탈을 희구하는 동기는 세간의 일체현상을 무상하게 보는 데 있다. 무상하기 때문에 삶이 고통스럽다. 이 가운데서 가장 큰 것은 생사문제이다. 그러므로 불교는 오로지 생사문제를 가지고 사람들을 두렵게 하고 동요하게 한다는 것이다.[36] 불교는 깨달음으로 인해 업을 소유한 인간이 생사의 윤회로부터 해탈하여 열반에 이를 수 있다 하고 오직 상달법인 '頓悟 直悟法'을 중시한다. 점수의 과정이 아무리 길어도 준비 작업에 불과하다. 성불은 돈오를 통해서만 가능하다고 한다. 그것은 무의리적인 방법과 上一截만을 목적으로 하기 때문에 불교의 깨달음은 초월적인 것이 되고 만다.

반면에 유교의 成聖의 방법은 인륜일용의 현실을 떠나지 않기 때문에 '合內外之道'와 '始終本末'을 중시한다. 따라서 유교의 成聖방법의 핵심이 되는 것은 '下學而上達'이다. 그리고 이 방법의 大宗을 이루는 것은 '思學並進'과 윤리적 실천이다. 공자가 '學而時習之'하여 위로 '上達天德'한 것은 하늘과 인간의 생명이 서로 감통되어 천인합일의 경지를 실천하였다고 이해할 수 있는 것이다.

또 불교에서는 生死·生滅·成壞를 즐겨 말하는 데 반해 유교에서는 생생·생성·시종을 즐겨 말하는 것은 이 때문이다. 즉 그것은 죽음 그 자체를 문제 삼는 것이 아니라 죽을 때 무엇을 이루었느냐 또

---

36) 『河南程氏遺書』, 卷一. "佛學只是以生死恐動人."

는 사는 동안에 무엇을 추구했느냐를 문제 삼았다는 증거이다. 쉬지 않고 自强不息하여 덕을 이루면 죽는 것이 마치는 것으로 바뀐다. 마치는 것(終)이란 이미 그 덕을 완성하였다는 것을 의미하는 것이다.[37]

그리고 도가에서 말하는 '返本復初'[38]의 방법은 學과 思에 의해서 인간의 본성인 덕을 회복하는 것이 아니고 인의와 예악의 관념을 버리는 것이다. 더 나아가 감관작용과 사려작용을 멈추게 하여 무아의 경지에 몰입하는 것이니 바로 '坐忘'이 그 한 예이다. 그러므로 도가에서 말하는 최고수준의 인간인 至人은 '忘我·喪我' 등의 수련을 거쳐 자기의 감정과 욕망 그리고 지식을 枯木과 死灰처럼 잠재울 수 있는 능력을 가진 사람이다.[39]

이처럼 불교와 도가의 수양공부는 유가의 '하학이상달'의 위학방법과는 달리 먼저 육체의 속박에서 벗어나기 위해서 '業識·無明', '無欲' 등 欲과 情에 얽매인 모든 것을 차단해야만 정신이 육체로부터 해탈되어 나올 수 있다.

그러므로 송대 유학에서는 불교의 이론이 윤리에 배타되어 窮深極微한 堯舜之道에 들어갈 수 없을 뿐만 아니라[40] 사생을 설하여 사람을 恐動하고 생사와 번뇌를 면하려고 하는 것은 모두 利心에서 나온 것이라 보고 비판하였다.[41] 또한 불교와 도교의 학문의 폐해는 '삼강

---

37) 唐君毅,『中國哲學原論』,「原道」篇三. 423면.

38) 『莊子』,「繕性篇」, "反其性情而復其初."

39) 『莊子』,「大宗師篇」, "顔回曰 回益矣 仲尼曰 何謂也 曰 回忘仁義矣 曰 可矣 猶未也 他日復見曰 回益矣 曰 何謂也 曰 回忘禮樂矣 曰 可矣 猶未 也 他日復見曰 回益也 曰 何謂也 曰 回坐忘矣. 仲尼蹴然曰 何謂坐忘 顔 回曰 隨肢體 黜聰明 離形去知 同於大通此謂坐忘"

40) 『河南程氏遺書』, 卷二. "言爲無不周遍 窮深極微而不可以入堯舜之道也."

41) 『河南程氏遺書』, 卷一. "佛教只是以死生恐動人…… 佛之學爲怕死生故只 管說不休…… 要之只是 此箇竟見 皆利心也."

과 오상'을 廢하여 지극히 큰 죄를 범하고,[42] 君親妻子를 버리고 空無寂滅之道를 구하여 산림에 은둔하는 출가삭발에 있는 것이다.[43] 유교는 천지의 도에 순응하여 사람의 도리를 다하는 치국경세에 목적이 있으므로 義公이고, 불교는 '生死·輪廻·煩惱'를 고통이라 해서 주로 자기의 일신상의 고통을 면하려 하므로 利私인 것이다.

송대 성리학의 단초가 도·불학의 영향에 의한 것도 있지만 이는 전면적인 해답을 제공하지 못한다. 유학의 부흥운동은 단순히 도·불의 영향이라는 사실에 국한되는 것이 아니고 시대적 상황의 반성과 자각에 기인한다. 그것은 상술한 바와 같이 도·불의 문제점이 야기됨으로써 새로운 가치체계 혹은 문화정신의 수립을 요구하는 시대적 조류에 따른 것이다. 이러한 역사적 반성과 자각을 통해서 도·불의 사상을 극복할 수 있다는 믿음이 신유학의 철학정신이다. 이러한 역사적 사상적 배경을 토대로 하여 송학은 발흥되어 전개되었던 것이라 하겠다. 이러한 배경을 통해 형성된 송학의 철학적 방법론에 대해 고찰해 보기로 하자.

2. 宋學의 哲學的 方法論

송대 성리학은 선진유학의 재건에 있다. 한·당의 훈고, 주소학적인 경서연구를 배격하고 도통의 계승을 주창하는 『사서』 중심의 義理之學

---

42) 『朱子語類』, 卷126, 釋氏. "佛老之學 不待深辨而明 只是廢三綱五常 這一事已是極大罪名 其他更不消說."

43) 『續大紀』, "畔君親 棄妻子 入山林 捐軀命 求其所謂空無寂滅 之理而逃焉 其量亦已隘 而其勢亦已逆矣."

으로 발전하였다. 특히 도·불교에 비해 사상적으로 이론의 약점이었던 철학적 방법론을 보완하기 위해 우주론과 인성론을 관통하는 형이상학적 이론의 체계화를 모색하였던 것이다. 이러한 작업의 주체는 주자에 의해서 완성되었고, 그 기초는 주렴계의 『太極圖說』에 있다. 『태극도설』에서의 太極과 人極의 합일 추구는 송대 성리학의 중심과제가 되었다. 이를 근거로 주자는 우주만물의 궁극적 근원인 태극을 '천지만물의 리'로 규정하여 합리주의적 철학을 수립하였다. 인간 존재에 국한시켜서 본다면 리는 인간에 깃들어 있는 성으로 본연지성을 의미한다. 이러한 본연지성의 실천윤리의 방법이 '存心持敬 守靜居敬'(주관적 방법)과 '격물치지'(객관적 방법)이다. 이 방법을 통해 어느 날 하루아침에 활연관통하면 주체의 궁극적인 리에 도달하고, 본연지성을 회복하여 세계의 리법과 합일되는 성인의 세계에 도달할 수 있다고 한다.

송대 성리학 신유학이라고 부를 수 있는 나름대로의 근거는 이러한 새로운 이론을 전개한 것에 있다. 선진유학이 신유학으로 발전하여 완성되는 과정은 도·불의 영향과 수용 그리고 대응을 통해서 드러나는 유학의 철학적 체계화 과정이라고 할 수 있다. 송대 이전의 유가는 육경을 중심으로 학문의 방법을 전수하는 데 그쳤지만, 송유들은 공자사상의 생명과 철학적 의미를 새로운 계통으로 재정리하였다. 그들은 공자 이전의 정치철학을 공·맹의 철학체계에 포함시키고 사서를 표장하여 공·맹 사상을 직접 접할 수 있는 계기를 만들었다. 공·맹 사상의 철학적 정신과 생명은 그대로 계승했지만, 性, 心, 仁, 義와 같은 형이상학적 개념을 추구하는 철학적 방법의 문제를 제기하여 새로운 전기를 마련하였다. 공자나 맹자가 '踐仁'함으로 천리를 안다고 하여 천인합일의 실천적 수양방법을 제시한 것에 비하여 송·명 유학자들은 인성과 천이 합일된다는 이론을 근거로 천인합일의 수양방법을 이론적으로 체계화함으로써 도·불의 사상에 대응하였다. 송·명 유들이 체계화한 철학적 방법론을 정리하면 다음과 같다.

1. 공자는 인을 실천하여 천을 안다고 하였으나, 인과 천이 합일된다든지 혹은 하나가 되는 것을 설명하지 않았다. 그런데 송·명 유의 공통적인 경향은 인이 내포하는 의의와 천이 내포하는 의의가 궁극적으로 완전히 합일 혹은 하나라는 것을 제시하였다.

2. 맹자는 盡心, 知性, 知天을 말하여 심성이 하나임을 말했으나, 심성과 천이 하나라고 하는 것을 분명하게 표시하지는 않았다. 그런데 송·명 유의 공통적인 경향은 심성과 천이 하나임을 제시하였다

3. 『중용』에서는 '天命之謂性'을 말했으나 천이 성에 명한 바 내용의 의미가 '天命不已'하는 실체와 완전히 같다거나, 혹은 '天命不已'의 실체가 개체 또는 개체의 性에 내재한다는 것을 분명하게 표시하지 않았다. 그런데 송·명 유들은 이와 같이 명백하게 표시했으니 이른바 天道·性命이 통하여 하나가 된다는 것이 이것이다.

4. 『주역』에서는 '乾道變化 各正性命'을 말하였는데 이 구절의 뜻은 다만 乾道(天道)가 변화하는 과정 중에 각 개체가 모두 그 性命을 바르게 한다는 것이나, 그 바른 '性'이 곧 乾道實體 혹은 '爲物不貳 生物不測'의 천도실체가 각 개체에 내재하여 그 성을 이루고, 바른 '命'이 또한 이 실체의 정한 바 命임을 분명하게 표시하지 않았다. 그런데 송·명 유는 『중용』에서와 똑같이 이처럼 명백히 표시했다.

5. 『대학』에서 '明明德'을 말했으나 '명덕'이 곧 인간의 심성이라는 것을 표시하지 않았고, 심지어 근본이 이러한 뜻이라는 것을 표시하지 않고 단지 '광명한 덕행'의 뜻만을 나타내었다. 그런데 송·명 유는 모두 '명덕'을 원인적인 심성으로 인정하고 결과적인 '덕행'은 설명하지 않았다. 즉 인간의 도덕성을 존재론적으로 증명하려는 시도가 송·명

유에 의해 시도되었다.[44]

　이처럼 송명 유학자들이 수립한 유학의 형이상학적 체계는 전통유학과 분명히 구별되는 점으로 이것이 신유학이라고 부를 수 있는 핵심적인 근거가 된다. 송명 유학을 신유학이라고 하는 것은 이와 같은 의리상의 발전에 근거한 것이므로 신유학이 선진유학에서 본질적인 차이나 변화를 하였다는 것을 뜻하는 것은 아니다. 즉 신유학은 경전의 이론적인 연구를 통해 선진유학의 실천도덕론을 넘어선 철학적인 이론을 가지고 도·불 사상에 대한 이론적인 약점을 만회하였다.

　이러한 관점에서 송대 성리학이 내포하고 있는 철학적 방법론을 몇 가지로 추론할 수 있다. 우선 근본적인 철학적 과제는 도·불학에 의해서 제기된 현실세계에 대한 부정과 출세간적인 문제를 선진유학이 강조하고 있는 인륜 중심의 실천도덕으로 전환하고, 현실세계와 인간 주체를 긍정하는 철학적 방법론을 제기한 점이다. 다시 말하면 현실세계 속에서 영위하는 생활과 그에 입각한 인륜 그 자체를 부정하는 것은 새로운 가치설정이나 어떤 방향제시가 되지 못한다는 것이 송대 성리학의 공통적인 입장이다.

　이와 같이 인륜 중심의 생활 속에서 확립해야 할 목적과 이상이 바로 송대 성리학이 추구하는 천인합일사상이고 이를 실현한 사람이 바로 성인이다. 장횡거는 "천지에 생생하는 것을 위해서 마음을 세우고, 사람을 위해서 천명의 도를 세우고, 면면히 이어오다 끊어진 성인의 학문전통을 이어서 만세토록 태평성대를 이루어야 한다."[45]고 하여 천리와 이를 현실에 실현해야 할 천명과 인성론을 말하고, 그 수양방

44）牟宗三, 『心體與性體』 卷一, 臺灣 正中書局. 17面.
45）張伯行集解, 『近思錄集解』 卷二, "爲天地立心　爲生民立命　爲往聖繼絶學　爲萬世開太平."

법을 성인의 학문에 두어 단절된 선진유가의 전통과 정신을 회복하려는 도통사상을 확립하였다. 이상 정치를 통한 태평성대의 추구가 바로 그것이었다.

북송 제유들이 추구한 철학적 방법론의 방향을 정리하면 대개 다음과 같다.

첫째, 도·불교의 도덕적 가치를 초월한 형이상학적인 이론체계에 대응할 수 있는 새로운 사상의 수립이 필요하였고, 그것이 바로, 즉 우주와 인성을 관통하는 형이상학을 체계화하는 작업이었다. 이는 체계화된 철학적 방법론을 필요로 하는 것이다.

둘째, 도·불교의 이론에 구체적으로 대응할 수 있는 '生生不息'하는 우주본체론의 설립이다. 신유학은 인간의 현실세계만을 문제 삼는 것이 아니라, 도·불 사상과 분변되는 인간과 우주자연까지 학문의 대상으로 삼아 도덕실천의 근거가 되는 절대원리를 제시하였다.

셋째, 한편으로는 선진유학의 전통과 정신을 이어받으면서 다른 한편으로는 우주와 인간관계를 규명하여 천인합일사상의 이론적 체계를 확립하였다. 인륜의 현실세계와 주체를 부정한다는 도·불학에 대해 현실과 주체를 긍정하면서 동시에 이상을 확립한 것의 대표적인 예가 주렴계의 『태극도설』이다. 『태극도설』을 통하여 유학이 우주론의 이론체계를 갖게 됨으로써 도·불학에 대응할 수 있는 철학적 방법론을 구성할 수 있게 되었다.

3. 宋學의 形成과 展開

1) 宋學의 哲學精神과 課題

① 宋學形成의 過渡期

송대 유학자들의 가장 중요한 철학적 과제는 공맹의 정신을 전승하여 우주론, 인성론, 수양방법론으로 이론을 체계화하는 일이었다. 선진유학이 다루는 중요 내용은 인성론과 천도론이다. 그러나 이 문제는 논의 근거나 목적상 분리해서 다룰 수 없는 연관성을 지닌다. 董仲舒는 "인간의 모든 생존방식(人道)이 궁극적으로 천리자연(天道)을 본받아서 설정된 것이다."[46]라 하여 인성론은 천도론의 引伸義에 불과하다고 설명한 바 있다. 천도론과 인성론이 한 체계 속에서 함께 다루어질 때 유가철학은 천인합일의 사상이 실현된다. 그것은 무엇보다도 천인합일의 관계, 즉 생동하는 우주와 현존하는 감성적 존재인 인간이 도덕가치인 참된 실현을 통하여 합일하는 데 있다. 천인합일에 대한 이론적 설명을 창생된 우주가 단절되지 않고 생생하는 까닭과 인간이 생물적 존재이면서도 도덕적 이상을 실현할 수 있는 철학적 이론체계를 통해서 확인하는 것이다. "惟天之命 於穆不已",[47] "與天地合其德",[48] "萬物皆備於我"[49] 등 선진유가 경전의 설명에서 나타난 바와 같이, 유학에서는 인간이 우주를 통섭할 수 있는 마음을 모두 구비하고 있는 것으로 설명되고 있다. 유학에서는 천지 운용의 묘를 알 수 있는

---

46) 董仲舒傳, 『前漢書』, 卷56. "道之大原出於天."
47) 『詩經』, 「周頌, 維天之命篇」.
48) 『周易』, 「乾卦, 文言傳」.
49) 『孟子』, 「盡心上」 4章.

존재로서 성인을 설정하고, 성인이 될 수 있는 聖學의 이론을 제시하였다. 그러므로 유학에서는 聖學의 이론 성립에만 그치는 것이 아니라 성인이 되기 위한 수행방법론까지 추구한다.

인성론에 있어서 불교는 心 그 자체만을 형이상학적으로 확대 해석하여 空이라 표현한다. 그리고 공을 체인함으로써 도달되는 부처의 경지를 목표로 삼고 있다. 성불의 수행방법이란 명상이나 禪定이라고 하는 주관적 방법에 의한다. 그러므로 인간도덕의 작용과 그 실제적인 실리를 떠난 출세간적인 上達法만 추구함으로써 객관적인 우주의 실재성과 '生生不息'하는 천명의 常在性을 보지 못하는 결함이 있다. 그러나 유학에서는 천명으로 표현되는 성을 갖추고 있으므로 그 성을 각성하여 인간사회 속에서 실현할 것을 제시하는데, 그것이 인도이다.

송대 유학에서는 이 性의 개념과 역할을 더욱 발전시켰다. '生生不已'하는 생명과 '成性存有'하는 심령에서 발하여 생생하는 靈氣를 끊임없이 창생하는 정신생명으로 전환시킨 것이다. 그 정신생명의 실리가 바로 인의의 성이다. 이 성은 각자의 성이고, 또한 일체의 인간의 성이며 또한 천지의 성이 되어 존재하지 않는 곳이 없으며 시작과 끝도 없다. 그러므로 자신의 성을 盡性하여 體物한다면 천지의 성에 도달할 수 있다.[50]

수양방법론에 있어서 송대 유학자들은 전통적인 수양방법의 중요성을 인식하게 되었다. 불교는 세계와 존재를 空幻한 것으로 보았기 때문에 감성적인 현실세계를 부정하여 적멸을 추구하는 上達의 방법을 추구하였고, 그 체득의 경지가 열반의 세계이다. 출세간적 경향인 上一截만을 추구함으로써 현실의 구체사물에 대해서는 관심과 이해가 부족한 단점이 있다. 또한 자신의 장생을 추구하려는 목적으로 수련하

---

50) 唐君毅, 『中國哲學原論』, 「原性篇」, 臺灣 人生出版社. 524～525面.

거나 약을 제련하는 도교의 수양방법도 자신의 생명만을 연장하는 것을 목표로 한다는 점에서 보면 이기적인 방법이라고 아니 할 수 없다.

송대 유학자들이 도·불의 수양방법을 이기적인 방법이라고 비평하는 것은 그들이 비록 '敬以直內'는 이룩하였다고 할 수 있을지라도 '義以方外'는 하지 못했기 때문이라는 것이다. '義以方外'함이 없는 直內의 근본이란 옳다고 할 수 없다.51) 공자 자신이 이치를 깨닫는 悟法을 중히 여겼으나 '下學而上達'52)의 수행방법을 따른 것도 이 때문이다. 또한 『대학』의 수양방법에 선후가 있음을 말한 것은 반드시 자신으로부터 타인, 사물, 천지에로 수양의 효과를 확산시켜 궁극적으로는 '生生不已'하는 천도를 체득하려는 것이었다.53) 주자에 의해 수양방법의 차서를 정한 『대학』은 유가철학을 객관적인 방법론으로 정립할 수 있는 계기를 만든 것이다.

이와 같이 송대 유학자들은 도가나 불가의 이론방법과는 달리 우주에 대해서 본체론적으로 접근해 간다. 곧 우주가 不息, 創生하는 소이를 천도 또는 천명이라고 설명함으로써 천지만물이 幻有나 空한 것이 아니라 천도가 유행하는 형상임을 구체적으로 파악하였다. 불가의 空幻한 無常世界觀을 송유들은 변화와 창생의 '生生不息'하는 우주본체론으로 세운 것이다. 이것에 대한 가장 이상적인 이론체계를 제공해 준 것이 바로 『주역』이다.

하늘은 위에서 만물을 덮어 주고 땅은 아래서 만물을 싣고 있다. 이 천지의 주요 공능은 만물을 생성하는 것이고, 이 생성은 천지의 두 공능이 화합해야만 이루어진다. 그리하여 하늘은 自强不息하는 자체운

---

51) 『朱子語類』, 卷126, 釋氏. "佛學有一個覺之理 可以敬以直內矣 然無義以方外 其直內者 要之其本亦不是."

52) 『論語』, 「憲問」 37章.

53) 『大學』, 1章. "物有本末 事有終始 知所先後 則近道矣."

행을 통해서 춘·하·추·동 등 사계절을 교체 순환시키고, 땅은 이러한 하늘의 운행도수에 順承해서 조금도 어긋남이 없이 계절의 변화에 따라 만물의 生·長·收·藏을 보살핀다. 이렇게 하늘은 창조하는 충동, 땅은 孕育하는 터전으로 보았기 때문에 하늘과 땅은 바로 만물의 부모요, 그 어떤 것 중에서도 가장 완비하게 공능을 교감 화합할 줄 아는 본보기로 삼았던 것이다.[54] 하늘이 健行하고 땅이 順承해서 만물을 생성한다.[55] 이 생성의 위대한 공능이 지속될 수 있는 것은 하늘과 땅의 協和 외에도 천지간에서 진행되는 생성변화가 질서 있고 또 이를 바탕으로 만물의 안배와 浮沈이 일대조화를 이루기 때문이다.

『주역』은 자연의 변화, 즉 變易의 원리로 설명된다. "易有太極 是生兩儀 兩儀生四象 四象生八卦",[56] "天地感而萬物化生",[57] "生生之謂易",[58] "天地之大德曰生"[59]이라는 설명에서 볼 수 있듯이 『주역』에서는 만물의 생성과 생명의 창달에 더욱 관심을 갖고 있다. 천지는 일체 만물을 날로 새롭게 創化하고 創達한다. 『주역』은 바로 만물을 낳고 또 낳는 이 천지의 작용을 일컫는 것이다.[60] 여기서 變易이라 함은 단순히 사물의 변역이나 만물의 변화 법칙을 설명하는 것이 아니고, 盛德·大業·仁 등으로 표현되기도 하는 생명의 부단한 창달임을 제

---

54) 金忠烈, 『中國哲學散稿』 2, 온누리 1990年. 228~229面.

55) 『周易』, 「乾卦」, "乾 元亨利貞." 坤卦 "坤 元亨 利牝馬之貞."

56) 『周易』, 「繫辭傳上」.

57) 『周易』, 「咸卦 象辭」.

58) 『周易』, 「繫辭傳上」.

59) 『周易』, 「繫辭傳下」.

60) 『周易』, 「繫辭傳下」, "日月相推而明生焉." 「周易」, 繫辭傳 下. "愛惡相攻而吉凶生."
   『周易』, 「繫辭傳下」, "情僞相感利害生." 「周易」, 屯卦 象辭. "剛柔始交而難生."

42

시해 준 것이다.

'生生不息'하는 생명의 부단한 창달은 천지, 건곤의 덕에 의해서 이루어진다. 천지의 운영에 의한 만물의 창화나 부단한 생성은 건괘, 곤괘, 복괘 등에서 확인할 수 있다. 건괘에서는 "크도다! 건의 원이여 만물의 시원이로다."[61]라 하여 만물의 시원이 乾 天에서 비롯됨을 말하였고, 곤괘에서는 "지극하도다. 坤의 元이여, 만물생성의 바탕이로다."[62]라 하여 坤·地에 의하여 만물이 생성된다고 하였다. 또한 「계사전」에서도 만물의 창조는 "乾이 始端을 열고, 坤이 완성한다."[63]라 하여 건괘의 資始와 곤괘의 資生을 베품(施)과 받아 키움(生)으로 설명하기도 하였다.

천지가 '생생불식'하여 만물을 부단히 생성 변화한다는 것은 復卦에서도 찾아볼 수 있다. 복괘는 上地下雷로 구성되어 있으므로 그 모양이 다섯 陰 밑에 한 陽이 있는 象이다. 消息卦에서는 곤괘(上地 下地) 다음에 위치하며 冬至를 나타낸다. 동지는 一陽이 처음으로 움직이는 때이다. 消息卦에서 초효에 陽이 돌아오는 것은 乾 사월에서 復十一月까지의 七개월 후이다.[64] 이것을 陽이 그 길로 되돌아가서 七日 만에 여기에 다시 온다고 하여, 復卦에서는 천지지심을 볼 수 있다고 하였다.[65] 주자는 "음이 쌓여 있는 아래에서 일양이 다시 생긴 것은 천지가 만물을 낳는 마음을 보여준 것이다."[66]라고 하여 갓 생겨난 일양의 기운을 귀중히 여기는 생명 존중 사상을 피력하고, "천지는 만물을

---

61) 『周易』, 「乾卦 彖辭」, "大哉 乾元 萬物資始."
62) 『周易』, 「坤卦 彖辭」, "至哉坤元 萬物資生"
63) 『周易』, 「繫辭傳」, "乾知大始 坤作成物."
64) 消息卦는 陰.陽의 消息으로서 12개월을 표현한 것이다.
65) 『周易』, 「復卦 彖辭」, "反復其道 七日來復 天行也. ……復 其見天地之心乎."
66) 『周易』, 「復卦 彖辭」, "積陰之下 一陽復生 天地生物之心."

낳는 것을 그 마음으로 삼는다. 그리고 인간과 만물은 생하여 각각 그 천지의 마음을 얻어 자기의 마음으로 삼는다. …… 이 마음은 어떠한 마음인가? 천지에 있어서는 만물을 생하는 마음이고, 인간에서는 다른 사람을 사랑하고 이롭게 하는 마음이다."[67]라고 설명하였다.

자연의 만물이 끊임없이 생성 소멸한다는 관념은 노자의 『도덕경』 속에 "천지의 사이는 마치 풀무와 같다. 비어 있으면서도 끝내 쭈그러들지 않고 움직일수록 더욱 바람이 많이 나온다."[68] "谷神은 죽지 않는다. 이를 玄牝이라 한다. 현빈의 문을 천지의 뿌리라 한다."[69]라 하여 만물이 천지 사이에서 부단히 생성하는 것으로 보고 또 그 생성은 천지로 말미암는 것으로 본다.

이처럼 만물이 무궁히 생성한다는 점에서는 『주역』의 내용이 도가의 사상과 유사하다고 하겠으나, 생명의 창달을 권장하거나 천지에 인간의 덕성을 반영하여 설명한다는 점에서는 도가의 사상과 전혀 다른 설명 방식이라 하겠다. 方東美도 『주역』에서 말하는 생명은 생성변화를 통하여 그 자체를 완성하고, 무궁한 생명기운의 원천인 시원적 자연(天地) 속에 뿌리를 내리고 있으면서 歸終的 자연으로 창조적 전진을 계속하여 至善에 도달하고자 하는 것이라고 설명한다. 그는 『주역』에서 언급한 자연 속에 충만한 생기를 보편생명이라 하고, 그 특징을 새로운 형태의 생명 탄생을 통한 완성, 언제나 새로운 완성을 통한 확장, 영속적인 창조력, 변화 과정 가운데 이미 성취된 것에서 나오는 變移, 실제적 불멸성을 얻고자 하는 노력 등[70]으로 표현하였다.

---

67) 『朱子文集』, 「與陳正己帖, 仁說」, "天地以生物爲心者也 而人物之生 又各得夫天地之心 以爲心也. …… 此心何心也 在天地則然生物之心 在人則溫然愛人利物之心."

68) 老子, 『道德經』 5章, "天地之間 其猶橐籥乎 虛而不屈 動而愈出."

69) 老子, 『道德經』 6章, "谷神不死 是謂玄牝 玄牝之門 是謂天地根."

송대 유학의 특성은 선진유학의 정통성인 정신과 생명을 전승하였지만, 철학하는 방법상의 문제는 천도와 성의 문제를 중요시한 것이다. 그러므로 인성론을 통해 천도와 인륜의 문제를 연결하고 있다는 점이 송대 유학의 특성이다. 선진유학서인 『논어』와 『맹자』에서는 내재적이고 주관적인 仁과 性의 개념을 '天'이라는 도덕의 본원적 근거로서 설명하고 있다. 공자의 '踐仁, 知天', 맹자의 '盡心, 知性, 知天'이 바로 그러한 예이다. 또한 『주역』과 『중용』에서도 초월적이고 객관적인 '천'을 중심으로 性命의 관계를 규정하고 있다. 그러나 송대 유학에서는 '천도는 성과 명을 서로 관통'하는 踐仁·知天이라는 도덕적 인격체현을 이상으로 삼고 있다.[71] 이것은 천도의 운영에 의해 만물의 창화와 부단한 생성이 인간의 도덕본성과 격단됨이 없이 내재적인 연관성을 가지고 있다고 봄으로써 '存天理 去人欲'하는 천인합일을 근본적 종지로 삼고 있는 것이다. 즉 인성론을 통하여 위로는 천도와 연결하고, 아래로는 인간의 도덕적 질서에 연결함으로 불가의 적멸추구나, 도가가 장생을 추구하는 것이 모두 '인성'과 '천도'를 위반하고 있음[72]을 비판하고 있는 것이다.

당대의 한유와 이고는 공·맹의 철학정신을 재건하여 인륜 중심의 실천도덕 철학으로 유학을 재구성하였다. 『예기』의 일부에 불과했던 『중용』과 『대학』을 중시하고 또 『주역』을 참고하여 천인합일사상을 형이상학체계로 전환시킨 점은 송대 성리학의 성격규정에 크게 기여하였다. 주자는 『예기』 편의 『중용』과 『대학』을 별책하여 『논어』, 『맹자』와 함께 사서로 표장하고 오경과 사서의 중요한 차이점을 다음과 같이 제

---

70) 方東美, 『生生之德』, 臺北 黎明文化社. 民國 68年 65~66面.
71) 蔡仁厚撰述, 『宋明理學』, 北宋篇. 20면. 學生書局 66-69.
72) 李澤厚, 『中國古代思想史論』, 臺北, 漢京文化, 1987. 214~215面.

시하였다.

　주자가 본 오경과 사서의 차이점은『논어』,『맹자』는 공·맹 사상을 직접 알 수 있는 자료이지만, 오경은 간접자료에 불과하고, 사서는 '性, 心, 仁, 義'와 같은 철학적 문제를 다루고 있고, 사서는 또한 체계적인 학문방법을 제시해 준다고 생각하였다.[73] 이 체계적인 학문방법이란 주자가 제시한 사서의 독서 순서를 보면 잘 알 수 있다. 그는 "먼저『대학』을 읽어 학문의 목적과 그 규모를 정하고, 다음에『논어』를 읽어 그 근본을 말하고, 그다음에는『맹자』를 읽어 그 전개 응용됨을 보고, 다시 그다음에『중용』을 읽어 옛사람의 은미하고 오묘한 사상의 진수를 탐구해야 한다."[74]라고 설명하였다. 이는 유학사서적으로 오경을 중심한 고전의 학적 태도로부터 사서와『역경』의 이론을 철학적 입장으로 전환한 것이고, 내용적으로는 요·순에서 주공까지의 정치적 치적으로부터 공·맹 중심의 철학적 체계에로 관심의 초점을 전환시킨 것이다. 그러나 선진시대의 공·맹설은 성과 천도 그리고 수양의 방법을 논했을지라도 모두 당시의 쇠락한 예악정치 제도를 재건하려는 데 뜻이 있었으므로 그 진정한 관심이 학문 자체에 있지 않고 문화 재건에 있었다.[75]

　수·당대에 있어서도 유학사상이 완전히 격단된 것은 아니었으나 도·불에 비하여 상대적으로 침체하였던 것은 당시 유학이 도·불 특히 불교에 대응할 만한 사변적이고 형이상학적이며 종합적인 체계를 구비하지 못했기 때문이다. 그러나 한유와 이고에 의해 공·맹의 철학 정신을 재건하려고 시도한 이후 宋初의 范仲庵(989~1052 A.D.), 胡瑗

---

73) 陳榮捷,『朱學論集』. 臺灣, 學生書局, 民國 71. 22面.

74)『朱子語類』, 卷14,「第三[某要]條」, "先讀大學以定其規模 次讀論語以定其根本 次讀孟子以觀其發越 次讀中庸以求古人之微妙處."

75) 唐君毅,『中國哲學原論』, 原道篇三, 臺灣, 學生書局, 民國 66, 426면.

(993~1059 A.D.), 孫復(992~1057 A.D.), 歐陽修(1007~1072 A.D.) 등으로 대표되는 正學運動에서는 한·당의 훈고 주소학에 대한 비판과 前代의 사상계를 지배해 온 도교와 불교에 대한 배척을 주된 기치로 삼았다. 당대 주소학은 내면적으로나 사상적으로 經義의 통일이 완전하지 못하여 단지 과거시험의 교본과 사상적인 수단으로 이용해 왔다. 그러므로 새로운 사대부층이 지배계층으로 등장하게 된 송대 사회의 시대적 요청에 적절히 부응할 수가 없었다. 왜냐하면 사대부층에 의해 요청된 유학은 그 기본적 성격인 通經致用의 학문, 즉 송대의 현실사회에 대응할 수 있는 지도 원리를 끌어낼 수 있는 새로운 창조적 해석학이 필요했기 때문이다. 송대에는 문신관료 지배의 확립, 비약적으로 성장한 경제규모에 대한 효율적 운영, 서민적인 신문화 보급 등 이른바 '근세적' 사회에 적합하고 도움이 될 수 있는 이론이 요청되었다.[76]

또한 '正學'은 이러한 유교의 내적 쇄신과 병행하여 당시 사상적 지배위치를 점해 오던 도교와 불교에 대항하기 위해서 이들의 이론을 능가하는 유교의 주체성이 내재한 사상확립을 필요로 하였다. 宋 仁宗 慶歷 四年(1044 A.D.)에 國學의 학제는 胡瑗에 의해서 제정되었다. 당시 재상인 范文正公(仲菴 宋吳縣人. 名 說)이 湖州에 命을 내려 호원의 교육방법을 대학법으로 삼도록 했으며, 그 후 법령으로 이를 확정 공포하였다. 호원의 교수방법은 經義와 治事를 두어 經義齋에서는 전인적인 인재를 양성하고, 治事齋에서는 전문적인 기술인을 위해 교육했다. 그리하여 대학교육은 經義 治事科로 分置하여 국가가 필요로 하는 전인적 인재와 전문적 기술인재를 양성하여 실용적인 정책에 중점을 두었다. 특히 胡瑗, 孫復 등의 사상은 아직 精하고 은미한 易에 도달해 있지 않았으나 노·장과 불교사상으로부터 벗어난 유학의 본질

---

76) 서울대학교 東洋史學 研究室 編, 『강좌 중국사 Ⅲ』, 1992. 197면.

로서 현실사회에서 최고이념의 체현자로 성인을 상징하고 이것을 목표로 하는 바의 사상과 실천을 중시하였다. 그리하여 유학은 손복의 『春秋尊王發微』, 司馬光의 『資治通鑑』, 歐陽修의 『春秋論』 등 경전에 대한 새로운 해석이 시도되었다.

유학이 도·불학의 영향을 받았음에도 불구하고 송대 유학자들은 유가의 경전과 이론에 대한 확증을 가지고 도·불학을 비판하고 있는 것이다. 이런 경향은 신유학의 완성자라고 할 수 있는 주자에 있어서도 예외 없이 나타난다. 이러한 점은 단순히 그 시대상황이나 사상적 조류에 의해서 나타난 결과로 돌릴 수 없는 일이다. 왜냐하면 송대 유학자들이 주장한 철학적 이론들은 도·불학이 내포한 문제점을 발견하여 극복하고, 또 그것을 해결할 수 있는 유학의 근본생명으로 재구성한 것으로 이 점을 고려하지 않는다면 주자학 자체의 생명력이 상실되고 말 것이기 때문이다.

불교의 근본교리는 생겨나서 存有한 것을 空幻한 것으로 보기 때문에 자기 신체를 잊고 만물을 제도하려 하는 것이고, 도교의 교리는 내 자신을 참되고 진실한 것으로 보기 때문에 약을 복용해서라도 생명을 좀 더 연장하려고 노력하는 것이다.[77] 특히 도교는 장생술 혹은 양생술에 의한 생명연장에 치중하였으므로 현실세계 속에서 인륜을 중시하는 전통유학에서 볼 때 그것은 큰 문제점이 아닐 수 없었다. 유교에 있어서 중요한 관심사는 생사의 문제에 있지 않고, 삶의 과정 중에 무엇을 추구했느냐에 있다. 즉 천리를 실현하는 도덕적 생명의 실현이라는 목표를 갖고 있는 것이다. 이런 현실적인 문제를 도교와 불교는 제출하지 못했다. 따라서 새로운 정신세계를 확립해야 할 필요성에 의해

---

77) 道宣撰, 『廣弘明集』, 卷八 「道安二敎論」, "佛法以有生爲空幻 故忘身以濟物 道法以吾我爲眞實 故服餌以養生."

서 자각된 이론이 바로 송대 성리학이었다.

불교와 도교는 인륜세계를 무상시하거나, 연단을 통해서 정기를 단련하고 장생을 구하였으니 천명을 갖춘 인간의 본연성으로 인해 우주와 격단됨이 없이 그 화육에 참여할 수 있음을 주장하는 유교와는 다른 것이다. 유교의 이론에 의하면 인간에 直入된 본성을 통해서 천리가 파악되며 천리와 인도가 인간의 내재된 性을 매개로 하여 성명 천리가 서로 관통하게 된다는 것이다. 그러므로 『주역』의 「건괘 문언전」에 "대인은 천지와 그 덕이 합하고, 일월과 그 明이 합하며 사시와 그 序가 합하고, 귀신과 그 길흉을 함께 한다."[78] 라고 하였다. 이는 곧 인간의 생명이 우주의 본질과 서로 상응해서 상호 감통배합된 상태를 의미하는 것으로 인간의 본성이 천명과 천도에 서로 통하고 있음을 의미하는 것이다. 그러므로 유교에서 말하는 도는 자연의 도를 의미하는 것이 아니고 인간의 충직한 자성을 근거로 하여 그 인성으로부터 우러나오는 그것을 순종하는 것을 말한다. 내가 성을 통솔함이 아니라 내가 나의 자성을 따르는 것이[79] 내가 실천해야 할 길이며 자유로울 수 있는 도이다. 그러므로 중용에서는 "誠은 하늘의 도이고, 誠하려고 노력하는 것은 사람의 도이다."[80] 라고 하였다. 誠 그 자체가 하늘의 도라고 하더라도 인간의 주체성을 떠나 존재하는 것이 아니다. 인간이 誠之하고 誠之하여 천하의 至誠에 이르면 그것이 곧 천도라는 것이다. 따라서 誠道로서의 인간의 언행은 그 자체가 천명의 본연이고 실리가 아님이 없다. 이것이 바로 인간의 誠이 실현된 모습이니[81] 송대 성리

---

78) 『周易』, 「乾卦文言傳」, "大人者 與天地合其德 與日月合其明 與四時合其序 與鬼神合其吉凶."

79) 『中庸章句』, 朱子註. "率 循也."

80) 『中庸』, 二十章. "誠者 天之道也 誠之者 人之道也."

81) 『中庸』, 二十章 陳淳註 "若就人倫之則 天道流行 賦予於人 而人受之以爲

학이 추구하는 천인이 합일된 성인의 경지가 바로 이것이다.

② 周濂溪의 太極說과 天人合一論

송대 유학자들이 '生生不息'하는 천지의 세계와 우주 본체에 대한 정립은 周濂溪(字, 茂叔. 名, 惇頤. 1017~1073)에서 발단한다. 그는 형이상학적인 본체 문제로부터 우주 전체의 구조문제를 『太極圖說』과 『通書』라는 저술을 통해서 태극에서 만물이 생성변화해 나오게 되는 창화과정을 일목요연하게 설명하고 있다. 주렴계는 태극, 음양, 오행 만물로 생화해 나가는 발전과정을 우주에서 인간성으로 내재하는 도덕의 근원으로 밝혀 창조 변화하는 전개과정을 설명하였다.

> 무극이면서 태극이다. 태극이 동하여 양을 낳고, 움직임이 극도에 이르면 고요해지고, 고요해져서 음을 낳는다. 고요함이 극도에 이르면 다시 움직인다. 한 번은 움직이고, 한 번은 고요함이 서로 그 뿌리가 된다. 음과 양으로 나뉘어져 양의가 생긴다. 그리하여 양이 변하고 음이 화합하여 水·火·木·金·土가 생겨나고, 오기가 순조롭게 펴져서 사계절이 운행한다. 오행은 하나의 음양이요, 음양은 하나의 태극이다. 태극은 본래 무극이다. ……. 건도는 男이 되고 곤도는 女가 된다. 두 기가 서로 감응하여 만물을 화생케 한다. 만물은 낳고 또 낳고하여 변화가 끝이 없다. 오직 사람만이 빼어남을 얻어 가장 영특하다. …… 오성이 외부의 사물에 느끼어 움직이므로 선악이 나누어지고 만사가 나온다. 성인은 자신을 조절하는 데 중정과 인의로써 하고, 고요함을 근본으로 삼아 人極을 세운다.[82]

性 此天命之本然者 便是誠 故五峯謂 誠者命之道 蓋人得天命之本然 無非實理."

82) 周濂溪, 『太極圖說』, "無極而太極 太極動而生陽 動極而靜 靜而生陰 靜極復動 一動一靜 互爲其根 分陰分陽 兩儀立焉 陽變陰合 而生水火木金土 五氣順布 四時行焉 五行一陰陽也 陰陽一太極也 太極本無極也……乾道成

이와 같이 주렴계의 『태극도설』이 갖는 철학적 의의는 태극이 초월과 현실을 일관하는 우주의 본체로서 우주와 인간을 설명하는 점이다. 즉 인간의 가치창조와 존재의미를 일원적으로 체계화하여 설명하는 형이상학적 관심에 있다. 태극은 천인을 통관하는 誠道이기 때문에 그 자체가 '生生不息'하는 우주론적 실체이자 도덕적 가치의 원천일 수 있다. 그러므로 태극 본체가 만물을 생성하는 본체이며 성인의 도의 본원임을 알 수 있다. 인간의 도덕은 중정과 인의이고, 이것을 행하는 근본요체는 靜이다. 이런 기본적인 존재론적 설명을 근거로 하여 인간 가치의 표준인 人極을 수립하는 것이다. 즉 보편적 천리나 인사가 인간의 본성을 떠나서는 운위될 수 없다. 이러한 점에서 주렴계의 『태극도설』이 도·불 등의 영향 아래에서 형성되었다는 의혹에도 불구하고 그가 송대 성리학의 開祖로서 평가받는 것이다.

주렴계는 『태극도설』에서 태극으로부터 음양오행과 인간 그리고 만물이 발생하는 과정을 다음과 같이 설명하고 있다.

오직 사람만이 빼어남을 얻어 가장 영특하다. 形이 이미 생겨나서 神은 앎을 발한다. 오성이 감통하여 선악의 분별이 생기고 만사가 나타난다. 성인은 중정과 인의로써 기준을 정해 놓고 靜을 주로 삼아 人極을 세운다. 그러므로 성인은 천지와 그 덕이 같아지고, 해와 달과 그 밝음을 같이하고, 사시와 그 순서를 같이하고, 귀신과 그 길흉을 함께한다. 군자는 성인의 가르침을 따르니 길하고, 소인은 그것을 거슬리니 흉하다.[83]

男 坤道成女 二氣交感 化生萬物 萬物生生 而變化無窮焉 惟人也 得其秀而最靈…… 五性感動而善惡分 萬主出矣 聖人定之以中正仁義 而主靜 立人極也."

83) 周敦頤, 『太極圖說』, "惟人也得其秀而最靈 形氣生矣 神發知矣 五性感動而善惡分 萬事出矣 聖人定之以中正仁義 而主靜立人極焉 故聖人與天地合

이와 같이 그는 오직 사람만이 만물 가운데서 빼어남을 얻은 가장 슬기로운 존재로 도덕성을 구비한 만물의 영장이라고 하였다. 성인이 중정으로 자신을 律하고 인의로써 사람을 대하는 도로 삼아 인극을 확립하였다. 그러므로 성인의 도는 인의중정뿐이다.[84] '仁'은 새로운 만물을 생성하는 태극의 '生' 이치이고 '義'는 이미 생성된 만물을 완성시키는 '成' 이치니 시종의 의미로 설명되기도 한다.[85] 즉 인과 의가 우주만물을 생성하는 태극의 이치로부터 확충되어 인생의 대도로서 표현되는 것이다. 즉 성인이 인으로써 만물을 보육하고 의로써 만물을 바르게 하니 천도가 행하여지면 만물이 그에 순응하고 덕을 닦으면 만민이 교화된다.[86] 이 인의야말로 인간이 천지에 참여하여 천지창조의 섭리인 화육을 돕는 인륜생활의 최대덕목이며 내성외왕의 이상을 실현하는 인극으로 성인의 도인 것이다. 또 성인이 천지와 그 덕을 같이하고, 일월과 그 밝음이 합치하는 등 우주자연과 일치한다고 하는 표현은 성인이 바로 천인합일의 경지에 도달해 있는 자임을 말하는 것이다. 이러한 논증을 통하여 주렴계는 인간이 도달해야 할 최고의 목적을 성인에 두었음을 알 수 있다. 따라서 인간은 성인이 되기 위한 수양방법을 강구해야 하는데, 그것이 誠으로 『통서』에서 설명되어 있다.

주렴계가 지은 『통서』의 誠은 본래 『중용』의 誠개념에서 나온 것으로[87] 이 誠을 설명할 때 『주역』에 의거한 바가 많다. 따라서 "誠은 성

其德 日月合其明 四時合其序 鬼神合其吉凶 君子修之吉 小人悖之凶."

84) 周濂溪, 『通書』, 「道」, 第6. "聖人之道 仁義中正而已矣."

85) 上揭書, 「順化」, 第11. "天以陽生萬物 以陰成萬物 生仁也 成義也."

86) 上揭書, 「順化」, 第11. "故聖人在上 以仁育萬物 以義正萬民 天道行而萬物順 聖德修而萬民化."

87) 唐君毅, 『中國哲學原論』, 上册. 臺北 人生出版社. 民國 55年 413面.

52

인의 근본이다."[88] 라고 하여 지극히 진실하여 거짓됨이 없는 것을 말하는 것으로 이것은 하늘이 부여하고 만물이 부여받은 바의 이치이다. 따라서 성인이 공부와 수양을 통해 도달한 최고의 경지가 誠임을 표현한 것이며, 동시에 천도의 성실한 모습이 성인이 추구하는 근본적 원리라는 의미를 포함하고 있다. 또한 형이상학적 원리로서 誠의 의미로도 설명된다.

> "위대하도다. 건원이여 만물이 이것을 바탕으로 해서 시작되니 誠의 근원이로다. 건도가 변화해서 각각의 性과 命을 바르게 하여 誠이 여기에 세워지니 그것은 순수하여 지극히 순수한 것이다."[89]

乾은 순수하게 陽으로만 이루어진 괘인데, 그 의미는 굳음으로서 하늘의 덕을 뜻하는 또 다른 이름이다. 元은 시작을 뜻하고, 資는 얻음을 뜻한다. 건도의 근원은 만물이 그것을 얻어 시작을 삼는 것을 말한다. 이것은 참다운 이치가 흘러나와 사람에게 부여되는 뿌리이니, 마치 물에 근원이 있는 것과 같다.[90] 이러한 형이상적 원리로서 誠의 작용이 바로 '萬物資始'와 '各正性命'으로 나타남을 설명하고 있다. 즉 '만물자시'는 존재원리로서의 誠이 만물을 생기게 하는 근본적인 기능을 가지고 있으며, '각정성명'은 만물이 생생하여 다양한 존재자들의 본성과 존재 조건으로서의 명을 올바르게 결정하는 구체적인 작용을 한다는 의미이다. 주렴계는 이러한 乾의 근본적 원리, 즉 천도의 움직

---

88) 『通書』, 「誠上」, 第1, "誠者 聖人之本."

89) 上揭書, 「誠上」, 第1. "大哉乾元 萬物資始 誠之源也 乾道變化 各正性命 誠斯立焉 純粹至善者也."

90) 上揭書, 「誠上」, 第1의 朱子 註, "乾者 純陽之卦 其義爲建 乃天德之別名也 元 始也 資 取也 言乾道之元 萬物所取以爲始者 乃實理流出 以賦於人之本 如水之有源."

임이 바로 誠이다. 그리고 誠이란 "순수하고 지극히 선한 것이다."(純粹至善者也)라고 하여 誠이 사물의 존재 원리일 뿐만 아니라 모든 가치판단의 기초가 된다는 것을 시사한다. 그러므로 형이상학적인 원리로서의 誠이 비로소 윤리적인 개념으로 나타나 인간 행위와 결부된 삶의 척도로 제시된다.

위에서 설명한 바와 같이 주렴계는 誠 개념을 『주역』의 건원 혹은 건도로 설명한다.[91] 건도에서 말하는 元·亨·利·貞이 천도의 生化 과정으로 誠이 유행하는 과정으로 본다. 즉 『주역』과 『중용』을 하나의 체계로 수립하여 천도의 생화를 강조하는 생명적 우주관을 제시한 것이다. 『태극도설』에서는 誠의 속성인 '寂然不動'을 인간의 주체적 의지를 실현하기 위한 '主靜'으로 설명하고 이 주정으로 말미암아 중정과 인의의 인극을 세울 수 있다는 것이다. 주렴계는 이런 생명적 우주관을 통해서 인간도덕의 근거를 확립하여 세계의 실재성과 존재의 합리성을 인식함으로써 인륜세계의 현실을 부정하는 불교와 장생을 추구하는 도교적 이론에 대해서 설득력 있는 논거를 제공하였던 것이다.

주렴계는 『주역』의 '乾彖'과 『중용』의 '誠'을 종합하여 천도를 밝히고, 또한 인도를 연역함으로써 천도와 인도를 誠에 일관시키고 있음을 알 수 있다. 그러므로 인간이 도달해야 할 목표는 성인이고, 그 근본이 誠이다. 인간이 誠의 본질을 인식하여 이것이 인간행위의 원천이 되는 소이를 밝힌 사람은 이고이다. 이고는 불교를 배척하고 유가의 전통적 인성론을 수립할 때 誠이란 개념을 제일 먼저 강조한다. 즉 『중용』의 "誠者 天之道也 誠之者 人之道也"[92]라고 한 문장에서 제시된 天人이

---

91) 『通書』, 「誠上」, "大哉乾元 萬物資始 誠之源也."
　　『通書』, 「誠上」, "乾道變化 各正性命 誠斯立焉 純粹至善者也."
92) 『中庸』, 20章.

일관된 誠 개념이야말로 도·불교에 없었다는 것을 자각하여 天의 주체도 誠이요, 인간의 주체도 誠이라는 견해를 갖게 되었다. 이를 계승한 주렴계는 성인은 오직 誠할 뿐이고, 誠은 五常(인의예지신이라는 인간의 모든 덕목)과 百行(인간의 모든 행위)의 근본과 원천이 되고,[93] 도덕의 근본원리가 되며 모든 실천행위의 근원이 된다고 규정하였다. 또 만약에 오상(德目)과 백행(行爲)을 실현하면서 誠하지 못한다면 그것은 그릇된 것이며 사특함과 어두움으로 가득 찬 것으로 보았다.[94] 이처럼 誠이란 모든 덕목과 모든 행위의 근본과 원천이 되기 때문에 주렴계는 誠을 성인의 근본으로 간주한 것이다.

天人을 통관하는 誠道는 '寂然不動'한 상태로 표현된다. 이에 비하여 '感而遂通'하는 것은 神으로 표현된다. 動하여 드러나지 않아 有와 無 사이인 것을 幾라 한다.[95] 誠은 體이고, 神은 用이지만 神은 不測한 작용성을 의미하여 動하면서도 動함이 없고, 靜하면서도 靜함이 없는 것이다.[96] 그러므로 誠은 태극의 속성이 아니고 태극 그 자체가 된다. 따라서 誠은 '無思無爲'하고 '寂然不動'한 것을 뜻한다.

> 無思는 本이요 생각하여 통하는 것은 用이다. 幾는 거기에서 動하고 誠은 여기에서 動한다. 無思하여도 통하지 아니함이 없음이 바로 성인이다.[97]

---

93) 『通書』, 「誠下」, 第2. "聖 誠而已矣 誠 五常之本 百行之源也."

94) 上揭書, 「誠下」, 第2. "五常百行 非誠 非也 邪暗塞也."

95) 『性理大全』, 「誠」 第4. "寂然不動者 誠也 感而遂通者 神也 動而未形 有無之間者 幾也."

96) 『通書』, 「動靜」, 第16. "動而無動 靜而無靜 神也."

97) 上揭書, 「思」, 第9. "無思本也 思通用也 幾動於彼 誠動於此 無思而無不通 爲聖人."

태극과 誠은 참다운 실체로 '無思無爲'의 체증적 존재로서 무극을 말한 것이다. 無思란 사심이 없다는 것이고, 사심이 없으면 明通하다. 명통한 경지에 이르면 천지의 至公함과 상통하고, 천리를 順受하여 인욕이 개입되지 않는 참다운 모습인 성인의 경지에 도달한다. 이처럼 성인이 추구해야 할 수양방법이 誠이고 그것을 최고의 목표로 간주했다는 것은 誠한 자체(誠者)를 인간이 당연히 순응해야 할 하늘의 법도이고, 인간이 誠하려는 태도(誠之者)를 인간의 도리로 본 『중용』의 誠論을 체계화한 것임을 대변하는 것이다.

③ 邵康節의 太極觀 天人合一論

邵康節(名, 雍. 字, 堯夫. 1011~1077)은 우주의 본질로서 도와 태극을 동일개념으로 설명하였다.[98] 그러므로 도는 그 성질상 불변하면서 우주에 내재하는 최고개념이고 부동성으로 태극과 동일한 것이다. 그의 사상에는 象數학파에서 전승하여 내려온 내원이 담겨 있다. 남송의 朱震은 "陳搏은 先天圖를 種放에게 전수하였고, 종방은 穆修에게, 목수는 李之才에게, 이지재는 소옹에게 그것을 전수하였다."[99]고 말하였다. 그래서 송의 학설을 '수학'으로 부른다. 또 다른 전승으로, 주렴계가 제창한 공자와 안연이 즐거워한 것에 호응하여 '안락과 소요'의 경지를 제창하였던 점이 바로 유학을 전승하였다고 말한다. 여기서는 유학의 전승의 측면만 살펴보도록 하겠다.

---

98) 『皇極經世書』, 「觀物外篇」, 卷7上. "道爲太極."

99) 朱震, 『漢上易傳』, 「漢上易傳表」, "陳搏以先天圖受種放　放傳穆修　修傳李之才　之才傳邵雍"

56

하늘은 도로 말미암아 생기고, 땅은 도로 말미암아 이루어진다. 물
은 도로 말미암아 형성되고, 사람은 도로 말미암아 형성되어 행하니
하늘과 땅과 사람과 사물은 다르지만 도에서는 하나이다.[100]

도의 도는 하늘에서 극진히 발휘된다. 하늘의 도는 땅에서 극진히
발휘된다. 땅의 도는 사물에서 극진히 발휘된다. 천지만물의 도는 사
람에게서 극진히 발휘된다. 사람이 천지만물의 도를 깨달을 수 있는
것은 사람에게서 극진히 발휘된 다음에 백성을 극진하게 할 수 있기
때문이다.[101]

이처럼 우주 현상계의 모든 질서와 그 형성의 근원성이 바로 인간
에 의해서 자각된다. 그러므로 인간은 "천지만물의 이치를 다 갖춘
자"[102]이지만 도덕적 體現이 가능한 성인만이 이를 체증하여 일이관
지할 수 있는 자이다.[103] 이러한 도를 체득하려는 주체자인 군자는
천지·만물에 내재하는 본원적인 원리를 체인하여 그에 상응하는 것
을 목적으로 가진 자이다.[104]

소강절은 태극을 도라고도 하고 태극을 心이라고도 표현하고,[105]
또 "混成一體를 일컬어 태극이다."[106]라 하고 "태극은 하나다."[107]라

---

100) 『皇極經世書』, 卷6 「觀物內篇」, "天由道而生 地由道而成 物由道而形 人
　　由道而行 天地人物則異矣 其於道一也."

101) 上揭書, 卷6 「觀物內篇」, "道之道盡于天矣 天之道盡于地矣 地之道盡于
　　物矣 天地萬物之道盡于人矣 人能知天地萬物之道 所以盡于人者 然後能
　　盡民也."

102) 上揭書, 卷6 「觀物內篇」, "備天地萬物者."

103) 上揭書, 卷6 「觀物內篇」, "聖人 知天下萬物之理 而一以貫之."

104) 上揭書, 卷7 「觀物內篇」, "心一而不分 則能應萬變 此君子所以虛心 而不
　　動也."

105) 上揭書, 「觀物外篇」 上, "道爲太極. 心爲太極."

106) 上揭書, 卷6 「觀物內篇」, "混成一體 謂之太極."

107) 上揭書, 「觀物外篇」 下, "太極 一也."

고도 말했다. '道爲太極'이나 '心爲太極'을 함께 말한 것은 천도론의 機인 道와 인성론의 중심 개념인 心을 태극이라 본 것이다. 즉 그 자체는 혼잡하지만, 어떠한 것으로도 될 수 있는 가능성을 태극이라고 표현한 것이다.

주렴계는 태극이 우주생성과 만물화생의 원리를 『주역』의 음양원리를 그대로 계승하였지만, 소강절의 태극설은 『주역』의 논리를 推衍했을 뿐만 아니라 상수학적인 입장으로 해석하여 卜書로서의 기능을 회복시켜 발전시킨 점이 주렴계와 다른 점이라고 볼 수 있다.

④ 張橫渠의 本體論의 認識과 天人合一論

주렴계를 이은 張橫渠(名, 載. 字, 子厚. 1020~1077)는 '太極卽氣'라고 설명하여 태극을 氣의 개념으로 설명하였다. 그리고 또 浮沈, 升降, 動靜의 상호 작용이 포함된 氣 본성을 크게 조화를 이룬다는 의미로 太和라고 표현한다.[108] 이러한 본성은 만물을 생성시키는 원기 왕성한 絪縕이 서로 움직여서 이기기도 하고, 지기도 하며, 굽히기도 하고, 펴지기도 하는 작용을 시작하게 한다.[109] 이처럼 끊임없이 운동을 계속하는 본체가 도 또는 태화이다. 그런데 만유 생성변화의 총체를 가리켜 말하는 태화는 和가 본래 실체가 아니다. 따라서 태화 그 자체는 본체를 묘사하는 말에 지나지 않음으로 太虛와 氣의 개념이 등장한다. 태허는 형체는 없고 기만이 충만되어 있는 초감각적인 존재이다. 그런데 기는 취산작용을 하여 사물을 생성하고 消長시키지만 기의 본체는 손익되지 않는다. 그러므로 기가 태허로부터 생한 것이 아니라 태허가 곧 기이고, 기가 곧 태허이다. 태허는 만물을 생성하는 근원이면서 그

---

108) 『正蒙』, 「太和篇」, "浮沈升降動靜 而相感之性."
109) 『正蒙』, 「太和篇」, "是生絪縕 勝負屈伸之始."

만물은 다시 사라져 태허로 환원된다.

> 태허에는 氣가 없을 수 없고, 기가 모여서 만물이 되지 않을 수 없
> 으며 만물은 흩어져 태허가 되지 않을 수 없다.[110]

태허가 기로, 기가 만물로 凝聚되고, 만물은 다시 태허로 환원되기
도 한다. 비록 기가 무형이어서 태허라 할지라도 무로 돌아가는 것은
아니다. 그는 이런 입장을 통하여 불교와 도가가 유와 무를 출발점으
로 하여 이것을 심화시키고 확대시키는 것을 비판한다.

> 만약 허가 기를 생할 수 있다면, 허는 무궁하고 기는 유한하므로
> 체와 용이 단절되어서 유가 무에서 생한다는 자연론으로 들어가니,
> 이는 유와 무가 혼일되어 있는 항상스런 도를 모르기 때문이다. 만약
> 일체의 모든 현상이 태허 가운데에서 나타나는 것이라면 물과 허는
> 서로 의존하지 않게 된다. 이렇게 되면 形과 性, 天과 人이 서로 기다
> 려서 존재하지 않는 것이 되므로 이는 불교에서 말하는 산하와 대지
> 를 인식의 오류로 보는 설에 빠진다.[111]

장횡거의 불교와 도가에 대한 비판의 기본관점은 바로 '허'의 개념
을 가지고 '공'과 '무'를 비판하는 것이다. 즉 불교는 '체와 용이 서로
격절해서 달라지는(體用殊絶)' 모순에 빠졌고, 도가는 '物과 虛를 완전
히 분리시켜 천인이 서로 의지하지 않게 됨'에 빠지는 병폐를 범하게

---

110) 『正蒙』, 「太和篇」, "太虛不能無氣 氣不能不聚而爲萬物 萬物不能不散而
　　 爲太虛."

111) 『正蒙』, 「太和篇」, "若謂虛能生氣 則虛無窮 氣有限 體用殊絶 入老氏 有
　　 生於無 自然之論 不識所謂有無 混一之常 若謂萬象爲太虛中所見之物 則
　　 物與虛不相資 形自形 性自性 形性 天人不相待而有 陷於浮屠以山河大地
　　 爲見病之說."

된다고 본 것이다.

풍우란은 장횡거의 말을 빌려, "불교는 無生을 추구하니, 즉 '적멸을 논하는 자들은 윤회를 벗어나 한 번 가서 다시 돌아오지 않으려고 한다.'는 말이다. 도교는 長生을 추구하니, 즉 '삶을 좇아 존재에 집착하는 자들은 일개 사물이면서 변화를 거부한다.'는 말이다. 만약 기가 '모인 것도 내 몸이고 흩어진 것도 내 몸임'을 안다면 '삶도 소득이 아니니' 굳이 무생을 추구할 필요가 있겠으며, '죽음도 상실이 아니니' 굳이 장생을 추구할 필요가 있겠는가? 우리는 무생도 구하지 않고 장생도 구하지 않고, 하루를 살면 하루에 해야 할 일을 하다가 어느 날 죽음에 이르면 다시 태허에 합일한다. 즉 '살아서는 인간사에 충실하고 죽어서는 편안히 쉰다.'는 말이다. 이것이 유가의 인생 태도로서 도학자들이 누차 주장했다. 도학자들이 비록 불교와 도교의 영향을 받았지만 여전히 불교와 도교를 배척히고 여전히 유가로 자처했던 이유가 여기에 있다."112)고 하여 불교와 도교의 잘못된 이론을 제시한다.

장횡거는 '太虛一氣'를 천지만물과 인간 그리고 인간의 마음의 실질로 보아113) 인간과 천지간에 드러난 현상세계는 모두가 태허의 작용에 의거한다고 보았다. 이러한 태허의 작용으로 인하여 하늘과 도의 이름이 있게 되고, 허와 기로 인해서 性의 이름이 주어지고, 성과 지각이 합하여 비로소 심이란 명칭이 부여된다.114) 즉 氣化의 작용을 통해 인간의 마음속에 존재의 보편적 본성이 생긴다. 이 본성은 존재

---

112) 풍우란 지음, 박성규 옮김, 『중국철학사』 제12장, 495~496쪽 참조, 까치, 1999.

113) 『正蒙』, 「太和篇」, "太虛者天之實也 萬物取足於太虛 人亦出於太虛 太虛者心之實也."

114) 『正蒙』, 「太和篇」, "由太虛有天之名 由氣化有道之名 合虛與氣有性之名 合性與知覺有心之名."

60

의 보편적 속성이기 때문에 인간뿐만 아니라 모든 존재자들이 공통으로 존유하는 것이다.

그러므로 인간이 지니는 본성의 근원은 만물이 지니는 본성과 동일하고, 인간의 본성은 사사로운 것이 아니고 공공한 것이다. 따라서 공공한 것이 사사로운 것에 가리면 만물이 일체라는 것을 인식하지 못하게 된다. 그것은 인간이 덕성의 양지로 만물을 파악하지 않고 견문의 지식으로 파악하기 때문이다. 그래서 장재는 "誠明으로 아는 것은 천덕의 양지이니 보고 들어서 아는 小知가 아니다."[115] 또한 "誠明이라는 것은 본성과 천도에 소대의 분별을 나타내지 않는다."[116] 이처럼 그는 견문지와 분별지를 부정하고 천덕의 양지를 '천인합일'을 위한 참다운 앎으로 파악한 것이다.

이와 같이 모든 인간의 본성은 선험적인 것으로 이를 잘 반성하고 성찰하는 관건에 따라 선악의 행위가 분별된다.[117] 따라서 덕성의 양지인 착한 행위를 모색하기 위한 방법이 학문이며 그 주된 내용은 인간의 기질을 변화시키는 것이다.[118] 인간의 기질을 변화시켜 마음을 허하게 하면 인간은 사시의 변천을 운행케 하며 만물을 창생하는 천도를[119] 순수하게 받아들여 이를 준행하게 된다는 것이다. 天의 작용은 '長久不已'로 설명됨으로 끊임없이 지속된다는 의미에서 誠으로 표현되기도 한다.[120] 그렇다면 학문을 통해 도달해야 하는 최고의 단계는 誠을 실천하는 단계이고, 誠을 실천하는 사람이 바로 성인이다. 맹

---

115) 『正蒙』, 「誠明篇」, "誠明所知乃天德良知 非聞見小知而已."
116) 『正蒙』, 「誠明篇」, "所謂誠明者 性與天道不見乎小大之別也."
117) 『正蒙』, 「誠明篇」, "性於人無不善 繫其善反不善反而已."
118) 『經學理窟』, 「義理」, "爲學大益 在自能變化氣質耳."
119) 『正蒙』, 「天道篇」, "天道四時行 百物生."
120) 『正蒙』, 「天道篇」, "天所以長久不已之道."

자는 학문의 진전과정을 盡心, 知性, 知天의 세 단계를 두어 설명하였
는데 誠에 입각해서 도리를 遵行함이 盡心이다. 이 진심을 온전히 보
존하여 知性하면 천하의 모든 사물의 이치와 융합되는 단계에 이르는
데, 이러한 경지가 바로 知天이다.

> 하늘과 사람이 쓰임이 다르면 誠이라 말할 수 없고, 하늘과 사람이
> 아는 것이 다르면 明을 다했다고 할 수 없다. 성과 명이란 성과 천도
> 가 작고 큰 구별이 없는 것을 말한다.[121]

장재는 천도와 인도의 관계를 誠으로 인해 합일되는 계기를 갖는다
고 보았다. 인간과 우주자연과의 합일이 誠에서 이루어지게 되는 것이
다.[122] 이와 같이 誠은 장재에 있어서 인간의 최고 덕목이면서 자연
의 법칙으로 간주되고 있을 뿐만 아니라 우주자연과 인간을 하나로
연관시켜 주는 매개체로 정의된다.

⑤ 程明道의 生生不息과 天人合一論

송대의 우주본체론이 理氣의 상관관계 속에서 설명되는 것은 二程
에 와서이다. 程明道(名, 顥, 字, 伯淳. 1032~1085)는 『주역』에서 태극
을 음양 이전의 본원으로 설명하지 않고, '乾元一氣'를 만물의 生命元
으로 설명한다.

> 천지의 큰 덕을 生이라 말한다. 천지는 絪縕하며 만물은 생육된다.
> 태어난 그대로를 일러 性이라 한다.[123]

---

121) 『正蒙』, 「誠明篇」, "天人異用 不足以言誠 天人異知 不足以盡明 所謂誠
　　明者 誠與天道不見乎小大之別也."
122) 『正蒙』, 「誠明篇」, "性與天道合一存乎誠."

정명도는 만물은 모두 천지를 생생하는 음양 기에 의하여 이루어진다고 설명한다. 그는 또 "천지의 두 기(陰 陽)가 올라가고 내려와서 만물을 생성하는 것"[124]이라고 설명하기도 한다. 이것으로 살펴보면 천지는 음양의 두 기에 지나지 않음을 알 수 있다.

정명도는 또 생성함을 易이라 일컫고,[125] 역이란 하나의 일로 단지 하늘의 이치를 다하면 이것이 곧 역이라고 보았다.[126] 이와 같이 명도는 '건원일기'를 본체로 하고, 그 본체성으로 천의 이치, 즉 천리를 말함으로써 이기철학을 전개한다. 하늘의 저절로 그러한 작용을 천도라 일컫는 것이니 천이란 리이며[127] 현상계의 모든 구체적 사물은 모두 리의 작용에 따라 존재하게 된다는 것이다.[128]

이처럼 자연의 생리는 하늘의 이치를 일컫는 것이고 이에 따른 가치란 상대적인 것을 의미한다. 우주가 만물을 화육하는 것은 음양 이기가 교감하여 만물을 화생시킨다. 이것은 천리가 백 가지 이치를 다 갖추고 있기 때문이다.[129] 이런 천리를 극진히 발휘하는 것은 곧 易이다.[130] 역은 만유의 생성변화로 역의 건원을 만물의 생명원으로 삼고 있기 때문이다. 왜냐하면 건은 시원을 알기 때문에 위대한 건원이라 찬미하고 만물은 바로 여기서부터 시작된다고 하였다.[131] 그러므

---

123) 『河南程氏遺書』, 卷2. "天地之大德曰生 天地絪縕 萬物化醇 生之謂性."

124) 『河南程氏遺書』, "天地二氣 昇降而生物."

125) 『河南程氏遺書』, "生成之謂易."

126) 『河南程氏遺書』, "易是一箇事 只是盡天理 便是易."

127) 『河南程氏遺書』, "天之自然者 謂之天道 天者理也."

128) 『近思錄』 1. "天地生物 名無不足之理."

129) 『河南程氏遺書』, 第二上. "天理云者 百理俱備."

130) 『河南程氏遺書』, "盡天理 便有易."

131) 『河南程氏遺書』, "乾知大始 大哉乾元 萬物資始."

로 만물은 천에서 생하는 것이고 땅에서 이룩된다. 사람은 건원의 기를 품수하여 태어났기 때문에 성인이라도 선악의 性이 있기 마련이다. 그러나 善惡 偏正의 상대적인 차별성은 성으로부터 아직 체현되어 있는 것이 아니다. 선악이라는 관념은 후천적인 것이므로 본래 성은 선천적인 것이나 악도 또한 성이라 일컫지 않을 수 없다.132) 본래 선악은 성 가운데서 두 가지로 있는 것이 아니다. 악도 단지 본래 성을 상실하여 상대적으로 생긴 것이 아니라고 정명도는 말한다.

　　천하의 선악도 모두 천리이며 그것을 악이라고 하는 것은 본래 악한 것이 아니다. 단지 어떤 것이 지나치거나 어떤 것이 미치지 못함이 곧 이와 같은 것이다.133)

'過或不及'은 외부의 유혹으로 인간의 인위적인 욕심에서 나온 것으로 善 惡의 상대적인 가치적 측면에서 말한 것이지 자연의 생리적인 측면에서 설명한 것은 아니다. 즉 선과 악은 대립해서 생긴 또 다른 개념이 아닌 것이고 인성이 자신의 사사로움에 가려 내외가 다 있을 수 없기 때문에 악이라고 했을 뿐이다.

　만물의 생명원을 건원으로 설명한 명도는 하늘의 자연스러움을 천도라 하고, 하늘이 만물에 부여한 것을 천명이라 한다.134) 하늘이 만물에 부여해 준 바가 천도이고 천도에 따라 생겨난 개물로써 존재자는 천명을 어길 수 없어 천명은 절대적 명령이 된다.

---

132) 全書, 卷一. 人生氣禀 理有善惡 不是性中元有此兩物相對而生也 有自幼而善 有自幼而惡 是氣禀自然也 善固性也 然惡不可不謂之性也.

133)『河南程氏遺書』, 第二上 天下善惡皆天理 謂之惡者非本惡 但或過或不及 便如此.

134)『河南程氏遺書』, 第11. 天之自然者謂之天道 言天之賦豫萬物者 謂之天命.

64

정명도는 또한 리와 도를 일치시키기도 한다. 도와 리는 형이상의 도체요, 리체라는 것이다. 마음은 적연부동하기 때문에 만물과 더불어 감통하고 그것에 응해서 행위를 하게 되므로 인체의 기와 만물의 기는 곧 모두 이 리와 도가 관철하여 운행하는 처소이다.[135] 또한 만물의 象의 변화와 易象은 인간이 도리를 어떻게 실현할 수 있을 것인지를 아는 재료이다. 그러므로 명도의 형이상학이나 도덕학은 '천인합일'을 전제로 하여 수립된다.

> 형이상자 그것을 도라 하고, 형이하자 그것을 器라 한다. 만일 어떤 사람처럼 淸虛一大를 천도라 한다면 이것은 器를 말한 것이지 도가 아니다.[136]

이렇게 그는 청허일대에 나아가서 도를 구현하는 것이 아님을 밝히고 있다. 정명도는 도와 일치하는 개념으로 리를 제시함으로써 천리를 중심으로 하는 형이상학을 구축하였는데, 천리 두 자는 다른 사람에게 배워서 안 것이 아니라 그 자신이 창출한 것임을 밝히고 있다.[137] 천도가 생생하여 소우주의 인심으로 드러나게 된 것이 다름 아닌 천도가 생하므로 이러한 입장에서 '천인합일'이요, 맹자의 盡心, 知性, 知天이라는 것이다.[138]

정명도는 또한 도와 물, 천과 인이 모두 無對하고 無間하여 내외가 합해지는 도이고, 천인이 합일되어 상하가 齊合하는 一本의 道를[139]

---

135) 唐君毅「中國哲學原論」導論篇. 426面.

136) 『河南程氏遺書』, 第11 明道先生語 1. "形而上者謂之道 形而下者謂之器 若如或者以淸虛一大爲天道 則此乃以器言非道也."

137) 『二程全書』, 外書 第12. "吾學雖有所授受 天理二字卻是自家體貼出來."

138) 蔡仁厚撰述,『宋明理學』, 北宋篇. 254面.

'誠' 또는 '敬'에 있다고 보았다. 만약 인간의 마음에 誠이 없다면 천과 인물은 二本이게 되어 이원론이 되고 만다[140]고 하고 一本의 道로써 사물이나 천인의 관계가 徹上徹下된 것임을 알려면 우선 공경하는 마음을 지니고 남과 충의로워야 한다고 한 데서 잘 표현되어 있다.[141] 정명도는 이처럼 誠과 敬을 언급하면서 "誠이란 천의 도이고, 敬은 인사의 근본이고, 敬卽誠이다."[142]라 하여 성과 경은 천이나 인사에 해당되는 개념이면서 동시에 천인합일의 선상에서 서로 하나로 연결되는 관계임을 언표하고 있다. 그리고 정명도는 이 성경이야말로 '仁'을 체득할 수 있는 요체로써 의예지신을 모두 포괄하는 도덕의 시원으로 설명함으로써 성경을 중심으로 하는 수양론을 도출하였다.[143]

그리고 인간은 무엇보다도 먼저 인을 깨달아야 한다고 하여 성경으로 체득할 수 있는 인을 학문의 목표로서 강조하고 있다.[144] 대우주는 '廓然大公'하여 만물을 모두 포섭하고 있다. 명도는 곽연대공하고 物來順應하는 천리를 默識自得한 성인의 경지로 표현하고 다음과 같이 불교와 비교한다.

성인은 公心을 다하고 천지만물의 이치를 극진히 해서 각각 그 분수를 행하고, 佛氏는 모두 한 사람 개인의 사사로움을 행하니 어찌

---

139) 『河南程氏遺書』, 卷11. "道與物無對 天人無間斷."
　　　『河南程氏遺書』, 卷3. "合內外之道 一天人 齊天下."

140) 『河南程氏遺書』, 卷11. "道一本也 或謂以心包誠 不若以誠包心 以至誠參天地 不若以至誠體人物 是二本也."

141) 『河南程氏遺書』, 二上 "居處恭 執事敬 與人忠 此是徹上徹下語 聖人原無二語."

142) 『河南程氏遺書』, 卷11. "誠者 天之道也 敬者 人事之根也 敬卽誠"

143) 『河南程氏遺書』, 二上 "義禮智信皆仁也 誠得此理 以誠敬存之而已."

144) 『河南程氏遺書』, 卷2, "學者 須先識仁."

같을 수 있겠는가? 성인은 이치를 따르므로 平直해서 행하므로 쉬우며, 이단은 대소를 조작하여 크게 힘을 소비하니 자연이 아니므로 심한 과실을 저지르게 된다.[145]

公心과 一己의 私가 儒佛사상의 분기점이고, 천리를 순응하고 자연에 동화되려고 노력하는 것이 유교라면 불교는 자연성을 조작하여 과실을 범하게 된다. 즉 불교는 靜공부에 치중하지만, 유교는 敬공부를 위주로 한다. 따라서 주렴계가 『태극도설』에서 主靜을 주장한 바 있으나 靜공부보다는 敬공부가 더욱 중요하다는 것을 인식한 것이다.[146] 그러므로 명도는 敬을 통한 천리의 체득이 바로 천인합일의 계기가 된다고 보았다.

인간에 있어서도 대자연의 리법에 순응하면 물아와 내외의 分隔이 없다.[147] 따라서 인이란 혼연하여 일체를 이루는 합일의 경지를 말하는 것이다.[148] 그러므로 인은 천지만물과 함께 동일체가 되고, 천지와 만물을 일체로 관계를 지어 주는 매개체가 된다. 명도는 천과 인은 본래 둘이 아니므로 합일이라는 말조차 쓸 필요가 없다[149]고 하여 천인합일사상을 天人不二의 사상으로 격상시켰다. 정명도는 인을 인식하는 방법이 바로 성경으로 설명되고[150] 인이 천인불이의 존재론과 성경을 중심으로 하는 수양론이 핵심임을 입증하는 증빙자료가 된다. 따라서

---

145) 『河南程氏遺書』, 卷14. 聖人致公心 盡天地萬物之理 各當其分 佛氏總爲一己之私 是安得同乎 聖人循理 故平直而易行 異端造作大小 大費力非自然也 故失之遠.

146) 『河南程氏遺書』, 卷18, 纔說靜, "便入於釋氏之說也 不用靜字 只用敬字."

147) 『河南程氏遺書』, 卷11, "天人無間斷."

148) 『河南程氏遺書』, 二上, "以天地萬物爲一體."

149) 『河南程氏遺書』, 卷6, "天人本無二 不必言合."

150) 『河南程氏遺書』, 二上, "仁者……識得此理 以誠敬存而已."

誠은 거짓이 없는 것이고(眞實無妄), 敬은 마음이 분산되지 않은 것
(主一無適)이다. 이것은 孟子의 "만물은 다 나에게 갖추어져 있다. 나
자신을 반성하여 誠이 있으면 이에 더 큰 즐거움이 없을 것이다."[151]
라고 한 사람의 본연성을 말한 것이다. 모든 존재는 동일한 천리를 품
수한 것이므로 각 개인에게는 이미 만물의 이치가 구비되어 있다. 그
러므로 자신을 인식하고 도덕을 실현하는 것은 곧 전체를 체득하는
것과 같다.

> 仁者는 천지만물을 한 몸으로 여겨서 자기가 아님이 없다. 자기라
> 고 여긴다면 어딘들 이르지 못하겠는가? 만약 자기에게 없다면 스스
> 로 자기와 상관이 없다.[152]

도는 모든 것을 포괄하므로 상대성을 초월한다. 도에서부터 파생된
모든 존재 사이에는 간격이 없다. 이런 상태를 渾然이라 한다. 따라서
천지의 작용은 나의 작용과 일치한다.

정명도는 仁을 터득하는 수양방법으로 맹자의 '호연지기'를 기를 것
을 권하기도 한다. 호연지기는 생명을 육성하는 천리의 '生生不息'하는
작용이므로 억지나 조장을 하여 생명을 손상시키지 말고 있는 그대로
를 기르는 것이다. 또한 사람에게 있는 양지양능을 항상 염두에 두면
자연히 구습이 제거된다고도 하였다. 그렇다면 명도가 주장하는 호연
지기를 기르는 것과 '양지양능'을 염두에 두는 것은 誠敬을 중심으로
하는 수양방법에 귀일된다고 할 수 있다. 그러므로 명도는 경으로써
내심을 바르게 하고 의로써 밖의 행위를 방정하게 하여 경과 의가 서

---

151) 『孟子』, 「盡心上」 4章, 萬物皆備於我矣 反身而誠 樂莫大焉.
152) 『河南程氏遺書』, 卷2, "仁者以天地萬物爲一體 莫非己也 認得爲己 何所
   不至 若不有諸己 自不與己相干."

68

게 되면 덕은 외롭지 않아 성인에 이른다[153]고 했다. 성인은 만사에 순응하여 그 정에 의한 사사로움이 없다. 따라서 군자의 학문은 확 트여서 크게 공평하니(廓然大公) 사물이 오면 순응해서 이치에 합해진다는 것이다.[154]

⑥ 伊川의 理氣論과 天人合一論

程伊川(名, 頤. 字, 正叔. 1033-1107)은 명도와는 개성이 달랐을 뿐만 아니라 학문적 경향도 상이하였다. 정명도는 성격이 따스하고 평화스러운 데 반해서 정이천은 엄격하고 장중하였다. 二程의 제자는 명도는 해학이 풍부했지만 이천은 오직 근엄하다고 평할 정도로 개성이 달랐다. 따라서 학문적 경향도 달라서 이천은 리기 분별을 명백하게 제시하였다.

> 음양을 떠나서는 다시 도가 없으니 음이 되고 양이 되는 소이가 바로 도이고, 음양은 기이다. 기는 형이하자인 것이고, 도는 형이상자인 것이다.[155]
> 한 번은 음이 되고, 한 번은 양이 되는 것을 일러 도라 한다. 도는 음이 아니고 양이 아닌 것으로 한 번은 음이 되고, 한 번은 양이 되는 소이가 도이다.[156]

형이상자로서의 도의 개념을 정리하면서 한편으로는 도를 리라고

---

153) 『二程全書』, 卷2. "惟言敬以直內 義以方外 敬義立而德不孤 至于聖人."
154) 『定性書』. "聖人之常 以其情順萬物而無情 故君子之學 莫若廓然而大公 物來而順應."
155) 『河南程氏遺書』, 卷15. "離了陰陽更無道 所以陰陽者 是道也 陰陽氣也 氣是形而下者 道是形而上者."
156) 『河南程氏遺書』, 卷4. "一陰一陽之謂道 道非陰陽也 所以一陰一陽者 道也."

설명하여 도와 리의 개념을 일치시켰다.[157] 따라서 도와 리는 음양이
작용하는 소이연의 이치이지 음양(氣)은 아닌 것이다. 이천에 이르러
도가 리로서 파악되고 기가 형이하의 器로 격하되면서 이기이원론의
이론이 등장하게 된다.

> 도는 저절로 만물을 낳는다. 이제 무릇 봄은 낳고, 여름은 기르는
> 것을 한 번 하였으니, 이 모두가 도의 낳음이다. …… 도는 저절로 쉬
> 지 않고 계속 낳고 낳는다.[158]

정이천은 끝없이 진행되는 우주자연의 '生生不已'의 생성과 변화의
소이연을 도 또는 리라고 한다. 그리고 "리가 있으면 기가 있고, 기가
있으면 리도 있다."[159]고 하여 형이상자인 리와 형이하자인 기가 불
가분의 관계로 공존하는 존재임을 설명한다. 그러나 항상 불변하는 본
체론적 존재로서의 리는 아직 드리나지 않는 用의 본원으로 體이고,
生生可變의 작용적 존재로서의 기는 이미 드러나 있는 현상 내지 分
殊된 用이다.

> 지극히 미묘한 것은 리이며 지극히 드러난 것은 象이다. 본체와 작
> 용은 하나의 근원이며 본체와 작용은 사이가 없다.[160]
> 지극히 드러난 것은 사물과 같음이 없으며 지극히 미묘한 것은 리
> 와 같은 것이 없다. 그러나 사물과 리는 일치하며 나타나고 미묘함은
> 한 근원에서 시작된다.[161]

---

157) 『河南程氏遺書』, 卷40. "其理則謂之道."
158) 『河南程氏遺書』, 卷15. "道則自然生萬物 今夫春生夏長了一番 皆是道之
　　生…… 道則自然生生不息."
159) 『河南程氏遺書』, 卷41. "有理則有氣 有氣則有理."
160) 『易傳自書』, "至微者理也 至著者象也 體用一元 體用無間."

　라고 하여 이천은 현상계의 모든 象을 理의 작용으로 본다. 또한 본체인 리나 현상인 사물은 불가분의 관계를 이루지만, 리는 소이연자로 항상 기보다 강조된다. 따라서 이천에 와서 리란 모든 현상을 규정짓는 법칙이고, 리와 기는 시간상의 선후로 말해지는 것이 아니라 논리적 규정관계로 말해 주고 있음을 보여주는 것이다. 그러므로 리를 궁구하면 性과 천명과 천도를 알 수 있다고 이천은 말한다.

> 하늘이 부여해준 것을 명이라 하고 품부하여 나에게 있는 것을 성이라 한다. 그리고 사물에 나타난 것을 리라고 한다. 理·性·命 이 세 가지는 마땅히 서로 다른 것이 아니다. 리를 궁구하면 성을 다할 수 있고 성을 다하면 천명을 알 수 있다. 천명은 천도와 같다.[162]

　라고 하여 理를 통해서 性과 천명과 천도를 구명할 수 있다고 하였다. 즉 하늘에는 命, 사람에게는 性이 있어 性을 따르는 것이 곧 천명이고 천도이다. 그리고 사물에 나타난 것이 리이므로 명·성·리는 다른 것이 아니라 일관되어 있는 것이다. 이천은 현상계의 모든 象을 리의 작용으로 보았다. 또한 본체인 리나 현상인 사물은 불가분의 관계를 이루지만, 리는 소이연자로 항상 기보다 강조된다.

　정이천은 이기설에 입각해서 심성론에 더 많은 관심을 기울여 인성에 대한 해석을 새롭게 한 '성즉리'설을 정립했다. 주렴계에 의해서 발단된 우주론이 장재에 의해서 발전되어 기일원론이 성립되면서 인간의 존재구조를 기화의 과정으로 설명되었다. 이처럼 인간존재의 문제를 파악하기 위해서 우주론에 의해서 전개된 이론을 이천은 이기이원

---

161) 『河南程氏遺書』, 卷25. "至顯者莫如事 至微者莫如理 而事理一致 顯微一源"
162) 『性理大全』, 卷29, "天之賦與之謂命 稟之在我之謂性 見於事物之謂理 理也 性也 命也 三者 未嘗有異 窮理則盡性 盡性則知天命矣 天命猶天道也"

론으로 확립하여 理가 인간의 性이라고 함으로써 인성론의 새로운 장을 연 것이다.

> 성을 논하면서 기를 논하지 않으면 갖추어질 수 없다. 또 기를 논하면서 성을 논하지 않으면 밝아질 수 없다.[163]

라고 하여 인간의 性과 氣의 不離的 관계를 설명하였다. '성즉리'이므로 리를 실천하는 것이 곧 性을 펴는 것이고, 氣는 客形으로 나타난 것이기 때문에 불변의 리가 항상 존재해 있다.

> 성은 곧 리이며 이른바 리라는 것은 바로 성인 것이다. 천하의 리는 그 유래한 곳을 찾아보면 선하지 않은 것이 없다.[164]

性은 곧 理이므로 불선함이 있을 수 없다. 단지 사람이 불선함이 있다는 것은 재질(才)에 의한 것이므로 理나 性 그 자체는 요순과 같은 성인에서 길거리에 다니는 보통사람에 이르기까지 하나이기 때문에 다른 것이 없다.[165] 이와 같이 보편성의 性은 모든 인류에게 공통적으로 존재하는 것인데 단지 才에 의한 기품에서 사람들이 서로 다른 客形을 갖게 된다. 왜냐하면 性은 하늘에서 나오고 재질은 기에서 나와 기가 맑으면 재질도 맑고 반대로 기가 흐리면 마찬가지로 재질도 흐리다. 그래서 재질에는 선과 불선이 있으나 性에는 불선이 없다.[166]

---

163) 『宋元學案』, 「伊川學案 語錄」, "論性不論氣 不備 論氣不論性 不明."
164) 『河南程氏遺書』, 22上, "性卽理也 所謂理性是也 天下之理 原其所自 未有不善."
165) 『河南程氏遺書』, 卷18, "性無不善 而有不善者 才也 性卽是理 理則 自堯舜至於塗人 一也."
166) 『河南程氏遺書』, 卷19, "性出於天 才出於氣 氣淸則才淸 氣濁則才濁……

72

재질[才]은 기로부터 받는다. 기에는 청과 탁이 있다. 그 청한 기
를 받으면 현자가 되고 그 탁한 기를 받으면 愚者가 된다.167)

'성즉리'는 인간의 본성을 주장한 것이다. 따라서 천지가 精을 쌓는
가운데에서 오행의 秀를 얻은 것이 인간이고, 그 근본은 참되고 고요
한 것이다.168) 그러므로 性은 理이므로 性에 나아가 논할 것 같으면
성현불초의 구별이 없이 동일하며 선하지 않음이 없지만, 그러나 기품
에 나아가 논할 것 같으면 청탁의 차이가 있어 선하기도 하고 불선하
기도 한 것이다.

기가 따르는 바는 치우친 것과 바른 것이 있기 때문에 사람과 사
물의 다름이 있게 되고 또 청탁이 있기 때문에 智愚의 차이가 있는
것이다.169)

사람이 善人·惡人·智人·愚人 등으로 구분되며 이러한 차이가 모
두 기의 따르는 바에 의해서 분별된다. 性은 성인과 범인 그리고 만물
이 모두 동일하게 소유하고 있지만 기에는 正氣·偏氣·淸氣·濁氣
등이 있어 성인과 범인 그리고 만물의 차이를 갖게 된다. 또한 아직
그 性이 발하지 않았을 때에도 거기에 五性은 갖추어져 있으니 인의
예지신이다. 그리하여 형체를 생하고 그 性이 외물에 접하게 되면 '中'
을 움직이게 되는데, 이 '中'이 움직여 칠정이 나타난다. 그것이 喜怒

才則有善不善 性則無不善."

167) 『河南程氏遺書』 上揭書, 遺書18, "才稟於氣 氣有淸濁 稟其淸者爲賢 稟
其濁者爲愚."

168) 『伊川文集』, 卷4, "顔子所好何學論. 天地儲精 得五行之秀者爲人 其本也
眞而靜."

169) 『性理大全』, 卷30, "氣之所從有偏正 故有人物之殊 有淸濁 故有智愚之等."

哀懼愛惡欲이다. 이 칠정의 욕심이 세력이 강성함에 따라 性이 손상을 입게 된다.[170)

‘성즉리'는 인간의 본성을 규정한 것이다. ‘性'이란 원래 사람의 종족 본성이나 사물의 본질 속성을 가리키는 말이었고, ‘理'는 사물의 필연적인 법칙과 사회의 도덕 원칙을 가리키는 말이었다. 이천이 ‘성즉리'라고 생각한 것은, 실제로는 사회적 도덕원칙을 영원하고 불변하는 인류의 본성으로 여긴 것이다.

> 천지가 精을 쌓는 가운데에서 오행의 秀를 얻은 것이 인간이라 할
> 수 있고, 그 근본은 참되고 고요한 것이다.[171)

性은 理이므로 性에 나아가 논할 것 같으면 성현불초의 구별이 없이 동일하며 선하지 않음이 없지만, 그러나 기품에 나아가 논할 것 같으면 청탁의 차이가 있어 선하기도 하고 불선하기노 한 것이다. 또한 "아직 그 性이 발하지 않았을 때에도 거기에 五性은 갖추어져 있다."[172) 형체가 생겨나 그 性이 외물에 접하게 되면 ‘中'을 움직이게 되는데, 이 中이 움직여 칠정이 나타나고[173) 이 칠정의 욕심이 작열함에 따라 性이 손상을 입게 된다.[174)

정이천은 性을 ‘기질지성'과 ‘천연지성'으로 구분하고 기에도 청탁이

---

170) 伊川文集 卷4, 顔子所好何學論. 其未發也 五性具焉 仁義禮智信 形既生矣 外物觸其形而動於中矣 其中動而七情出焉 喜怒哀懼愛惡欲 情既熾而益蕩 其性鑿矣.

171) 上揭書, 卷62, "顔子所以好何學論 天地儲精 得五行之秀者爲人 其本也 眞而靜."

172) 上揭書. 卷62, "其未發也 五性具焉."

173) 上揭書. 卷62, "形既生矣 外物觸其形而動於中矣 其中動而七情出焉."

174) 上揭書. 卷62. "情既熾而益蕩 其性鑿矣."

있는 것으로 설명한다. 그리고 탁한 기운의 경우 악을 초래하지만, 탁한 기운도 수양에 의해 맑은 것으로 변할 수 있다고 보았다. 이를 위해 학문과 수양이 강조된다. 인간의 노력에 의해 성인도 될 수 있고 범부도 될 수 있다는 것이다. 물론 이천에 있어서도 수양공부의 목적은 성인의 경지에 도달하는 데 있다. 이 성인의 마음이야말로 내외를 융합하고 만물을 일체로 하여 天과 더불어 일체가 되는 것이므로 이 성인지심은 천지와 다를 바 없다.[175] 주체와 객체가 융합하여 성인이 되는 구체적인 방법을 이천은 '涵養須用敬 進學則在致知'[176]이란 말로 표현하였다. 함양이라는 주체적 인격수양을 위한 '敬'과 진학이라는 객관적 경험적 지식을 터득하기 위한 '치지'를 그 방법으로 제시한 것이다. 그리고 함양과 진학을 달성하기 위해 그는 『대학』의 '격물치지'법을 말한다. 즉 각각의 사물에 이치를 캐물어 감으로써 마침내 통관하는 지식에 도달하게 된다는 것이다.[177] 이런 과정을 거쳐 사물의 본성이나 이치에 관한 우리의 지식이 진보되는 것이다. 이런 과정을 매일 매일 정진하여 지식을 늘려 나가면 어느 날 갑자기 천지만물의 이치를 홀연히 깨닫게 되는 경지에 이르게 된다[178]고 하여 이천은 인식의 과정에 비약적 단계를 설명하고 있다. 또한 이천은 수양방법론인 敬을 다음과 같이 설명하였다.

---

175) 上揭書, 卷3. "聖人之心 未嘗有在 亦無不在 蓋合內外 體萬物."
　　　上揭書, 二上 "聖人之神與天爲一 安得有二 至于不勉而中 不思而得 莫不在此 此心卽與天地無異."

176) 上揭書, 卷18.

177) 上揭書, 二上 "致知在格物 格至也 窮理而至於物 則物理盡"

178) 上揭書, 卷18. "須是今日格一件 明日又格一件 積旣多 然後脫然自有貫通處"

이른바 경이라는 것은 마음을 한곳에 주력하는 것을 말한다. 하나라고 말하는 것은 마음이 다른 데로 가지 않게 하는 것(無適)을 말한다. …… 주역에서 이른바 "경건함으로써 마음을 올바르게 하고, 의로움으로써 밖의 행동을 반듯하게 한다."는 것이다. 모름지기 마음(內)을 올바르게 한다는 것이 主一의 뜻이다.179)

'敬'의 의미를 '主一無適'으로 설명하기도 하고, 『주역』, 「문언전」에 있는 '直內'의 뜻으로 설명하기도 하였다. 또 '敬'은 사특함을 물리치는 방법이고, 사특함을 물리치는 것은 誠을 간직하는 것이므로 비록 두 가지 일이지만, 그러나 역시 한 가지 일일 뿐이다. 사특함을 물리치면 誠이 저절로 간직하게 되기 때문에180) 이처럼 敬이란 사특함을 물리쳐서 誠한 것을 간직하는 내면의 수양공부를 말한다. 그리고 敬은 主一을 말하고, 一은 誠이고, 主는 유의라고181) 설명하기도 하였다. 誠에 유의하는 것이 敬의 의미가 된다면, 이것은 내심의 덕성 내지 본연성의 회복을 뜻하는 것이다. 그러므로 함양을 오래하면 자연히 천리가 밝혀지는 것이고,182) 敬은 천리를 밝히는 단초인 것이다.

이와 같이 敬에 의거한 함양공부는 바로 천리를 체득하기 위한 주체적 수양이다. 또 '격물궁리'란 치지에 입각한 학문방법으로 객관적 사물에 내재하는 천리를 밝히고자 하는 것이다. 이런 방법을 통해 "일신의 中으로부터 만물의 이치에 이른다."183)라는 내외합일의 경계를

---

179) 上揭書, 卷15. "所謂敬者 主一之謂敬 所謂一者 無適之謂. ……易所謂敬以直內 義以方外 須是直內 乃是主一之義."

180) 上揭書, 卷18. "敬是閑邪之道 閑邪存其誠 雖是兩事 然亦只是一事 閑邪則誠自存矣."

181) 上揭書, 卷24. "主一者 謂之敬 一者 謂之誠 主則有意在."

182) 上揭書, 卷15. "但存此涵養久之 自然天理明."

183) 上揭書, 卷17. "自一身之中 至萬物之理."

이룰 수 있는 것이다.

북송 유학자들은 이처럼 인간의 도덕실천이 가능한 초월적 객관성과 내재적인 주관성을 바탕으로 학문의 체계를 수립하였다. 즉 이들은 『주역』에서 '生生不息'의 관념과 『중용』의 '천명', 『논어』의 '인', 『맹자』의 '심성론'을 하나로 관통한 것이다. 또한 '踐仁知天'과 '盡心', '知性', '知天'의 도덕실천이 가능한 주관적 근거를 확립해 주는 '하학이상달'을 통하여 비로소 진정한 천인합일의 가능성을 수립한 것이다. 이것은 불교나 도교가 추구하는 수양방법론과는 전혀 다른 것이다. 인륜의 현실세계를 긍정하여 학문적 추구의 대상으로 인정하고 천리 혹은 천도와 현실세계를 一貫之道로 연결시키는 데 그 특징이 있는 것이다. 즉 천리를 알았으면 바로 천리를 실행해야 하는 것이 바로 유교의 원리이다. 그러나 불교는 천리를 따르지 않고 사심으로 조작을 일삼는다. 즉 불교는 일상사를 도외시하여 정적을 추구하여 먼 산림 속에 머무는데, 이는 리를 올바로 깨닫지 못했기 때문이다.[184] 불교는 리를 깨닫지 못했으므로 그 가르침도 리에 부합하지 않는다.

그러므로 송대 신유학은 불교나 도교 사상에서 초래한 문제점을 해결하고 반성과 자각의 측면에서 五代 이후 타락하고 방향을 상실한 정신적 위기를 극복한 사상 부흥 운동이라고 정의할 수 있다. 이러한 송대 유학의 성격이 도·불을 이단으로 삼아 비판하고 '生生不已'하는 하늘의 작용과 인간의 현실사회가 하늘의 작용에 순응해야 한다는 천인합일사상이라는 유학 본원의 철학정신을 확립한 것이다.

---

184) 『河南程氏遺書』, 卷18, "釋氏要屛事不問　這事是合有邪合無邪　若是合有又安可屛　若是合無　自然無了　更屛什麼　彼方外者　苟且務靜　乃遠迹山林之間　盖非理明者也."

4. 朱子學의 成立

중국철학은 우주의 본질을 해명하게 되면 그 본질(본체)로써 심성까지도 동시에 해명하게 된다. 따라서 본체론과 인성론은 표리일체로서 일관해야 한다. 그런데 宋의 程朱 이전에는 본체론과 인성론 역시 주로 氣論으로 일관하였다. 그러나 정주가 나와 氣運化의 소이연을 理라 하고 리를 기의 주재로 보아 주리·주기 또는 그 절충으로서 이기일물설이 나오게 되었다.[185]

주자는 北宋 五子의 학문을 집대성한 사람이다. 그의 학문연원과 형성을 보면 주렴계를 뿌리로, 二程(특히 伊川)을 줄기로, 소강절과 장횡거를 가지로 하고 있으므로 이른바 송대 도학의 正脈을 이어받았다고 하겠다.[186] 따라서 그의 인식론 역시 도학의 정맥을 이어받아 집대성하였고, 특히 그의 격물치지에 관한 이론은 『대학』에 '격물보전장'을 만들 정도로 심혈을 기울인 그의 이론이라고 하겠다. 주자는 리가 만물마다 산재해 있다고 보았을 뿐만 아니라 마음에도 모든 이치를 다 갖추고 있다고 하였다. 따라서 리는 主와 客에 소재하여 吾心의 리와 외물의 리의 대응으로 인식이 이루어진다고 주장하였다. 먼저 '격물치지'의 인식론을 살펴본 다음에 본체론에 대해서 고찰하도록 하겠다.

1) 朱子의 認識에 관한 理論

『대학』은 『예기』의 한 편이었으며, 『중용』과 함께 주자가 사서에

---

185) 裵宗鎬, 「東洋 本體論 序說」, 『東洋哲學의 本體論과 人性論』, 韓國東洋哲學會 編, 延世大學校出版部, 1984, 11면.
186) 金忠烈, 『中國哲學散稿Ⅱ』, 284面.

편입하기 이전에는 二程 以外는 별로 관심을 가지고 있는 사람이 없었다. 漢唐의 鄭玄, 孔穎達 같은 이가 주석을 약간 했을 뿐이고, 한유 같은 이도 수신 치국은 언급하였으나 격물치지에 대해서는 논한 바가 없다.187) 그러나 宋의 二程子에 의하여 『대학』은 『논어』, 『맹자』, 『중용』과 함께 오경에 앞서 읽어야 할 유교의 기본 경전으로 初學入德之門의 사서의 반열에 서게 되었다. 정이천의 학맥을 이은 주자에 이르러 『고본대학』이 크게 개편되어 『대학장구』의 주석이 붙여짐으로써 사서의 위치가 확고해졌으니 『대학』의 편집과 '격물치지'에 대한 새로운 인식은 주자로부터 시작되었다고 할 수 있다.188)

『대학』은 봉건 종법 사회에 전통적이고 대표적인 정치철학을 제공하였을 뿐 아니라, 선비와 관리들에게 지식과 수양의 기본 방법도 제시한 것으로 평가된다. 특히 '격물치지설'은 한유에 의해 소홀히 다루어졌던 것이 二程과 주자가 『대학』을 중시하였던 것은 결국 '격물치지' 네 글자 때문이었다. 즉 『대학』의 '격물치지' 조목 때문에 주자가 傳을 보충하였던 것이지, 『대학』에 본래 빠진 문장이 있었기 때문은 결코 아니다.189)

---

187) 韓愈는 『原道』에서 『大學』의 내용인 "古之欲明明德於天下者 先治其國 欲治其國者 先齊其家 欲齊其家者 先脩其身 欲脩其身者 先正其心 欲正其心者 先誠其意"를 인용하여 『大學』의 중요성은 부각시켰으나 구체적으로 격물치지에 대한 언급은 없었다. 李翶는 『復性書』에서 『大學』의 격물치지를 설명하였으나 『大學』의 중요성과 격물치지에 대한 논의를 본격적으로 시작한 것은 宋代로부터 보아야 할 것이다.

188) 공맹의 도통이 전수된 기점을 여러 가지 면에서 살펴볼 수 있지만 경전을 중심으로 한 유교의 역사에서 『大學』과 『中庸』은 유교사상의 형성에 중요한 자료가 된다. 유교의 역사를 唐宋을 기점으로 하여 당나라 이전의 유교를 五經 중심의 유교라 한다면, 송나라 이후의 유교를 四書 중심의 유교로 보는 것이 일반적이다. 따라서 오경의 대표적인 주석은 後漢의 鄭玄으로 보고, 사서의 대표적인 주석은 南宋의 주자로 본다.

 이처럼 『대학』은 삼강령과 팔조목을 제시하였지만 격물과 치지에 대한 체계적이고 확실한 주석을 남기지 않았기 때문에 후세 사람들이 문제를 거론할 수 있는 여지를 남기고 말았다. 그리고 이러한 점은 자연히 격물치지를 어떻게 이해하고 해석할 것인가 하는 문제를 제기시켜 宋明代에 이르러 많은 학자들이 이에 대한 시비와 논란[190]이 계속되어 여러 학설이 등장하였다. 주자의 격물치지의 이론은 이처럼 학문하는 방법에 절대적인 영향을 주었고, 내성외왕의 최종적인 귀결처가 되었다. 그러므로 결코 주자의 학문에서 소홀히 다룰 수 없는 중요한

---

189) 陳來 지음, 이종란 외 옮김, 『주희의 철학』, 서울 예문서원, 2002, 315~316쪽.

190) 주자의 학문과 격물치지에 관한 비판은 다음과 같이 설명될 수 있다. 첫째, 象山은 주자의 가르침이 支離하다고 하였고(『象山全集』, 卷26, "陸以朱之敎人爲支離."), 두 번째, 王陽明은 인간의 도덕적 측면만을 중요하게 생각할 뿐 객관적 사물의 물리에 대해서는 중요히게 생각하지 않았다. 따라서 학문의 방법 또한 良知啓發의 誠意로서만 중시하여 격물치지를 誠意와 동일시하고 주자의 敬에 대해서는 경시한 것을 볼 수 있다.(『傳習錄』, 상, "凡學問之一事 一則誠 二則僞 以誠意爲主則不須添敬字.") 셋째, 牟宗三은 주자의 격물이 汎認知主義이며 적극적 의미가 없는 소극적 지식주의로 철학사상이 아니고 과학이라고 비판하였다.(모종삼, 『心體與性體』 三册, 正中書局 民國 69, 364쪽) 넷째, 蔡仁厚는 객관적인 지식 탐구를 주자철학의 특색이라고 보아 陽明의 橫攝系統을 맹자학의 眞傳으로 인정했다.(채인후, 『宋明理學』, 學生書局 民國 69, 122~123쪽) 다섯째, 曾昭旭은 주자의 격물공부가 내적으로는 良知體認의 보조공부요, 과학적인 적합한 방법도 찾아내지 못했다고 혹평하였다.(증소욱, 『朱子陽明과 船山의 格物義』 퇴계학보 제25집 1980.) 여섯째, 勞思光은 주자는 "주체성의 객관화 문제에 대하여 전적으로 깨닫지 못한 것 같다. 일체의 문화제도로는 단지 도덕문제의 연장으로 보았을 뿐이다. 수많은 주제가 나란히 서 있는 영역(衆多主體之立立領域)을 주자는 깨닫지 못하였다."고 하였다.(노사광, 『中國哲學史』 三册, 鄭仁在 譯 探究堂 1988, 363쪽) 이들의 비판 중 어느 면은 물론 정당성을 가진 것도 있으나 일부는 주자학 전체를 통찰하지 못한 이해의 부족에서 비롯된 것이다.

의의를 지니고 있다.

이러한 격물치지 이론이 궁극적으로 추구하는 핵심은 明明德·親民·止於至善 三綱領이다. 존재하는 모든 사물에 있어서는 존재의 구조에 본말이 있고, 일이 진행되는 과정에 있어서는 종시가 있어 그 선후를 알아서 하면 바로 대학의 도에 가깝게 된다.[191] 이러한 대학의 도를 달성하기 위해서 어떤 공부방법으로 가능한지 修己論를 통해서 격물치지에 도달하는 이론을 살펴보고자 한다.

유학은 안으로 자기의 완성을 목적으로 하는 修己와 이를 바탕으로 가정과 사회, 국가의 공동체를 통치하여 그 구성원을 행복게 하는 것을 목적으로 하는 治人의 학문이고, 이를 내성외왕이라고 한다. 내성외왕의 도는 成己 成物의 방법과도 같고, 또한 수기치인의 수양론과도 같으므로 모두 내외를 일관한 유학이 추구하는 이상적 목표이다. 특히 격물·치지·성의·정심·수신은 모두가 내성인 자기완성의 공부이다. 이러한 내성인 자기 수기가 된 이후에야 비로소 외왕인 제가·치국·평천하가 가능한 것이다. 그리고 이러한 방법적인 문제는 바로 격물하고 치지하면 참다운 앎이 이루어지기 때문에 자연스럽게 성의·정심·수신하여 인격이 충만해진다. 이것은 사물의 이치가 궁구된 뒤에야 앎에 이르고, 앎에 이른 뒤에야 뜻이 정성스러워지고, 뜻이 정성스러워진 뒤에야 마음이 바르게 되고, 마음이 바르게 된 이후에야 자신의 인격이 닦이는 것으로,[192] 격물치지는 한낱 논리적인 차원에서의 인식에 그치

---

191) 『大學』의 도는 "在明明德 在親民 在止於至善"이다. 삼강령 중 명명덕은 근본이 되는 부분이고, 친민은 말단이 되는 부분이며, 지어지선은 근본이 되는 부분과 말단이 되는 부분이 통합된 상태이다. 또 일의 진행과정에서 본다면 명명덕이 시작이 되는 부분이고 친민은 끝나는 부분이며 지어지선은 명명덕과 친민이 다 이루어진 상태이다. 따라서 학자는 근본이 되고 시작이 되는 명명덕에 먼저 힘써야 하고 말단이 되는 친민은 나중에 힘써야 한다. 이러한 공부방법의 차서를 정한 것이 바로 팔조목이다.

지 않고 意誠·心正·身修라는 실천적인 자기 수양을 실현하는 것이다. 즉 격물치지가 그대로 明善의 요법이 되고, 이 明善之要는 곧 誠身之本이 되어 학자의 공부방법의 요체는 明善과 誠身이니, 明善이 곧 致知요, 誠身이 곧 역행이 된다.[193] 그러므로 수신하는 까닭을 알면 남을 다스리는 까닭을 알고, 남을 다스리는 까닭을 알면 천하와 국가를 다스리는 이유를 알 수 있다.[194] 따라서 수신은 내성과 외왕의 반석이며 치국평천하의 근본이다. 그렇기 때문에 수신은 知·仁·勇 三達德의 요강으로 好學·力行·知恥를 필요로 한다.[195] 수신은 인간의 도리를 실천할 수 있는 지·인·용 삼달덕을 갖추는 것을 말하는 것이므로, 삼달덕을 체득할 수 있는 구체적인 방법을 아는 것이 곧 몸을 닦는 수단을 아는 것이 된다. 나의 몸을 닦는 수단을 알면 그것을 통하여 다른 사람의 몸도 닦게 할 수 있다. 다른 사람들의 몸을 닦게 할 수 있다면 모든 사람들로 하여금 인간의 도리를 실천하도록 할 수 있는데, 이렇게 하는 것이 국가를 다스리고 천하를 다스리는 것이다.

그런데 사람의 감정은 "親愛·賤惡·畏敬·哀矜·敖惰"[196] 등이 있어, 인간에게 내재하고 있는 이러한 감정의 발로는 어느 한쪽에 편벽되어 몸이 제대로 닦이지 않은 상태에서 나오는 것이기 때문에 그 집을 가지런하게 하는 것이 그 몸을 닦는 데 있다고 한 것이다. 이러한 몸을 닦음이 그 마음을 바르게 함에 있다 하는 것은, 몸이란 마음속에 "忿懥·

---

192) 『大學章句』, 2章, "物格而后知至 知至而后意誠 意誠而后心正 心正而后 身修."

193) 『大學章句』, 10章, 末節 節齋蔡氏小注, "明善之要 誠身之本……. 學者用 工夫之要者 不過明善誠身而已 明善卽致知也 誠身卽力行也."

194) 『中庸』, 20章, "知所以修身則知所以治人 知所以治人則知所以治天下國家矣."

195) 『中庸』, 20章, "好學近乎智 力行近乎仁 知恥近乎勇 知斯三者則知所以修身."

196) 『大學章句』, 8章.

恐懼・好樂・憂患"197)의 원인이 있기 때문에 마음을 바르게 할 수가 없다. 마음을 바르게 할 수 없으면 곧 욕심이 동하고 情이 이기게 되니 일찍이 맹자는 백이를 '聖之淸者'로, 이윤을 '聖之任者'로, 유하혜는 '聖之和者'로 보는 동시에 공자는 '聖之時者'로 본198) 이유도 여기에 있다.

공자의 '聖之時'는 '聖之淸', '聖之任', '聖之和'를 모두 갖춘 至尊의 위치임을 말한 것으로, 공자의 時聖은 한편으로 치우쳐 있는 것도 아니요 그렇다고 고정되어 있는 것도 아니다. 오히려 고정되어 있고 한편으로 치우쳐질 때 '時中'을 잃어 상대에 빠지게 되니 맹자가 말하듯이 백이는 편협하고, 유하혜는 불공함으로 '시중'에서 전락한 것이다.199) 사람은 지나치게 노여워하면 간장을 상하고, 지나치게 기뻐하면 심장이 상한다고 한다. 또 지나치게 생각을 많이 하면 비장을 상하고, 지나치게 근심하면 폐장을 상하고, 지나치게 두려워하면 신장을 상한다고 한다. 마치 마음이 한쪽으로 치우치면 그 몸을 정상적으로 조절할 수 없게 되어 몸의 건강을 해치게 된다는 말이다. 그러므로 몸은 마음에 노여워함이 있으면 간장을 상하게 되어 정상적인 건강을 유지하지 못하며 두려워하는 것이 있으면 신장을 상하여 또한 정상적인 건강을 유지하지 못하며 좋아하는 것이 있으면 심장을 상하게 되어 정상적인 건강을 유지하지 못하며 근심함이 있으면 폐장이 상하게 되어 그 정상적인 건강을 유지하지 못하는 것이다.200)

그러나 공자의 도는 상황에 따라 '時措之宜'201)에 맞추어 얼마든지

---

197) 『大學章句』, 7章.

198) 『孟子』, 「萬章下」 1章, "孟子曰 伯夷 聖之淸者也 伊尹 聖之任者也 柳下惠 聖之和者也 孔子 聖之時者也."

199) 『孟子』, 「公孫丑上」 9章, "孟子曰 伯夷隘 柳下惠不恭 隘與不恭 君子不由也."

200) 李基東 譯解, 『大學・中庸講說』, 成均館大學校出版部 1991, 60～61쪽 참조.

바꿀 수 있는 것이기에 속히 가야 할 때는 속히 가고, 오래 있어도 좋을 때는 오래 있고, 벼슬을 하지 않을 때는 편안히 집에 있고, 벼슬을 할 때는 벼슬하신 분이 공자이다.[202] 그러므로 백이숙제의 "不降其志 不辱其身"함도, 유하혜나 소련처럼 "降志辱身 言中倫 行中慮"함도, 우중 이일과 같이 "隱居放言 身中淸 廢中權"[203]하는 것도 이상적인 방법이 아니고, 그보다는 時宜에 따라서 백이숙제처럼 생활할 때는 그 방법을 따르고, 유하혜나 소련의 방법을 따를 때는 그렇게 하고, 우중이나 이일같이 행동할 때가 있으면 그렇게 하라는 것이다. 자칫 공자의 행동이 지조가 없이 처세술에 밝은 이기주의자로 보일 수 있으나, 이러한 정신은 요임금이 心傳한 말을 순임금이 '允執厥中'하는 正心으로 전승하여 治道에 수신과 정심을 실천한 것으로 순임금 역시 우임금에게 이와 같은 도통을 전한 것이다.[204] 도통의 眞傳을 이은 공자는 "述而不作 信而好古"[205]하는 정신으로 그의 일생에서 修己以敬[206]하여 正心으로 일관하였음을 『논어』 전편에서 읽을 수 있다.

---

201) 『論語』, 「衛靈公」 6章, "子曰 直哉 史魚 邦有道如矢 邦無道如矢." 「泰伯」 13章, "子曰 ……. 天下有道則見 無道則隱 邦有道 貧且賤焉 恥也 邦無道 富且貴焉 恥也." 「憲問」 1章, "憲問恥 子曰 邦有道穀 邦無道穀恥也." 「憲問」 3章, "子曰 邦有道危言危行 邦無道危行言孫." 이상과 같이 '天下無道'와 '天下有道'는 개인의 입장에 따라서 時措之宜하여 참여하는 방법을 각각 다르게 제시한 것이다.

202) 『孟子』, 「萬章下」 1章, "可以速而速 可以久而久 可以處而處 可以仕而仕 孔子也."

203) 『論語』, 「微子」 8章, "子曰 不降其志 不辱其身 伯夷叔齊與 謂柳下惠少連 降志辱身矣 言中倫 行中慮 其斯而已矣. 謂虞仲夷逸 隱居放言 身中淸 廢中權 我則異於是 無可無不可."

204) 『中庸章句』, 序文, "允執厥中者 舜之所以授禹也."

205) 『論語』, 「述而」 1章.

206) 『論語』, 「憲問」 45章.

84

수신과 정심을 하기 위해서는 반드시 뜻을 성실하게 하여야 한다. 誠은 인간의 근원인 동시에 천지의 본질로서 초월성과 내면성의 두 측면을 이루고 있는 것이며 誠이 없으면 物도 없고 동함도 없으므로 誠은 하늘과 인간과 물을 일관하는 樞紐를 이루고 있다고 하겠다.[207] 인간은 이러한 경지에 그대로 이를 수가 없는 誠之해야 하는 존재이다. 誠之는 '擇善而固執之'함이 구체적으로 나타난 것이다. 주자는 "未能不思而得 則必擇善然後 可以明善"[208]이라고 하였는데, 擇善과 明善이 곧 격물치지를 일컫는 말이고,[209] 성의란 "스스로 속임이 없어야 한다."[210]는 것이다. 이는 군자가 반드시 獨居할 때는 근신해야 하는데, 자기 내부의 意念이 스스로 속이고, 사악이 生起하여 순수한 선을 배제할까 염려해서이다.

또 "欲誠其意者 先致其知 致知在格物"[211]로 설명되어 평천하의 출발점은 격물에 있고, 격물의 목표는 수기의 과정을 통해 평천하하는 데 있다. 그러므로 학문의 목표가 스스로를 포함한 천하의 사람들의 밝았던 덕을 천하에 모두 밝히는 것이라면, 학문의 출발점은 사물에 응접하여 사물의 이치를 인식하게 되면 지식이 저절로 이루어진다. 지식이 이루어지면 뜻이 저절로 정성스러워지며 뜻이 정성스러워지면 마음이 저절로 올바르게 된다. 마음이 저절로 올바르게 되면 몸이 저절로 닦이며 몸이 닦이면 집이 저절로 가지런하게 조화를 이루게 된다. 집이 조화를 이루게 되면 나라가 저절로 다스려지며 나라가 다스

---

207) 柳承國, 『哲學論攷』 成大東洋哲學 硏究室, 152쪽.

208) 『中庸』, 20章 註

209) 『中庸』, 20章 東陽許氏 小注, "擇善然後可以明善 擇者 謂致察事物之理 明者 謂洞明吾心之理 合外內而言之 擇善是格物 明善是知至."

210) 『大學章句』, 6章, "所謂誠其意者 毋自欺也."

211) 『大學章句』, 2章.

려지면 천하는 저절로 화평해지는 것을 의미한다. 따라서 천자로부터 서인에 이르기까지 한결같이 수신으로써 근본을 삼는 것이다.[212]

이러한 수신은 학문의 목적인 내성외왕에 이르는 것이고, 내성외왕의 당위개념으로 제시한 팔조목은 모두가 '欲', '先'의 문맥으로 이루어져 종시론적 관계로 서술하였다.[213] 즉 修己의 완성인 치인의 과정이 '평천하·치국·제가'이다. 이 과정이 바로 치인의 근본인 '수신·정심·성의·치지·격물'의 방법으로 구조를 세우고, 明德의 과정은 '而'와 '后'로 서술한 것이다. 眞德秀는 제왕의 治之序와 學問之本이 『대학』의 경문에 있다고 보고, 이를 실현하는 기초로써 '明道術·辨人材·審治禮·察民情'을 말하고 이것을 격물치지의 요령이라 하였다.[214] 또 新安陳氏는 격물은 始가 되고, 치지는 知의 極이 되고, 성의는 行의 始가 되고, 정심수신은 行의 極이 되고, 제가는 行의 始가 되고, 치국평천하는 推行이 極이 된다[215]고 보았다. 격물치지는 앎의 실마리이고 그 자체로 완성되는 것이 아니라 止於至善의 목적을 달성하기 위해서는 修己를 통해서 가능한 조목이다.

격물·치지·성의·정심·수신은 명덕을 밝히는 것이고, 제가·치국·평천하는 백성을 새롭게 하는 것이다. 격물치지는 지선의 소재를 알려는 소이이고, 성의로부터 천하에 이르기까지는 무릇 지선을 체득하여 그곳에 머물려는 소이이다.[216]

---

212) 『大學章句』, 1章. "自天子以至於庶人 壹是皆以修身爲本."

213) 『大學章句』, 1章. "古之欲明明德於天下者 先治其國 欲治其國者 先齊其家 欲齊其家者 先脩其身 欲脩其身者 先正其心 欲正其心者 先誠其意 欲誠其意者 先致其知 致知在格物."

214) 梁大淵, 『大學體系의 硏究』 成均館大學校 論文集 第10輯, 17쪽.

215) 『大學章句』, 1章 新安陳氏 小注. "格物爲之始 致知爲知之極 誠意爲行之始 正心修身爲行之極 齊家爲推行之始 治國平天下爲推行之極."

라 설명하여 더 나아가 "『대학』 일편이 의도하는 바는 총괄하여 말하면 팔조목을 벗어나지 않고 팔조목의 요체는 또한 삼강령을 벗어나지 아니한다."[217]고 하였다.

격물치지는 결국 수신하여 얻어질 명명덕해 가는 과정이다. 그러므로 주자는 삼강령 중 명덕에 대하여 명덕은 하늘로부터 품부받은 것으로 이해하여 그 내용은 비어 있으나 신령하고 어둡지 않으며 모든 이치를 갖추고 만사에 대응하는 것으로 보았다.[218] 또한 하늘이 인간과 사물에 품부된 것을 命이라 하고, 인간과 사물이 받은 것을 性이라 하여 一身에 主한 것을 心이라 하니 천에서 얻은 것을 광명정대한 것이라 한다.[219] 이와 같이 주자는 명덕을 단순히 인성만이 아니라 우주의 원리로서 생각하여 격물은 물의 원리를 깨닫는 수단이며, 치지는 물의 원리를 깨달아 수신을 통하여 실현하는 것을 뜻한다. 이처럼 격물치지와 수신을 통하여 명덕을 밝힌다는 것은 구체적으로 말해서

다만 품부에 구애되고 인욕에 가리는 바가 되어 어두울 때가 있으나 그 본체의 밝음은 그치지 않는 것이다. 그러므로 배우는 자가 마땅히 그 발하는 것을 밝혀서 그 본성을 회복해야 한다.[220]

---

216) 『朱子語類』, 卷18 「或問」, "格物致知誠意正心修身者 明明德之事也 齊家治國平天下者 新民之事也 格物致知 所以來知至善之所在 自誠意以至於平天下 所以求得夫至善而止之也."

217) 『朱子語類』, 卷18 「或問」, "大學一篇之指 總而言之 不出乎八事 八事之要 總而言之 又不出乎此三者."

218) 『大學章句』, 1章 註, "明德者 人之所得乎天 而虛靈不昧 以具衆理而應萬事者也."

219) 『大學章句』, 1章, 註, "天之賦於人物者謂之命 人與物受之者性 主於一身者謂之心 有得於天而光明正大者 謂之明德."

220) 『大學章句』, 1章 註, "但爲氣稟所拘 人欲所蔽 則有時而昏然其本體之明 則有未嘗息者 故學者 當因其所發而遂明之 以復其初也."

즉 덕을 밝힌다는 것은 가변적인 氣의 淸濁과 선악에 대해 인욕의 사사로움이 있어 昏昧하게 된 명덕을 맑게 닦아 나가는 것을 의미한다. 따라서 삼강령은『대학』의 내용을 총괄하고, 팔조목은 修己治人의 요령이 되며 수기가 치인보다 우선함으로 격물치지로부터 시작하지 않을 수 없다.

주자는 격물의 개념을 "格은 至이고, 物은 事와 같다. 사물의 理에 나아가 궁구함에 그 극진한 곳에 이르지 않음이 없고자 하는 것이다."[221]라고 하였다. 다시 말해 격물에서 格은 至(이르다)를 의미하고, 物은 事(사실)를 의미한다. 그러므로 격물은 일단 인식 주체가 사물에로 나아감을 의미한다. 왜냐하면 인간의 인식은 사물과의 접촉이 없이는 불가능하기 때문이다.

주자는 격물의 의미를 다음과 같이 이해하였다. 첫째는 卽物이고, 둘째는 窮理이며, 셋째는 至極이다.[222] 이 세 가지 개념 가운데 가장 중요한 개념이 궁리인데, 궁리는 구체적인 어떤 사물에 나아가 그 물에 접해야 하는 卽物이 필요하다. "궁리에는 몇 가지 단서가 있는데, 첫째가 독서를 통하여 의리를 밝히고, 둘째가 고금의 인물을 논하여 그 옳고 그름을 분별하며, 셋째가 사물을 응접하여 마땅함에 처하는 것이다."[223] 따라서 인식은 구체적인 사물과의 접촉이 없이는 불가능하기 때문이다. 그러므로 卽物이 인식의 첫 단계이다. 다음 단계로 사물과 접촉하여 본래 인식하고자 하는 것은 사물에 있는 理이다. 천하의 사물은 리를 지니지 않은 바가 없기[224] 때문에 궁리를 할 수밖에 없다. 이

---

221) 『大學章句』, 1章 註 "格 至也 物 猶事也 窮至事物之理 欲其極處無不到也"

222) 陳來 지음, 이종란 외 옮김, 『주희의 철학』, 예문서원, 2002, 317쪽.

223) 『遺書』, 卷18 「劉元承手編」, "窮理亦多端 或讀書講明義理 或論古今人物 別其是非 或應事接物而處其當 皆窮理也"

224) 『大學章句』, 「格物補傳章」, "天下之物 莫不有理"

러한 궁리는 철저히 궁구하여 사물의 지극처까지 이르러야 한다.

> 학자는 천하의 모든 사물에 나아가서 그 이미 아는 이치로 인하여
> 더욱 궁구하여 그 극진한 데 이르는 것을 구하지 아니함이 없게 하는
> 것이니 힘쓰는 것을 오래하여 하루아침에 활연히 관통하는 데 이르면
> 모든 사물의 바깥과 속, 정밀한 것과 거친 것에 이르지 아니함이 없
> 고 吾心의 전체 대용이 밝지 아니한 것이 없기 때문이다.[225]

개개의 사물의 이치가 모든 사물의 이치와 일관되어 있음을 알게
되면, 모든 사물의 이치를 하나하나 다 궁구하지 않더라도 모든 사물
의 외적인 형태와 내적인 존재이유, 존재원리 등이 모두 하나의 이치
로 꿰여 있으므로 모두 알 수 있게 된다. 그리고 나의 마음과 몸은 천
지만물의 대우주에 대한 소우주이기 때문에 전체의 틀 속에서 자신의
현상을 유지해 갈 수밖에 없다. 이런 긴밀한 유대 관계 속에서 내 마
음의 전체의 큰 쓰임이 밝지 아니함이 없게 된다. 그렇기 때문에 주자
학에서의 인식의 단계는 '卽物 - 窮理 - 至極'이 되어 오심의 전체 대용
이 밝아지게 된다.

이처럼 주자의 격물은 사물에 나아가 그 사물의 理를 극치에 이르도
록 궁구하여야 한다는 것이다. 마음이 사물로 향하는 바로 이 卽物이
바로 감각이 발동하는 단계이고, 사물의 리를 밝히는 단계가 궁리이다.

> 대저 격물이란 궁리를 일컫는 것입니다. 대개 물이 있으면 거기에
> 는 반드시 그 리가 있는데, 리는 형체가 없으므로 알기 어렵지만 물
> 은 모습이 있어서 쉽게 볼 수 있습니다. 그러므로 이 물로써 리를 구

---

225) 『大學章句』, 「補傳章」, "天下之物 莫不因其已知之理 而益窮之 以求至乎
    其極 至於用力之久 而一旦豁然貫通焉則 衆物之表裏精粗 無不到而吾心
    之全體大用 無不明矣."

하면 리가 心目之間에서 명료하게 되고 터럭만큼의 차이도 없게 되어
일에 응함에 저절로 조금의 착오도 없게 될 것입니다.[226]

　주자는 사물에는 理가 있고, 心에는 知가 있다고 한다. 따라서 마음
의 인식 대상은 사물에 있는 리가 된다. 그렇다면 주자는 무엇 때문에
窮理라 하지 않고 굳이 격물을 말한 것인가? "격물을 궁리라고 말하
지 않고 오히려 격물이라고 말한 것은, 대개 리로 말하면 잡을 수가
없어서 物과 분리될 때가 있지만, 물로 말하면 리가 본래 물에 있어서
분리되어 있지 않기 때문이다."[227]라고 하여, 리는 물속에 구체적으로
내재하고 있기 때문에 격물을 통해서 가능하다고 본 것이다. 왜냐하면
리는 반드시 물에서 궁구해야 하기 때문이다. 따라서 주자의 인식론적
사유는 격물에서 출발하고, 주자학의 인식론을 이해하는 가장 중요한
요소이다.
　주자는 이처럼 격물이 외부 대상, 즉 物을 고찰함으로써 가능하다
고 보았다. 주자에 의하면 리는 천하 사물 속에 보편적으로 모두 존재
하고 있고, 리가 있는 것은 모두 궁구해야 한다. 세상에 存有하는 모
든 것에는 리가 없을 수 없으므로 모든 물은 반드시 窮格의 대상이
된다.

　위로 무극과 태극에서부터 아래로 풀 한 포기와 나무 한 그루, 곤
충과 같은 미미한 것에 이르기까지 각각 리가 있다. 한 권의 책을 읽
지 아니하면 그 책의 도리를 알지 못하고, 한 가지 일을 궁리하지 아

---

226) 『朱子文集』, 卷13, "夫格物者　窮理之謂也　盖有是物必有是理　然理無形而
　　難知　物有迹而易睹　故因是物以求之　便是理瞭然心目之間而無毫發之差
　　則應乎事者自無毫發之繆."
227) 『朱子語類』, 卷15 「葉賀孫錄」, "格物　不說窮理　却言格物　盖言理　則無可
　　捉摸　物有時而離　言物　則理自在　自是離不得."

90

니하면 한 가지의 도리를 알지 못하고, 하나의 사물을 탐구하지 아니
하면 하나의 사물의 도리를 알지 못한다. 모름지기 하나를 추구해서
다른 것을 이해해 가야 한다.[228]

라고 하여 사물에는 리가 있기 때문에, 한 사물을 卽하면 그 사물
을 철저하게 궁구하여 완전한 인식에까지 이른 다음에야 다른 사물로
나가야 한다. 만약 한 사물이라도 그 지극에 이르지 못했다면, 다른
사물로 나아갈 수가 없게 된다. 그러므로 오늘 한 사물을 격하고 내일
한 사물을 격한다고 할 때, 격물은 그 사물의 리를 궁구함에 있어 그
극처로까지 밀고 나아가야 한다는 것이다.

주자는 이와 같이 사사물물의 궁리가 바로 인식의 실체이고 리를
체득할 수 있는 방법이라고 생각하였다. 즉 格해 얻은 것이 많은 연후
에야 스스로 능히 관통할 수 있다고 한 이유는 단지 一理이기 때문이
다.[229] 또 초목에 비유하여 근원을 이해하면 천 가지 만 가지 일이
각각 이러한 도리를 가지고 있고, 사사물물이 각각 하나의 線으로 서
로 통하는 것이 있는 것을 알게 된다.[230] 주자가 心은 한량이 없고
物事에도 헤아릴 수 없음에도 불구하고 궁진할 수 있다는 것은 바로
이 관통처에 이르면 비로소 깨달아 알아낼 수 있다는 것을 말한 것이
다.[231] 이것을 心知의 측면에서 보면 마음의 일은 모두 궁진할 수 없

228) 『朱子語類』, 卷15 「楊道夫錄」, "上而無極太極　下而至於一草一木一昆蟲
　　之微　亦各有理　一書不讀　則闕了一書道理　一事不窮　則闕了一事道理　一
　　物不格　則闕了一物道理　須着逐一件與他理會過."
229) 『朱子語類』, 卷18 「或問」, "所謂格得多後自能貫通者　只爲是一理."
230) 『朱子語類』, 卷114 「訓門人」, "譬如草木　理會根源　則知千條萬葉各有箇
　　道理　事事物物各有一線相通."
231) 『朱子語類』, 卷60 「孟子」, "心無限量　如何盡得　物有多少　亦如何盡得　但
　　到那貫通處　則纔拈來便曉得　是爲盡也."

으나 마음의 리는 궁진할 수 있는 것이다. 마음의 리가 궁진되면 일찍이 알지 못한 일이 있더라도 앞에 나타나면 곧 알아낼 수 있게 된다.[232] 여기서 주자가 말하는 리는 지식의 대상이 아니라 體悟의 주체이며 또 心知는 그가 거울에 비유할지라도 死物이 아니라 一身을 주재하는 活物이라는 것을 알아야 한다.

마음의 리를 궁진할 수 있는 것은 그 리에 대한 이해를 우리의 마음에 이미 가지고 있어야 한다. 다시 말하면 리는 객관적으로 존재하고 이러한 리를 체득할 수 있는 대명한 心知도 객관적으로 존재하는 것이다. 단지 그것이 현실적으로 여러 여건 때문에 허명상태를 유지하고 있지 못할 따름이다. 그렇다고 해서 심지의 대명성이 없다고 할 수는 없다. 마음이 모든 리를 갖추고 있다는 말의 의미는 마음이 사물의 리를 가지고 있다는 의미가 아니라, 모든 사물에 대해 가지적인 잠재능력으로 있다는 것을 의미한다. 즉 마음은 만물을 인식할 수 있는 가능태에 있다가, 실제 사물과의 접촉이 있게 되면, 마음의 虛靈洞徹한 능력이 발동되어, 비로소 마음은 가지적인 잠재능력에서 인식의 가능태로 이행하게 된다. 이렇게 보면 객관적 리는 이미 그 심지의 대명성에 이미 갖추어져 있다고 보아야 한다. 그래서 주자는 "리는 면전에 따로 한 물로 되어 있는 것이 아니라 곧 우리의 마음에 있다. 사람은 마땅히 이것이 성실하게 나에게 있음을 체찰하면 될 것이다."[233]라고 한 것이다. 그래서 마음은 사물마다 있는 리를 궁구할 수 있는 것이다. 그런데 주자가 마음이 있은 후에야 궁리할 수 있다는 말의 의미는 무엇인가? 그것은 마음이 지극히 비어 있고, 또 지극히 밝다는 것을

---

232) 『朱子語類』, 卷60 「孟子」, "不可盡者心之事 可盡者心之理 理旣盡之後 謂如一物 初不曾識 來到面前 便識得此物."

233) 『朱子語類』, 卷9 「論知行」, "理不是在面前別爲一物 卽在吾心 人須體察 得此物誠實在我 方可."

의미한다. 마음이 지허하고 지명하기에 이런 마음은 마치 거울처럼, 다가오는 모든 사물의 실체를 궁구할 수 있게 되는 것이다.

다음으로 치지의 개념을 살펴보자. "致는 推知이고, 知는 識과 같다. 나의 지식을 끝까지 밀고 나가 그 앎이 다하지 못함이 없도록 하려는 것이다."[234] 즉 이미 알고 있는 지식을 기반으로 완전한 인식에 도달하고자 하는 것이다. 이때 치지의 知의 의미를 우리는 두 가지 관점에서 생각해 볼 수 있다. 즉 知는 '알 수 있는 능력(能知)'과 '知識'을 의미한다.[235] 이런 의미를 『대학』補忘章을 통해서 알아볼 수 있다. "이른바 치지가 격물에 있다는 것은, 나의 앎을 이루고자 하는 것은 사물에 접하여 그 리를 궁구함에 있음을 말한 것이다. 대개 사람의 마음의 영험함은 앎을 소유하지 아니함이 없고 천하의 사물은 리를 소유하지 아니함이 없기 때문에 그 앎이 다 이루어지지 아니함이 있는 것이다."[236] 여기서 "나의 앎을 이루고자 한다면(欲致吾之知)"에서 나의 앎이란 지식의 측면을 말하는 것이다. 또 "사람의 마음은 영험함은 앎이 있지 않음이 없고(蓋人心之靈 莫不有知)"에서 이 말이 뜻하는 것은 心靈, 즉 認知機能은 모든 것을 알 수 있는 능력을 말하는 것이다. 그러므로 격물해서 궁리할 수 있는 인간의 속내의 근거는 이 심령의 莫不有知性이라고 할 수 있다. 치지는 인식 주체로서의 인간 마음의 인식능력을 통하여 인식 대상에 대한 앎에 도달하는 것을 말한다. 그리고 이런 인식의 도달은 격물을 통하지 않고서는 불가능하기 때문에 주자는 치지가 격물에 있다고 함으로써 그 뜻을 나타내었다.

---

234) 『大學章句』, 1章 註 "致 推知也 知 識也 推極吾之知識 欲其所知無不盡也"

235) 陳來 지음, 이종란 외 옮김, 『주희의 철학』, 예문서원, 2002, 323쪽.

236) 『大學章句』, 「補忘章」, "所謂致知在格物者 言欲致吾之知 在卽物而窮其理也 蓋人心之靈 莫不有知 而天下之物 莫不有理 惟於理 有未窮故 其知有未盡也"

격물은 다만 일물에 나아가 그 일물의 이치를 다 궁구하는 것이다. 치지는 물리를 궁구하여 얻기를 다한 후에 나의 지식이 또한 다하지 않음이 없도록 하는 것으로, 이 지식을 미루어 거기에 이르는 것이다. 글의 뜻이 다만 이와 같음을 알면 곧 안정됨을 얻을 것이니, 청컨대 이로써 힘을 써라. 격물하게 되면 곧 知가 스스로 이르는 것이지 따로 하나의 일이 있는 것이 아니다.[237]

격물은 인식 대상인 사물의 측면에서 말한 것이고, 치지는 인식 주체의 측면에서 말한 것으로 인식과정으로서의 격물이 생산한 자연적인 결과이다. 그러므로 치지와 격물의 관계는 인식 주체와 인식 대상의 상호 작용을 통한 인식과정을 의미한다. 결국 치지는 인식 주체가 물리를 궁구하여 획득한 지식이 확충되어 나간 결과를 말하는 것으로서, 격물의 결과이지 격물과 병행 또는 독립되어 있는 과정이 아니다. 왜냐하면 치지로부터 격물을 말할 수 없고, 오직 격물로부터만 치지를 말할 수 있기 때문이다. 격물의 결과로서 치지는 마음의 인식 대상에 대한 개념의 상호 작용을 말한다. 마음의 이런 개념의 상호 작용은 마음의 虛靈通徹한 능력이 사물의 리를 발견할 수 있기 때문에 가능하다.

그러므로 마음이 치지하는 것은 사물이 아니라, 사물의 리(物之理)이다. 즉 마음은 거울과 같다. 그러나 다만 먼지나 때로 가려짐이 없을 때 본체가 스스로 밝아져 사물이 오면 능히 비출 수 있다.[238] 대개 사람의 마음은 본래 신령스러운 것이어서 지혜로움을 갖추고 있고,

---

237) 『朱子文集』, 卷51 「答黃子耕五」, "格物只是就一物上窮盡一物之理 致知 便只是窮得物理盡后我之知識亦無不盡處 若推此知識而致之也 此其文義 只是如此 纔認得定 便請以此用功 但能格物則知自至 不是別一事也."

238) 『朱子文集』, 卷49書 「答王子合」, "心猶鏡也 但無塵垢之蔽 則本體自明 物來能照."

천하의 모든 사물도 또한 그 존재의 본질로서 리를 갖추고 있다. 그러나 사람은 성장하면서 차츰 거울과 같은 본성을 잃게 되고 지혜도 따라서 없어지게 된다. 그러므로 이를 회복하기 위해서는 거울과 같은 본성을 회복해야 하며 본래의 거울과 같은 본성을 회복하기 위해서는 거울의 장애물을 제거하면 본성이 스스로 밝아져 사물의 리를 인식할 수 있게 된다.

> 마음은 몸의 주재자요 성은 마음의 도리다. 이른바 이 마음을 체찰하는 것이 치지에 아주 가까운 것이라고 하는 것, 이 말이 옳은 것이다. 그러나 또한 모름지기 이른바 識心하는 것을 안다는 것은 한갓 이 마음의 精靈知覺을 찰식하려고 하는 것이 아니라 이 마음의 의리의 純情하고 미묘함을 찰식하고자 하는 것이다. 그 의리의 순정하고 미묘함을 찰식하고자 하면 마땅히 천하의 이치를 궁진하는 것을 기다려야 한다. 이렇게 애씀이 오래되어 익어서 관통하게 되면 일일이 궁구하지 않더라도 천하의 리는 진실로 이미 터럭만큼이라도 발현하지 않음이 없게 되는 것이다.[239]

心을 주재적인 實然心으로 이해하여 이 주체가 격물궁리함으로써 그 애씀이 오래되어 숙성되어 관통하게 되면 치지를 이룩할 수 있어 일일이 궁구하지 않더라도 천하의 리가 발현된다고 본 것이다. 이와 같이 주자는 인간의 마음의 탁월한 능력이 구체적·개별적 사물들로부터의 격물궁리를 통하여 활연관통의 경지인 천리라는 보편인식에 도달할 수 있다고 보았다.

---

239) 『朱子文集』, 卷25書 「答姜叔權」, "心是身之主宰 性是心之道理 所謂識察此心 乃致知之切近者 此說是也 然亦須知所謂識心 非徒欲識此心之精靈知覺也 乃欲識此心之義理精微耳 欲識其義理之精微 則固當以窮盡天下之理爲期 但至於久熟而貫通焉 則不待一一窮之 而天下之理固已無一毫之不盡矣."

인간이 활연관통할 수 있는 것은 인간의 마음이 인식에 있어 탁월
한 능력을 지니고 있기 때문이다. 그리고 이런 마음의 인식 대상은 사
물에 있는 리이다. 이 리는 곧 모든 사물에 있는 보편성을 의미한다.
그러나 활연관통은 단지 한 사물을 격하여 도달할 수 있는 것이 아니
다. 즉 활연관통은 오늘 一物을 格하고 내일 또 일물을 격하여 익힘이
쌓여 많아지게 된 연후에야 가능하다. 그러나 주자는 일물을 격하여
곧바로 萬理를 통할 수 있다는 주장에는 단연코 반대한다. "세상에 어
찌 일리를 통하고서 곧 만리를 다 이해하고 통하게 되는 것이 있겠는
가? 마땅히 누적되어 차차 나아가는 것이다."[240] 라고 하였다.

이와 같은 방식으로 주자는 반드시 한 사물에 대한 격물에서 출발
하여 누적과 관통을 통하여 보편인식이 가능한 것이다. 이런 노력이
오래되어 어느 날 활연관통하는 경지에 이르게 되면, 비로소 모든 사
물의 겉과 속, 정미함과 거침이 이르지 않음이 없게 된다. 이것을 '격
물'이라고 한다. 또 내 마음의 전체와 대용이 밝지 않음이 없게 될 것
이다. 이것을 '知至'라고 한다. 다시 말해서 격물과 지지는 활연관통한
이후에야 가능한 것이다. 그렇다면 격물과 지지는 무엇을 의미하는가?

격물이란 물리의 극치에 다다르지 않음이 없는 것이고, 知至란 내
마음의 아는 바를 다하지 않음이 없는 것을 말한다.[241] 즉 격물은 객
관적 사물을 위주로 한 말이고, 지지란 주체인 吾心의 知를 위주로 말
한 것이다. 오심의 주체로서 객관적 사물의 중리를 인식하는 척도로는
자신이 선천적으로 구유한 덕성으로 사물의 이치를 궁구함으로 虛靈
不昧한 덕성을 밝혀가 참된 앎에 도달하려는 것이다. 지금 궁리하여

---

240) 『朱子語類』, 卷18 「大學五 或問下」, "天下豈有一理通便解萬理皆通 也須
　　　積累將去."
241) 『大學章句』, 2章 註, "格物者 物理之極處 無不到也 知至者 吾心之所知."

관통하고 無所不知에 이르게 되면 無所不通의 體와 無所不周의 用을 진실로 다할 수 있으니, 이른바 盡心은 物格知至의 事인 것이다.[242] 이러한 이원적 구조는 대립이 아닌 相互助養으로 드러나 "窮理盡性以至於命"[243] 하는 경지에 도달하여 '궁리진성'으로 性을 알고 천을 알아 천리가 性에 품부되니(天命之謂性), 궁리는 객관적으로 실재하는 사물의 이치를 궁구하는 것이요, 盡性은 주관적 자아의 본성을 두고 말함이다. 궁리와 진성을 통하여 命에 이른다는 것은 내외를 조화하여 합일하는 경지를 일컫는 것이고[244] 物과 我에 일리가 관통하여 物我爲一로 내외가 일관되고 합일되어 인의예지의 도리에 벗어나지 않아 이는 隔絶된 두 가지 일이 아니고 한 가지 일이다.

이러한 앎의 최종적 실현이요, 완성이 바로 '豁然貫通', '格物知至'이다. 주자는 "만물의 이치가 하나에서 함께 나왔음을 궁구하는 것이 격물이며, 만물이 하나의 이치에서 나온 것임을 아는 것이 知至이다."[245] 라고 하여 격물에 의하지 않고서는 지식을 이룰 수 없고, 지식의 근원은 理에 대한 궁구이다. 리는 개체의 생명근원이요, 존재근원인 것이며 또한 만물의 보편자로서 절대자이다. 절대자는 순수한 선의 소유자로 이는 만물의 도덕적 근원이 되는 것이다. 그러므로 주자는 '물리가 곧 도리'[246] 라고 하여 삼라의 도리는 우주자연의 물리와 합치되는 것이며 이런 사람이 곧 성인[247] 이라고 하여 물아일체임을 분명히

---

242) 『朱子語類』, 卷17 「或問」, "今窮理而貫通 以至於可以無所不知 則固盡其無所不通之體 無所不周之用矣 所謂盡心者 物格知至事."

243) 『周易』, 「說卦傳」.

244) 成均館大學校 儒學科 教材編纂委員會, 『儒學原論』, 成均館大學校 出版部, 1978. 81~82쪽 참조.

245) 『大學或問』, "窮萬物之理 同出於一爲格物 知萬物同出於一理爲知至."

246) 『朱子語類』, 卷15 「大學」, "物理卽道理."

하였다.

이처럼 物格知至는 인간사와 우주의 모든 원리를 규명한 것이다. 물리와 도, 천리와 도 등으로 표현되는 말들은 모두 인간의 행위원칙으로부터 우주만물의 자연법칙을 지칭한 말이다. 즉 窮理盡性으로 性을 알면 천을 알 수 있고, 천리가 性에 품부되니 바로 "誠으로부터 밝아지는 것을 性이라 한다."[248]고 하였다. 이 性은 인간본성으로서 이 본성대로 행하는 사람을 성인이라고 한다. 즉 맹자가 요순은 '性之'라 할 때의 性之는 인간이 내재한 본연한 천성을 그대로 들어낸다는 뜻으로 '自誠明 謂之性'이라 할 때의 性을 이룸이요, 진리의 본원인 誠으로부터 발현하여 현실에까지 매개되어 밝은 것은 성인의 도이다.[249] 또한 물아에 하나의 리가 관통하여 物我爲一이 되면 리는 물에 있으나 인식은 마음에 있으니 내외가 일관되고 합일되어 궁리의 완성이요, 物格의 단계이다. 그러므로 物格知至의 단계는 궁리로써 관통하여 無所不知에 이르면 無所不通의 體와 無所不周의 用을 진실로 다 발현할 수 있으니 지각 내지 지식이 아니라 體用一源하여 주객의 대립이 극복되고 會貫通徹하여 인의예지에서 벗어나지 않으니 내성외왕의 도라고 할 수 있다.

살펴본 바와 같이 『대학』은 유교의 실천목표인 이상사회의 건설을 현실의 사회 속에서 구체적으로 추구하는 정치적인 방법을 서술하고 있다. 즉 격물치지에서 시작하여 수신제가를 거쳐 치국평천하에서 끝나는 유학의 목적과 政務의 근본을 설명한 국가 경륜의 학이라고 할 수 있다. 특히 주자는 『대학』교육의 목적을 삼강령인 明明德·新民·

---

247) 『性理大全』, 卷44 「學二 總論爲學之方」, "聖人與理爲一."

248) 『中庸』, 21章.

249) 成均館大學校 教材編纂委員會, 『儒學原論』, 成均館大學校 出版部, 83쪽.

至於至善에 두고, 이것을 달성하는 수양의 순서를 팔조목으로 제시하여 內聖外王·成己成物·修己而安百姓을 추구하는 修己治人의 學이라고 하였다.

자기완성을 목적으로 하는 수기와 그 결과 나타나는 공용인 치인, 즉 내성외왕도 격물치지를 전제하지 않고서는 불가능한 일이다. 주자는 인간 마음의 탁월한 능력이 구체적·개별적 사물로부터의 격물궁리를 통하여 활연관통의 경지인 천리라는 보편인식에 도달할 수 있다고 보았다. 즉 마음의 인식 대상은 사물에 있는 理이고, 이 리는 곧 모든 사물에 내재하고 있는 보편성이다. 그러나 활연관통은 단지 한 사물을 格만 하여 도달할 수 있는 것이 아니다. 格一物 格一物하여 물리가 쌓여 많아지게 된 연후에 가능하다. 주자는 격물에서 출발하여 물리의 누적과 관통을 통하여 보편인식이 가능하고, 이런 노력이 오래되어 어느 날 활연관통하는 경지에 이르게 되면, 비로소 모든 사물의 겉과 속, 정미함과 거침이 이르지 않음이 없게 되어 吾心의 전체 대용이 밝아지게 되기 때문이다. 이때의 인식은 지각 내지 지식이 아니라 體用一源하여 주객의 대립이 극복되고 會貫通徹하여 인의예지에서 벗어나지도 않기 때문에 내성외왕의 도라고 할 수 있다. 격물치지에 의하지 않고서는 지식을 이룰 수 없고, 지식의 근원은 리에 대한 궁구이다. 리는 개체의 생명근원이요, 존재근원인 것이며 또한 만물의 보편자로서 절대자이다. 그러므로 주자는 '물리가 곧 도리'라고 하여 인간의 도리는 우주자연의 물리와 합치되는 것이며 이런 리를 탐구하는 것이 격물치지이고, 그 목표는 곧 성인이고 물아일체임을 나타난 것이다.

2) 朱子의 本體論에 대한 認識

주자는 격물치지의 인식론과 함께 二程의 사상을 기초로 하고 기타 북송의 사상가에게서 사상적 자양분을 흡수하여 방대한 철학체계를 건립하였다. 특히 주렴계와 정이천의 이론을 종합하여 우주본체론을 정립하였다.

그는 태극을 우주만물의 본체로 보았다. 즉 태극과 만물의 관계를 萬物統體一太極과 各具一太極의 두 측면으로 보았다. 統體一太極과 各具一太極은 이천의 理一分殊說에서 나온 것으로 주렴계의 태극도설을 설명한 것이다. 주렴계는 우주의 본체를 '無極而太極'이라고 하여 陰과 陽의 생성론적 방면으로 설명하였다. 즉 태극이 動하여 陽을 생하고 靜하여 陰을 생하며, 음과 양이 발전하여 오행이 되고, 오행이 다시 작용하여 만물을 생한다는 것이다. 그러나 태극이 유인지, 무인지, 또는 리인지, 기인지에 대한 구체적인 언급은 하지 않았다. 반면에 이천은 우주의 본체를 태극이라 하고, 태극은 도이며 리라는 개념으로 표현하였다. 리는 형이상자이고 기는 형이하자이지만, 리를 떠난 기나 기를 떠난 리는 존재하지 않는다고 보았다.

주자는 만물이 모두 一源에서 나온 理를 가지고 있는데 이 만물의 근원을 태극이라고 본 것이다. 그러므로 一理와 만물의 관계가 이천이 말하는 '理一分殊'이고, 주자는 理一을 '統體太極'으로, 理生分殊를 '各具太極'으로 전개한 것이다.

> 태극은 다만 천지만물의 리이니 천지에서 말하면 천지 가운데에 태극이 있고, 만물에서 말하면 만물 가운데 각각 태극이 있다.[250]

---

250) 『朱子語類』, 卷1 「太極天地上」, "太極只是天地萬物之理 在天地言 則天

태극이 곧 '萬物一統體'로서의 리이고, 만물은 '各具一太極'의 현상체
임을 설명한 것이다. 말하자면 태극은 천지만물의 근원이고, 만물은
각기 이러한 태극을 갖고 있다는 것이다. 주자는 또 다음과 같이 태극
을 설명하였다.

> 사람마다 하나의 태극을 가지고 있고 사물마다 하나의 태극을 가
> 지고 있다. 합하여 말하면 만물이 통째로 하나의 태극이 되고, 나누어
> 말하면 하나의 물이 하나의 태극을 갖추고 있다.[251]

태극은 사람과 사물에 있어서 '統體一太極'과 '各具一太極'으로 설명
된다. 천지는 '統體一太極'이지만, 현상의 만물로 보면 만물 각각이 하
나의 태극을 구유하고 있는 것이다. 따라서 태극은 理一이면서 萬理이
므로 一本之萬殊이다.

> 본래는 단지 하나의 태극이다. 그런데 만물이 제각기 품수한 것이
> 있으니 또 자연히 각자가 전부 하나의 태극을 갖추고 있을 뿐이다.
> 마치 하늘에 있는 달은 단지 하나일 뿐이지만, 그것이 강과 호수에
> 흩어져 있어 가는 곳마다 보이는 것과 같다. 달을 나뉘었다고 일컬을
> 수는 없는 것이다.[252]

태극은 본래 보편성을 지닌 '통체일태극'이지만, 사물은 각각 이 태
극을 품수하여 가지고 있으므로 '각구일태극'이 된다.

地中有太極 在萬物言 則萬物中各有太極"

[251] 『朱子語類』, 卷94 「太極圖」, "人人有一太極 物物有一太極 合而言之 萬
物統體一太極 分而言之 一物各具一太極"

[252] 『朱子語類』, 卷94 「太極圖」, "本只是一太極 而萬物各有禀受 又自全其一
太極爾 如月在天只一而已 及散在江湖 則隨處而見 不可謂月已分也"

또한 주자는 태극과 음양을 각기 리와 기로 나누어 설명한다. 그런데 문제는 주자가 '리'로 설정한 태극은 과연 동정을 할 수 있는 것인가의 문제이다. 주자는 동정이란 현상 세계에서 표현될 수 있는 것으로서 음양 두 기운의 동정을 의미하는 것이지 태극 자체의 동정을 가리키는 것이 아니라고 보았다. 즉 본체로서 태극은 음양의 동정 안에 존재하는 리이며, 그 자신은 동정하지 않는다. 다시 말하면 동정이란 단지 태극이 타는 기라는 기틀의 동정을 의미한다.

> "양은 움직이고, 음은 고요하다."라고 함은 태극이 동정한다는 말이 아니다. 이것은 태극이 이치상 동정한다는 말이다. 리는 볼 수 있는 것이 아니어서 음양이 있은 다음에 그 존재를 알 수 있다. 리가 음양을 타는 것은 마치 사람이 말 등에 타는 것과 같다.[253]
> 태극은 리이고, 동정은 기이다. 기가 다니면 리도 다니게 된다. 이 둘은 늘 서로 의지하기에 서로 떨어진 적이 없다. 태극이 사람과 같다면, 동정은 말과 같다. 말은 사람을 싣고 사람은 말을 탄다. 말이 들어오고 나감에 따라 사람도 함께 들어오고 나간다. 움직이든지 고요하든지 간에 태극의 미묘함이 없었던 적이 없다.[254]

태극은 리이고, 리는 형상이 없으므로 볼 수도 없고 동정도 지닐 수 없다. 동정이란 형이하학적이기 때문에 볼 수 있는 인식 차원의 것이다. 그러나 리는 기 안에 존재하며, 기는 동정할 수 있다. 따라서 기는 리가 그 위에 타고 머무는 운동체이다. 따라서 리에는 동정이 없지만

---

253) 『朱子語類』, 卷94 「周子之書」, "陽動陰靜 非太極動靜 只是理有動靜 理不可見 因陰陽而後知 理搭在陰陽上 如人跨馬相似"

254) 『朱子語類』, 卷94 「周子之書」, "太極理也 動靜氣也 氣行則理亦行 二者相依而未嘗相離也 太極猶人 動靜猶馬 馬所以載人 人所以乘馬 馬之一出一入 人亦與之一出一入 盖一動一靜 而太極之妙未嘗不在焉."

리는 동정하는 기를 탈 수 있기 때문에 리에도 상대적인 동정이 생길 수 있다. 마치 말 등에 탄 사람이 스스로는 달리지 않지만 달리는 말 위에 타고 있기 때문에 사람에게는 상대적인 운동이 생기는 것과 같다. 그러므로 태극이 동정한다고 설명하면, 그 설명은 리가 기를 따라 동정을 하거나 리가 기를 타고 동정을 하는 것을 의미하는 것이다.

또한 주자는 태극과 음양을 각기 리와 기로 나누어 태극을 理一로 보고 음양은 淸濁이 있는 氣로 설명하기도 하였다.

온전하다고 할 수도 있고, 치우쳐 있다고 할 수도 있다. 리로써 말하자면 온전하지 않은 것이 없고, 기로써 말하자면 치우쳐 있지 않을 수 없다.[255]

태극은 형이상의 리이기 때문에 차별성이 있을 수 없다. 그러나 聖凡과 만물의 차별성은 형이하인 기의 正偏淸濁에 의해서 드러난다. 따라서 리는 동정이 없기 때문에 情意나 計度나 조작이 없는 純然한 것이다. 사람·초목·동물 등은 그것이 생겨나게 된 씨앗으로서 리가 있다. 그 씨앗으로 하여금 사물로 생겨나게 하는 것은 음양오행의 기이다. 리는 자취가 없고 조작이 없지만, 기는 빚어지고 엉기고 모아져 만물을 생생하는 구체적인 작용이 되는 것이다.[256] 그러므로 태극으로부터 음양오행 및 만물이 생성되는 과정은 기의 작용에 기인한다.

주자의 이기론은 이처럼 이기이원론의 입장을 취하고 있다. 즉 형

---

255) 『朱子語類』, 卷4 「性理1」, "謂之全亦可 謂之偏亦可 以理言之 則無不全 以氣言之 則不能無偏."

256) 『朱子語類』, 卷1 「理氣上」, "理無情意 無計度 無造作 只此氣凝聚處 理便在其中 且便在其中 且如天地間 人物草木禽獸 其生也莫不有種 定不會無種 天地生出一個事物 這個都是氣 若理則只是 個淨潔空闊底世界 無形迹 他卻不會造作 氣則能醞釀凝聚生物."

이상과 형이하의 두 세계를 설정하고 현상세계를 리와 기로써 설명하려고 하였다. "하늘이 음양과 오행으로 만물을 화생함에 그때 기로 형상을 이루고 리 또한 거기에 부여되었다."[257]고 하였다. 이에 의하면 이 세상에는 리를 구비하지 않은 기가 없고, 기를 구비하지 않은 리가 없는 것으로 설명된다.[258] 이른바 理氣不離라는 것이다.

> 이 세계에는 리와 기가 있다. 리는 형이상의 도로써 물을 낳는 근본이다. 기는 형이하의 器로써 물을 낳는 재료이다. 따라서 사람이나 물이 태어날 때 리를 받음으로 性을 갖추고, 기를 받음으로 形을 갖추고 있는 것이다.[259]

사람과 사물은 理로 인해 性을 갖추고, 氣로 인해 形을 갖추게 된다. 性은 바로 天命을 가리킨다. 그러므로 性, 그 자체는 순선한 것이지만, 기는 물을 낳는 재료로 어떤 것으로도 될 수 있는 가능성을 갖고 있다. 주자는 인성을 '本然之性'과 '氣質之性'으로 나누어 설명한다. 본연지성은 寂然不動의 末發의 상태로서 至善純粹한 우주의 본체이고, 기질지성은 已發의 상태로서 正偏淸濁한 氣에 내재되어 있다. 이것이 一本의 萬殊이다. 따라서 기품의 여하에 따라 人과 物, 賢과 愚가 갈리는 것이다.

> 하나의 기를 말하면 인과 물이 모두 이 기를 받아 태어났고, 정조로 말하면 인간은 그 정통한 기를 받았고 타물은 그 치우치고 막힌

---

257) 『中庸』, 제1장 註 "天以陰陽五行 化生萬物 氣以成形 而理亦賦焉."

258) 『朱子語類』, 卷1 「理氣上」, "天下未有無理之氣 亦未有無氣之理."

259) 『朱子文集』, 卷58 「答黃道夫」, "天地之間 有理有氣 理也者 形而上之道也 生物之本也 氣也者 形而下之器也 生物之具也 是以人物之生 必稟此理 然後有性 必稟此氣 然後有形."

기를 받은 것이다. 오직 사람만이 그 바른 것을 얻은 까닭에 리가 통하여 막힘이 없다. 타물은 그 偏氣를 받은 까닭에 리가 막히어 아는 바가 없다.[260]

기의 청탁에 의해서 현우가 나눠지고 기의 正偏에 의해서 인물이 나눠진다. 이에서 보면 리에 의해서 사람의 성인과 범인이 나눠지는 것은 아니라 품수한 기질에 의해서 나눠지는 것이다. 따라서 성인이 되는 기질의 교정공부를 통해서 가능하게 되는 것이다.

성현의 천언만어는 다만 사람에게 明天理 滅人欲을 가리킨 것이며 천리가 밝혀지면 자연 강학할 필요도 없다. 인성은 본래 밝은 것이다. 만약 寶珠가 濁水에 잠겨 있으면 그 밝은 빛을 볼 수 없지만 인욕을 제거하면 보주는 저절로 밝게 빛날 것이다. 만일 자신이 인욕에 가려진 것을 알면 그것이 곧 밝혀야 할 곳이다.[261]

천리를 보주로, 인욕을 탁한 물로 비유하여 설명한다. 더러운 물속에 잠긴 보주는 그 밝음을 볼 수 없지만, 더러운 물을 제거하면 본래의 모습을 갖게 된다는 것이다. 이것이 기질변화를 핵심으로 하는 주자학의 수양론의 내용이다. 주자학에서 말하는 기질을 변화하는 구체적인 방법은 격물과 거경으로 귀결된다. 격물과 거경은 동시적으로 추진해야 하는 상호 보완적인 관계에 있다. 한편으로 격물하여 오늘 하나의 物을 궁구하고, 내일 또 하나의 物을 궁구하여 마치 유격병이 포

---

260) 『朱子語類』, 卷4 「理氣」, "一氣而言之 則人物皆受是氣而生 自精粗而言 則人得其氣之正且通者 物得其氣之偏且塞者 惟人得其正 故是理通而無所塞 物得其偏 故是理塞而無所知."

261) 『朱子語類』, 卷12 「持守」, "聖賢千言萬語 只是教人明天理 滅人欲 天理明 自不消講學 人性本明 如寶珠浸溷水中 明不可見 去了溷水 則寶珠依舊自明 自家若得知是人欲蔽了 便是明處."

위 공격하여 수비를 빼앗는 것처럼 하면 인욕이 저절로 사라지게 되며 일면 경자를 갖고 적을 막으면 인욕은 자연히 사라지게 된다는 것이다.[262] 또한 주자는 다음과 같이 수양론을 설명한다.

> 천하의 리는 항상 하나지만 그 나눔을 말하면 다르지 않을 수 없으니 이것이 자연의 형세다. 대개 인간이 천지간에 태어나면서 천지의 기를 품수하므로 그 체는 곧 천지의 체이며 그 心은 곧 천지의 심이다. 리로 말하면 어찌 二物이 있겠는가?…… 만약 그 나눔으로 말하면 천의 일은 진실로 인간이 미칠 수 없고 인간의 일은 또 천지에 미칠 수가 없으니 그 일이 진실로 같지 않다.[263]

리로 보면 하늘과 사람은 하나로 일관되지만 기로 보면 천인 간의 분별이 생긴다. 따라서 사람은 理一의 보편적 리보다 分殊의 현상계에 나타난 구체적 리를 먼저 체득해야 한다. 왜냐하면 현실적으로 가까이에 주어져 있는 分殊之理의 인식을 통해서만 理一에 상달할 수 있기 때문이다. 이러한 의미에서 주자는 공자의 '下學而上達法'을 가장 잘 계승하였다고 말할 수 있다. 주자가 격물공부를 강조한 점이 이런 연유에서이다.

주자는 이기이원론 입장에서 만물생성을 설명한다. 기에 의하여 만물이 형성될 때 리가 거기에 품부되며 또 기의 偏正淸濁에 의하여 인물 현우의 차별이 생하나, 리는 만물을 통하여 동일하다는 것이다. 이

---

262) 『朱子語類』, 卷12 「持守」, "只是這上便緊緊着力主定　一面格物　今日格一物　明日格一物　正如遊兵攻圍拔守　人欲自銷鑠去……　把箇敬字抵敵　常常存個敬在這裏　則人欲自然來不得."

263) 『中庸或問』, 卷3. "天下之理未嘗不一　而語其分則未嘗不殊　此自然之勢也　蓋人生天地之間　禀天地之氣　其體卽天地之體　其心卽天地之心　以理而言　是豈有二物哉　……　若以其分言之　則天之所爲固非人之所及　而人之所爲又有天地之所不及者　其事固不同也."

는 정이천의 이기이원론을 계승한 것이다.

> 천지는 만물을 생하는 것으로 그 心을 삼는다. 그리고 인간과 만물
> 은 생하여 각각 그 천지의 마음을 자기의 마음으로 삼는다. …… 이
> 마음은 어떠한 마음인가? 천지에 있어서는 만물을 생하는 마음이고,
> 인간에게는 다른 사람을 사랑하고, 이롭게 하는 마음이다.[264]

'生生不已'하는 心은 천지에서는 만물이 '生生不息'하는 소이인 리이
고, 인간에게는 도덕을 창조하는 인성이 된다고 설명한다.

이상의 내용을 정리하면 '생생불식'하는 천의 작용과 인간의 도덕적
삶의 합일을 추구하는 천인합일사상을 내용으로 하는 우주본체론은
주렴계를 발단으로 전개된 이래 소강절, 장횡거, 정명도, 정이천을 거
치면서 발전한 뒤 주자에 이르러 완성된다는 사실을 알 수 있다. 주렴
계에서 정이천에 이르는 송학의 발전과정에서 나타난 특징은 『주역』,
『논어』, 『맹자』, 『중용』, 『대학』의 철학적 사상을 체계화하고 그것을
실천하는 것이었다. 그러므로 北宋 諸儒의 철학사상을 계승하여 집대
성한 주자는 결과적으로 『주역』, 『논어』, 『맹자』, 『중용』, 『대학』 등
선진유가의 모든 경전을 철학적으로 새롭게 해석하여 체계화하고 그
것을 실천한 것이 된다.

---

264) 『朱子文集』, 卷67 「仁說」, "天地以生物爲心者也 而人物之生 又各得夫天
地之心 以爲心者也…… 此心何心也 在天地則然生物之心 在人則溫然愛
人利物之心."

제 2 장

中和論辯에 나타난 朱子思想의 端初

1. 延平과의 思想遭遇

주자는 南宋 高宗 建炎 4년에 태어나 寧宗 慶元 6년(1130~1200)에 세상을 떠났으니 그의 나이 71세였다. 또 諡號를 '文'이라 하여 세칭 '朱文公'이라 부르고, 통칭 주자라고 불렀다. 그의 부친은 이름이 松이고, 字는 喬年이며 號는 韋齋이다. 위재는 라예장에게 師事하였으며 이연평과는 동문수학하였다. 이것으로 보아 주자가 연평을 스승으로 모시고 수학한 것은 우연한 일로 볼 수 없다. 주자는 연평을 만나기 이전에 일찍이 그의 부친으로부터 二程의 학설을 학습할 것을 권유받았다.[1]

주자가 이후에 이천의 '性卽理說'과 '格致窮理法'을 계승하여 완성한 것도 부친의 영향이 있었음을 짐작할 수 있다. 주자가 그의 철학을 형성하고 체계화하는 데 정이천의 학문만을 섭렵한 것만은 아니다. 그는 주렴계와 장횡거 그리고 二程子뿐만 아니라 소강절의 '象數易學'까지 폭넓게 연구하여[2] 송학을 집대성한 것도 부친의 家學 덕분이다. 위재는 생전에 학문적 영향을 주었을 뿐만 아니라 주자가 屛山과 籍溪에게 수학을 하도록 하였는데, 이것도 위재의 유언에 따른 것이다.

주자 나이 14세 되던 해 부친상을 당하고, 부친의 遺命을 받들어 胡

---

1) 『朱子文集』, 卷75 「論語要義目錄序」, "熹年十三四時 受二程先生論說於先君 而先君棄諸孤"

2) 錢穆, 『朱子新學案』, 卷1. 三民書局 1970, 25面.

憲(號, 籍溪. 1086~1162 A.D.), 劉勉之(號, 白水. 1091~1149 A.D.), 劉子翬(號, 屛山. 1101~1147 A.D.)에게 가르침을 배웠는데, 유병산은 불학을 좋아했고, 호적계는 또한 도·불학을 좋아하여 주자가 어릴 적에는 자연히 도·불학에 출입할 수 있는 기회가 되었다. 실제로 그의 나이 15~16세 때에 유병산 선생의 처소에서 어떤 선승을 만나 그에게 의견을 묻고, 과거시험에서 그러한 의견으로써 설명했는데 결국 시험관의 마음을 감동시켜서 합격도 하였다.[3] 그 후 24~25세 때쯤 그가 同安에 부임하게 되는데, 이때 李侗(號, 延平. 字, 愿中 1093~1163 A.D.) 선생을 처음 뵙고 선불교 식의 이론을 이야기하자 주자의 의견이 옳지 않음을 지적하였다. 처음에는 주자가 아직 선생이 이것을 잘 이해하지 못한 것이 아닌가 의심하여 두세 번 더 질문도 하였다. 그러나 선생은 사람됨이 간명하고 중후했지만 설명은 잘하지 못하였고, 다만 성현의 말씀을 보라고 주자에게 권하였다. 드디어 주자가 禪에 관한 이론을 잠시 접어두고 성인의 책에 관심을 갖기 시작했고, 성현의 말에도 깊이가 있음을 점점 깨닫게 되는 계기가 되었다. 그래서 부처의 설이 점점 찢어지고 갈라져서 틈이 무수히 드러남을 비로소 알게 되었다고 주자는 말한다.[4]

이연평과의 만남을 통하여 주자는 유학의 본원에 드디어 정착하게

---

3) 『朱子語類』, 卷104 「輔廣錄」, "某年十五六時 亦嘗留心於此(禪) 一日在病翁 (劉子翬 字 彥冲 號 病翁)所 會一僧 與之語 其僧只相應和了說 也不說是不 是 却與劉說 某也理會得箇昭昭靈靈底禪 劉後說與某 某遂疑此僧更有要妙處 在 遂去扣問他 見他說得也殺好 及去赴試時 便用他意思去胡說 是時文字 不 似而今細密 由人醜說 試官爲某說動了 遂得擧."

4) 『朱子語類』, 卷104 「輔廣錄」, "後赴同安任時 年二十四五矣 始見李先生 與 他說 李先生只說不是 只教看聖賢言語 某遂將那禪來權依閣起 意中道 禪亦 自在 且將聖人書來讀 讀來讀去 一日復一日 覺得聖賢言語 漸漸有味 却回頭 看釋氏之說 漸漸破綻 鑄漏百出."

되어 비로소 禪學과 聖學의 사이에 획을 긋는 선명한 경계선이 있음을 자각하게 되었다.

처음으로 병산과 적계를 스승으로 모셨다. 적계는 文定(胡安國)에게 배웠고, 또한 불·노를 좋아했다. 문정의 학으로써 治道를 논하였지만 도에 이르지는 못하였고, 또 불·노의 도에도 이르지 못하였다. 병산은 소년시절 과거공부를 할 수 있어 蒲田官을 하였다. 절에 있는 한 스님을 사귀어 入定할 수 있었고 수일 후에 곧 견성을 하였다. 늙어서 집에 돌아와 儒書를 읽어 불학과 합하여 聖傳論을 지었다. 그후 병산이 먼저 죽고 적계만 남게 되었다. 내가 보기에는 이 도에서 얻은 바가 없어 연평을 만났다.[5]

주자가 초년에 胡·劉 세 선생을 스승으로 섬겨 비록 배운 바가 廣博했지만, 유학과 도·불에 있어서 아직 그 관건을 얻지 못했음을 위 문장을 통해서 짐작할 수 있고, 비로소 이연평을 만난 후에 유학에 안착하게 되었음을 알 수 있다.

내가 소년 시에는 아직 아는 바가 없었고 또 일찍이 禪을 배웠는데, 단지 이 선생만이 지극히 옳지 않음을 말하였다. 후에 고찰하니 이쪽의 유학에 이만큼이 더해지면 불교(禪)에는 관심이 이만큼 줄어들었다. 지금에 이르러서는 다 녹아서 남은 것이 없다. 필경 불학에는 옳은 곳이 없다.[6]

---

5) 『朱子語類』, 卷104 「自論爲學工夫」, "初師屛山籍溪 籍溪學於文定 又好佛老 以文定之學爲論治道則可 而道未至 然於佛老亦未有見 屛山少年能爲擧業 官 蒲田 接塔下一僧 能入定 數日後乃見了 老歸家讀儒書 以爲與佛合 故作聖傳 論 其後屛山先亡 籍溪在 某自見於此道 未有所得 乃見延平."

6) 『朱子語類』, 卷104 「自論爲學工夫」, "某小年時未有知 亦曾學禪 只李先生極 言不是 後來考究 却是這邊味長 才這邊長得一寸 那邊便縮了一寸 到今銷鑠 無餘 畢竟佛學無是處."

주자가 연평의 가르침을 받으면서 禪學에서 유학으로 관심이 옮겨져 불학에 대한 비판까지 서슴지 않음을 엿볼 수 있다. 연평도 이러한 주자를 대단히 칭송하였다.

> 원회는 진학에 매우 힘을 쓰고 善을 좋아하고 의를 두려워하니 우리 무리에 드문 자다. 늦게 이 사람을 얻으니 매우 위안이 된다. 또 말하기를 이 사람은 매우 총명하고, 힘써 행함이 두려울 만하다. 강학이 극히 미미한 곳에까지 이르게 되니, 내가 이로 인해 추구하여 깨닫는 바가 있었다.[7]

연평이 주자의 사람됨을 진학에 힘쓰고 선과 의를 분별하여 행할 줄 알고 학문의 경지가 높음을 칭찬한 것이다. 그러나 연평문하에서는 연평이 일찍 사별하는 바람에 학문적으로 일가를 이루지 못하였고 34세 연평 사후에 장남헌과 여조겸 등을 만나 학문을 토론하면서 새로운 전기를 마련하게 된다.

張栻(字, 敬夫. 號, 南軒. 1133-1180)은 宋의 綿竹人이며 張浚의 아들이다. 장남헌이 천리의 本眞은 일용 인륜의 사이에 생겨나므로 이 본진을 먼저 찰식하고 그런 후에 존양을 해야 한다고 주장했다. 주자는 이 '선찰식 후존양법'과 연평의 '靜坐澄心法' 또 이천의 '거경함양'과 '격물치지'를 통일하여 그의 학문을 형성하였다. 장남헌과의 학문교류는 '중화논변'에서 자세히 다루어질 것이다.

呂祖謙(字, 伯恭. 1137-1181)은 宋의 金華人으로 사람들은 '東萊先生'이라 칭했다. 주자가 46세 때 여조겸의 주선으로 '鵝湖寺'에서 육상산과 만나 학문을 논하게 되었으니 주자와 육상산의 논쟁의 핵심은

---

7)『李延平集』, 卷1「與羅博文書」, "元晦進學甚力 樂善畏義 吾黨鮮有 晚得此人 甚慰 又曰 此人極穎悟 力行可畏 講學極造微處 某因此追求有所省."

'無極而太極'·'尊德性'과 '道問學' 등의 문제에 관한 논변으로 3장에서 다루어질 것이다. 또 주자가 52세 때 진량과의 학문적 교류가 이루어지도록 교량 역할을 한 사람이 여조겸이다. 진량과의 만남으로 '왕패논변'이 전개되는데 이것은 4장에서 상세히 다루어질 것이다. 장남헌과의 학문교류 그리고 여조겸의 주선으로 육상산과 진량의 만남으로 이루어졌던 논변은 주자의 학문에 큰 영향을 미쳤다. 그러면 주자가 연평의 문하에서 학문적으로 일가를 성취하지 못하게 되는 이유와 남헌과의 논변을 통해 '중화구설'을 확립하는 과정을 보다 상세히 고찰해 보고자 한다.

주자가 24~25세 때 泉州同安主簿에 부임하는 도중 처음으로 이연평과의 만남이 이루어졌다. 이때 연평은 "너는 어째서 공허한 것들은 많이 이해하면서 도리어 눈앞에 일들은 깨닫지 못하는가?"[8] 라고 하여 주자의 禪공부를 비판하였다. 5년 후에 주자가 두 번째로 연평을 만났고, 31세 때 비로소 정식으로 연평을 스승으로 모시고 수학을 하였다. 연평이 주자에게 전수하여 준 것은 생활 속에서 깨달으려면 현실 속에서 유가의 경전이 지도하는 진리를 깨달으라는 것이었다.[9] 주자는 이로써 도·불의 공허한 논리에서 벗어나 유학의 구체적인 일용인륜 속에서 실천해야 할 분명한 체증이 있음을 깨달았다. 연평이 주자에게 가르친 교훈은 세 가지로 요약할 수 있는데, 첫째는 일용일륜 생활 속에서 학문을 통해 본체를 체인하는 것이고,[10] 둘째는 성인의 학문과 경서를 통해서 의리를 탐구하는 것이고,[11] 셋째는 본체를 체

---

8) 『朱子年譜』, 卷1, "初見李先生 說得無限道理 李先生云 汝恁地縣空理會得許多 面前事却理會不得."

9) 錢穆, 『朱子新學案』, 卷3, 35面. "一日須於日用人生上融會 一日須看古聖經義 又一日理一分殊 所難者不在理一處 乃在分殊處."

10) 『朱子年譜』, 卷1, 15항. "道亦無玄妙 只在日用間著實做工夫處理會 便自見得."

인하기 위해서 理一뿐만 아니라 分殊까지 알아야 한다는 것이었다.[12)
주자는 당시에 상황을 다음과 같이 술회한 바 있다.

> 熹가 선생에게 배우고부터 매번 갔다가 다시 돌아오면 들어 아는
> 바가 더욱더 超絶해졌다. 그 진보하고 날마다 새로워짐이 이와 같이
> 끊이지 않았다.[13)

주자가 이연평에게서 師授한 후에 그 학문이 날마다 진보하고 상달하
여 학문의 방향이 확정되었음을 알 수 있다. 그러면 주자가 이러한 학문
을 진보하게 된 배경으로 먼저 연평과 동학인 부친의 학문을 살펴보고
그리고 연평의 학문적 방법에 대해서 구체적으로 논의해 보도록 하자.
연평의 스승은 羅從彦(號, 豫章. 1072~1135 A.D.)이며 주자의 부친
朱松(號, 韋齋 1097~1143 A.D.)도 라예장으로부터 수학하여 연평과는
동문이나. 주송은 날마나 『대학』, 『중용』을 읽으면서 '致知'와 '誠意'의
본질을 궁구하는 데 힘썼다고 한다.[14) 이처럼 주자의 家學淵源은 바
로 『대학』의 '격물치지'와 '성의정심'에 있었으며, 『중용』의 '愼獨'과
'致中和'에 있었음을 볼 수 있다.
위재가 程 氏의 학문에 치중한 이유는 성현이 되는 것에 뜻이 있었
기 때문이었다. 위재의 스승 라예장은 楊時(號, 龜山. 1053~1135

---

11) 上揭書, 卷1, 16항. "李先生今去聖經中求義 某後刻意經學 推見實理 如信
   前日諸人之誤"

12) 『延平答問』, "蓋延平之言曰 吾儒之學 所以異於異端者 理一分殊也 理不患
   其不一 所難者分殊耳 此其要也"

13) 『朱子文集』, 卷97 「延平先生李公行狀」, "熹從先生遊 每一去而復來 則所
   聞必盆超絶 蓋其上達而日新不已有如是"

14) 『朱子年譜』, 卷1上 「紹興十年庚申」, "日誦大學中庸之書 以用力於致知誠
   意之知."

114

A.D.)에게 수학하였고, 양구산은 二程에게서 배웠다. 주자가 이정의 뒤를 이어 정 씨의 학문을 크게 빛내고 성현이 되는 것에 뜻을 두어 理學의 대가가 된 것은 이와 같은 학문연원에서 비롯된 것이다. 그러므로 黃幹은 이러한 사실을 다음과 같이 기술하였다.

> 위재 선생에게 중원문헌의 전함을 얻어 河洛之學의 가르침을 받고 성현이 남긴 뜻을 미루어 밝혀 날마다 『대학』·『중용』을 읽어 치지·성의에 힘을 썼다. 선생(朱子)은 어려서 이미 그 학설을 알았고 그것을 좋아했다.[15]

이처럼 주자 초년에는 禪學的인 분위기에 있으면서도 유학을 병행하였음을 알 수 있다. 그러나 유가의 인륜적인 특성에 눈뜨고 선학을 버리고 유학에 귀의하게 된 것은 연평을 통해서였다.

> 학문의 도는 말을 많이 하는 데 있지 않고 단지 묵묵히 앉아서 마음을 맑게 하여(默坐澄心) 천리를 체인(天理體認)하는 것이다. 만약 보아서 비록 터럭 하나만큼이라도 사사로운 욕심이 발한다면 또한 물러나서 오랫동안 힘쓰면 점차로 거의 밝아져서 강학함에 비로소 힘을 얻을 수 있다.[16]

'默坐澄心 體認天理'는 연평의 기본적인 학문방법으로서 이는 종일토록 단정히 앉아 마음을 깨끗이 하여 희로애락이 아직 발하기 전의

---

15) 『黃勉齊文集』, 卷8 「朱先生行狀」, "自韋齋先生得中原文獻之傳 聞河洛之學 推明聖賢遺意 日誦大學中庸 以用力於致知誠意之地 先生蚤歲已知其說 而心好之."

16) 『朱子文集』, 卷97 「延平先生李公行狀」, "學問之道不在多言 但默坐澄心 天理體認 若見雖一毫私欲之發 亦退廳 久久用力于此 庶幾漸明講學 始有 得力耳."

기상은 어떠한가를 살펴 이른바 '中'을 구하는 것이다.[17] 이는 『중용』의 '天命之謂性'의 성을 가리킨 것이고 또한 '維天之命 於穆不已'에 근거한 '天命流行之體'에서 온 것이다. 또한 '天地位 萬物育'을 달성하여 '參天地 贊化育'에 이르는[18] 것을 말한다.

연평은 '묵좌징심'의 수양방법론을 잘못 받아드린 모습을 아래와 같이 표현하였다.

> 학자의 병은 깨끗이 얼음이 녹고, 추위가 풀리는 같은 곳이 있지 아니한 데 있다. 비록 힘을 기울여 지키는 바(持守)를 따르나 진실로 현저하게 후회하는 것을 모면하는 데 불과할 뿐이다. 이러한 자는 말할 것도 없다.[19]

'灑然氷解'의 실천공부는 반드시 주체와 천지자연에서 구해야 하고, 체인한 천리는 반드시 일상생활 중에서 실현되어야 주체의 천지지연의 합일된 경지에 도달할 수 있다. 그러면 자연히 '灑然自得'하고 '氷解凍釋'의 경계에 도달할 수 있고 '灑然自得處'에 도달해야 비로소 참된 천리유행이 된다.[20] 이 체증의 세계는 사변지로써 도달할 수 없는 경지다. 그러므로 유학에서 추구하는 내성학은 우리 자신이 본래 갖추고 있는 性體(理一, 天道, 天理)를 자각하고 체증하여 현실생활 가운데에 드러내서 純正의 도덕행위를 성취하는 것을 말한다. 이것은 성현이 가르친 豁然覺醒이 '卽身以求之'의 뜻이고, '不事講解'에 이르러서는

---

17) 『朱子文集』, 卷97 「延平先生李公行狀」, "先生既從之學 講論之餘 危坐終日 以驗夫喜怒哀樂未發之前氣象爲如何 而求所謂中者."

18) 蔡仁厚撰述, 『宋明理學』, 南宋篇, 學生書局, 民 66-69, 70~71면 참조.

19) 『朱子文集』, 卷97 「延平先生李公行狀」, "學者之病 在于未有灑然氷解凍釋處 縱有力持守 不過苟免顯然悔尤而已 若此者恐未足道也."

20) 蔡仁厚撰述, 『宋明理學』, 南宋篇. 71面.

116

문자 사이에서 도를 구하는 것이 아님을 말한 것이다.[21] 또한 본체 체인을 목적으로 해서 理一만 헤아리려 하고 그 分殊를 살피지 않으면 이것을 배우는 사람이 거짓과 참을 분간할 수 없는 설(亂眞之說)에 흘러도 스스로 알지 못하게 된다.[22]

연평의 이러한 학풍은 위에서 언급한 바와 같이 라예장에게 사사하고, 라예장은 스승인 양구산 문하에서 계승된 학문이었다. 양시는 "학자는 마땅히 희로애락이 미발한 상태를 心으로써 체득하면 中의 의미가 자연히 드러난다."[23]고 하여 『중용』의 '喜怒哀樂之未發謂之中'의 실증적 체험을 종지로 삼아 심학적이고 실천 수양론적인 학풍을 추종하였다. 라예장은 스승의 이러한 학풍을 철저히 전수받아 『중용』의 '中'과 『대학』의 '知止'를 연계하여 그의 사상을 체계화하였다.

> 무릇 『중용』의 책은 학자가 진심으로써 성을 알고 궁행함으로써 성을 다하는 것이다. 그리하여 처음에는 "喜怒哀樂之未發謂之中"이라고 하였고, 끝에는 의지하는 바가 그 인을 간절하고 성실하게 하여 깊고 깊은 연못과 같으며, 넓고 넓은 하늘과 같다.(肫肫其仁 淵淵其淵 浩浩其天) 이 말은 무엇을 의미하는가? …… 그러므로 『대학』의 도는 그칠 바를 아는 데 있을 뿐이다. 진실로 그칠 곳을 알면 학문의 선후를 알게 될 것이다.[24]

---

21) 上揭書, 72面.

22) 『朱子文集』, 卷97 「延平先生李公行狀」, "此學者所以流于疑 似亂眞之說 而不自知也."

23) 『龜山文集』, 卷4. "學者當于喜怒哀樂未發之際 以心體之 則中之義自見."

24) 『宋元學案』, 卷39 「豫章學案, 豫章問答」, "夫中庸之書 學者盡心以知性 躬行以盡性者也 而其始則曰 喜怒哀樂之未發謂之中 其終曰 夫焉有所倚肫肫 其仁 淵淵其淵 浩浩其天 此言何謂也…… 故大學之道 在知所止而已 苟知 其所止 知學之先後."

모종삼은 "肫肫其仁 淵淵其淵 浩浩其天"은 천도로써 誠에 도달한 인간의 간절하고 정성스런 모습이고, 또한 독실한 仁의 경지로 못(淵)의 깊은 모습과 같아서 호대한 하늘의 넓은 모습과 같다고 보았다. 따라서 지극한 정성, 즉 지성으로서 천덕 상달할 수 있고, 그런 사람이 다름 아닌 성인으로 표현한 것이다.[25] 라예장은 '喜怒哀樂之未發之中'의 경지를 체인함으로 '浩浩其天'의 천과 합일하는 내외의 완성을 추구할 수 있고, 『중용』이 바로 '盡心, 知性, 知天'의 내용을 이론화한 경서로 보았다. 그러므로 大學之道의 '知所止'의 '止'는 바로 中과 性을 일컫는다고 한 것이다. 이처럼 『중용』의 내용을 갖고 라예장은 『대학』의 방법을 이해하고 있다. 주자의 스승인 이연평은 자기 스승에 대한 그 수양방법을 그대로 계승한 것이다.

> 내가 과거에 라예장 선생을 따라 학문을 할 때 종일 상대하여 靜坐하였다. 단지 문자만을 말할 뿐 한마디도 잡된 말은 언급하지 않았다. 선생은 정좌하기를 극히 좋아하여 어떤 때는 모르는 것이 있으면 堂中에 물러가서 다만 정좌할 뿐이었다. 선생은 고요한 가운데 희로애락의 未發之中을 보게 했으며 그 미발시에는 어떤 기상을 하게 되는지를 보게 했다.[26]

라예장은 희로애락 미발의 기상체인은 靜坐의 방법을 통해서 中의 경지를 밝히고자 한 것으로 스승인 양시의 학풍을 철저히 전승하였다. 그리고 연평은 주자에게 "낮에는 모름지기 도리를 이해하려 하고 밤에는 오히려 조용한 곳에 가서 정좌하여 思量하면 비로소 얻을 것이

---

25) 牟宗三, 宋恒龍 譯, 『中國哲學의 特質』, 同和出版公事, 1983, 62面.

26) 『延平問答』, "某嘗時從羅先生問學 終日相對靜坐 只說文字 未嘗及一雜語 先生極好靜坐 某時未有知 退入堂中 亦靜坐而已 先生令靜中看喜怒哀樂未發之謂中 未發時作何氣象."

118

있을 것"27)이라고 가리켰다. 연평이 종일 危坐하여 미발기상이 어떠한가를 살펴 中을 구하는 것으로 스승인 라예장의 사상을 충실히 계승하고 있음을 알 수 있다. 주자도 「중화구설서」에서 "나는 연평 선생을 따라 공부하였는데 『중용』을 받아서 희로애락의 주지를 탐구하였으나 아직 통달하지 못하였는데 선생은 돌아가셨다."28)라고 회고하여 주자 역시 연평의 가르침을 받아 희로애락 미발의 체험에 주력하였음을 알 수 있다. 또한 연평은 理一보다는 分殊를 중시한다.

> 연평이 말하기를 우리 유학이 이단과 다른 까닭은 리일분수이다. 理가 일이 아니라는 것을 근심하지 말고, 어려운 바는 분수인 것뿐이다. 이것이 요점이다.29)

이연평이 일상 인륜의 생활에서 리일보다는 분수가 어렵다는 것은 송대의 유학이 불교의 초탈적이고, 출세간적인 방법을 비판하여 세간적인 실천도덕의 방법을 추구하는 것을 말하는 것이다. 즉 인륜 일상의 도리가 현실세계에서 실천적인 보편적 도덕법칙으로 드러난 것을 의미한다.

연평은 이 일상사의 인륜의 도리를 실천하기 위해서는 心의 순수성 유지가 필요하고, 이 心의 수양방법으로 맹자의 '夜氣說'을 인용했다. "맹자에 있는 야기의 설을 더욱 깊이 음미하여 보면 마땅히 涵養用力의 處를 알게 될 것이다."30)라고 하여 맹자의 夜氣說을 가지고 존심

---

27) 『朱子語類』, 卷104 「自論爲學工夫」, "延平先生嘗言 道理須是日中理會 夜裏去靜處坐地思量 方始有得."

28) 『朱子文集』, 卷75 「中和舊說序」, "余蚤從延平李先生學 受中庸之書 求喜怒哀樂未發之旨未發 李先生沒."

29) 『延平答問』, "蓋延平之言曰 吾儒之學所以異于異端者 理一分殊也 理不患其不一 所難者分殊耳 此其要也."

의 방법을 제시하고 함양용력처를 말한다.

> 대저 인간에게 理義之心이 어찌 없겠는가? 오직 이것을 持守하기
> 만 하면 곧 여기에 있는 것이다. 만일 대낮에 이것을 어지럽게 하여
> 없애 버리지 않으면 夜氣는 보존된다. 야기가 보존되면 이른 아침의
> 氣가 아직 物과 접하지 않았을 때에는 湛然한 虛明의 기상을 저절로
> 볼 수 있다.31)

연평은 이와 같이 夜氣를 기르는 방법으로 마음의 함양을 바로 스
승에게 사사한 정좌의 수양법으로 체계화하여 희로애락 미발의 기상
이 어떠한 것인지를 인식하려고 한 것이다. 연평이 理義의 心을 지수
해야 한다는 것은 도·불의 출세간적인 방법과는 달리 유학의 입장에
서 中의 실천을 의미하는 것이고, 이 中의 실천을 위해서는 夜氣를 보
존해야 한다고 보았다. 따라서 '喜怒哀樂 未發體認'은 默坐澄心하여 中
의 함양이 청명 순일하면 일상적 세계의 인륜의 일은 灑然自得할 수
있다고 본 것이다.

그러나 연평의 수양방법론인 '정좌법'에 대해서는 그것이 오히려 수
양방법이 아닌 목적처럼 생각되어 결함이 있다고 주자는 후일에 지적
했다.

> 그 공부방법에 다소 치우친 점이 있다. …… 종일 危坐한다면 결국
> 수렴할 뿐으로 分馳하는 것보다도 낫지만 만약 오로지 그렇게만 한다
> 면 坐禪入定과 같은 것이다.32)

---

30)『延平問答』, "孟子有夜氣之說 更熟味之 當見涵養用力處也."

31)『延平問答』, "凡人理義之心 何嘗無 唯持守之卽在爾 若於旦晝間 不至梏亡
則夜氣存矣 夜氣存 則平旦之氣 未與物接之時 湛然虛明 氣象自可見."

32)『朱子語類』, 卷103「胡氏門人」, "其下工夫處 亦是有些子偏…… 終日危坐

이처럼 주자는 '坐禪法'과 같은 '靜坐法'을 비판하고 또 정좌법을 유학의 사상으로 발전시켜 靜과 動을 敬사상으로 일관하게 하는 '居敬法'을 중시하게 되었다. 물론 불교의 좌선법이 송학의 수양방법론에 영향을 주어 연평이 정좌법을 사용했고 주자 역시 정좌의 수양방법론을 따른 것도 사실이다. 그러나 주자가 영향받은 정좌법은 외형적인 것이요, 불교의 좌선이나 돈오 또는 도가의 청정한 좌망의 수양방법처럼 현허하고 공무한 초월적인 경지에 들어가는 해탈이나 열반의 세계가 아니고, 거경의 한 방법으로서 인륜의 큰 도와 일상생활에서 하는 일과 밀접한 관계를 말한 것이다.

이상에서 주자가 연평에게서 받은 사상에 대해서 살펴보았다. 그런데 연평의 '默坐澄心 體認天理'의 학문방법은 직관적인 사유방법으로 선진유가에서 찾아볼 수 없는 방법이다. 방법상의 차이는 있지만 禪에 있어서 '좌선입정'과 유사하여 주자는 비판한 것이다. 그러나 그 초점은 일상생활의 도덕에 있고, 주자는 연평의 설을 계승하여 일상의 도덕 세계에 더욱 눈을 돌려 '거경'과 '격물치지법'을 내놓는 계기가 되었다.

> 경은 홀로 오뚝 앉아서 귀나 눈으로 들은바 보는 바도 없으며 마음에 생각하는 바도 없는 것이 아니다. 다만 思謹하는 바가 있어서 감히 방종하지 않을 따름이니 이와 같이 하면 그 기상이 저절로 달라진다.[33]

> 무릇 마음은 性을 주재하는 것이다. 경으로 마음을 보존하면 性 그것이 길러져서 해되는 바가 없다. …… 그러므로 경이란 것은 학문의 처음과 끝이 되는 것이니 이른바 徹上徹下의 방법이다.[34]

只是且收斂在此 勝如奔馳 若一向如此 又似坐禪入定."

33) 『朱子語類』, 卷12 學6 「持守」, "敬非是塊然兀坐 耳無所聞 目無所見 心無所思 而後謂之敬 只是有所思謹 不敢放從 如此則身心收斂 如有所畏 常常如此 氣象自別."

주자는 '動靜·內外·本末·虛實·思學'의 한 편에 편승된 방법론을 수용하지 않고 오히려 그런 방법론을 철저히 비판하였던 것은 주지의 사실이다. 이처럼 주자는 연평에게 학문을 사사하는 동안 未發氣象 體認의 문제에 대해서 침잠하였으나 깨달음의 경지를 얻을 수 없었다. 그러던 중 연평의 죽음을 전후해서 이 문제에 대한 중요한 전기를 맞이하게 되었고, '已發端倪 察識法'을 확립하게 되었다. 이것이 바로 '中和舊說'이다.

주자에 의하면 미발 기상을 체인함은 곧 일상생활에서 사물을 대할 때 자연히 중절하는 것이었다. 그러나 주자 자신은 연평의 문하에서 공부하던 당시에는 그 의미를 분명히 깨닫지 못하였고 후에 주자는 이를 매우 부끄럽게 여겼음을 술회한 바 있다.[35]

스승 이연평의 사망과 함께 확실한 학문의 요체를 체득할 수 없었던 주자에게는 특별한 계기가 마련된다. 본격적으로 남헌과의 학문적 교류가 시작되었고 '중화구설'에서 이러한 내용이 자세히 언급되고 있다.

> 나는 일찍이 연평 이 선생을 따라 공부하였는데 『중용』의 책을 받아 희로애락의 主旨를 탐구하였으나 아직 통달하지 못하였는데 선생이 돌아가셨다. 나는 속으로 나의 불민함을 애통히 여겨 궁색한 사람이 돌아갈 곳이 없는 것같이 되어 버렸다. 장흠부가 형산 호 씨(호굉)의 학문을 공부했다는 말을 듣고 가서 물었다. 흠부는 전해들은 것을 나에게 알려 주었으나, 나는 역시 아직 그것을 깨닫지 못하고 돌아와서 깊이 생각하면서 거의 침식을 잊었다.[36]

---

34) 『朱子文集』, 卷32 「答張敬夫」, "夫心 主乎性者也 敬以存之 則性得其養而無所害也…… 故敬者學之終始 所謂徹上徹下之道."

35) 『朱子文集』, 卷40 「答何叔京」, "李先生敎人 大抵令於靜中體認 大本未發氣象分明 即處事應物自然中節 …… 然當時親炙之時 貪廳講論 又方竊好章句訓詁之習 不得盡心於此 至今若存若亡 無一的實見處 孤負敎育之義 每一念此 未嘗不愧汗沾衣也."

36) 『朱子文集』, 卷75 「中和舊說序」, "余蚤從延平李先生學 受中庸之書 求喜

이연평 사후에 희로애락 미발의 주지를 구했으나 이루지 못하고, 애통하던 중 남헌이 호오봉의 학설을 들었음을 알고 장남헌을 만나 본격적인 '중화문제'가 탐구된다. 이처럼 주자와 연평의 사상적 견해 차이는 바로 학문보다는 그 수양방법론의 수용 태도이다. 이천 이래로 '중화문제'에 대한 이론전개가 확실한 결론이 없이 끝나버리고 연평 역시 그 수양방법론에 대한 이론전개의 논리가 결여되어 있었기 때문에 주자는 이에 큰 의문을 가지게 된 것이다. 이것을 해결해 준 것이 바로 '中和問題'에 대한 탐구에서 비롯되고 이것으로 인해 그의 사상이 확고히 정립된다.

2. 中和舊說의 形成과 그 展開

張南軒(名, 栻 字, 敬夫. 欽夫. 1133~1180 A.D.)은 湖湘學의 胡五峯(名, 宏. ?~1161 A.D.)의 門人이다. 호오봉의 부친 胡安國(字, 康侯. 諡 文定. 1074~1138 A.D.)은 謝上蔡, 楊時 등에게 배워 二程 門下의 학문을 湖南의 衡山에서 전하여 湖湘學派를 열었다. '中和論辯'에 관련된 오봉사상의 요지는 '性體心用'을 바탕으로 하는 '先察識', '後存養'이다. '선찰식', '후존양'하는 이론적 배경은 不動한 性이 활동하는 것은 心에 있으므로 已發일 수밖에 없고, 이러한 "心이 드러나는 실마리를 살펴서" (察識端倪) 性인 본체를 체득할 수 있으므로 '盡心成性'을 주장하였다. 남헌은 이와 같이 인식하여 주자와의 '중화논변'을 거론하였다.

怒哀樂未發之旨 未發李先生沒 余竊自悼其不敏 若窮人之無歸 聞張欽夫得 衡山胡氏學 則往從而問焉 欽夫告余以所聞 余亦未之省也 退而沈思 殆忘 寢食."

> 시험 삼아 살펴보니 내가 하루 종일 부모를 섬기고 형을 따르고 사물에 대응하고 일을 처리하는 것이 端이다. 그것을 발견하면 또한 그 소이연도 알 수 있는 것이다. 진실로 능히 默識하여 유지하고 이를 확충시켜 도달하면 生生之妙가 마음속에서 가득하여 仁의 대체를 어찌 얻을 수 없겠는가?[37]

이것은 장남헌이 34세 때 저술한 것으로 그의 사상을 명료하게 전달하고 있다. 여기서 단은 맹자의 사단 중의 인의 단이다. 이 '仁之端'이 현실세계에서 항상 나타나는 '측은지심'으로, 이 측은지심을 통해서 心의 본체인 인의예지를 알 수 있다고 본 것이다. 이러한 남헌의 체용사상은 '인지단'을 찰식함으로 곧 仁의 본원을 알 수 있다는 '찰식단예법'이다. 이것은 현실세계에서 의식이 작용하는 이발의 체인방법이라 하겠다. 주자는 남헌을 만난 뒤에 "대저 형산의 학문은 일용처에 나아가 操存辨察하기 때문에 본말이 일치하여 더욱 공부의 공효를 얻기 쉽다."[38] 라고 하여 남헌의 학문방법을 수긍하였다. 남헌의 '조존변찰'과 '본말일치'의 찰식단예 방법론은 일상생활의 도덕 속에서 끊어지지 않는 이발의 수양방법론이었다.

주자는 장남헌을 통해 '未發'의 공부는 있을 수 없다고 생각하였고, 더욱이 오봉의 글을 직접 본 후부터는 '已發處'의 '선찰식', '후존양'의 수양방법론을 믿게 되었다. '미발기상체인'의 문제를 '이발 찰식단예'법으로 확립하였다. 이러한 중화문제에 대한 자신의 견해를 남헌에게 보냈으니 이것이 '중화구설'이다.

---

37) 『南軒集』, 卷10, "試察 吾終日 事親從兄應物處事 是端也 其或發見亦知其 所以然乎 誠能默 識而存之 擴充而達之 生生之妙油然于中 仁之大體 豈不 可得乎."

38) 『朱子文集』, 續集, 卷5 「答羅參議」, "大抵衡山之學 只就日用處 操存辨察 本末一致 尤易見功."

王懋竑(淸, 康熙時人. 字, 子中)의 「朱子年譜」에 의하면 주자가 남헌을 만나 '중화구설'을 정립한 시기는 주자가 37세 때라고 한다. 중화구설로 정리되는 서신은 남헌과 '중화문제'를 토론한 4편으로서 '此書非是', '此書尤乖戾'라는 自注가 각각 붙어 있고 두 편은 自注가 없다. 왕무횡은 이 자주의 二書를 기준으로 하여 중화구설의 서신을 편집하였는데, 본 연구에서도 이 二書를 기준으로 삼아 주자의 사상을 살펴보고자 한다.

제1서의 '선찰식', '후존양'의 문제를 주자는 아래와 같이 말하였다.

사람은 태어날 때부터 인식이 있어서 사물이 교래하고 응물이 쉴 때가 없다. 생각마다 변하고 바뀌면서 죽음에까지 이르게 된다. 그 사이에는 처음부터 잠시라도 머물러 쉴 틈이 없으니 온 세상이 다 그러하다. 그러나 성현의 말에는 이른바 미발지중과 적연부동이라는 것이 있으니 어찌 일용 유행하는 것을 이발로 여기고 잠시 멈추어 사물과 응접하지 않을 때를 미발시라고 하겠는가? 일찍이 시험 삼아 이것을 마음에서 구해 보니 泯然히 깨닫지 못한 가운데 邪暗鬱塞하여 사물에 대응하는 허명한 體는 아닌 것 같다. 한 번 느낌이 있게 되면 또한 이발인 것이니 적연이라고 할 수는 없다. 구하려고 하면 할수록 더욱 볼 수가 없었다. 그래서 물러나 그것을 일용지간에 시험해 보니 감지하면 통하고, 접촉하면 깨달았다. 대개 홀연한 전체가 사물에 대응하여 막힘이 없는 것은 천명의 유행이고 生生不已하는 기틀이니 비록 하루 동안에도 수많이 일어났다 사라지더라도 그 적연한 본체는 언제나 적연하지 않음이 없다. 이른바 미발이라는 것은 이와 같을 뿐이다. 어찌 별도로 일물이 한 장소에 한정되고 한때에 구애된다면 中이라고 할 수 있겠는가? 그렇다면 천리의 본연한 모습은 곳에 따라 발현되어 잠시도 쉼이 없는 것이다. 그 체와 용이 진실로 이와 같으니 어찌 물욕의 사사로움이 막아 없앨 수 있을 것인가? 그러므로 물욕의 흐름 가운데 빠져 있더라도 그 양심의 싹은 또한 事로 인해 발현되지 않음이 없는 것이다. 학자가 이에 그것을 致察하고 操存한다면 거의 대본 달도의 전체를 관통하여 그 원래 모습을 회복할 수 있을 것이다. 그러나 치찰하지 못하면 질곡을 반복하여 야기를 보존할 수 없게 되어 금수의 상태로 함몰되면 누구의 죄이겠는가?[39]

주자는 未發氣象을 체인하기 위해서는 먼저 已發의 일용사를 찰식하고 이것을 바탕으로 미발의 中을 구하는 것이었다. 그 中은 양심과 같은 것이라고 생각했다. 그래서 인간의 생이란 앎이 끊임없이 연속된 세계이고 이것을 이발로 보았다. 즉 의식의 부단한 이발의 상태가 대상세계에 적용하다 보면 죽음에 이른다는 것이다. 그러나 모든 것이 이발이지만 성현들이 미발지중을 말한 것은 이발의 체로서 "天命流行 生生不已之機"를 미발의 中體로 보았다. 이 중체는 '天理本眞'이라 말할 수 있고, 또한 '본심' 혹은 '양심'이라 말할 수 있다. 이러한 본심 양심은 '양심의 싹으로써 발현됨'으로 양심을 치찰하고 조존함(致察而 操存)을 의미한다. 致察은 바로 양심의 발현을 치찰하는 것이고, 조존은 곧 이 본심이나 양심을 조존하는 것을 말한다. 양심을 치찰하고 조

---

39) 『朱子文集』, 卷30 「與張欽夫」, "人自有生 即有知識 事物交來 應接不暇 念念遷革 以至于死 其間初無頃刻停息 舉世皆然也 然聖賢之言 則有所謂 未發之中 寂然不動者 夫豈以日用流行者爲已發 而指夫皆而休息 不與事接 之際 爲未發時耶 嘗試以此求之 則泯然無覺之中 邪暗鬱塞 似非虛明應物 之體 而幾微之際 一有覺焉 則又便爲已發 而非寂然之謂 蓋愈求而愈不可 見 於是退而驗之日用之間 則凡感之而通 觸之而覺 蓋有渾然全體 應物而 不窮者 是乃天命流行 生生不已之機 雖一日之間 萬起萬滅 而其寂然之本 體 則未嘗不寂然也 所謂未發 如是而已 夫豈別有一物 限於一時 拘於一處 而可以謂之中哉(宋元學案節錄本文止此) 然則天理本眞 隨處發見 不少停 息者 其體用固如是 而豈物欲之私所能壅渴而梏亡之哉 故雖泪於物欲流蕩 之中 而其良心萌蘖 亦未嘗不因事而發見 學者於是致察而操存之 則庶乎可 以貫乎大本達道之全體而復其初矣 不能致察使梏之反覆至於夜氣 不足以存 而陷於禽獸 則誰之罪哉"

존할 수 있다면 거의 대본달도의 전체에 통관하여 그 본래 모습을 회복할 수 있다. 이처럼 주자는 中을 양심 혹은 본심 원초심으로 보아 이 양심의 萌蘗을 찰식하고, 또 양심을 존양하면 그 원초심을 회복할 수 있다고 한 것이다. 따라서 주자가 미발기상체인의 危坐나 靜坐의 방법론적 문제에 대한 연평의 사유방법에서 벗어나 남헌의 이발의 단예를 찰식하는 문제의 방법을 인정한 것이다.

호상학파가 '선찰식', '후존양'을 주장하는 이론적 논리는 性體心用이다. 즉 不動한 性이 활동하는 것은 心에 있으므로 이발일 수밖에 없다. 이러한 心의 단예를 찰식해서 性, 즉 본체를 체득할 수 있다고 본 것이다. 이것은 盡心 成性의 입장으로[40] '선찰식'(盡心), '후존양'(成性)을 호상학파는 주장했다. 치찰과 조존은 오직 본심에서 나온 것으로 인하여 '선찰식', '후존양'이 있는 것이다. 그러므로 사람은 태어나서부터 곧 인식함이 있고, 치찰하여 존양하면 그 원초인 中을 회복할 수 있다고 보았다.

모종삼은 "주자의 이 서신은 비록 이와 같이 語辭上에서 말했으나 이와 같은 어사의 實義에 대해서는 眞切한 體悟 없이 진정으로 믿어 이른 것은 아니다. 이와 같은 말은 그 원인을 분명하게 자각하여 말한 것은 아니니 아마 단지 北宋諸家가 체오한 것을 순응하여 자각하지 못하고 그림자만 이와 같이 비춘 것이다. 이것은 생명의 본질이 아니고 여기에서 힘써 노력한 것도 아니다."[41]라고 평한 것은 이미 알아본 바와 같이 이연평이 서거 시에 자신의 학문이 아직 성숙되지 않았음을 깊이 깨닫고, 窮人無歸의 생활을 한 것을 보면 잘못된 시각임을 알 수 있다. 또한 주자가 『延平行狀』을 서술할 때 연평의 遺敎와 『중용』을

---

40) 牟宗三, 『心體與性體』, 卷2, 正中書局, 1970, 504面.
41) 牟宗三, 『心體與性體』, 卷3, 75面.

제일 중요한 기본서로 삼아서 內聖에 대한 실천탐구를 게을리 하지 않았으며 그리고 확신을 얻지 못하면 항상 고명한 학자에게 질의하여 자신의 체오를 인증한 사실로 보아 잘못된 평이 분명하다. 이것은 2書·3書와 4書에 이르면 이러한 평이 지나친 것임이 잘 밝혀질 것이다.

　제2서, 未發本體自得의 문제에 대해서 주자는 다음과 같이 이해하였다.

　　지난번에 지은 중론을 보니 "미발지전의 상태에서는 마음이 성과 묘합해 있다가 이미 발하면 性이 心의 用 가운데서 행하여지게 된다."라고 한 것이 있다. 이에 대해서 골몰히 생각해 보니 의문이 가는 것이 있다. 대개 성은 심의 용에서 행하여지지 않음이 없고, 다만 마음은 용에서 아직 행해지지 않은 성을 언제나 방해하지는 않을 뿐이다. 이제 아래로 前 字 하나를 쓰면 역시 조금은 전후로 분리되는 기상이 있는데 어떻게 생각하는가? 『중용』을 지세히 음미해 보면 다만 未 字 하나를 밝혀내는 것이 곧 活處인데 이것이 어찌 한순간에 머물러 있을 때가 있겠는가? 단지 무궁하게 나오는 것이지만 그칠 때가 있고 만물을 生함에 다할 곳이 있을 것이다. 氣化는 끊어져서 옛날은 있으나 오늘은 없어진 지 오랠 것이다. 이것이 이른바 천하의 대본이니 만약 진정으로 이해하지 않으면 또한 헤아려 찾아낼 곳이 없다.[42]

　여기에서 주자의 미발에 대한 새로운 인식이 있었음을 볼 수 있다. 제1서에서는 '체용일원' 또는 미발이나 이발을 하나로 일관하려는 것

---

42) 『朱子文集』, 卷30 「與張欽夫」, "向見所著中論有云 未發之前 心妙乎性 旣發則性行乎心之用矣於此竊亦有疑 蓋性無時不行乎心之用 但不妨常有未行乎用之性耳 今下一前字 亦微有前後隔截氣象 如何如何 熟玩中庸 只消著一未字 便是活處 此豈有一息停住時耶 只是來得無窮 便常有個未發底耳 若無此物 則天命有已時 生物有盡處 氣化斷絶 有古無今久矣 此所謂天下之大本 若不眞的見得 亦無揣摸處."

128

은 用의 입장에서 이발로 본 것이다. 미발 이전의 상태가 본체인 性이
고 이미 發하면 用이요 心이라는 견해가 잘못되었다는 것을 비로소
인식한 것이다. 즉 一念之間에 이미 이 체용이 갖추었으므로 發한 것
은 方往하고, 미발한 것은 方來하여 間斷隔絶한 곳이 없다.[43] 따라서
주자는 양구산의 『중용』설을 위와 같은 입장으로 이해하였다.

> 구산의 논한 『중용』에 의심할 만한 곳이 있다. …… 이른바 "학자
> 가 희로애락이 미발의 際에 心으로써 미발의 際를 체험하면 중의 체
> 는 자연히 보인다."라고 하는 것은 또한 아주 잘한 표현은 아니다. 대
> 체로 이 이발미발은 혼연하게 있어 분단된 시간적 선후를 말할 수 없
> 다. 지금 '時', '際'의 一字를 드러낸 것이 바로 병통이다.[44]

연평이 이해한 구산의 '默坐澄心'의 천리를 체인하려는 방법론에 이
의를 제기한 것이고, 이는 체용을 二分하려는 잘못을 지각한 것이다.
또한 호상학파 장남헌의 '性體心用說'에 대해서도 이발미발 혼연일치
를 전후로 나누는 결함이 있다고 논평한다. 그리하여 '선찰식', '후존
양'의 방법론도 이미 心이 靜한 상태가 體이고 心이 動한 상태가 用이
라는 二分을 전제한 것이라고 비판한 것이다.
　주자는 氣化流動하여 '生生不已'하는 현실의 세계는 천명이 유행하
고 물을 낳는 活處로 보았다. 이것은 미발이라 해도 一息停住할 수 없
고 또 오는 것이 무궁함으로 미발은 항상 존유하는 것이니 이 '이발미
발설'은 혼연일치하여 시간적 선후를 규정할 수 없다는 것이다. 그러

---

43) 『朱子文集』, 卷30 「與張欽夫」, "只一念之間已具此體用　發者方往而未發者
　　方來　了無間斷隔截處."
44) 『朱子文集』, 卷30 「與張欽夫」, "所論龜山　中庸可疑處…… 所謂　學者於喜
　　怒哀樂未發之際　以心驗之　則中之體自見　亦未爲盡善　大抵此事　渾然無分
　　段時節先後之可言　今著一時字　一際字　便是病痛."

나 제2서에서 주자는 체용일원을 확신했으나, 이것을 체오할 수 있는
구체적인 방법에 대해서는 아직 밝히지 못했을 뿐만 아니라 호상학에
대한 구산과 연평의 방법론까지 비판하여 '더욱 어긋난다.'라는 自註를
달고 있다.

제3서에서는 '중화'와 '치중화'의 방법론에 대해서 서술하고 있다.

> 자세히 가르쳐준 몇 조목은 곡절하여 처음에는 모두 의심할 수 없
> 었다. 이미 생각하면 어떤 것은 의심스럽고 어떤 것은 믿을 만하였으
> 나 서로 통하지는 않았다. 최근에 깊이 생각해 보니 이에 다만 한 곳
> 에 환하지 못하여 곳곳이 막혀 방해가 되었음을 알았다. 비록 생각으
> 로 억지로 통하고자 했으나 끝내 관통하지 못함을 알았다. …… 대체
> 로 목전에 본바 몇 번의 편지에서 진술한 것은 다만 흐리멍덩하게 대
> 본달도의 그림자만 보고 이것이라고 생각하였다. 도리어 치중화에 대
> 해서는 전혀 일찍이 생각헤 들어가지 못했다. 그래서 仁을 구함이 급
> 하다는 가르침을 받았지만 자각적으로 공부할 곳을 몰랐다.[45)](#)

주자는 1서, 2서를 통해서 미발·이발과 체와 용을 말하였지만, 지
금까지 논한 것은 대본달도의 그림자밖에 이해할 수 없었다고 시인하
였다. '중화문제'를 논변하면서 그 방법론인 심성에 대해서 체인했기
때문에 치중화의 본체 체인의 문제가 사변적인 논의의 대상이 아님을
인식한 것이다. 본체 체인의 문제가 사변을 통해서가 아닌 실천적으로
중화를 이룰 장소인 공부의 착수처를 얻게 된 것이다.

---

45) 『朱子文集』, 卷32 「答敬夫論中庸說, 答張敬夫」, "誨諭曲折數條 始皆不能
無疑 旣而思之 則或疑或信而不能相通 近深思之 乃知只是一處不透 所以
觸處窒礙 雖或考索强通 終是不該貫…… 大抵日前所見 累書所陳者 只是
儱侗地見得箇大本達道底影象 便執認以爲是了 卻於致中和一句 全不曾入
思議 所以累蒙教告 以求仁之爲急 而自覺殊無立脚下工夫處"

　　그러나 오늘 이후에는 活活한 大化 가운데 사람마다 스스로 하나의 안택이 있으며 이곳이 바로 자기가 安身立命하고 主宰知覺하는 곳이며 대본을 세우고 달도를 행하게 되는 가장 중요한 것이다. 이른바 '體用一源', '顯微無間'한 곳이 바로 여기에 있다는 것을 알았다. 그러나 이전에 오락가락한 말 등은 바로 손발만 바빠 어지러워 몸에서 밝혀낸 곳은 없었다. 道는 가까운 데 있었으나 멀리서 구해 끝내 여기에 이르렀으니 또한 가소롭다.[46]

　　'致中和'의 방법이 실천적 체증의 문제이지 사변의 문제가 아님을 확신한 것이다. 또한 안심입명하고 주재지각하는 곳과 대본달도의 樞要가 되는 安宅을, 하나는 '중화신설'의 방향으로 이해하는 길이며, 또 하나는 제1서 중 辭語의 논리와 체계에 한 계통의 의리적인 측면으로 이해했다.[47] 주자는 커다란 변화(大化)가 바로 이발의 마음상태로 표현한다. 그 가운데 사람이 편안히 거처할 집이 있다는 것이다. 맹자는 仁을 편안하고 넓은 집에 비유한다. "무릇 仁이란 하늘이 내려준 높은 벼슬이며, 사람의 편안한 집이다."[48] 그리고 "천하에 가장 넓은 집(仁)에 거하며 천하의 바른 자리(禮)에 서며 천하의 대도(義)를 행하여, 뜻을 얻으면 백성과 함께 도를 행하고 뜻을 얻지 못하면 홀로 그 도를 행하여, 부귀가 마음을 방탕하게 하지 못하며 빈천이 절개를 옮겨놓지 못하며 威武가 지조를 굽힐 수 없는 이런 사람을 대장부라 한다."[49]라고 하여 주자는 맹자의 말에 따라 미발의 마음을 집으로 보

---

46) 『朱子文集』, 卷32 「答敬夫論中庸說, 答張敬夫」, "而今而後 乃知浩浩大化之中 一家自有一個安宅 正是自家安身立命 主宰知覺處 所以立大本行達道之樞要 所謂體用一源 顯微無間者 乃在於此 而前此方往方來之說 正是手忙足亂 無箸身處 道邇求遠 乃至於是 亦可笑矣."

47) 牟宗三, 心體與性體, 卷3. 97面.

48) 『孟子』, 「公孫丑上」 7章, "夫仁 天之安宅也."

49) 『孟子』, 「滕文公下」 2章, "居天下之廣居, 立天下之正位, 行天下之大道. 得

고, 커다란 변화를 마치 대장부의 기상처럼 설명한다. 주자는 비로소
致中和를 통해 존양해야 할 방법적인 문제를 알아낸 것이고 이런 방
법적인 문제를 제4서에서 구체적으로 제시한다. 그것이 바로 '거경궁
리'의 문제이다.

  제4서는 '체용일원'과 '格致居敬'의 방법론이 구체적으로 제시되어
주체에 대한 체증은 이제 점점 정밀하여 격물치지나 居敬精義 공부방
법론을 발현한다.

  앞서 보낸 글에서 말한 寂然未發의 뜻과 良心發現의 단서는 이전
의 치우치고 막힌 견해와는 조금 다름이 있다고 생각된다. 다만 그동
안 언어의 병통이 오히려 많아 정밀하고 절실하지 않았다. 이러한 편
지를 보낸 후 며칠을 조용히 생각해 보니 실체가 더욱 정밀해지고 분
명해지는 것 같았다.50)

  그는 다시 성현의 글이나 근세 제 사상가들이 남긴 어록을 읽고 그
것을 실천해 보아도 모두 합당하다고 보았다. 즉 천하의 이치가 인간
이 갖춘 理와 일관된 것임을 체득해 낸 것이다. 그러므로 격물치지법
이나 居敬精義法도 이것을 전제로 시행된다는 것을 알았다.51) 주자가
체득한 일관된 견해는 바로 '생생불이'하는 大化가 곧 心임을 인식한
것이다.

  志與民由之, 不得志獨行其道 富貴不能淫, 貧賤不能移, 威武不能屈. 此之
  謂大丈夫."
50)『朱子文集』, 卷32「答敬夫論中庸說, 答張敬夫」, "前書所稟 寂然未發之旨
  良心發見之端 自以爲有小異於疇昔偏滯之見 但其間語病尚多 未爲精切 比
  遣書後 累日潛玩 其於實體似益精明."
51)『朱子文集』, 卷32「答敬夫論中庸說, 答張敬夫」, "因復取凡聖賢之書 以及
  近世諸老先生之遺語 讀而驗之 則又無一不合. …… 始竊自信 以爲天下之
  理其果在是 而致知格物 居敬精義之功 自是有所施之矣."

대개 천하를 통하는 것은 단지 하나의 天機活物로써 유행하고 發用하여 잠시도 쉼이라고는 없다. 그 이미 發한 것에 의거해서 그 미발을 가리켜 말하면 이발한 것은 인심이고 미발한 것은 모두 性이니 또한 한 사물이라도 갖추어지지 않은 것이 없다. 대저 어찌 달리한 사물에 있어서 한때 한 곳에 국한하여 이름 지은 것이겠는가? 저 무릇 일용의 사이에 卽해서 혼연한 물이 전체를 이름이 마치 물이 쉬지 않고 흐르고 하늘이 끝없이 운행하는 것과 같이 혼연한 전체를 이루는 것이다. 이것이 體用·精粗·動靜·本末이 관통하여 한 터럭만큼도 틈이 없어 솔개는 날고 물고기는 뛰어오르는 데에 서로 접하는 곳마다 밝은 까닭이다. 보존함은 이것을 보존함뿐이며 기른다는 것은 이것을 기를 뿐이다. 반드시 일이 있으되 미리 기필하지 말고 마음에 잊지 말고 조장하지도 말아야 한다. 종전에는 다소 의식적으로 안배하여 편안함이 없었다. 지금은 물이 이르러 배가 뜸에 밧줄을 풀고 키를 바로잡아 아래위로 오르락내리락함이 오직 뜻이 가는 바임을 깨달았으니 어찌 쉽지 않겠는가? 비로소 명도의 이른바 '터럭만 한 힘도 들이지 않았다' 함이 진실로 허랑한 말이 아님을 믿게 되었다.[52]

제4서에 이르러 주자는 천하를 '生生不已'하는 大化의 活物로서 天機의 流行發用으로 보았다. 미발은 性이고 이 성은 모든 것을 구비하고 있어 이 성이 발현되는 일용의 현실세계는 혼연한 전체가 되는 것이다. 즉 未發氣象 已發察倪는 일원의 마음으로 인간은 인간에 내재된 天機活動을 보존하고 기름(養)으로 파악한 것이다. 따라서 의식적인

---

52) 『朱子文集』, 卷32 「答敬夫論中庸說, 答張敬夫」, "蓋通天下只是一個天機活物 流行發用 無間容息 據其已發者而指其未發者 則已發者人心 而凡未發者 皆其性也 亦無一物而不備矣 夫豈別有一物 拘於一時 限於一處 而名之哉 卽夫日用之間 渾然全體 如川流之不息 天運之不窮耳 此所以體用精粗 動靜本末洞然 無一毫之間 而鳶飛魚躍觸處朗然也 存者 存此而已 養者 養此而已 必有事焉而勿正 心勿忘 勿助長也 從前是做多少安排 沒頓箸處 今覺得如水到船浮 解纜正柂 而沿洄上下 惟意所適矣 豈不易哉 始信明道 所謂未嘗致纖毫之力者 眞不浪語."

행위를 초월한 자연적인 행위를 구사함으로 스스로 '터럭만 한 힘도 들이지 않았다.'고 하는 명도의 말을 진실하게 받아들였다. 이것은 주자 자신이 천부의 성으로 일용의 생활 속에서 정진했음을 볼 수 있다. 또한 천하를 '생생불이'하는 大化의 活物로서 天機의 유행 발용으로 파악한 것이나, 이발한 것은 인심이요 미발한 것은 성이라 함의 호상학파나 장남헌의 견해와는 마찰할 소지는 없다.

이상에서 고찰해 본 바와 같이 주자는 이연평에게서 깨닫지 못한 일용현실에 대한 사유방면을 남헌을 통해서 자득하게 되었고, 미발·이발과 체·용을 양 물로 보는 폐단이 있다는 남헌의 충고를 받아들여 양구산의 중용설과 정이천의 이론에 대해서 외면한 것이다. 2서 마지막 부분에 '未' 자를 강조함으로 '체용일원'의 입장으로 우회하고 3서 4서에서는 체·용과 미발·이발을 일원으로 귀결시켰다.

주자가 이처럼 남헌과 접근하였던 사유빙법은 그 후 주자가 38세 9월 潭州(長沙)에 가서 두 달에 걸쳐 남헌과 토론하고 돌아왔으나 이때의 논변의 내용은 찾아볼 수 없다. 다만 이별하는 화답의 詩가 각각 『남헌집』 권1과 『주자문집』 卷5에 실려 있을 뿐이다. 年譜에 "이때에 范念德이 시행하였다. 그가 말하기를 두 선생이 『중용』의 내용을 삼일 밤 토론하였으나 일치하지 못하였다."[53]고 기록하고 있다. 그러나 39세 때 程允夫에게 답한 편지에서는 이렇게 말하고 있다.

지난겨울의 호상 강론의 이익이 적지 않았다. 그러나 이 일은 반드시 스스로 공부해야 한다. 일상생활 사이에 머물고 앉고 눕는 곳에서 공부해야 바야흐로 스스로 공부해야 하는 것이 있게 된다. 그런 후에 이로부터 조심해서 보존하여 궁극에 이르면 바야흐로 자기 것이 된다.[54]

---

53) 『朱子文集』, 附錄, 卷4「年譜」, "乾道三年 丙戌 是時 范念德侍行 當言二
先生論中庸之義 三日夜而能合."

134

남헌과의 논변이 찰식단예의 操存을 중심으로 한 논의가 있었음을 짐작할 수 있다. 남헌을 만난 뒤 찰식단예의 영향을 받아 '性體心用'에 바탕을 둔 '先察識', '後存養'을 따르고, 이발미발 혼연일치라 한 것이다. '중화구설서'의 "뒤에 다시 胡 氏가 曾吉父에게 준 편지에서 미발의 뜻을 논한 내용을 보니 나의 뜻과 바로 맞았다. 이 때문에 더욱 자신하게 되었다."55)라 하여 주자가 남헌을 만난 뒤의 심경을 말해 주고 있으나, 정윤부에게 편지를 보낸 지 일 년도 채 못 되어 주자에게 사상의 대변혁이 일어난다. 이것이 다음 장에서 다룰 '중화신설'이다.

3. 朱子의 中和新說의 定立

주자가 36세 때 장남헌을 만나고 그 뒤 37~38세 때까지 그와 토론하면서 '중화구설'을 체계화시킨다. 이러한 토론 과정에서 그는 '중화' 혹은 미발과 이발의 문제를 명확히 해명하기 위해서는 정명도와 정이천의 사상을 연구할 필요가 있음을 절실히 느끼고, 39세 때 『河南程氏遺書』의 편찬을 완료한다. 그리고 주자는 40세 봄에 蔡季通과 미발의 문제에 대해서 問辨하던 중 갑자기 깨달은 바가 있어(己丑之悟) 이전의 중화에 대한 이해를 스스로 비판하여 수정하게 된다.56) 그 당시에

---

54) 『朱子文集』, 卷41 「答程允夫」, 第5書. "去冬做湖湘 講論之益不少 然此事 須是自做工夫 於日用間住坐臥處 方自有見處 然後從此操存以至於極 方爲 己物爾."

55) 『朱子文集』, 卷75 「中和舊說序」. "後得胡氏書 有與曾吉父論未發之旨者 其論又適與余意合 用是益自信."

56) 『朱子文集』, 卷75 「中和舊說序」. "乾道己丑之春 爲友人蔡季通言之 問辨 之際 予忽自疑斯理也."

새로 정립된 학설이 바로 '중화신설'이다.[57] 그 뒤 다시 정이의 글을 읽고 얼음이 녹듯이 의문이 풀리면서 중화의 문제에 대하여 깨닫게 된다. 이것을 '중화신설'이라고 한다.

흠부가 들은 대로 나에게 가르쳐 주었으나 나는 깨닫지 못하였다. 물러나와 깊이 생각하여 먹고 자는 것도 잊을 정도로 생각에 잠겼다. 그러던 어느 날 갑자기 "사람이 나서 죽을 때까지 말하고, 침묵하고, 움직이고, 고요한 차이는 있지만 근본은 이발임에 틀림없다. 다만 미발이라는 것은 아직 발하지 않은 것일 따름이다."고 생각하게 되었다. 이때부터 전혀 의심하지 않고 중용의 뜻이 과연 이것에서 벗어나지 않는다고 생각하였다. 후에 胡 氏(五峯)의 글 중에 曾吉父와 미발의 뜻을 논한 것을 보니 내용이 나의 생각과 같았다. 이 때문에 더욱 자신을 얻게 되었다. 비록 정 씨(伊川)의 말이라도 맞지 않을 것이 있다면 잘못 전해진 것이다 생각하고 믿지 않았다. 그러나 다른 사람과 말하면서 내 뜻을 확실히 이해하는 사람을 보지 못했다. 건노 기축년 봄(주자 40세)에 우인 채계통과 문변하던 중 나는 홀연히 이전에 믿었던 것을 의심하기 시작했다. …… 내가 믿었던 것이 혹시 나 자신의 잘못에서 나온 것이 아닐까 생각하여 다시 정 씨의 책을 虛心 平氣하게 천천히 읽다 보니 몇 줄 읽지 않아 확연히 이해되기 시작하였다. …… 틈을 내서 옛 편지를 살피다가 당시 보낸 편지의 草稿 一編을 찾았다. 문득 그 내역을 서문으로 지어 '중화구설'이라 하였다.[58]

---

57) 中和新說은 中和舊說에 대해 말한 것이며 己丑之悟 이후의 설을 말한다. 중화신설에는 一說(已發未發說)과 二書(與湖南諸公論中和第一書와 答張欽夫書)를 일컫는다.

58) 『朱子文集』, 卷75 「中和舊說序」, "欽夫告余以所聞 余亦未之省也 退而沈思 殆忘寢食 一日喟然歎曰 人自嬰兒以至老死 雖語默動靜之不同 然其大體 莫非已發 特其未發者爲未嘗發爾 自此不復有疑 以爲中庸之旨 果不外乎此矣 後得胡氏書 有與曾吉父論未發之旨者 其論又適與余意合 用是益自身 雖程子之言有不合者 亦直以爲少作失傳而不之信也 然間以語人 則未見有能深領會者 乾道己丑之春 爲友人蔡季通言之 問辨之際 予忽自疑 ……

136

'중화신설'에는 一說 二書가 있는데 일설은 '이발미발설'을 지칭하는 것이며, 이서는 '與湖南諸公論中和第一書'와 '答張欽夫書'를 가리킨다. '여호남제공서'의 내용은 '이발미발설'과 동일하고, 비교적 그 서체가 간결하고 명료하다. '답장흠부서'는 바로 신설의 완성으로 주자가 이론 체계 내용을 구체화한 것이다.

주자는 '주화신설'을 정립하고 나서 장남헌과 호남의 학자들(胡廣仲, 吳晦叔 등) 그리고 호상학파의 林澤之에게 편지를 보내 인가를 구하지만, 오직 장남헌만이 '중화신설'에 일부 인가하면서 '선찰식', '후존양'의 방법만은 계속 고집하였다고 한다. 기축년 여름 주자가 임택지에게 보낸 편지에서 "근래의 남헌의 편지를 받아 보니 諸說을 대체로 동의하면서도 다만 선찰식 후함양은 오히려 견고하게 고집하고 있다."[59]고 한 것은 이러한 사실을 입증해 준다. 또한 주자가 '중화신설'에서는 '중화구설'의 성립에 큰 영향을 준 명도와 오봉의 '선찰식', '후존양법'에 반대하게 되었음을 시사한다. 이것은 남헌의 사상에 대한 반성의 시작이고, 이천의 사상에 접함으로써 가능했다. 그러므로 주자의 이발미발설이 성립하는 데 가장 큰 영향을 받은 것은 바로 정이천의 사상이다.

주자는 단순히 연평에게로 돌아온 것도 아니고 미발을 가지고 단순히 호남학을 보충한 것도 아니다. 기축년의 깨달음(己丑之悟: 중화신설을 말함)에서 "함양에는 모름지기 경을 해야 하고, 학문에 나아가는 것은 치지에 있다."는 정의의 말을 여러 차례 언급한 것은 주자가 이

然則予之所自信者 其無乃反自誤乎 則復取程氏書虛心平氣而徐讀之 未及數行 凍解冰釋. …… 暇日料檢 故書得當時往還書稿一編 輒序其所以而題之曰 中和舊說."

59) 『朱子文集』, 卷43 「答林澤之」, "近得南軒書 諸說皆相然諾 但先察識後涵養之論 執之尙堅."

미 자신의 학문의 종지를 확립했음을 표명한 것이다. 이는 본질적으로 호남학적인 방향에서 이성주의로 전향한 것이다.[60]

주자는 장남헌과의 강론을 하면서 『程氏遺書』 二十五 篇의 편찬을 하였다. 주자 나이 37세 何叔京에게 보낸 서한에서 『程氏語錄』을 여러 집에서 찾아 모았다는 것(朱子文集, 卷40, 答何叔京, 第2書), 최근 다시 검열하여 여전히 검열해야 할 점이 있었다는 것(同上, 第4書)을 말한다. 이런 점을 보아 37세 무렵에 『정씨유서』의 편찬에 힘을 기울이고 있었음을 알 수 있다. 『정씨유서』의 편찬이 끝난 것은 건도 4년 주자 39세의 사월이다(遺書附錄後序). 주자의 '이발미발설'이 수립되는 40세 이전에 이미 『정씨유서』의 편찬의 계기로 이천의 '이발미발', '거경궁리'의 설을 섭취해 나간 것이 틀림없다. 그리하여 주자는 연평의 '미발기상체인', 장남헌의 '찰식단예법'에서 이천의 '거경궁리법'으로 일관하여 그의 '이발미발설'을 정립하였다.

그러면 연구의 목적상 주자의 '중화신설'을 정립하는 데 가장 큰 영향을 준 이천의 사상을 먼저 살펴본 후에 주자의 '중화신설'의 전개과정을 살펴보도록 하겠다.

> 함양하는 데는 모름지기 경을 사용해야 하고, 학문에 나가는 것은 치지에 있다.[61]

> 경은 단지 자기를 保持하는 도일 뿐이고, 의는 곧 옳음이 있고 그름이 있음을 알아서 理를 좇아서 가는 것이 의가 된다. 만약 단지 하나의 경만 지키기만 하고 집의를 모른다고 하면 오히려 無事가 된다. 경은 단지 몸을 지키는 방법(持己道)이고, 의는 곧 옳고 그른 것이 있음을 아는 것이다. 理에 순응하면 이것이 의가 된다. 만일 한 개 경만을

---

60) 陳來, 『朱熹哲學硏究』, 中國社會科學出版部, 1987, 109~115쪽 참조.
61) 『程氏遺書』, 卷18. "涵養須用敬 進學則在致知."

지키고 집의를 알지 못하면, 오히려 모두 무의미하게 된다. 이제 효도
하고자 할 경우 효를 하지 않고 다만 한 개 孝 字만 지킬 것인가? 모
름지기 왜 효도를 해야 하며 어떻게 받들어 모시며 몸가짐은 어떻게
할 것인가 하는 소이를 안 연후에야 능히 효도를 다할 수 있다.[62]

이것이 정주의 성리학에 있어서 공부방법론이 되었다. 주자는 이천
의 거경의 방법론에 대해서 이것은 가장 오묘한 것이며,[63] 사람들로
하여금 도를 행하고 덕에 들어가게 하는 큰 단서[64]라고 말하였다. 또
한 주자는 치지와 거경의 방법을『중용』의 '도문학'과 '존덕성'의 공부
방법과 연계시켜 천인합일의 경지에 이르는 수양론을 전개하였다.

정이천은 "도에 들어감에 있어서는 敬만 한 것이 없다"[65]고 말하
여 거경의 함양공부가 더 근본적이고 중요한 것이라 여겼다. 따라서
경 자체는 선한 것으로 경이 위주가 됨으로 경은 자신이 마음대로 만
들어 낸 것이 아니라 곧 성인의 도라고 규정하였다.[66] 주자 역시 이
경공부야말로 聖門의 가장 중요한 것으로 처음과 끝을 관통하는 것이
기에 잠시도 멈출 수 없다[67]고 말하였다.

이와 같이 거경과 궁리의 방법을 함께 강구해야 한다고 하는 것은
이천의 '성즉리'설에 의해 설명된다. 心은 천덕을 갖추고 있고, 심에는
도가 있는 바이니 천덕과 사물의 리를 갖추고 있는 마음을[68] 보존함

---

62)『程氏遺書』, 卷18. "敬只是持己之道 義便知有是有非 順理而行 是爲義也
　　若只守一個敬 不知集義 却是都無事也 且如欲爲孝 不成只守一個孝字 須
　　是知所以爲孝之道 所以奉侍當如何 溫淸當如何 然後盡孝道也."

63)『朱子語類』, 卷12「持守」, "此語最妙."

64)『朱子文集』, 卷75「尹和靖行錄序」, "二言者 天子所以敎人造道入德之大端."

65)『程氏遺書』, 卷3. "入道莫如敬."

66)『程氏遺書』, 卷15, "只是主于敬 便是爲善也 以此觀之 聖人之道."

67)『朱子語類』, 卷12「持守」, "敬字工夫 乃聖門第一義 徹頭徹尾 不可傾刻間斷."

으로 순수한 사물의 이치를 분명하게 밝혀낼 수 있다. 이러한 방법이 '敬以直內法'이고, 性은 곧 천리로서 객관의 사물에도 존유하고 있다. 그러므로 이 객관의 리를 궁구함으로써 천리인 성을 파악할 수 있다고 본 것이다. 따라서 격물치지의 방법이 유효한 것이다. 이천 역시 직내가 본이라고 했다.[69] 효도에 관해서 말하면 먼저 효의 도리를 체득하는 것이 근본적인 문제이다. 그러나 이것을 실천해야 하는 인간의 도리 면에 이르면 부모에게 효도하지 않으면(格物窮理) 밝혀질 수 없고 결국 그 근본조차도 무의미해지고 만다. 그러므로 이 양자는 상보적인 관계에 있는 것이다. 이렇게 격물궁리법을 정립하고 나면 이것이 단순히 점수의 과정에서 그치는 것이 아니라 그 끝에 가서 활연히 스스로 깨닫는 체득을 가져다준다[70]는 것을 알 수 있다.

이천은 이처럼 함양은 用敬으로, 진학은 치지, 경은 持己의 도, 의는 시비를 아는 것으로 규명하였다. 즉 경과 궁리를 설명하면서 두 가지 모두 필요함을 강조하였다. 이것은 거경과 궁리를 통해서 "함양이 오래되면 천리가 자연히 밝아지게 된다."[71]고 하고, 또 "사람이 이치를 밝히고자 하면서 하나의 물 위에서만 밝히고자 한다면 역시 일을 다 밝히지 못한다. 모름지기 중리를 모아야만 脫然하게 스스로 깨닫는 곳이 있다."[72]라 한다. 함양에 의해 천리를 체인하고, 또한 궁리에 의하여 모든 이치를 탈연하게 깨달을 수가 있다고 본 것이다. 그러므로

---

68) 『程氏遺書』, 卷5. "心具天德." 上揭書, 卷21下. "心 道之所在."

69) 『程氏遺書』, 卷18. "有諸中者 必形諸外 惟恐不直內 內直則外必方."

70) 『程氏遺書』, 卷17. "但理會得多 相次自然豁然有覺處."
　　 『程氏遺書』, 卷18. "積習旣多 然後脫然自有貫通處."

71) 『程氏遺書』, 卷15. "但存此涵養 久之自然天理明."

72) 『程氏遺書』, 卷17. "人要明理 若止一物上明之 亦未濟事 須是集衆理 然後脫然自有悟處."

함양과 궁리를 통하여 천리를 悟得할 수가 있으니 이 양자는 필수 불가결한 상보적 관계이다. 다시 말하면 궁리에 의해서 중리를 탈연하는 깨달음의 세계가 있고, 경에 의해서 자기를 保持하기를 오래하면 천리도 깨달을 수 있는 것이다.

이천의 거경궁리의 분석적인 수양방법론은 이발미발설에서도 나타난다. 『정씨문집』 卷9 「與呂大臨論中序」에서 여대림이 "中은 性이다."라 한 것에서 이천은 "중이란 성의 체단을 나타내는 것이니 하늘은 둥글고, 땅은 모나다고 하는 것과 같다."[73]라고 하여 중을 성이라 그대로 정의해서는 안 된다고 말한다. 정이천은 "中也者 天下之大本"[74]이라 하여 대본을 천명의 性體로 보고, "和也者 天下之達道"[75]라 하여 達道를 천명의 性用으로 보았다. 이천이 蘇季明과의 문답에서 "만약 희로애락이 미발한 때에 존양한다면 옳지만, 희로애락이 미발하기 전에 中을 구한다고 하면 옳지 않다."[76]라고 한 것은 정이 발하지 않는 세계가 미발로, 이발의 세계는 자연히 정이 발한 의식 세계임을 알 수 있다. 또 이천은 중화와 천하의 달도에 대해서 다음과 같이 언급하였다.

> "희로애락이 아직 발하지 아니한 그것을 中이라 한다."라고 하는데, 이 '중'이 되는 것은 『주역』의 '적연부동'을 의미하고 있다. 따라서 '천하의 대본'이라고 하는 것이다. "발하여 다 절도에 알맞은 이것을 화라 한다."라고 하는데 '和'가 되는 것은 『주역』의 '감이수통'을 의미한다. 따라서 '천하의 달도'라고 하는 것이다.[77]

---

73) 『程氏文集』, 卷9 「與呂大臨論中書」, "中卽性也 此語極未安 中也者 所以狀性之體段 如天圓地方."

74) 『中庸章句』, 1章.

75) 『中庸章句』, 1章.

76) 『二程全書』, 卷18. "若言存養於喜怒哀樂未發之時 則可 若言求中於喜怒哀樂未發之前 則不可."

이천은 이발미발을 心의 작용 면에서 인식하고 있는 것이다. 즉 미발은 중이고 적연부동을 의미하며 천하의 대본이다. 그리고 이발은 모두 절도에 알맞은 것이 화이고 감이수통을 의미하며 천하의 달도가 되는 것이다. 그래서 이천은 "미발의 중을 성이다."(中卽性也)라고 한 여대림과는 대조적으로 中을 性의 體段을 형용한 말로 이해하였다.

그러면 주자의 '중화신설'을 정립하는 데 가장 큰 영향을 받은 『정씨문집』, 『유서』의 내용을 인용하여 열거해 보도록 하겠다.

『문집』에 이르기를 "中은 곧 道이다."라고 하고

또 말하기를 "도는 중 아님이 없다. 따라서 중으로써 도를 나타낸다." 하고, 또 말하기를, (呂大臨)의 "중은 곧 성이다."라는 이 말은 지극히 만족스럽지 않다. "중이라는 것은 성의 체단을 형성한 것으로, 하늘은 둥글고 땅은 모나다고 하는 것과 같다." 하고,

또 말하기를 "중의 뜻은 과불급으로부터 이름을 세웠다. 만약 딘지 중으로써 성이라고 한다면 중과 성은 합하지 않는다." 하고,

또 말하기를 "성과 도는 합일하여 말할 수 없다. 중은 다만 체라고 말할 수 있어도 성과 덕을 한가지로 한다고 할 수는 없다." 하고,

또 말하기를 "중은 성의 덕이다. 이것은 여기에 가깝다."고 한다. 또 말하기를 "이것을 성은 중이다."라고 말하는 것과 같지 않다 하고,

또 말하기를 "희로애락이 아직 발하지 아니한 그것을 中이라고 한다. 赤子의 마음은 발하여 아직 중으로부터 멀지 않다. 만약 곧 그것을 中이라고 하면 이것은 대본을 알지 못함이다." 하고,

또 말하기를 "赤子의 마음은 그것을 和라고 할 수 있지만 中이라고 할 수는 없다." 하고, 『통서』에 "말하기를 희로애락이 발하지 아니한 것은 곧 中이다." 하고,

또 말하기를 "이미 생각하면 곧 이미 희로애락을 발함과 일반이

---

77) 『二程全書』, 卷25. "喜怒哀樂之未發謂之中　中也者　言寂然不動者也　故曰天下之大本　發而皆中節謂之和　和也者　言」者也　故曰天下之達道"

다." 하고, 또 말하기를 "중일 때에 있어서는 귀가 들음이 없고 눈은 봄이 없다. 그러나 견문의 리가 있어서 비로소 얻게 된다." 하고,

또 말하기를 "아직 발하기 전은 이것을 靜이라고 하면 가하다. 정 중에 모름지기 물이 있다. 그래서 비로소 얻게 된다. 이 안이 가장 어려운 곳이다. 능히 경하면 스스로 이것을 알게 된다." 하고,

또 말하기를 "경하여 잃음이 없음은 곧 희로애락이 아직 발하지 아니한 그것을 중이라고 한다는 바로 그것이다. 경은 중이라고 할 수 없다. 다만 경을 하여 잃음이 없음은 곧 중이 되는 소이이다." 하고,

또 말하기를 "중이라는 것은 천하의 대본이다. 천지 사이에 亭亭當 當한 상하를 꿰뚫는 이치이다. 나가면 곧 이것(中)이 아니다. 오직 경하여 잃음이 없음이 가장 극진하다." 하고,

또 말하기를 "미발 전에 존양하는 것은 곧 가하지만, 미발 전에 중을 구하는 것은 곧 불가하다." 하고,

또 말하기를 "미발은 다시 어떻게 해서 구하는가? 단지 평일에 함양함이 오래되면 곧 희로애락이 발하여 절도에 알맞게 된다." 하고,

또 말하기를 "잘 보는 자는 오히려 이발의 때에 있어서 이것을 본다."라고 한다.[78]

---

78) 『朱子文集』, 卷67, "已發未發說. 文集云 中卽道也 又曰道無不中 故以中形道"
又云 "中卽性也 此語極未安 中也者 所以狀性之體段 如天圓地方."
又云 "中之爲義 自過不及而立名 若只以中爲性 則中與性不合."
又云 "性道不可合一而言 中止可言體 而不可與性同德."
又云 "中者性之德 此爲近之 又云 不若謂之性中."
又云 "喜怒哀樂之未發謂之中 赤子之心 發而未遠乎中 若便謂之中 是不識 大本也."
又云 "赤子之心 可以謂之和 不可謂之中."
「遺書」云 "只喜怒哀樂不發 便是中."
又云 "旣思 便是已發喜怒哀樂一般."
又云 "當中之時耳無聞 目無見 然見聞之理在始得."
又云 "未發之前 謂之靜則可 靜中須有物始得 這裏最是難處 能敬 則自知 此矣."
又云 "敬而無失 便是喜怒哀樂未發謂之中也 敬不可謂之中 但敬而無失 卽 所以中也."

정이천이 心을 말하는 경우 모두 이발을 가리키는 것이다. 따라서 心은 이발이 되고 性은 미발의 中이 된다. 그러나 程子(伊川)의 『문집』과 『유서』를 살펴보면 그 논설 내용이 일치하지 않고, 미발과 이발의 명칭도 합당하지 않았다. 또 일용 간에 있어서 本領의 일단의 공부가 결여되어 있다고 결단을 내렸다. 그러므로 주자는 『문집』, 『유서』를 근거로 이발미발설에 관한 이천의 말을 전부 적출 나열하여 자신의 이발미발설의 논증으로 삼고 있다.[79]

오른쪽은 이 제설에 의거함에, 다 사려가 없고 아직 싹트지 않고 사물이 아직 이르지 아니한 때로서 희로애락의 미발이 된다. 이때에 있어서는 곧 이 심체의 유행이 적연부동한 곳으로서 천명의 성은 체단이 갖추어져 있다. 그 과불급이 없고 不偏不倚함으로써 그것을 中이라고 한다. 그러나 이미 심체가 유행하는 곳에 나아가서 보기 때문에 바로 그것을 性이라고 하는 것은 옳지 않다. 어 빅사가 이것을 논하여 대개 그것(올바른 뜻)을 얻었다. 다만 中은 곧 性이다. 赤子의 마음은 곧 미발이라고 함은 크게 잘못됐다. 따라서 정자가 이것을 정정했다. 대개 적자의 마음은 동정 무상하여, 적연부동을 말함이 아니다. 따라서 그것을 중이라고 할 수 없다. 그러나 營欲知巧한 생각이 없기 때문에 아직 중에서 멀지 않다고 할 뿐이다. 미발의 중은 본체의 자연으로서 궁색할 수가 없다. 다만 이때에 있어서 경하여 그것을 保持하고 이 기상으로 하여금 항상 存在하여 잃지 않도록 한다면, 여

又云 "中者天下之大本 天地間 亭亭當當 直上直下之理 出則不是 惟敬而無失最盡."
又云 "存養於未發之前則可 求中於未發之前 則不可."
又云 "未發更怎生求 只平日涵養便是涵養久 則喜怒哀樂發而中節."
又云 "善觀者 却於已發之際觀之"

79) 『朱子文集』, 卷67 「已發未發說」, "比觀程子文集遺書說 見其所論多不符合 因再思之 乃知前日之說 雖於心性實未始有差 而未發已發命名未當 且於日用之際 欠却本領一段工夫."

기에서 發하는 것은 반드시 절도에 알맞은 것이다. 이것이 일상 생활할 때의 본령의 공부이다. 그 오히려 이발의 처함에 있어서 그것을 본다고 하는 것은 그 端倪의 움직임을 살펴서 확충의 공을 이르게 하는 소이이다. 한 번 中이 되지 않으면 성의 본연이 아니고 心의 도가 혹은 쉼에 가깝다. 따라서 정자는 여기에서 항상 경하여 잃음이 없는 것으로서 말을 삼고 있다. 또 말하기를, 도에 들어가는 것은 경만 한 것이 없다. 아직 능히 치지하여 경에 있지 않은 자가 있지 아니하다. 또 말하기를 함양에는 모름지기 경을 해야 하고 진학은 치지에 있다는 일로써 말할 때는 동정이 있고, 心으로써 말할 때는 周流貫徹하여, 그 공부가 처음부터 間斷이 없다. 다만 靜으로써 근본을 삼을 뿐이다.[80]

주자는 『정씨문집』, 『유서』의 인용문을 통해서 다음과 같은 결론을 내렸다. '중화구설'에서는 미발의 중을 성이라 하고, 태극이라 하여 이것을 일상사에서 살아 움직이는 이발 세계의 근거로 삼아 성체 이체로 설명하였다. 그러나 신설에서는 미발은 인식 주체가 아직 인식 대상과 접촉하기 이전의 상태로 곧 心의 적연부동한 체로 '天命之性體'가 내포되어 있다고 보았다. 성은 '不偏不倚'한 중의 상태이고, 情은 중절할 수

---

80) 『朱子文集』, 卷67 「已發未發說」, "右據此諸說 皆以思慮未萌事物未至之時 爲喜怒哀樂之未發 當此之時 卽是心體流行 寂然不動處 而天命之性體段具焉 以其無過不及不偏不倚 故謂之中 然已是就心體流行處見 故直謂之性則不可 呂博士論此 大槪得之 特以中卽是性 赤子之心卽是未發 則大失之 故程子正之 蓋赤子之心 動靜無常 非寂然不動之謂 故不可謂之中 然無營欲知巧之思 故爲未遠乎中耳 未發之中 本體自然 不須窮索 但當此之時 敬以持之 使此氣象常存而不失 則自此而發者 其必中節矣 此日用之際本領工夫 其曰却於已發之處觀之者 所以察其端倪之動而致擴充之功也 一不中 則非性之本然 而心之道或幾乎息矣 故程子於此 每以敬而無失爲言 又云 入道莫如敬 未有能致知而不在敬者 又曰涵養須是敬 進學則在致知 以事言之 則有動有靜 以心言之 則周流貫徹 其工夫初無間斷也 但以靜爲本爾."(原注 周子所謂主靜者 亦是此意 但言靜則偏 故程子只說敬)

도 있고 중절할 수도 없는 정감으로 이 이발의 정을 미발의 性의 中의
상태로 절제하는 작용은 心에 의해서 가능하다[81]고 보았다.

이처럼 '중화구설'에서는 이발에 의해서 공부가 가능했지만, '중화신
설'에서는 미발에 있어서도 그 강구된 방법은 장경하게 함양해 내는
것이다. 그리하여 이발에는 찰식치지의 방법이 미발에는 장경 함양의
방법론이 제시된다.

> 그러나 미발하기 전에는 찾아볼 수 없고 이발한 후에는 안배할 수
> 없다. 다만 평일에 장경 함양하는 功에 이르러 인욕의 사사로움이 어
> 지럽힘이 없어야 그것이 미발이고, 鏡明水止하듯 그 발함에 있어서
> 중절하지 않음이 없는 것이다. 이것이 일용에 있어서 본령이 되는 공
> 부법이다. 일에 따라 성찰하고 사물에 나아가서 추론하여 밝히는 경
> 우에는 또한 반드시 이것을 근본으로 해야 한다. 이발할 즈음에 살피
> 면 미발의 전에 갖추어진 것을 진실로 묵묵히 알 수 있다.[82]

여기서 주자는 엄숙 경건하게 하여 미발의 마음을 함양하는 공부
(莊敬 涵養)와 이발의 마음에 대해서 성찰하고 추론하여 밝히는 공부
(省察 推明)를 제시한다. 따라서 치중화의 근본이 되는 공부를 장경을
통한 함양에 둔 것이다.

---

81) 『朱子文集』, 卷64 「與湖南諸公論 中和第1書」, "思慮未萌 事物未至之時
爲喜怒哀樂之未發 當此之時 卽是此心體之流行 寂然不動體 而天命之性本
體具焉 以其無過不及不偏不倚 故謂之中 及其」天下之故 則喜怒哀樂之情
發焉 而心之用可見 以其無不中節 無所乖戾 故謂之和 此則人心之正 而性
情之德然也."

82) 『朱子文集』, 卷64 「與湖南諸公論 中和第1書」, "然未發之前不可尋覓 已發
(原文에는 覺으로 되어 있으나 年譜에 의거 개칭)之後不容安排 但平日
莊敬涵養之功至 而無人欲之私以亂之 則其未發也 鏡明水止 而其發也 無
不中節矣 此是日用本領工夫 至於隨事省察 卽物推明 亦必以是爲本 而於
已發之際觀之 則其具於未發之前者 固可默識."

146

살펴본 바와 같이 주자는 지금까지 未發之中의 확실한 체증법을 이해하지 못해서 장남헌을 따라 이발만 중시하였다. 그러나 장경 함양을 하면 미발할 때는 거울처럼 맑고 수면처럼 잔잔하며 발해서는 절도에 맞지 않음이 없다고 본 것이다. 이와 같은 방법론은 바로 연평의 학문세계와도 상통하는 것이다.

> 그는 저술도 하지 않았다. 마음을 확충하고 기름(養)이 지극하였다. 학문을 하매 이처럼 함양을 계속할 뿐이었지 애초에 다른 뜻이 없었다. 이것이 바로 선생이 晬面盎背해서 자연히 따라갈 수 없게 된 점이다.[83]

위 문장에서 보면 주자는 스승의 함양공부를 생각하며 자신을 반성하고 있음을 술회하고 있다. 자신이 晬面盎背[84]해서 따라갈 수 없었음을 시인하고 반성한 것이다. 다시 말하면 남헌과 문변하면서 떠났던 구산계통의 종지로 다시 돌아온 것을 말한다. 이연평이 주자에게 가르쳐준 학문방법론은 일용인륜의 본체를 체득하고 경학을 통해서 의리를 탐구하여 理一뿐만 아니라 分殊理를 알아내야 한다고 강조했다.

> "모름지기 섞임이 없이 순수하고 한결같은 곳을 체인해 들어가야 바야흐로 혼연히 만물과 한 몸이 되는 기상을 볼 수 있다."는 한 단락의 (주자의) 말에는 오히려 병통이 없다. 또 이르기를 "이로부터 미루어 나가 분수의 마땅한 곳이 바로 의라는 것. 그 이하의 몇 구절이 여기에 말미암지 않음이 없으니, 仁이 하나로 꿰뚫고 있다. 대개

---

83) 『朱子語類』, 卷103 「李愿中」, "他却不曾著書 充養得極好 凡爲學 也不過 恁地之涵養將去 初無異議 只是先生晬面盎背 自然不可及."
84) 晬面盎背는 『孟子』, 「盡心上」22章의 "其生色也 晬然見於面 盎於背 施於 四體 四體不言而喩."에 나오는 말이다.

오상과 백행이 인에서 나오지 않은 것이 없다.”는 (주자의) 이 설은
대개 옳다. 그러나 자세히 따져보면 오히려 伊川의 이른바 理一分殊
를 체인하지 못한 것 같다. 龜山이 말한 “그 理一이 仁이 되는 까닭
을 알고, 分殊가 의가 되는 까닭을 알라”는 뜻은 대개 ‘知’라는 말에
힘쓰라는 것이다. 謝上蔡의 어록에 “인하지 않으면 이는 곧 죽은 사
람이니 아픔과 가려움을 알지 못한다. 仁 字는 다만 지각이 있어 분
명히 아는 것의 본체이다.”라고 했다. 만약 여기에서 공부하여 투철히
하지 않으면 무엇을 근거로 본원의 털끝만 한 分殊를 보겠는가![85]

分殊란 각 개인이 맡은 직분에 따라 다른 理가 있음을 말한다. 즉
한 나라의 통치자라면 통치자로서의 역할인 分殊理를 다하는 것이 바
로 분수의 마땅함이다. 이렇게 일상의 일에서 마땅하게 행하면, 미발
의 기상을 체험할 수 있다는 것이다. 미발의 마음에는 모든 이의 총체
인 理一이 갖추어져 있다. 그것을 직접 체험하는 것이 쉽지 않기 때문
에 그것이 일상의에서 나타나는 分殊理를 수양의 대상으로 삼으라는
것이 연평의 주문이고, 그것이 정이가 말한 리일분수라는 것이다. 그
리고 이는 구산이 제시하는 방법이며, 그 구체적인 실행은 사상채가
말한 지각을 투철히 하는 공부라는 말이다.

이연평은 ‘默坐澄心法’이 바로 심체의 ‘적연부동’함과 心用의 ‘감이수
통’함을 體悟하게 했으며 그 방법으로 장경 함양이 근본임을 나중에
깨달은 것이다. 따라서 주자는 미발체인 이발찰식의 방법으로 거경과
궁리법을 제시한 것이다. 그가 스승의 교지를 깨닫지 못한 것을 恨했

---

85) 『延平答問』, “又云 須體認到此純一不雜處 方見渾然與物同體氣象 一段 語
却無病 又云 從此推出 分殊合宜處 便是義 以下數句 莫不由此 而仁一以
貫之 盖五常百行無往而非仁也 此說大概是 然細推之 却似不曾體認得 伊
川所謂理一分殊 龜山云 知其理一所以爲仁 知其分殊所以爲義之意 盖全在
知字上用着力處 謝上蔡語錄云 不仁 便是死漢 不識痛痒了 仁字只是有知
覺了了之體段 若於此 不下工夫令透徹 卽何緣見 得本源毫髮分殊哉”

으나 후에 선생의 교지를 미루어 생각한 결과 선생의 遺敎와 서로 합치하는 것을 알기에 이른 것이다.[86]

정이천은 장경을 통한 함양 공부를 거경이라 하고 일에 따라 성찰하고 사물마다 미루어 밝히는 것을 궁리라 한다. 주자도 '중화신설'에서 거경을 일용 공부의 본령이 되는 방법으로 이해하고 궁리는 거경을 통해서 가능함을 말하게 되었다.

그러므로 정자가 소계명에게 답하여 반복하여 논변한 것이 아주 상세하였지만 끝내는 경을 말한 것에 불과하다. 정자는 "경을 지켜 잃지 않은 것이 곧 중이다"라 말하고, 또 "도에 들어감에는 경만 한 것이 없다. 치지하면서 경에 있지 않은 자가 없다"고 말했다. 그리고 "함양을 위해서는 모름지기 경을 실천해야 하고 학문을 진전시킴은 치지에 있다"고 말했다. 이는 경이 일용공부의 본령이기 때문이다.[87]

정이천의 방법론을 통해서 자신의 방법론을 함양거경과 격치궁리가 상보적인 관계임을 확인한 다음 과거의 방법상의 잘못을 반성하게 된다.

과거에는 강론하고 사색함에 心을 이발로 생각했다. 그래서 일용공부에 있어 또한 찰식 단예를 최초의 하수처로 생각하였다. 그래서 평일 함양하는 일단 공부가 없었다.[88]

---

86) 上揭書, 卷76「中庸舊說序」, "獨恨不得奉而質諸李氏之門 然以先生之所已言者推之 知其所未言者 其或不遠矣."

87) 『朱子文集』, 卷64「與湖南諸公論中和第一書」, "故程子之答蘇季明 反覆論辯 極於詳密 而卒之不過以敬爲言 又曰 敬而無失 卽所以中 又曰 入道莫如敬 未有致知而不在敬者 又曰 涵養須用敬 進學則在致知 蓋爲此也."

88) 『朱子文集』, 卷64「與湖南諸公論中和第一書」, "向來講論思索 直以心爲已發 而日用工夫亦止以察識端倪爲最初下手處 以故闕却 平日涵養一段工夫."

또한 이발미발설을 체용으로 설명하면 미발은 체, 이발은 용이다. 따라서 미발은 性이 되고 이발은 情이 되는 것이다. '중화구설'에서 "心은 이발이고 性은 미발"이라 함은 체용일원 이상 미발이발을 분속시켜 나눌 수 없다고 부인한 것이다. 즉 미발체인 이발찰식 어느 방법도 서로 대립하거나 상충하는 것이 아니기 때문이다. 『중용』 주에서 "희로애락은 정이요, 미발은 성이다"[89]라 한 것도 미발의 '中'은 성을 형용하는 말도 되고, 心의 미발을 형용하는 말이기도 하다.

이와 같이 주자는 '중화신설'에서 心을 부단한 움직임(周流貫徹)으로 파악하여 이발·미발·동정으로 이해했다. 이를 전제로 하여 심성론에서 心·性·情이 논의되고, 心의 기능으로서 '심통성정'이라고 하여, 心이 체용을 겸하고 성정을 통섭하는 역할을 한다고 하였다.

1) 中和와 心性情論

주자는 중화신설에서 심성정론의 정립과 치중화의 방법론을 확립했다. 心 위주로 체계화된 개념정립과 공부방법이 우선되고, 지금까지의 학문방법이 잘못되었다고 하는 자기반성을 통하여 남헌의 방법론에 부정적인 결론을 내린 것이다.

다시 생각해 보니 전일의 설이 비록 심성이 실제로 처음에는 차이가 있지 않았으나 이발미발을 명명하는 데는 합당치 않았다. 또 일용의 사이에도 도리어 본령의 일단의 공부가 없음을 알게 되었다.[90]

---

89) 『中庸章句』, 1章. "喜怒哀樂 情也 其未發 性也."

90) 『朱子文集』, 卷67 「已發未發說」. "因復思之 乃知前日之說 雖於心性之實 未始有差 而未發已發命名未當 且於日用之際 欠却本領一段工夫."

이와 같이 주자는 비로소 심성과 미발이발에 대한 올바른 개념정립과 일용공부의 방법론적인 본령의 일단이 전날의 잘못임을 자각한 것이다. 이것은 정자의 문집과 유서를 바탕으로 하여 개념을 체계화한 것이지만, 정이천이 미처 자각하지 못한 부분을 더욱 선명하게 발현시키고, 그 미비점을 보완하였다는 점은 주자의 공헌이라 하지 않을 수 없다.

> 비록 그러나 선생(伊川)의 학문인 그 대요를 알 수 있다. 이 책을 읽는 자가 진실로 敬을 주로 하여서(主敬) 그 근본을 세우고 이치를 구명하여(窮理) 그 지식에 나아가게 하여, 가령 근본을 세워 지식이 더욱 밝아지고, 지식이 고요하게 하여 근본이 더욱 굳어진다면 날로 쓰는 사이에 장차 선생의 마음을 깨달은 것이 있어서 疑信의 伝에 대해서 앉아서도 판단할 수 있다.[91]

주자는 心의 기능과 개념에 대해서 "허령한 것이 스스로 마음의 본체"[92]라고 말하였다. 心의 본래 상태는 형체를 갖고 있지 않으면서도 (虛)靈하되 조금도 깨닫지 못함이 없는 것이다. 이것은 곧 心이 청통한 기이기 때문이다. 그러므로 心을 '氣의 靈' 또는 '氣의 精爽'[93]이라 하여 心이 이미 신령한 능력의 주체이므로 그것은 능히 깨닫게 하는 작용을 하고 이 작용에 의해서 깨닫는 것은 바로 리이다.[94] 이른바 마음이 중리를 갖추었다는 주자의 이론이 확립된다.

---

91) 『朱子文集』, 卷75 「程氏遺書後序」, "雖然先生之學 其大要則可知已 讀是書者 誠能主敬以立其本 窮理以進其知 使本立而知益明 知靜而本益固 則日用之間 且將有以得乎先生之心 而於疑信之傳 可坐判矣."
92) 『朱子語類』, 卷5 「性理」, "虛靈自是心之本體."
93) 『朱子語類』, 卷5 「性理」, "能覺者 氣之靈. 上揭書, 上 同. 心者 氣之精爽."
94) 『朱子語類』, 卷5 「性理」, "所覺者 心之理也 能覺者 心之靈也."

성은 곧 마음이 가지고 있는 바의 리요, 마음은 곧 리의 모인 곳이
다.95)

측은은 정이고 측은지심은 심이며, 인은 성이다. 三者는 서로 관계
가 있다.96)

심의 전체는 湛然虛明하며 만리를 갖추고 있다. …… 그것이 미
발일 때 전체를 말한 것은 성이고, 이발일 때 묘용을 말한 것은 정
이다.97)

주자는 心·性·情·理·仁이 서로 관련되어 있음을 설명한 것이다.
즉 心은 지각의 기능이요, 情은 사물을 지각하였을 때 발생하는 정감
(心之妙用)이며, 性은 그 소이연이고, 理는 心이 象理를 갖추고 있어
인간만이 당연한 리와 그 소이로서의 존재리를 체득할 수 있는 것이
고, 仁은 맹자의 측은지심이나 불인인지심이 생리로서 인을 본래적으
로 갖추었기 때문에 사랑하지 않고서도 직각적으로 발할 수 있는 것
을 말한다.

이와 같은 논리가 바로 주자가 말한 '성즉리'이며 심은 미발시에 그
온전한 상태로 있을 때만 성을 전체로 갖추게 될 뿐 이발시에는 반드
시 함양을 통해서 사욕을 없앤 후에야 정에도 성이 온전하게 발현될
수 있는 것이다.98) 다시 말하면 性은 心이 사사로운 욕심을 제거함으
로써 그 온전한 모습을 드러내는 至極之理로서의 성격을 갖는다. 이러
한 심과 성과 정을 주자는 다음과 같이 설명하였다.

---

95) 『朱子語類』, 卷5 「性理」, "性便是心之所有之理 心便是理之所會之地."

96) 『朱子語類』, 卷5 「性理」, "惻隱是情 惻隱之心是心 仁是性 三者相因."

97) 『朱子語類』, 卷5 「性理」, "心之全體 湛然虛明 萬理具足. ……以其未發而
　　全體者言之則性也 以其已發而妙用者言之則情也."

98) 『朱子語類』, 卷5 「性理」, "心之本體 湛然虛明. ……無一毫私欲之間 其流
　　行該遍 貫乎動靜 而妙用無不焉."

그러나 구설을 살펴보면 도리어 강령이 없음을 깨달았다. 다시 체험하여 살펴본 것으로 인하여 모름지기 心을 위주로 논하면 성정의 덕과 중화의 妙가 모두 조리가 있어 문란하지 않음을 알았다.[99]

'구설'에서는 강령이 없었으나 心을 강령으로 하여 성정의 덕과 중화의 妙가 조리 있게 일관된 것임을 비로소 자각한 것이다. 즉 강령인 心으로 인해서 동정이라는 두 계기로 설명된다.

사람의 한 몸이 지각하고 운용됨이 마음이 하지 않는 바가 없다. 心이라는 것은 진실로 몸의 주인이 되고, 대개 心은 일신의 주가 되어 동정어묵에 관계없이 존재한다. 따라서 군자가 경을 사용하는 경우도 동정어묵에 그 힘을 사용하지 아니함이 없다. 미발 전에 이 경이 이미 존양의 실질을 세우고, 이발시도 이 경이 또 항상 성찰하는 가운데에 행해진다.[100]

心이 미발과 이발을 통섭하고, 미발시에는 존양법과 이발시에는 성찰법이 상보적인 관계로 설정되기 위해서는 미발과 이발에 공통되는 心의 공부가 필요하다. 주자는 이것을 敬으로 설명하였다. 心의 경공부는 존양법과 성찰을 일관함으로 현실 생활에서 실천적인 면을 강조한 것이다. 즉 마음의 온전한 상태를 회복하기 위해서는 경공부가 필요하고, 마음이 인간의 동정어묵을 주관하기 때문에 마음공부도 동정을 관철해야만 한다.

---

99) 『朱子文集』, 卷32 「答張欽夫」, "然比觀舊說卻覺無甚綱領 因復體察 見得此理 須以心爲主而論之 則性情之德 中和之妙 皆有條而不紊矣."

100) 『朱子文集』, 卷67 「與湖南諸公論中和第1書」, "然人之一身 知覺運用莫非心之所爲 蓋心主乎一身 而無動靜語默之間 是以君子之於敬 亦無動靜語默而不用其力焉 未發之前是敬也 固已立乎存養之實 已發之際是敬也 又常行於省察之間."

미발의 전도 경이므로 이미 존양의 실질에 세워지고 이발할 즈음
도 경으로 항상 성찰하는 사이에서 행해져야 한다. 바야흐로 마음을
보존하고 있을 땐 사려가 싹트지 않았지만 지각은 어둡지 아니하다.
이것이 고요한 가운데의 움직임이니 복괘에서 '천지의 마음을 볼 수
있다'는 것이다. 그 성찰함에 미쳐서는 사물이 어지럽지만 질서를 이
룸에는 어긋나지 않는다. 이는 움직이는 가운데 고요함이니 간괘의
'不獲其身不見其人'이다.101)

미발일 때나 이발일 때 또는 존심이나 성찰할 때 모두가 경으로 일
관하여 마음이 본래적 상태로 회복할 수 있는 것을 설명한 것이다. 따
라서 『중용』에서 성정의 목적으로 표현되는 중화의 실현방법도 경에
있을 뿐이다.

이와 같이 주자는 중과 화의 실현방법이 경에 있음을 알았고 중화
를 통한 경을 다음과 같이 언급하였다.

사려가 싹트지 아니하고 사물이 이르지 않을 때를 희로애락의 미
발이라 한다. 이때 心은 유행하고 적연부동한 곳에 처하여 天命之體
段을 갖추고 있다. 그러므로 과불급이 없고, 치우치지 않고 기울지도
않기 때문에 중이라고 한다.102)

발하여 절도에 맞는 것은 사려하여 사물이 이미 사귀는 사이에 모
두 그 이치를 얻은 것을 和라고 할 수 있어도 心이라고 말할 수 없
다. 心은 이발미발 사이를 포함하는 것으로 大易이 생생 유행하고 한

---

101) 『朱子文集』, 卷67 「與湖南諸公論中和第1書」, "未發之前 是敬也 固已立
    乎存養之實 已發之際 是敬也 又常行於省察之間 方其存也 思慮未萌而知
    覺不昧 是則靜中之動 復之所以見天地之心 及其察也 事物紛糾 而品節不
    差 是則動中之靜 艮之所以不獲其身 不見其人也."

102) 『朱子文集』, 卷67 「與湖南諸公論中和第1書」, "思慮未萌 事物未至之時
    爲喜怒哀樂之未發 當此之時 卽是心體流行 寂然不動之處 而天命之性體
    段具焉."

번 움직이고 한 번 고요 하는 전체이다.[103]

   그런즉 군자가 중화를 이루어 천지가 제자리에서 운행되고 만물이 육성되게 하는 소이는 경에 있을 뿐이다. …… 이것은 철두철미한 방법으로 성인이 되는 학문의 근본이다. 이것을 밝히면 성정의 덕과 중화의 묘를 한마디 말로 다 할 수 있게 될 것이다.[104]

위와 같이 주자는 어떻게 하면 본래적 상태를 회복할 수 있느냐의 문제로 바로 치중화의 방법을 제시한 것이다. 이러한 문제의 해결을 위한 방법은 '중화구설' 제3서에서 '치중화'의 문제가 약간 언급된 것을 이미 살펴본 바이다. 그 이전까지 대본달도의 그림자만 보다가 근본을 두어 공부할 곳을 드디어 알게 된 것이다. 이 공부가 성정의 공부이고, 경은 곧 성정의 목적을 실현하기 위한, 즉 '치중화'의 방법이다. 유학이 수기치인의 학문이라 할 때 수기는 치인의 전제조건이며 수기의 강령이 중화이다. 따라서 경은 '치중화'의 방법이자 수기치인의 바탕이 된다. 유학은 수기를 통하여 성인이 되고자 하는 聖學이다. 그러므로 주자가 '치중화'의 방법이 실천적 체증의 문제이지 사변의 문제가 아님을 확신하고, 중화를 통해 존양해야 할 방법적 문제를 알아낸 것이다. 이것이 바로 '격치궁리법'과 '거경함양법'이다. 이러한 방법을 통해서 주자가 추구하고자 했던 '활연관통'의 세계에 입문할 수 있다고 확신할 수 있다.

---

103) 『朱子文集』, 卷43 「答林澤之書」, "發而中節 思慮事物已交之際 皆得其理 故可謂之和 而不可謂之心 心則貫通乎已發未發之間 乃大易 生生流行 一動一靜之全體也."

104) 『朱子文集』, 卷43 「答林澤之書」, "然則君子之所以致中和 而天地位 萬物育者 在此而已…… 此徹上徹下之道 聖學之本 統明乎此 則性情之德 中和之妙 可一言而盡矣."

2) 致中和의 方法論과 豁然貫通의 世界認識

이상으로 살펴본 바와 같이 주자는 마음이 아직 발하지 않은 상태를 마음의 體라 하고, 체에는 性이 갖추어져 있다고 보았다. 이러한 성의 본래 상태가 바로 中이다. 그리고 마음이 이미 발한 상태는 곧 마음의 용이고, 용은 情으로 나타나고, 정의 본래 상태는 和이다. 이 본래적 상태를 어떻게 회복할 수 있느냐의 문제가 바로 '치중화'이다. 이러한 '치중화'의 문제는 사변적인 해결보다는 중화를 통해 함양해야 할 방법이라고 주자는 깨달았다.

주자는 이러한 방법을 자각하여 천하를 活物로 보아 천하의 이치가 인간이 갖춘 리와 일관된 것임을 비로소 체증해 낸 것이다. 이것이 다름 아닌 '격치궁리법'과 '거경함양법'을 통해서 가능하다고 본 것이다.

> 그러나 아직 발하기 이전은 찾을 수 없고 이미 발한 뒤에도 안배할 수 없다. 다만 평일에 장경으로 함양하는 공부가 지극하여 인욕의 사사로움으로 어지럽힘이 없다면 그 발하지 않은 데 있어서 거울처럼 밝고 수면처럼 잔잔하며 그 발함에 있어서는 절도에 맞지 않음이 없을 것이다. 이것이 일용에 있어서 근본이 되는 공부법이다. 일에 따라 성찰하고 物에 卽하여 미루어 밝힘에 또한 반드시 이것으로 해야 한다.[105]

이와 같이 주자는 '치중화'의 근본이 되는 공부를 장경을 통한 함양에 두고 미발 때는 거울처럼 밝고 수면처럼 잔잔하며 발해서는 절도에 맞지 않음이 없다고 본 것이다. 그는 '중화구설'에서 미발지중을 이해

---

105) 『朱子文集』, 卷67 「與湖南諸公論中和第1書」, "然未發之前不可尋覓 已發之後不容安排 但平日莊敬涵養之功至 而無人欲之私以亂之 則其未發也 鏡明水止 而其發也 無不中節矣 此是日用本領工夫 至於隨事省察 卽物推明 亦必以是爲本."

하지 못해서 남헌을 따라 이발의 측면에만 편중하여 중화의 방법을 강구하였다. 그러나 미발지중의 體悟의 필연성을 인식하고 장남헌과 토론하는 과정에서 그들이 이발 일변에만 치우쳐 있는 것을 발견하고 스스로 같은 잘못을 범했음을 깨달은 것이다.[106] 주자는 연평의 '默坐澄心'의 방법적 가치를 비로소 자각한 것으로 심체의 '적연부동함'과 心用의 '감이수통'함을 깨달은 것이다. 따라서 거경을 학문의 본령이 되는 방법으로 받아들이고 궁리도 거경을 바탕으로 해야 함을 말하였다.

> 함양 가운데 저절로 궁리공부가 있으니, 곧 기르는 바의 리를 궁구하는 것이요. 또 궁리공부 가운데 저절로 함양공부가 있으니, 곧 궁구하는 바의 리를 기르는 것이다. 두 가지는 서로 떨어질 수 없는 것인데, 만약 이 둘을 서로 다른 것이라고 본다면 곧 깨달을 수 없게 된다.[107]

궁리공부와 함양공부는 수레의 양 바퀴나 새의 양 날개와 같아서 그중 어느 하나도 빠트릴 수 없는 것이라고 생각하였다.[108] 주자사상에서 거경과 궁리의 궁극적인 목적은 천인합일, 주객합일, 이발미발의 중화를 이루는 것이라 하겠다. 이러한 목적을 실현하기 위해서 그는 『대학장구』전 오장, '격물보망장'에서 처음으로 그 방법을 언급하였다.

> 대개 인심의 靈은 앎이 있지 아니함이 없으며 천하의 물은 리가 있지 아니함이 없다. 오직 리에 대해서 궁구하지 아니함이 있다. 그러

---

106) 『朱子文集』, 卷67 「與湖南諸公論中和第1書」, "向來講論思索 直以心爲已發 而日用工夫亦止以察認端倪爲最初下手處 以故闕却平日涵養一段工夫 便人胸中擾擾 無深潛純一之味"
107) 『朱子語類』, 卷9 「知行」, "涵養中自有 窮理工夫 窮其所養之理 窮理中自有涵養工夫 養其所窮之理 兩項都相離 才見成兩處 便不得."
108) 『朱子語類』, 卷9 「知行」, "涵養窮索 二者不可廢一如車兩輪 如鳥兩翼."

므로 그 知를 다하지 아니함이 있는 것이다. …… 무릇 천하의 物에 卽해서 그 이미 알고 있는 리로 말미암아 더욱 궁구하여 그 궁극까지 이름을 구하지 아니함이 없으니, 힘써 노력함이 오래됨에 이르러 하루아침에 활연관통하면 모든 물의 表裏精粗에까지 이르지 아니함이 없다. 또 吾心의 전체와 대용이 분명해지지 아니함이 없을 것이니 이것을 격물이라 이르고 또 치지라 이른다.[109]

주자는 卽物窮理 공부를 힘써 오래하면 分殊之理를 통해 일관된 理一之理를 깨닫게 되는 과정을 설명하고 있다. 이것은 곧 대학에 "物에는 본말이 있고, 事에는 종시가 있으니 선후를 알게 되면 수기치인의 도에 가깝다."[110]라고 하는 그 결과까지 상세히 언급한 것이다.

주자는 이처럼 인식 주체인 인간이 모든 사물의 이치를 갖추고 있어 심의 전체 대용이 바로 應萬事의 理를 깨달을 수 있는 경지를 열어 놓았다. 즉 "物과 내 마음속의 理는 본래 같은 하나의 물로 조금도 결함이 없으니 다만 내가 대응해 가는 것일 뿐이다."[111]라고 하여 주관과 객관의 대립도 지양되고 주객 간의 합일된 체증이 이루어진다. 이는 외적 세계를 내적 세계로 체인하여 이발의 상태에서 미발의 본래성을 회복하는 것이다. 따라서 주객의 對待에서 자기 주체로 그 대립을 해소시키는 자기 내면에서의 깨달음인 것이다.

---

109) 『大學』, 傳5章 「補亡章」, "蓋人心之靈 莫不有知 而天下之物 莫不有理 惟於理有未窮 故其知有不盡也 …… 卽凡天下之物 莫不因其已知之理而益窮之 以求至乎其極 至於用力之久 而一旦豁然貫通焉 則衆物之表裏精粗 無不到 而吾心之全體大用 無不明矣 此謂物格 此謂知之至也."

110) 『大學』, 1章, "物有本末 事有終始 知所先後 則近道矣."

111) 『朱子語類』, 卷12, 「持守」, "物與我心中之理 本是一物 兩無小缺 但要我應之耳."

사람에 일신의 지각운용은 心의 하는 바가 아닌 것이 없으니, 心이
란 진실로 身을 주재하는 소이로 동정어묵의 간격이 없다. 그러나 바
야흐로 그것이 靜할 때에는 사물이 아직 이르지 아니하고 사려가 아
직 싹트지 아니하면 하나의 性은 혼연하고 도의가 완전히 갖추어져
그것을 이른바 中이라 한다. 이것이 이에 心의 體가 되는 소이로서
적연부동한 것이다. 그것이 動함에 있어서는 사물이 사귐에 이르러
사려가 싹이 트게 되면 칠정이 번갈아 작용하고, 각기 主 되는 바가
있으니 그것을 이른바 和라고 한다. 이것이 이에 心의 用 되는 소이
로 감이수통한 것이다. …… 이는 心이 적연 감통하고 周流貫徹하여
그 체용이 서로 떠나지 않는 소이이다.[112]

이와 같이 心을 理氣의 합일로 보고, 또한 '체용', '성정', '중화', '적
연부동', '감이수통'을 周流貫徹하여 체용일원으로 일관됨을 알 수 있
다. 이때의 心은 虛靈不昧(大學)하며 虛靈知覺(中庸)할 수 있는 인식
주체의 能覺者로 천하대본인 中의 본래성을 회복할 수 있는 가능성이
내포되어 있다. 대본이 서면 지행을 모두 중절하여 허령불매하고 허령
지각한 '치중화'를 이룰 수 있는 것이다.

주자는 이러한 단계적 방법을 다음과 같이 제시하였다.

대학의 도는 다만 격물로부터 일어나니 지금 사람은 이전에는 이
러한 공부가 없이 다만 대학이 격물을 우선하는 것을 보고 사려지식
으로써 구하려고 하여 더욱 操存에 用力하지 않는다. 그리하여 궁구
하여 충분히 알았다 해도 의거할 실지(操存處)가 없는 것이다. 대개

---

112) 『朱子文集』, 卷32 「答張欽夫」, "人之一身知覺運用 莫非心之所爲 則心者
　　固所以主於身 而無動靜語默之間者 然方其靜也 事物未至 思慮未萌 而一
　　性渾然 道義全具 其所謂中 是乃心之所以爲體而寂然不動者 及其動也 事
　　物交互 思慮萌焉 則七情迭用 各有攸主 其所謂和 是乃心之所以爲用」者
　　也…… 是則心之所以寂然感通 周流貫徹 而體用未始相離者也."

경 자는 상하로 관철하는 의미이고, 격물치지는 바로 그 사이에 있어
서 점진적으로 진보해 나가는 과정에 지나지 않는다.[113]

주자는 『대학』의 격물치지(窮理)를 강조하여 존양 → 궁리 → 활연
관통이라는 구조를 형성하여 궁리가 존양과 활연관통을 매개하는 상
호관련성을 갖고 있다. 그러므로 어떤 일을 행하더라도 "진퇴존망을
알면 그 정도를 잃지 않게 되는 것은 오직 성인의 세계"[114]임을 안
것이다. 또한 『중용』에서는 "誠者란 힘쓰지 않아도 알맞게 되고, 생각
지 않아도 얻게 되어 자연히 도에 알맞으니 성인이다."[115]라고 하여
성인의 활연한 세계를 표현하고 있다.

> 적연으로 항상 감동하고 감동으로 항상 적연하니, 이는 心의 寂感
> 을 周流貫徹하여 한순간의 不仁도 없는 까닭이다. 그런즉 군자가 중
> 화에 도달하면 천지가 正位하고 만물이 생장할 수 있는 소이가 여기
> 에 있을 따름이다.[116]

주자는 이처럼 敬은 '동정', '성정', '체용', '이발미발', '치중화'를 이
룰 수 있는 수양 덕목이며 周流貫通하여 踐仁成聖할 수 있는 실천방

---

113) 『朱子文集』, 卷43 「答林擇之」, "大學之道 只從格物做起 今人從前無此工
　　夫 但見大學以格物爲先便欲 只以思慮知識求之 更不於操存處用力 縱使
　　窺測得十分 亦無實地可據 大抵敬字是徹上徹下之意 格物致知 乃其間節
　　次進步處耳."

114) 『周易』, 「乾卦」, "知進退存亡而不失其正者 其唯聖人乎."

115) 『中庸』, 20章. "誠者 不勉而中 不思而得 從用中道 聖人乎."

116) 『朱子文集』, 卷32 「答張敬夫」, "有以主乎靜中之動 是以 寂而未嘗不感
　　有以察乎動中之靜 是以感 而未嘗不寂 寂而常感 感而常寂 此心之所以周
　　流貫徹 而無一息之不仁也 然則君子之所以致中和而天地位 萬物育者 在
　　此而已."

160

법으로 제시하였다. 그러므로 두루 관통하여 明體達用의 지혜를 갖춘 자가 應萬事하여 천지를 正位하고 만물이 성장할 수 있는 소이를 깨달을 수 있다는 것이다.

이러한 관통처에 도달하기 위한 수련방법은 일시적인 것이 아니라 지속적으로 추구해야 한다고 보았다.

> 만약 하나를 이해하려 해서 얻지 못하면 곧 반드시 반복해서 추구 연구해야 하니 걸을 때도 생각하여 헤아리고, 앉아서도 생각하여 헤아려야 한다. 일찍 일어나 생각하여 헤아려 얻지 못하면, 늦도록 또 생각하여 헤아려 보고, 늦도록 생각하고 헤아려 얻지 못하면, 다음날 또 생각하여 헤아려 본다. 이와 같이 하면 어찌 얻지 못하는 도리가 있겠는가?117)
>
> 격물의 격은 盡이니, 모름지기 사물의 리를 궁진해야 한다. 만일 二三分을 궁구한다면 곧 아직 격물이 아니다. 모름지기 십 분을 궁진 해야만 바야흐로 격물이 된다.118)

위의 인용문들은 지속적인 점수의 과정을 통해서 추구하려는 관통 처를 말하는 것이다. 그것도 二三分이 아닌 십 분의 노력을 통해 얻으 려는 것으로 돈오나 본심을 밝혀 체득하려는 방법과는 다른 것이다.

> 천하의 사물은 하나의 물도 무릇 리를 갖추지 않음이 없다. 이런 까닭으로 聖門의 가르침에는 하학의 순서가 격물에서 시작하여 그 앎 에 다다르는 것이 일용의 사물에서 벗어나지 않고, 그 시비를 가리고

---

117) 『性理大全』. 卷44 「學二」, “總論爲學之方. 若理會一件未得 直須反覆推究 研究 行也思量 坐也思量 早上思量不得 晚間又把出思量 晚間思量不得 明日又思量 如此豈有不得底道理.”

118) 『朱子語類』, 卷15 「葉賀孫錄」, “格物者 格 盡也 須是窮盡事物之理 若是 窮得三兩分 便未是格物 須是窮盡得到十分 方是格物.”

　　그 옳고 그름을 살피며 義를 정밀히 하는 것으로 말미암아 신적 경지
　　에 들어감으로써 그 쓰임이 다다르는 것이니 그 사이에 여러 가지가
　　각기 순서가 있으니 하나로 꿰뚫어져 있는 것이다.[119]

　이것이 주자가 말한 바의 활연관통한 경지로 인심이 본유한 靈知가
모두 밝혀져서 사물의 이치가 모두 궁구된 주객합일의 경지인 것이다.
이것은 맹자가 "形色天性也 惟聖人然後 可以踐形"[120]이라 하여 천부
의 본성을 완전히 실현하고 자신의 모든 판단과 욕구와 행위가 莫非
至理한 경지이며, 공자의 "七十而從心所欲 不踰矩"[121]의 聖之時者의
경지에서 실증된다. 이러한 경지의 행위는 그대로 보편적이며 절대적
인 것으로 시비와 선악 판단의 기준이 되는 것이다.
　이와 같이 거경을 통한 格物知至의 '활연관통'한 心의 體는 통섭하
지 않음이 없고 그 작용 면에서도 미치지 않는 곳이 없다. 그러므로
理를 궁구하고 관통하여 無所不知할 수 있는 데에 이르게 되면 진실
로 無所不通의 본체와 無所不周[122]의 작용을 다 하게 된다.
　이상으로 '중화논변'의 전개과정을 살펴보았다. 주자의 '중화설'은 상
술한 바와 같이 도·불의 空無에서 연평의 '미발기상 체인', 또 남헌의
'찰식단예법' 이천의 '존양' 및 '격물궁리법'의 과정을 거치면서 확립되
었다고 할 수 있다.

---

119) 『性理大全』, 卷44 「學二」, "總論爲學之方 天下之物 無一物不具夫理 是
　　以聖門之學 下學之序始於格物 以致其知 不離乎日事物之間 別其是非 審
　　其可否 由精義入神以致其用 其間曲折纖悉各其次序 而一以貫通."

120) 『孟子』, 「盡心上」 38章.

121) 『論語』, 「爲政」 4章.

122) 『孟子或問』, 卷12, "心之體無所不統 而其用無所不周者也 今窮理而貫通
　　以至於可以無所不知 則固盡其無所不通之體 無所不周之用矣."

4. 中和說의 哲學的 意義

상술한 '중화'의 의미는 다음과 같이 정의할 수 있을 것이다. 첫째
는 "不偏不倚 無過不及"[123]이라는 중심의 中과 두 번째는 "중은 천하
의 대본이요 화는 천하의 달도이다. 중화를 이루면 천지가 자리 잡고
만물이 생육한다."[124] 여기서 치중화는 '天地位 萬物育'하는 우주론적
본체로서 誠과 같은 의미를 갖는다. 세 번째는 "희로애락의 미발을 중
이라 하고 발하여 중절한 것을 화라고 한다."[125]에 나타나는 인간의
靜心의 중화를 의미한다. 네 번째는 外發해서 내외가 알맞게 들어맞아
화합을 이루는 중화의 中도 있다.[126] 이것은 자신을 극기복례하여 成
己하고 成物하는 合內外之道가 이루어지는 時措之宜[127]를 실천하고자
하는 수양의 학문이라고도 볼 수 있다. 그리고 이때 內聖의 이상 상태
로 강조되는 것이 바로 '중화'인 것이다. 따라서 중화는 도덕적 실천행
위의 근본전제이다. 중화의 실현은 이상적 성정의 회복을 뜻하며 그리
고 이러한 점에서 바로 성인, 군자, 대인 등으로 일컬어지는 유학의
이상적 인간상이 갖추어야 할 최고의 수기상태로 강조되는 것이다.[128]
그러므로 '중화론'에 있어서 '中'은 객관적인 경험성과 합리성을 바

---

123) 『中庸』, 2章, 朱子註.

124) 『中庸』, 1章, "中也者 天下之大本也 和也者 天下之達道也 致中和 天地
位焉 萬物育焉."

125) 『中庸』, 1章, "喜怒哀樂之未發 謂之中 發而皆中節 謂之和."

126) 『中庸』, 1章, "發皆中節 謂之和 中也者 天下之大本也 和也者 天下之達
道也."

127) 『中庸』, 25章, "誠者 非自成己而已也 所以成物也 成己仁也 成物知也 性
之德也 合內外之道也 故時措之宜也."

128) 이광호, 「中和論辯을 통하여 본 朱子後期思想의 端初」, 『哲學論究』 12
集, 1984. 25～26면 참조.

탕으로 하는 '도문학'과 본래적 선험성을 근거로 하는 '존덕성'을 통하여 인격완성의 세계에 입문할 수 있는 것이다. 따라서 인간 본성(中)의 자각과 도덕적 실천(和)이 일용현실에서 요청되는 것이다. 이와 같이 유학의 본질은 도덕적 자기완성의 조건으로 '수신'을 바탕으로 하고 있다. 이 '수신'의 이상적 지표로서 곧 '중화'를 의미하는 것이다.

이와 같은 '중화설'을 주자는 스승 이연평에게 사사를 받은 지 10년 동안 스승의 '정좌법'으로 천리를 체인하는 데 침잠했으나 어떤 시원한 깨달음의 경지를 얻을 수가 없었다. 그러던 중 연평의 죽음을 전후하여 남헌과의 교류가 시작되었고, 이 교류를 통하여 주자의 이발미발 사상이 변화를 가져오게 되었다. 이것이 바로 이발미발설에 대한 중화의 구설이다. 주자의 '중화구설'의 요점은 남헌의 '찰식단예설'의 영향으로 '이발미발설'을 心, 性으로 간주하였다. 따라서 '이발미발설'을 체용의 구조로 설명하여 '이발미빌 혼언일치'라고 한 것이다. 그러나 주자사상에 결정적으로 영향을 끼친 것은 역시 이천의 사상이다. 이천은 孟子의 '本心卽性'을 분석하여 心, 性, 情으로 三分하였다. 性은 형이상의 理요, 心과 情은 實然인 형이하의 氣에 한정시켰다. 그러므로 理(性)의 측면에서는 활동을 입론할 수 없고, 활동은 단지 氣(心, 情)의 측면에서 찾아질 수 있는 것이다. 또 남송 초기의 胡五峯 역시 北宋 이전의 三家의 이론을 계승 발전시켜 '以心著性 盡心性成'의 義理本道를 세웠던 것이다. 그의 '誠仁之體'의 逆覺工夫는 곧 명도와 사상채에게서 直承하여 나온 것으로, 이러한 공부는 바로 호오봉과 그리고 동시대인 이연평에게서 끊기고 말았다. 주자가 이천학으로 전향한 것은 그의 나이 40세 때 '중화탐구론'에 이르러 비로소 분명해졌다. 이때는 정이천이 세상을 떠난 지 60년 후이다. 주자의 心態는 이천의 사상과 거의 같다.129) 주자가 완성한 학문체계는 北宋 三家와 같지 않다고 채인후는 보았다.

주자는 다시 말하면 도체와 성체를 모두 '只存有而不活動'으로 인식하여 ① 도체 방면을 이기이원으로 나누어 도체는 단지 理인 寂感이나 心, 神을 모두 氣에 소속시켰다. ② 심성 방면에서는 心과 性을 二分하여 性은 理에 心은 氣에 속하게 했다. 그러므로 心과 理는 역시 둘인 것이다. 이처럼 주자학에서의 도체나 성체는 仁體나 心體와 같지 않다. 도덕 실천학상에서 볼 때 宋儒의 大宗인 逆覺體證의 논설에서 일탈하여 이천의 '涵養須用敬 進學則在致知'에 따라 '靜養動察', '卽物窮理'의 공부방식을 열었던 것이다.130)

이와 같이 모종삼이나 채인후가 주자학을 이해한 입장이 대체적으로 타당하다. 그러나 주자학은 도가나 중국불교의 문제와 이론을 비판적으로 포섭하고 또 유학을 철학으로 성립시켜 준 것이다. 또한 중국 철학이 서양철학의 문제 및 이론과 만날 수 있는 길을 열어 주었다는 점에서 그의 공적은 지대하다. 따라서 주자가 『대학』을 중국의 전통적 실천철학의 방법론으로서뿐만 아니라 과학적 탐구방법론으로 정립해 놓았기 때문에 淸代에 서양의 새로운 지식이 전개되었을 때 능동적으로 포섭할 수 있었다. 그리고 동시에 과학의 시대에 동서가 공통적으로 안고 있는 문제로서 과학적 지식과 기술을 주재할 수 있는 기초이론이 마련되었던 것이다.131)

이처럼 주자의 과학적 사유구조는 체용의 문제나 형이상과 형이하의 관계에서는 一而二, 二而一의 관계로 보아 心의 미발과 초월자로서의 性은 역시 一而二, 二而一의 관계를 갖는다. 따라서 그의 이발미발

---

129) 蔡仁厚 撰述, 『宋明理學』南宋 篇. 3~4면 참조.
130) 上揭書, 8면.
131) 唐君毅, 『中國哲學原論』 導論篇. 336~338면 참조.

(動靜)은 敬에 의해서 통일되고[132] 또 존양은 『소학』의 수양론에, 찰식은 『대학』에 소속시켰다.

　　지금 함양 일절을 말하면, 고인은 바로 『소학』 가운데서 함양을 성취하였으므로 『대학』의 도는 다만 격물에서 시작하고 있는 것이 아닌가 생각된다. 그런데 지금 사람은 전 단계의 이 함양 공부 없이 『대학』이 격물을 우선하는 것을 보고 사려지식으로써 구하려고 하여 더욱 操存에 용력하지 않는다. 그리하여 궁구하여 충분히 알았다 해도 의거할 실지가 없는 것이다. 대개 경 자는 상하로 관철하는 의미이고, 격물치지는 바로 그 사이에 있어서 점진적으로 진보해 나가는 과정에 지나지 않는다.[133]

이와 같이 미발의 존양함양을 『소학』의 학문방법에 귀속시키고, 이발의 찰식치지를 『대학』의 학문방법에 귀속시켰다. 존양을 먼저 하고 찰식을 뒤에 하는 주자설을 가장 상징적으로 표현한 것이다. 주자의 '이발미발설' 형성과정에서 보아온 이러한 그의 思想趨移는 가능한 한 유교의 특질인 일상의 도덕세계를 회복하려고 노력한 최후의 결론이라고 볼 수 있다. 이것은 어떤 의미에서는 唐代에서 宋代에 이르는 사상의 흐름의 한 축도라고도 할 수 있다. 다시 말하면 唐代보다 한층 해방된 인간의식 존중의 입장이 대두된 것이며 새 사회를 대표하는 사상으로서의 성리학의 이론화였다고 할 수 있다.[134]

　　그리고 주자는 이것을 중요한 방법론으로 하여 태극설을 정립해 갔

---

132) 『朱子文集』, 卷32 「答張欽夫」, "心主乎一身 而無動靜語默之間."

133) 『朱子文集』, 卷43 「答林擇之」, "論涵養一節 疑古人直自小學中涵養成就 所以大學之道只從格物做起 今人從前無此工夫 但見大學以格物爲先 便欲只以思慮知識求之 更不於操存處用力 縱使窺測得十分 亦無實地可據 大抵敬字是徹上徹下之意 格物致知乃 其間節次進步處耳."

134) 友枝龍太郎, 『朱子の思想形成』(春秋社, 1969). 100면.

으며 동시에 『대학』, 『중용』의 해석에 있어서도 이것을 종횡으로 구사하였다. 그러므로 주자에 있어서의 이 '이발미발설'은 그의 사상 이해에 있어서 매우 중요한 관건이 되는 것이다.[135] 또한 '이발미발설'에 의해 정립된 태극설은 결국 육상산과 논변을 벌이게 된다.

주자의 심성문제는 또한 이기설과도 관련되어 있다. 그는 심성론에서 심통성정이라 하여 心과 情은 氣에 속하고, 性은 理로 설명하였다. 그는 다시 우주론에서 이기를 설명하면서 性은 곧 理로써 존재하는 미발이고 이발하는 것은 心과 情으로 보아 성리는 도덕실천의 보편적 근거이며, 心은 반드시 理에 의해서 발하기 때문에 理는 존재할 뿐 발하거나 조작할 수도 없는 것이다. 발하는 것은 氣이므로 이기는 분간할 수도 없고, 혼잡되지도 않는다. 이처럼 주자의 심성론과 우주론은 일맥상통되고 있을 뿐만 아니라 다시 수양론에서 그 목적이 실현되는 것이 주자학의 특징이다. 이러한 논리가 朱·陸논변의 '심즉리'와 '성즉리'의 분기점이 되는 것으로 이는 주·육논변에서 고찰될 것이다.

이상과 같이 주자는 '이발미발설'이 정립한 후 이를 근거로 '인설', '이기설', '심성론' 등 독특하게 그 나름의 사상으로 정립하게 된다. 따라서 이러한 학문의 정립으로 말미암아 그의 이론에 반기를 든 육상산과 사공학파의 진량과의 격렬한 논변과 비판이 전개되는 것이다.

---

135) 李東熙, 「朱子學의 哲學的 特性과 그 展開樣相에 관한 研究」(성균관 대학원, 박사학위논문 1990). 32면.

제 3 장

朱・陸論辯과 哲學的 意義

1. 朱·陸論辯의 背景과 展開過程

南宋의 대사상가인 주자, 장남헌, 여조겸, 육상산은 모두 孝宗 재위기인 乾道 淳熙 연간에 학문의 활동을 왕성하게 하였으므로 후대 사람들은 그들을 일컬어 '乾淳諸老'라 칭하였다. 이들 가운데 나이가 가장 많은 사람이 주자로 장남헌보다 3살 위이고, 여조겸보다는 5살, 육상산보다는 9살이 연상이었다. 특히 주자와 陸象山(字, 子靜. 名, 九淵. 1130~1193)은 송명리학을 대표하는 인물로 二程 이후에 송명리학을 서로 다른 방향으로 이끌어 간 선두 주자이다. 사상사적인 입장에서 살펴보면, 주자의 사상을 언급할 때면 '性卽理'의 측면에서 '道問學'을 중시한 理學으로 지칭하고, 육상산의 사상을 '心卽理'의 측면에서 '尊德性'을 강조한 心學이라고 한다. 이처럼 존덕성과 도문학의 공부방법론을 중심으로 전개된 논쟁이 바로 주자와 상산이 여조겸의 주선으로 鵝湖寺에서 만나 펼친 학술논변인 '鵝湖論辯'이다. 주자와 상산의 논변은 모두 네 차례에 걸쳐 전개되었고, 사상사적으로 중요한 의미를 지니고 있는 것이 '아호논변'과 '無極而太極'의 논변이다.

周濂溪의 『太極圖說』은 송대 성리학에서 중시하는 天道論과 人性論을 종적으로 연결시킨 유가 최초의 이론이며, 도·불학에 비해서 손색이 없는 철학체계를 구성하고 있다.[1] 그럼에도 불구하고 『태극도설』은 漢代 이래 도가의 자연주의 사상과 불가의 심학으로부터 영향을

---

1) 金忠烈, 『中國哲學散稿Ⅱ』, 온누리, 258면.

받아 형이상학적 이론으로 확립됐다는 논란이 끊임없이 제기되고 있다. 물론 맹자 이후 단절된 性命의 철학사상을 주창하고, 그것을 二程子, 장횡거 등이 전하여 주자학 형성의 직접적 계기를 이루었다. 또 우주생성과 만물화생의 원리인 『주역』의 '태극설'을 근거로 한 음양의 원리를 수용하여 체계화하였지만, 도가나 불가적인 요소가 배제되었다고 볼 수는 없다. 그러나 도가의 사상이나 불가 이론의 영향을 받았다 할지라도 이것이 유학본연의 철학적 이론으로 확립되었다면, 그 소이를 밝히고 도·불학과의 관계를 고찰해야만 할 것이다. 따라서 이 章에서는 먼저 주자와 육상산 논변의 배경으로 제기된 도가와 불가의 유래설을 탐구해 본 후에 그 전개과정을 살펴보고자 한다.

1) 道家에서의 由來說

『태극도설』은 도가에서 근원하였다고 주장하는 설이 있다. 『태극도설』이 나오기 이전에 이와 비슷한 이론이 『上方大洞眞元妙經品圖』 중에 '太極先天之圖'가 道藏經 중에 있었고[2] 또 「朱震傳」에 의하면 이와 유사한 이론이 실려 있다.

> 陳搏이 선천도를 种放에게 전하고, 충방은 穆修에게 전하고, 목수는 이를 李之才에게 전하고, 이지재는 邵雍에게 전하였다. 충방이 하도와 낙서를 李漑에게 전하고, 이개는 許堅에게 전하고, 허견은 이를 范諤昌에게 전하였고, 범악창은 劉牧에게 전하였다. 그리고 穆修는 태극도를 주렴계에게 전하였다.[3]

---

2) 馮友蘭, 『中國哲學史』, 香港文蘭圖書公社, 1967. 822面.

3) 『宋史』, 卷435 「朱震傳」, "陳搏以先天圖授种放 放傳穆修 穆修傳李之才 之才傳邵雍 放以河圖洛書傳李漑 漑傳許堅 許堅傳范諤昌 諤昌傳劉牧 穆修以

170

또한 毛奇齡(1623~1716 A.D.)은 『太極圖』는 陳摶에 의해서 유래되었으며 진단의 『無極圖』, 즉 華山의 석벽에 새겨진 그림은 魏伯陽이 『參同契』에 붙인 「水火匡廓圖」와 「三五至精圖」로부터 유래되어 온 것이라 주장한다.4) 그러나 참동계에 있는 두 그림은 그 근거하는 바를 알 수 없고 또 지극히 그 엄격함이 결여되어 있다고 노사광은 이를 일축하고5) 있다.

黃晦木도 역시 『태극도』의 근원이 도가에서 유래되었다고 주장하였다.

> 고찰하여 보건데 河上公의 본도는 「무극도」라 이름하여 魏伯陽이 그것을 얻어 參同契를 지었고, 鍾離權이 이를 얻어 呂洞賓에게 전수하였고, 여동빈은 뒤에 陳圖南[摶]과 함께 華山에 은거하다 이를 陳摶에게 전수하였다. 그리고 진단은 이것을 화산의 석벽에다 새기었다. 진단은 또한 麻衣를 입은 도사에게서 「先天圖」를 얻었는데 이 두 개의 그림 모두 种放에게 전수하였고, 충방은 穆修와 승려인 壽涯에게 전수하였고, 목수는 「先天圖」를 李挺之에게 전수하였고, 이정지는 이것을 邵天叟에게 전수하였고, 소천수는 그의 아들 邵堯夫(邵雍)에게 전수하였다. 한편 목수는 「무극도」를 주렴계에게 전수하였고, 주돈이는 또 先天의 偈頌을 壽涯에게서 얻었다6)고 전한다.

黃晦木은 『太極圖辨』에서 華山刻石이라든지, 또 溯源함에 있어 전

太極圖傳周惇頤"

4) 勞思光 『中國哲學史』, 鄭仁在 譯 宋明篇. 探求堂 1988. 152面.

5) 上揭書. 158面.

6) 『宋元學案』, 卷12 「濂溪學案下 附錄 黃晦木之 [太極圖辯]」, "玫河上公本圖名無極圖 魏伯陽得之以著參同契 鍾離權得之以授呂洞賓 洞賓後與陳圖南同隱華山 而以授陳 陳刻之華山石壁 陳又得先天圖于麻衣道者 皆以授种放 放以授穆修與僧壽涯 修以先天圖授李挺之 挺之以授邵天叟 天叟以授子堯夫 修以無極圖授周子 周子又得先天之偈于壽涯."

수계보를 呂洞賓, 鍾離權, 魏伯陽, 河上公으로 그 논거를 말하지만 결국 그 원본은 하상공의 것이어야 한다고 주장한다. 그러나 하상공의 이와 같은 원본을 찾아볼 수 없기 때문에 단지 전설적으로 전수된 것으로 설명될 뿐이다. 또한 華山石刻이라고 하는 것도 항간의 사실무근한 전설로 보는 것이 정설이다. 그러므로 황회목의 이러한 설명에는 심각한 문제가 내재되어 있다고 노사광은 설명한다.

첫째 이유는 위백양의 『參同契』에는 글은 있으나 그림은 없다. 후세에 註를 달던 사람들이 그려 넣은 그림은 이미 위백양에게서 나왔다고 볼 수 없고, 하상공까지 소급할 수 없다는 것이고,

둘째 이유는 진단이 화산석벽에 새긴 그림에 대해서는 후세에 말하는 사람들이 매우 많으나 허위가 아니어야 한다.『무극도』와 주렴계의 『태극도』는 완전히 같지만 道藏 중에 있는 「太極先天之圖」와는 약간의 차이가 있고, 이것은 後者(태극도)에 따라서 변조해 나온 것이며 그것이 종리권과 여동빈에게서 나왔다고 증명할 도리가 없다[7]고 노사광은 설명하고 있다.

다만 주렴계의 『태극도』는 도교의 丹訣에서 나왔을 가능성이 가장 크다고 할 수 있다. 주렴계가 유일하게 언급한 「題酆都觀」이란 詩 속에서 도교의 단결을 보았으며 음양조화의 기미를 얻어 정신을 합한 연후에 더욱 지식이 은미해졌다[8]고 높이 받들었음을 보면 어느 정도는 도교의 영향을 받았다는 것도 설득력이 있다. 그러나 주렴계가 후대 학자들에게 宗師로 추대되었던 이유는, 그가 단지 이정의 스승이어서가 아니었다. 그는 『논어』에 공자의 제자인 안연은 생활이 극도로

---

7) 勞思光, 『中國哲學史』, 鄭仁在 譯. 探求堂, 1988. 159~160面.

8) 『周子全書』, 卷17 「讀英眞君丹訣」, "始觀丹訣信希夷 蓋得陰陽造化機 子自母生能致主 精神合後更知微"

빈곤했지만, 그 가난조차도 '도를 배운다'는 마음의 즐거움에 어떤 영향도 미치지 못했다. 그래서 공자는 안연의 이러한 태도를 대단히 칭찬하였다. 정호는 어릴 적에 배웠던 주렴계의 가르침을 회고하며, 다음과 같이 말하였다. "옛날 주렴계 선생에게 수업을 들을 때, 매번 안연과 공자의 즐거움을 찾아보고 무엇을 즐겼는지 알아보라고 말씀하셨다."9) 그 후 송명리학의 중요한 철학과제는 '공자와 안연이 즐거워한 것을 찾는 일'이었다.

'공자와 안연이 즐거워한 것'은 인생의 이상인 동시에 이상적인 경지의 문제이다. 유가 학설에서는 원래 공자를 성인으로 여기며 이상적인 인격 모델로 삼는다. 그리하여 한유 이후로 성인이 되고 현자가 되는 일은 점차 유가에서 선비의 이상으로 자리잡게 되었다. 주렴계도 "성인은 하늘을 희구하고, 현자는 성인을 희구하며, 선비는 현자를 희구한다."10)고 말하면서 선비라면 마땅히 성인이 되고 현자가 되는 일을 평생토록 도달해야 할 이상으로 삼아야 한다고 생각했다.11)

주렴계는 이와 같은 유가의 이론에 의거하여 먼저 『주역』의 논리로 토대를 삼아 인성론적의 근본을 세운 다음에 우주론적 체계를 세워『태극도설』의 방식을 통하여 그것을 표시한 것으로 사료된다. 그러므로 그의『태극도』는 도교의 영향을 받았다 할지라도 전적으로 그의 심사숙고한 작품이라고 볼 수 있다.

---

9) 『河南程氏遺書』, 卷2 上, "昔受學於周茂叔 每令尋顔子仲尼樂處 所樂何事."
10) 『通書』, 「志學」第10, "聖希天 賢希聖 士希賢."
11) 진래 지음, 안재호 옮김, 『송명 성리학』, 예문서원, 1997, 79~80면 인용.

2) 佛家에서의 由來說

언급한 바와 같이 도교에서 『태극도』가 유래했다는 설에서 주렴계는 僧 壽涯와 깊은 교분을 갖고 있어 그의 『태극도』가 불가에 그 영향을 받았다는 학자도 있다. 武內義雄은 圭峯宗密이 唯識宗, 三論宗, 華嚴宗의 세 종파를 비판하고 眞心을 ○으로 표시하고 妄想을 ●으로 표시하여 阿黎耶識을 ○으로 표시한 뒤 진심이 유전하는 경로와 수양의 과정을 도표로 만들고 있는데, 이 도표가 뒤에 나타난 주렴계의 「태극도」를 암시한 것이라고 주장한다.[12] 따라서 '無極而太極'이라는 말은 도가의 영향을 받았을 뿐만 아니라 불가의 이론에서도 영향을 받았다는 주장이다.

불가에서는 圓相을 가지고 일체 모든 것을 궁극적인 목적으로 삼는다고 한다. 예를 들면 覺을 圓覺, 悟를 圓悟, 寂을 圓寂이라고 하듯이, 옛날 馬祖가 사람을 시켜 道欽禪師에게 편지를 보냈는데 그 속에는 하나의 동그라미만 그려져 있었다. 이를 본 도흠선사는 그 동그라미 속에 또 하나의 동그라미를 그려 넣어 되돌려 보냈다는 것이다.[13] 이처럼 阿黎耶識으로 圖示한 眞如는 無極이고, 眞如는 對待를 초절하여 그것을 언표하기가 불가함으로 ○으로 표시하여 그 순수함을 그린 것이라 한다.

또한 武內義雄은 朱震의 「漢上易傳」 進易表에 의하면 주렴계는 穆修에게 배워 陳希夷의 學을 전하고, 진희이는 五代의 도사로 魏伯陽 이래의 도가설을 계승하여 种放에게 전하고, 중방은 이를 목수에게 전해 주렴계의 「태극도」가 위백양의 「參同契」에 실린 「水火匡廓圖」와 「三五至

---

12) 武內義雄, 『中國思想史』, 李東熙 譯 驪江出版社. 1992. 183面.

13) 『景德傳燈錄』, 卷6 「大正大藏經」 卷51. 246面.

174

精圖」를 조합하고 있는 것을 보면 주렴계는 도가의 영향을 받은 것이 분명하고, 圖說에도 그 모습이 나타나고 있음은 당연하다고 언급하고 있다. 이러한 圖式은 반드시 『참동계』에만 보이고 있는 것이 아니고 唐僧 宗密의 『禪源所詮集都序』 가운데도 「水火匡廓圖」를 개조하여 起信論의 교리를 설명하고 있다. 아마 唐·宋 때에는 이러한 圖解가 유행한 것으로 주렴계는 이로 인해 우주생성의 순서를 圖解했다고 본다. 그리고 宗密은 華嚴의 학자로 일설에 주렴계가 潤州의 鶴林寺의 승려 壽涯에게 배웠다고 하고, 또 일설에는 東林寺의 常聰에게 華嚴事理法界의 설을 들었다고 함으로 『圖說』에 '原人論'의 영향이 있음도 부정할 수 없다[14]고 설명한다.

宗密은 「十重圖」의 大乘起信論에서 一心開二門의 뜻에 의하여 覺과 不覺을 나타낸 것이고, 十重이란 미혹함(迷)과 깨우침(覺)을 가리킨 것이다. 그는 『禪源諸詮集都序』에서 "붉게 ○으로 표시하여 만든 것은 깨끗한 열 겹(淨法十重)의 차례를 기록한 것이고, 검게 ●으로 표시하여 만든 것은 번뇌에 물든 열 겹(染法十重)의 차례를 기록한 것"이[15]라고 하여 一心에는 미혹함(迷), 깨우침(悟), 더러움(染), 깨끗함(淨)을 표시한 것이다. 宗密은 大乘法體를 衆生心으로 ○으로 표시하고, 二門은 眞과 妄으로 眞(淨法)은 ○으로 표시하고, 妄(染法)은 ●으로 표시한 것이다. 阿黎耶識은 覺과 不覺의 뜻이 있어 ○으로 표시하고, 覺은 ○으로 표시하는 것은 淨法에서 心生滅을 밝히고자 함이요, 不覺을 ○으로 표시하는 것은 染法에서 眞如를 밝히고자 한 것이다.

毛寄齡은 『태극도』를 논하면서 『참동계』에 있는 그림과 宗密의 「十

---

14) 武內義雄, 『中國思想史』, 李東熙 譯. 驪江出版社. 1992. 191～192面.
15) 宗密, 『禪源諸詮都序』, "朱爲此○號 記淨法十重之次 墨爲此●號 記染法十重之此"

重圖」를 근거하고 있지만, 『참동계』에 있는 두 개의 그림(水火匡廓圖. 三五至精圖)은 상술한 것처럼 글은 있으나 그림은 없어 그 근거하는 바를 알 수 없고, 「十重圖」는 단지 모양만 약간 비슷한 곳이 있을 뿐 「태극도」의 근원으로 삼을 수 없다고 노사광은 비판한다.[16]

그러므로 도교 유래설에서 살펴보았듯이 「水火匡廓圖」와 「三五至精圖」에 대한 형성근거 자체가 문제가 있어 고증학상 확실한 결론을 얻어야만 그 진위 여부가 판단될 수 있다. 또 起信論에 관해서도 고래로부터 그 저자와 역자의 대한 진위에 異論이 많고, 인도의 작품이니 혹은 중국의 위작이니 하는 등 문제의 논란이 많아 불가의 영향에 관해서도 확실히 믿을 만한 근거가 없는 것이 학계의 정설이다.

3) 朱·陸論辯의 展開過程

주자와 육상산 사이에 '무극이태극'의 논변이 있기 이전에 이미 주자와 육상산의 형 陸九韶(字는 子美, 號는 梭山) 사이에 논변이 진행 중이었다. 그러나 육구소가 주자의 제2서를 받은 후에 변론을 원치 않는다는 뜻을 보였기 때문에 더 이상의 진전이 없었다. 그런데 주자와 육상산 사이에 충동이 있었기 때문에 육상산이 경전의 傳注를 토론할 것을 요구했을 때, 주자는 그것이 바로 자신이 한결같이 지켜온 본령이었기 때문에 흔쾌히 받아들여 이루어지게 된 것이다.

본래 『太極圖說』에서 '태극'에 대한 정의는 복잡하고 多端할 수밖에 없는 형편이다. 따라서 주자는 "『태극』과 『서명』의 여러 설은 모두 수십 년의 노력을 쌓은 것인데, 한 글자도 사사로운 뜻에서 나온 것이 없다."[17]고 하여, 그가 주장하는 하는 것이 이미 수십 년 노력해서 얻

---

16) 勞思光, 『中國哲學史』, 鄭仁在 譯, 宋明篇. 探求堂. 1988. 158面.

176

은 결정체이고 사사로운 견해가 아니기 때문에 자신의 태도를 바꿀 의도가 없음을 분명히 하였다. 왜냐하면 그는 수십 년 동안 쌓아온 노력을 모아 『太極解義』와 『西銘解義』라는 책을 발표했는데, 바로 육상산 형제와 임율 등이 그 글의 뜻을 제대로 알지 못하고 망령되고 방자하게 그르쳤기 때문이다. 그래서 학자들에게 보여서 시비의 뜻을 알게 하고, 독자들로 하여금 그 뜻을 얻어 가벼이 의론하게 할 수 없음을 지적한 것이다.[18]

'태극'은 본래 『주역』의 「계사전」제11장에 "역에는 태극이 있다(易有太極)"라고 한 것에서 비롯된 것이다.

> 역에는 태극이 있다. 태극에서 양의가 생하고, 양의에서 사상이 생하게 된다. 그리고 사상에서 팔괘가 생한다.[19]

易에서부터 우주 간에 끊임없는 변화와 생성이 비롯됨을 설명한다. 즉 양의·사상·팔괘는 만물의 창화 과정을 의미하는 것이고, 또 이것은 우주만유의 '生生不已'에 대한 변할 수 없는 법칙으로 설명하여 우주론의 형성을 체계화한 것이다. 따라서 '태극'을 통해서 우주론이 전개되어 비로소 천지와 자연의 신비한 효과를 볼 수 있게 된 것이다. 그러면 '태극'에 대해서 학자들은 어떻게 분석했는지를 검토해 보자.

---

17) 『朱子文集』, 卷38 「答黃叔張」, "太極西銘諸說 亦皆積數十年之功 無一字出於私意."

18) 『朱子文集』, 卷82 「題太極西銘解義」, "始予作太極西銘二解 未嘗敢出以示人也 近見儒者多議兩書之失(二陸及林栗) 或乃未通其文義而妄肆詆詞 予竊悼焉 因出此解以示學徒 使廣其傳 庶幾讀者由辭以得意 而知其未可以輕議也."

19) 『周易』, 「繫辭」11章, "易有太極 是生兩儀 兩儀生四象 四象生八卦."

1) 韓康伯: '유'는 반드시 '무'에서 비롯된다. 그러므로 '태극'이 양의'를 생한다. '태극'이란 어떤 것이라고 일컬을 수 없는 것을 지칭한 것으로 이름을 지어 부를 수 있는 것은 아니다.[20]

2) 孔穎達: '태극'은 천지가 아직 나누어지기 전에 으뜸이 되는 기운이 한 덩어리로 섞여 있는 것으로 이는 곧 '태초' 혹은 '太一'이다.[21]

3) 邵康節: ① 마음은 태극이 되고 道도 태극이 된다.[22] ② 섞여 일체로 이루어진 것을 일컬어 태극이라 한다.[23] ③ 태극은 하나이다.[24]

4) 張橫渠: 둘이 있은즉 하나도 있다. 이것이 태극이다……. 하나의 物이면서 두 몸이다. 그것은 태극을 일컫는 것이 아닌가?[25]

5) 朱子: '역'은 음양의 변화이며, '태극'은 그 理이다.[26]

이처럼 태극에 관한 서로 다른 해석으로 인해서 이에 관한 정의가 또한 용이하지 않은 것이 사실이다. 그러나 설명한 바와 같이 '태극'을 우주만물의 千變萬化의 이치로 보았다는 견해에 있어서는 서로 일치된 입장을 보이고 있다.

다음으로 '무극'이란 말이 사용된 전례를 살펴보면 아래와 같다.

1) (적의 여인을 왕후로 모시면) 여자의 性情(德)은 방자해져서 그칠 줄 모르고(無極), (총애를 잃은) 여자는 원망함(婦怨)이 끝이 없다.[27]

---

20) 『周易正義』, 「繫辭」11章, 註, "夫有必始於無 故太極生兩儀也 太極者 無稱之稱 不可得而名."

21) 『周易正義』, 「繫辭」11章, "太極未分之前 元氣混而爲一 卽是太初太一也."

22) 『皇極經世書』, 「觀物外篇上」, "心爲太極 道爲太極."

23) 上揭書, 「觀物內篇」, "混成一體 謂之太極."

24) 上揭書, 「觀物外篇下」, "太極一也."

25) 張橫渠, 『易說』, 卷3. "有兩則有一 是太極也. …… 一物而兩體 其太極之謂歟."

26) 『周易大典』, 「繫辭本義」, "易者 陰陽之變 太極者 其理也."

178

2) 河漢(은하수)처럼 끝이 없다.[28]

3) '無極' 밖에 또 다른 '無極'이 없으며, '無盡' 가운데 더한 '無盡'함이 없다.[29]

4) '無窮'함을 연구하여 '無極'함을 따르려 한다.[30]

주렴계도 우주만유의 생성변화에 있어서는 상술한 내용과 유사하다. 그러나 주렴계의 『태극도설』은 송대 성리학 우주 본체론에 지대한 영향을 주었지만, 또 여러 가지 논의의 단초를 제공하였다. 먼저 『태극도설』이 주렴계의 작품이냐 작품이 아니냐의 문제는 『태극도설』의 철학적 입장으로 규정짓는 데 중요한 잣대가 되는 동시에 또 도·불학을 배척하는 이론 확립에 결정적인 조건이 된다. 이런 문제 때문에 종국에는 주자와 육상산의 논변이 전개되는 장이 되었다.

주자와 육상산은 학문의 근간을 리학과 심학으로 주장하여 학술적 논변을 더욱 심도 있게 전개하였다. 즉 송명 리학과 심학은 주자와 상산이 鵝湖會談과 白鹿洞書院에서의 두 차례 회담과 수회에 걸친 학술적 논변을 통해서 철학적 이론이 전개되었다.

아호회담은 1175년(淳熙 2년, 주자 46세. 상산 37세)에 信州 鵝湖寺에서 열렸다. 이 모임은 여조겸의 주선으로 朱·陸 양자의 의견을 조정할 목적으로 열린 것이나, 오히려 두 사람의 학문하는 방법의 차이만 뚜렷하게 나타내었을 뿐이다. 따라서 아호회담에서는 단지 양자의 근본 취지가 서로 다름을 확인하였을 뿐, 『태극도설』의 '無極而太極'을

---

27) 『春秋左氏傳』, 「僖公24」, "女德無極 婦怨無終."
28) 『莊子』, 「逍遙遊」, "猶河漢而無極."
29) 『列子』, 「湯問」, "無極之外 復無無極 無盡之中 復無無盡"
30) 『荀子』, 「修身」, "將以窮無窮 遂無極與."

변론할 때처럼 정면으로 이론적 충돌이 일어나지는 않았다.[31]

　제2차 회담은 1181년(순희 8년. 주자 52세. 상산 43세)에 南康이라는 고을에서 이루어졌다. 상산이 주자를 방문하였고 주자는 상산을 초청하여 白鹿洞書院의 講席에 오를 것을 청하였다. 상산이 논어의 "군자는 의리에 밝고 소인은 이익에 밝다."[32]는 장구 일장의 강론이 끝난 후 주자는 상산을 크게 칭찬하였다.[33] 이때 주자와 육상산의 종지는 비록 합치되지 않았다 하더라도 아직 서로의 이론에 대한 논적이 될 뜻은 없었다. 그런데 문제는 1187년(주자 58세. 상산 49세)부터 시작된 두 사람 사이의 왕복 서신에 있었다. 이는 바로 주렴계의『태극도설』속에 '무극이태극'이라는 '무극'의 개념에 대한 정의 때문에 논변이 발단이 된 것이다.

　육상산은『태극도설』과『통서』의 내용이 서로 유사하지 않다는 이유를 들어 이는 타인의 소작이거나 아니면『통서』를 쓰기 전의 소작일 것이라는 회의를 가졌다.『통서』,「理性命章」의 '一'과 '中'은 태극을 가리키는 것이나, 태극 앞에 무극이란 말을 첨가한 곳이 한 군데도 없음을 간과하지 않은 것이다. 또한「動靜章」에서 오행과 음양 그리고 태극을 설명하면서 '무극'이란 말은 한 군데도 찾을 수 없다는 점에서 상산은『태극도설』과『통서』의 작자는 서로 다르다고 본 것이다.

　이와 같이 서로 다른 문제의식을 갖고 상산은 주렴계를 두둔한 주자와 격렬한 논변을 벌인 것이 바로 '무극이태극'에 대한 변론이다.

---

31) 勞思光,『中國哲學史』, 宋·明篇, 鄭仁在역. 426面.

32)『論語』,「里仁」16章. "君子 喩於義 小人 喩於利."

33)『象山全集』, 卷36,「年譜 淳熙8年 辛丑條」, "乃請先生登白鹿洞書院講度
　　先生講君子喩於義 小人喩於利一章畢 乃離席言曰 熹當與諸生共守 以無忘
　　陸先生之訓."

180

2. 朱・陸論辯의 主題

1) 無極而太極論

'무극이태극'에 대한 논변은 주자 나이 43세 때『西銘解』를 짓고, 44세 때『태극도설해』를 저술하고 난 뒤 陸九韶가 이의를 제기함으로부터 시작된다. 그 뒤에 상산이 그의 형 육구소를 이어서 주자와 '무극이태극'의 격렬한 논변을 1187~1189년 사이에 전개되었다.

앞서 설명한 바와 같이 朱・陸 논변은『태극도설』의 '무극'이라는 두 글자에 대한 해석상의 문제에서 발단한 것이다. 상산의 형 육구소는 "『태극도설』은『통서』와 같지 않으니, 이것은 아마 주렴계가 지은 것이 아니다. 통서에는 전혀 무극이란 말이 없다."[34]는 의문을 제기한 데서 연유한다. 이에 대해서 주자는 "周 先生의 뜻은 학자들이 태극을 개별의 한 物로 오해할까 하여 무극이라는 두 자를 드러내어 이를 규명한 것이다."[35]라고 주렴계의『태극도설』을 적극적으로 변호하였다. 즉 주자는 주렴계가 '무극'을 말하여 '태극'의 개념을 더욱 밝게 드러내고자 한 것이라고 생각한 것이다. 주자와 육구소의 논변이 시작되자 육상산은 형의 이론을 계승하여 주자에게 구체적인 이론을 제시함으로써 朱・陸논변은 격렬하게 되었다. 그러면 상산이 주자에게 제시한 이론을 통해서 朱・陸論辯이 어떻게 전개되었는지 구체적으로 살펴보기로 하자.

---

34) 『象山全集』, 卷2 「與朱元晦書」, "太極圖說　與通書不類　疑非周子所爲. …… 通書則全無無極之語."

35) 『朱子文集』, 卷36 「答陸子美書」, "周先生之意　恐學者　錯認太極　別爲一物　故著無極二字以明之."

태극이란 실제로 있는 理로서 성인이 이를 발명하였을 뿐이다. ……
『주역』大傳에서 易의 태극에는 실제로 이 理가 있고, 성인이 좇아서 발
명했을 뿐이다. 지금 無라고 한 것은 무엇인가?…… 무극이라는 두 자는
『노자』의 「知其雄章」에서 나온 것으로 우리 성인의 글(周易)에는 없는
것이다. …… 내가 생각하기에 尊兄은 태극의 실제의 理를 보지 못하였
다고 본다. 만약 태극의 理를 실제로 보았다면 上面에다 굳이 무극이라
는 두 글자를 덧붙일 필요가 없을 것이다. 「계사전」에서는 '신은 無方하
다' 하였으나 '無神'이라고는 하지 않았으며 '易은 無體하다' 하였으나
'無易'이라고는 하지 아니하였다. 노자는 '無'로써 천지의 '始'를 삼고 '有'
로써 만물의 '母'를 삼았다. 그런데 上面에다가 '無' 자를 덧붙인다면 이
는 바로 노자의 학설이다.[36]

상산은 무극과 태극을 二分의 방법으로 파악하여 우주의 實理로서
태극이면 족하므로 그 위에 무극을 덧붙일 필요가 없다고 생각하였다.
그리고 무를 유의 上面에다 둔 것은 무에서 유가 생한다는 노자의 학
설과 같이 무극으로부터 태극이 나오는 것으로 설명하였다. 따라서 상
산은 무극과 태극의 내용이 동일하지 않은 것으로 파악하여 무극을
무의미한 것으로 보았다.

노자는 무위로 천지의 시초를 삼고 유위로 만물의 어미를 삼으며,
常無로 오묘함을 살피고 常有로 생성하는 궁극적인 본원을 본다. 그
러므로 무자를 가지고 태극 위에다 쌓아 놓은 것은 바로 노자의 학문
이다. 어찌 숨길 수 있겠는가? ……『중용』에서 말하기를 "중은 천하

---

36)『象山全集』, 卷2 「與朱元晦書」, "太極者 實有是理 聖人從而發明之耳.
…… 易大傳曰 易有太極 聖人言有 今乃言無何也…… 無極二字 出於老子
知其雄章 吾聖人之書所無有也……. 竊謂尊兄 未曾見太極 若實見太極 上
面心不更加無極字……. 繫辭言神無方矣 豈可言無神 言易無體矣 豈可言無
易 老氏以無爲天地之始 以有爲萬物之母……直將無字搭在上面 正是老氏
之學."

의 큰 근본이요, 화는 천하의 통달한 도이다. 중화를 이루면 천지가 자리 잡고 만물이 길러진다."고 하였으니 이 이치는 지극한 것이다. 이 밖에 어찌 다시 태극이 있겠는가? …… 곧바로 음양을 形器라 하여 도가 될 수 없다고 한다면, 이것은 더욱 감히 알아들을 수 없다. 易의 도란 일음일양일 뿐이다. 先後·始終·動靜·晦明·上下·進退·往來·闔闢·盈虛·消長·尊卑·貴賤·表裏·向背·順逆·存亡·得失·行藏 어느 것이나 마땅히 일음일양 아닌 것이 있는가?[37]

'무극이태극'을 『노자』 1장의 "무를 천지의 시초라 이름하고 유는 만물의 어미라고 이름한다. 그러므로 常無에서 그 미묘함을 보고자 하며 常有에서 그 궁극적인 본원을 보려 한다."[38]와 같은 생성의 논리로서 본 것이다. 따라서 무극은 무이고 태극은 유이며 무에서 그 근원의 시작인 유가 나왔으므로[39] 무가 최종의 시원자가 된다. 그러므로 '무극이태극'에 관하여 상산은 그것이 노자의 학문에서 연원된 것이지 유가의 본래적인 것에서 연원된 것이 아니라고 보았다. 이것을 주장하는 당위성을 육상산은 다음과 같이 설명하였다.

주자는 주렴계가 穆修(字, 伯長)에게서 태극도를 얻었다고 일컫는다. 백장은 陳搏(字, 希夷)에게서 나온 것을 전한 것으로 그것을 상고

---

37) 『象山全集』, 卷12 「與朱元晦」, "老氏以無爲 天地之始 以有爲萬物之母 以常無 觀妙 以常有 觀徼 直將無字 搭在上面 正是老氏之學 豈可諱也…… 中庸曰 中也者 天下之大本也 和也者 天下之達道也 致中和 天地位焉 萬物育焉 此理至矣 外此豈更復有太極哉……直以陰陽 爲形器 而不得爲道 此尤不敢聞命 易之爲道一陰一陽而已 先後 始終 動靜 晦明 上下 進退 往來 闔闢 盈虛 消長 尊卑 貴賤 表裏 向背 順逆 存亡 得喪 出入 行藏 何適而非一陰一陽哉"

38) 『老子』, 1章, "無名天地之始 有名萬物之母 故常無欲以觀其妙 常有欲以觀其徼"

39) 『老子』, 40章, "天下萬物 生於有 有生於無"

해 보면 진단의 학문이 반드시 노자의 학문이라는 것을 알 수 있다.
'무극' 두 자는 『노자』의 「知其雄章」에서 나온 것으로 우리 성인의 글
에는 있지도 아니하다. 『노자』의 머릿장에서 말하기를 무는 천지의
시초를 이름하고 유는 만물의 어미를 이름하니 끝내는 동일한 것이
다. 이것이 노자의 종지이고, '무극이태극'은 곧 이러한 종지이다.[40]

육상산은 주자가 말한 주렴계의 『태극도』를 伯長에게서 얻었고, 백
장은 陳希夷에게 전하여 받았으니, 결국 진희이의 학문은 노자의 학문
을 지칭한 것으로 이해했다. 또 '무극이태극'도 『노자』 머릿장의 "無名
天地之始 有名萬物之母"의 뜻과 동일한 것으로 이해하여 노자 학문의
종지라고 본 것이다.

그러나 주자는 상산의 이러한 견해를 단호히 배격하였다. 주자는
무극의 無 字는 노자의 무와는 그 의미가 같지 않은 것으로 보았다.
노자의 무는 '復歸於無極'한다는 말이며, 이 무극은 무궁하다는 뜻으로
서 莊生이 무궁의 문에 들어가서 무극의 들에서 소요한다는 뜻이므로
주렴계의 무극괴는 다르다[41]는 것으로 해석하였다. 또 주자는 나아가
서 상산이 '무극이태극'을 유가의 종지가 아니고 도가의 말이라고 배
척한 데 대해서 그 잘못된 관점을 다음과 같이 지적하였다.

불행히도 우리가 말하는 바의 이치라는 것은 혹 다만 한 개인의
사사로운 견해에서 나온 것이라면, 아마도 그 취하고 버리는 바를 가

---

40) 『象山全集』, 卷2 「與朱元晦」, "朱子發謂濂溪得太極圖於伯長 伯長之傳出
於陳希夷 其必有考 希夷之學 老氏之學也 無極二字出於老子知其雄章 吾
聖人之書所無有也 老子首章言 無名天地之始 有名萬物之母 而卒同之 此
老氏之宗旨也 無極而太極 卽是此旨."

41) 『朱子文集』, 券36 「答陸子靜」, "老子有復歸於無極之語 無極者無窮之義
如莊生之入於無窮之門 以遊於無極之野 云爾非若周子所信之義也."

지고 여러 사람들이 하는 말을 절충하는 잣대로 삼기는 부족할 것이다. 하물며 이치를 이미 밝게 알지도 못했다면 다른 사람들에게 말하는 것은 아마도 또한 그 뜻을 다 이해하지 못함이 있음을 면하지 못할 것이다. 또 어찌하여 갑자기 고서를 믿는 것이 부족하다 하여 물리치고 가슴에서 판단하는 대로 내맡길 수가 있겠는가?

보내주신 편지에서 무극과 태극의 구분에 대하여 반복하여 상세하게 말하였다. 그런데 내가 살펴보건대 "복희 씨가 『역』을 지을 때 일획 이하로부터 했고", "문왕이 『역』을 연역할 때 건원 이하로부터 했으나", 모두 일찍이 태극은 말하지는 않았으나 공자가 이것을 말한 것이다. 공자가 『역』 찬술할 때 태극 이하로부터 했으나 일찍이 무극을 말한 적은 없었는데, 주렴계가 말한 것이다. 무릇 先聖과 後聖이 어찌 똑같은 조리를 한가지로 일관되게 하지 않았겠는가 !

만약 여기에서 태극의 참된 실체를 환하게 보았다면, 태극을 말하지 않아도 모자란 자가 아니고 말을 해도 뛰어난 자가 아니라는 사실을 알 것이다. 어찌 이와 같이 분분한 지경에 이를 수 있겠는가?[42]

주자는 어떤 일을 처리할 때 어느 한 경향으로 치우치거나 한쪽 경향을 가진 사람들과의 입장을 같이하는 것을 피하고, 다양한 여러 경향들을 조화시키며, 입장이 다른 사람들 간에 절충과 조화를 진행시켜야 함을 강조하였다. 그 예로 경서를 든 것이다. 즉 복희의 作易, 문왕의 演易은 건원으로부터 시작하였고, 공자의 贊易에 비로소 태극이 등장하였으나 무극은 없었고, 주렴계가 이와 같은 이론을 전수하여 드디

---

42) 『朱子文集』, 券36 「答陸子靜」, "不幸而吾之所謂理者 或但出于一己之私見 則恐其所取舍 未足以爲群言之折衷也 況理旣未明 則于人之言 恐亦未免有 未盡其意者 又安可以遽絀古書爲不足信 而直任胸臆之所裁乎 來書反復其 于無極太極之辯詳矣 然以熹觀之 伏義作易 自一劃以下 文王演易 自乾元 以下 皆未嘗言太極也 而孔子言之 孔子贊易 自太極以下 未嘗言無極也 未 先聖後聖 豈不同條而貫哉 若於此有以灼然實見本極之眞體 則知不言 不爲 少 而言之者 不爲多矣 何至若此之紛紛哉"

어 무극을 말하였으니, 이것은 전체를 일관하는 큰 뜻에서 파악하여 논리의 일관성을 보이고 있는 것이라고 주자는 주장한다. 따라서 주렴계가 말한 '무극이태극'은 선성을 이어 天道를 표현하고 있는 것으로 보았다. 그러므로 '무극이태극'을 '無形而有理'로서 파악한 주자는 당시 도가의 '自無極而爲太極' 또는 '無極生太極'과 같은 생성론적 견해를 단호히 배격한 것이다. 주자는 일찍이 『再定太極通書後序』43)에서 『宋史』, 「濂溪傳」 가운데 실린 '自無極而爲太極'이라는 '自', '爲' 두 글자의 잘못됨을 변호하였다. 상산이 『宋史』, 「濂溪傳」 중에 '自', '爲' 두 자가 있는 것을 근거로 하여 태극이 무극에서 왔다고 함은 잘못된 해석이라고44) 한 것에 대해 이의를 제기한 것이다.

　　노자의 "무극으로 다시 돌아간다."고 하니, 그 무극이라는 말은 곧 '무궁'이라는 뜻이다. 마치 장자가 "무궁한 문으로 들어가서 무극의 들에서 노닌다"고 일컬은 것과 같은 것뿐이다. (이것은) 주렴계가 말하고자 하는 뜻과는 같지 않다. (그런데) 지금 이것을 인용해서 주렴계가 말한 것이 실지로 여기저기서부터 나왔다고 하니, 이것은 또한 이치가 분명하지 못하여 능히 다른 사람의 말하는 뜻을 다하지 못함이 있는 것이다. 당신의 고명한 학문이 바야흐로 바깥에서 지나치게 나와서 진실로 세간에서 말하는 언어를 논하거나 의견 등을 측량하고 헤아림이 쉽지 않다.45)

---

43) 『朱子文集』, 卷76.

44) 蔡茂松, 『退溪·栗谷哲學의 比較研究』, 成大出版部, 1985, 22面.

45) 『朱子文集』, 卷36 「答陸子靜」, "老子復歸於無極 無極乃無窮之義 如莊生 入無窮之門 以遊無極之野云爾 非若周子所言之意也 今乃引之 而謂周子之 言 實出乎彼 此又理有未明 而不能盡乎人言之意者 高明之學 超出方外 固 未易以世間言語 論量 意見測度."

‘自’와 ‘爲’로서 본다면 ‘무극이태극’이 곧 도가의 ‘有生於無’와 같게 된다. 이처럼 ‘무극이태극’을 생성론적으로 파악하면 태극은 대상적 존재인 一氣가 되어 무극의 기로부터 생기는 것이 된다. 따라서 태극의 초월성은 상산에 의하여 철저히 부정되어 버린 것이다.

그러나 명나라 曹端(號, 月川. 1376~1434)은 그의 『太極圖說集解』序에서 주자만이 태극의 理로서 근본 의미를 알아냈다 하여 상산의 견해에 대해서 다음과 같이 비판하였다. “圖說의 머리 구절에 ‘自無極而太極’을 첨가한 것은 노장의 계통이고, 또 태극 위에 무극 두 글자를 붙여서는 안 된다고 한 것은 주렴계의 理가 음양을 떠나지 않으면서 음양에 혼잡되지 않는다는 뜻을 모르는 것이다. 역시 주자만이 그 뜻을 알아 그것을 經으로 높여 주석을 붙였다. 지당하고 歸一되는 설이다.”[46] 라고 극찬하였다. 주자는 이처럼 ‘무극이태극’의 理는 음양과 不離不雜의 관계로 一而二이면서 二而一의 관계로 태극에 대한 유학 본원의 의미로 설명하고자 한 것이다.

> 도체의 지극한 것을 말하면 그것을 태극이라 하고 태극이 유행하는 것을 말하면 그것을 도라 한다. 비록 두 가지 이름은 있으나 애초에 兩體는 없다. 周子가 그것을 이른바 무극이라고 한 까닭은 바로 그것이 방소도 없고 형상도 없기 때문이다. 그래서 사물이 없었던 이전에도 있었지만 사물이 있고 난 뒤에도 서지 않음이 없는 것이다. 음양의 밖에 있으나 음양 가운데서 행해지지 않음이 없다고 생각한다. 전체에 관통하여 어디에나 있지 않은 데가 없으니, 또한 애초에 소리나 그림자 또는 메아리로써 말할 수 있는 것이 아니다.[47]

---

46) 錢穆, 『朱子新學案』, 卷1. “自無極而太極 則亦老莊之流 有謂太極上不當加無極二字者 則又不知周子理不離乎陰陽 不離乎陰陽之旨矣 亦惟朱子克究厥旨 遂尊以爲經 而註解之 眞至當歸一之說也.” 280面에서 재인용.

47) 『朱子文集』, 卷36 「答陸子靜」, “語道體之至極 則謂之太極 語太極之流行

육상산에게 답한 이 글 속에서 주자는 무극의 개념을 지극한 理로서 태극의 개념을 묘사해 주는 것으로 스스로 독립적인 지위를 견지하면서도 전체에 통관하고 있음을 주장하였다. 즉 주렴계가 무극을 말함으로써 무극이 空寂에 흐르지 않고 능히 萬化의 근본임을 밝혀 주었다고 주자는 명시한 것이다. 따라서 전체에 관통하는 이 理는 개물 속에도 관통하여 화생변화를 시켜 주는 주체가 된다고 설명하여 무극의 개념을 태극과의 상관성에서 이해한 것이다.

> (주렴계가) 그것을 토대로 '무극'이라 한 것은 天의 無聲無臭의 妙를 드러내려고 한 것이다. 그러나 '무극이태극'이라 할 때 태극은 본래 무극이므로 무극의 뒤에 별도로 태극을 낳는다든가 태극 위에 앞서서 무극이 있다든가 하는 것은 아니다.[48]

주렴게가 '무극이태극'이라 하여 무극으로 태극을 해석한 깃은 태극의 형이상학적인 본체를 설명한 것으로 본 것이다. 주자는 무극에서 태극이 나온다든지 태극 앞에 무극이 먼저 존재한다든가 하지 않고, '무극이태극'의 本義에서 '無形而有理'로서 태극이 無聲無臭의 妙임을 나타낸 것이다. 따라서 접속사 '而' 자는 태극의 위와 같은 근거의 理의 성격을 말하여 주고 있는 것이다.[49] 그러므로 주자는 "무극이태극이고 단지 형상은 없고 理만 있는 것을 의미한다."[50]고 하였다. 이와

則謂之道　雖有二名　初無兩體　周子所以謂之無極　正以其無方所　無形狀　以爲在無物之前　而未嘗不立於有物之後　而爲在陰陽之外　而未嘗不行乎陰陽之中　以爲通貫全體　無乎不在　則又初無聲臭影響之可言也."

48) 『朱子文集』, 卷36 「答陸子靜」, "又謂之無極者　所以著夫無聲無臭之妙也　然曰　無極而太極　太極本無極　則非無極之後　別生太極　而太極之上　先有無極也."

49) 柳承國, 『東洋哲學研究』, 槿域書齋, 183, 189面.

같이 태극이라고 하고 무극이라고 함은 단지 一理의 두 가지 이름에 불과하다.

이와 같이 주자가 말하는 '무극이태극'의 무극과 노자의 '復歸於無極' 및 장자의 '以游無極之野' 가운데의 무극과는 결코 동일시될 수 없는 개념이라 할 수 있다. 이처럼 주자는 무극과 태극을 각각 無形과 有理로 보아 무극을 태극의 개념에 결부시킨 것이다. 그러므로 위에서 살펴본 바와 같이 노자의 『도덕경』 속에 보이는 무극은 다음과 같은 의미로 쓰여 있음을 알 수 있다.

常德이 어긋남이 없으면 다시 '무극'으로 돌아간다.[51]

이것을 하상공은 "德이 差忒함이 없으면 長生久壽하게 되어 궁극함이 없는 데로 다시 돌아간다"[52] 라고 설명하였고, 王道[53]는 "무극은 공허함을 말한 것이다"[54] 라고 해석하였다. 여기서 말하는 무극은 장생불사의 무한한 경지로 돌아간다는 의미로 쓰인 것을 볼 수 있다. 즉 무궁한 자연으로 다시 돌아간다는 말로 무극은 궁극함이 없다는 무궁하다는 것으로 쓰인 것이지 '有生於無'라고 한 '無'와 그 성격이 같지 않음을 알 수 있다. 그러므로 위에서 살펴본 바와 같이 노자와 장자가 말하는 무극은 무궁하다는 뜻으로 쓰여 있음을 볼 수 있다.

그러나 육상산은 이에 동의하지 않고 다시 極을 中으로 해석하여 무극이라는 개념을 부정한다. 상산은 極을 中으로 해석하여 주자의 이

---

50) 『朱子語類』, 卷94 「周子之書」, "無極而太極 只是說無形而有理."

51) 老子, 『道德經』, 20章, "常德不忒 復歸於無極."

52) 老子, 『道德經』, 20章 註, "德不差忒 則長生久壽 歸身於無窮極也."

53) 宋代의 학자로 道敎를 주로 연구하였음.

54) 『老子本義』, 24章 註, "無極 言其虛也."

론에 반기를 들어 다음과 같이 말하였다.

> 五가 九疇에서 중간에 해당되는데 이를 황극이라고 하였으니 이는 極
> 이 中의 개념으로 명명된 것이 아닌가? 인간은 천지의 中氣를 타고 태어
> 났는데『시경』에서는 "우리 백성을 자립하게 한 것은 爾가 極이 아님이
> 없다"고 하였으니 이것도 極이 中의 개념으로 명명된 것이 아닌가?[55]
> 極이란 中을 말하는 것이니 무극이라 표현한 것은 곧 無中이라 표
> 현하는 것과 동일하게 되므로 이는 결코 옳지 않은 것이다.[56]

곧 상산은 九疇에 五가 그 중간에 속하므로 황극이라고 명명된 것
으로 보아 황극의 極을 中의 개념으로 파악한다. 상산이 '中'이라고 해
석한 것은 '가치기준'이란 의미에서 황극의 의미로 본 것이다. 이것은
그가 태극의 초월성을 부정했기 때문에 이렇게 말할 수밖에 없었다.
그리하여 상산은 태극이라는 개념을 中의 뜻으로 보고 무극을 無中이
라는 의미로 해석하여 무극의 불필요성을 설명하고 있는 것이다.

> 『주역』의 大傳에 말하기를 "형이상자를 도라 한다."라고 하였다.
> 또 "一陰一陽을 道라고" 하였다. 일음일양이 이미 형이상자인데 하물
> 며 태극은?[57]

이와 같이 육상산은 초월적인 理를 부정하고 氣中에서 유동하는 理
를 인정한 것이다. 그러나 주자는 상산이 초월적인 理를 부정한 것에

---

55) 『象山全集』, 卷2 「與朱元晦書」, "五居九疇之中而曰皇極 豈非以其中而命
　　之乎 民受天地之中以生 而詩言 立我烝民 莫匪爾極 豈非以其中命之乎."
56) 『象山全集』, 卷2 「與朱元晦書」, "極字中也 言無極則言無中也 是奚可哉"
57) 『象山全集』, 卷2 「與朱元晦書」, "易之大傳曰 形而上者謂之道 又曰 一陰
　　一陽之謂道 一陰一陽 已是形而上者 況太極乎."

대해서 極을 지극의 의미로 해석하여 상산의 이론을 다시 비판하였다.

　　北極之極, 屋極之極, 皇極之極, 民極之極과 같은 것에 이르러서는 諸儒들이 비록 中이라 해석한 적이 있으나 이것은 대개 이러한 物의 極으로써 항상 이러한 물의 中에 있으므로 極 字를 가리켜서 中이라 해석한 것은 아니다. 그러므로 태극의 극 자는 지극일 따름이다.[58]
　　『주역』의 大傳의 태극이란 무엇인가? 그것은 兩儀·四象·八卦의 이치가 양의 사상 팔괘에 앞서 갖추어지고 그리고 양의 사상 팔괘 안에 絪縕(만물을 생성하는 원기가 왕성한 모양)한 것이다. 성인의 뜻은 바로 극진하고 지극히 함으로써 이름을 지어서 부를 수가 없어 다만 태극이라고 일컬은 것이다. 마치 천하의 지극한 것을 들어도 이것을 능가하는 것이 없다는 것과 같다. 처음부터 그 中을 가지고 命名한 것이 아니다.[59]

　주자는 이것을 이기관계로 설명하는 '離合看'의 원리로써 설명하였다. 따라서 위에서 말한 것처럼 태극을 '一而二', '二而一'의 상관성으로 해석한다. 그러나 육상산의 입장은 理의 형이상학적 성격을 인정하지 않고 단순히 合看의 입장으로 분석적인 입장만 본 것이다. 그러므로 음양오행의 氣가 中正을 얻은 것 그대로를 極이라고 命名했던 것이다. 이것은 理의 내재성은 인정하되 초월성은 부정하는 것이다. 따라서 상산이 無를 말할 때 그 無가 절대적인 無가 아니고 상대적인 無를 말하는 것으로도 입증이 된다. 상산이 말하기를 "이 理는 분명

---

58) 『朱子文集』, 券36 「答陸子靜」, "至如北極之極 屋極之極 皇極之極 民極之極 諸儒雖有解爲中者 蓋以此物之極 常在此物之以中 非指極者而訓之以中也 極字 至極而已."

59) 『朱子文集』, 券36 「答陸子靜」, "且夫大傳之太極者何也 則兩儀四象八卦之理 具於三者之善 而縕於三者之內者也 聖人之意 正以其究境至極 無名可名 故特謂之太極 猶曰 擧天下之至極 無以加此云爾 初不以其中而命之也."

우주에 있는 것이므로 어찌 無라고 말하겠는가? 만약 無라고 말한다면 임금은 임금이 되지 못하고 아버지는 아버지가 되지 못하고 아들은 아들이 되지 못한다."[60]라고 하여 이 無는 무극의 초월적인 의미와는 거리가 있음을 알 수 있다.

주자는 또 육상산이 『詩經』의 "立我烝民 莫匪爾極"에서 極을 中의 개념으로 命名한 것에 대해서 다음과 같은 논리로 반박하였다.

'極'이란 '理'의 지극함을 이름한 것이다. …… 皇極의 極이나 民極의 極은 이에 표준이라는 뜻을 가리킨다. …… 그것이 中으로 命名이 된 것은 아니며, 우리 백성을 살게 했다는 立 字와 粒 字는 통용되는 것으로서, 즉 『서경』[61]에서 "백성들이 쌀을 먹게 되었다"고 한 것과 같은 것이며, 爾의 極이 아님이 없다는 爾도 后稷[62]을 가리킨 말이다. 말하자면 우리 백성들로 하여금 모두 쌀을 먹게 한 것은 爾인 후직이 농사지은 쌀의 혜택이 아닌 것이 없는 것이다. 爾 字는 천지를 가리킨 것이 아니고, 또한 極 字도 타고난 바의 中을 가리킨 것이 아니다.[63]

상산이 태극을 사물과 사건, 삶의 중심 성격인 中으로 보는 데 반해서, 주자는 中이 중심을 의미하는 것이 아니라 바로 사물과 사건, 삶의 지극하다는 의미로 생각하였다. 그리고 極을

---

60) 『象山全集』, 卷2 「與朱元晦」, "此理 乃宇宙之所固有 豈可言無 若以爲無 則君不君 臣不臣 父不父 子不子矣."
61) 『虞書』, 「益稷篇」 가리킴.
62) 고대의 농사를 맡은 관명으로 주 문왕의 선조인 棄의 異稱.
63) 『朱子文集』, 卷36 「答陸子靜」, "極 是名此理之至極 …… 若皇極之極 民極之極 乃爲標準之意……以其中而命之也 立我烝民 立與粒通 即書所謂烝民乃粒 莫非爾極 則爾指后稷而言 蓋曰使我衆人 皆得粒食 莫非爾后稷之所立者是望耳 不指天地極字 亦非指所受之中."

> 본래 極이란 이름을 명명한 것은 樞紐라는 뜻을 취한 것이다. 성인
> 이 태극이라고 말한 것은 천지만물의 뿌리를 가리키려고 한 것이다.[64]

주자는 極을 樞紐의 뜻을 취하여 천지만물의 뿌리로 말한 것이지만, 상산은 형이상자를 道라 하고 일음일양을 道라 하여 태극과 음양을 모두 형이상자로 본다.[65] 이와 같이 상산은 태극과 음양을 별개의 것으로 규정하지 않음으로써 태극의 내재성은 인정하지만 태극의 형이상학적인 초월성은 부정하고 있는 것이다. 그러나 주자는 사물상에서는 極을 中이라고 할 수도 있으나 형이상학적인 본체에 있어서 極은 至極일 따름이라고 단정함으로써 태극을 순수한 본체로서의 형이상학적인 원리임을 내세우고 있음을 알 수 있다. 따라서 주자는 "皇極之極 民極之極 乃爲標準之意"[66]라 하여 표준이란 인륜상도의 근본을 의미하기도 한다. 이것은 주자가 태극을 우주 만물의 근원일 뿐만 아니라, 또한 인륜의 상도이기 때문에 至極之極은 標準之義도 겸해 있다는 것을 자각한 것이다.[67] 그러므로 태극은 至極之理인 우주의 원리와 標準之義인 인간덕성 표준의 근거가 됨을 주자는 설명한 것이다.

또한 『주역』, 「계사전」11장에 있는 "易有太極 是生兩儀"에서 易은 變易의 원리로 설명된다[68]고 보았다. 태극은 변화하게 하는 근원자이

---

64) 上揭書, 卷45 「答楊子直」, "原極之所以得名 蓋取樞紐之義 聖人謂之太極者 所以指夫天地萬物之根也."

65) 『象山全集』, 卷2 「與朱元晦」, "形而上者謂之道 又曰一陰一陽之謂道 一陰一陽已是形而上者 況太極平."

66) 『朱子文集』, 卷36 「答陸子靜」.

67) 『朱子文集』, 卷36 「答陸子靜」, "至極之極而兼有標準之義"

68) 『周易』, 「咸卦, 象辭」, "天地感而 萬物化生."
　　　『周易』, 「繫辭傳上」, "生生之謂易."
　　　『周易』, 「繫辭傳下」, "天地之大德曰生."

고, 是는 이러한 태극을 의미한다. 또한 양의는 바로 태극이 변화한 형상이 음양으로 드러난 것을 일컫는다. 그러므로 태극은 모든 것을 변화하게 하는 시원자로서 음양이라는 현상을 나타나게 해 주는 원동자이다.[69] 이러한 이해를 주자는 다음과 같이 설명하였다.

> 태극은 형이상의 道요, 음양은 형이하의 器이다. 이 때문에 그 나타난 것으로부터 관찰하면 동정의 때가 동일하지 않고 음양의 자리가 동일하지 않아도 태극이 있지 않음이 없다. 그 은미한 것으로부터 관찰하면 공허하고 광막해서 조짐이 없어도 동정 음양의 理가 이미 모두 그 가운데 갖추어져 있다.[70]

현상적인 면에서 살펴보면 動할 때와 靜할 때가 다르지만, 그 이면에서 보면 동정음양에서 시간이라는 제약성이 없어진다. 동정의 시간적 제약성이 없다는 것은 공허하고 광막해서 조짐이 없다는 이유다. 시간적으로 동과 정이 있다는 것은 우주 만상의 변화 속에 氣가 있다고 본 것이다. 동정은 氣요, 동정하게 하는 소이연을 理라고 하여 理를 氣보다 우위에 놓는 것을 알 수 있다. 태극에는 동정하는 理가 있고, 氣는 이 理를 원리로 하여 동정하게 되는 소이이다. 동하게 하고 정하게 하는 것은 음양 안의 氣의 일이다. 따라서 일음일양하는 道를 통해서 동정의 생성소멸이 끝없이 순환 유지되는 '生生不已'가 계속되는 것을 주자는 말하고 있는 것이다.

그러나 풍우란은 상산의 견해에 동의하여 "太極 動而生陽 靜而生陰"이라고 한 말은 주자의 계통에서는 통하지 않는 이론이라고 보았

---

69) 周濂溪, 『太極圖說』, "太極 動而生陽 靜而生陰."
70) 『太極圖說』註, 「濂溪集」卷1. "太極形而上之道也 陰陽形而下之器也 是以自其著者而觀之則 動靜不同時 陰陽不同位 而太極無不在焉 自其微者而觀之則 沖漠無朕 而動靜陰陽之理 已悉具於其中矣."

다. 풍우란에 의하면 주자의 계통에서는 단지 '태극'에 動하는 '理'가 있으므로 '氣'가 動하여 양기가 되고, '태극'에 靜하는 理가 있으므로 氣가 靜하여 음기가 된다고 보았다. 그러므로 주렴계가 말한 태극은 주자의 계통에 의거해서 말한다면 이는 형이하자이다. 따라서 주렴계가 말한 '무극이태극'은 사실상 노자 『도덕경』의 "천지만물은 有에서 생하고, 그 有는 無에서 생한다."[71]는 설로 보았다. 즉 태극에는 동정의 理가 상대적으로 존재하여 양기와 음기로 분변되어 결국 태극은 '理'에 의하여 동정하는 형이하자로 본 것이다. 그러므로 주렴계가 '무극이태극'이라고 한 무극은 무의 의미로, 태극은 유의 의미로 생각한 것이다. 따라서 그는 '무극이태극'이라는 개념을 노자의 '有生於無'라는 개념으로 규정한 것이다.

그러나 상술한 바와 같이 주자가 태극을 理에 의한 동정으로 간주했는가의 문제는 다음의 설명에서 확연히 드러난다.

> "太極 動而生陽 靜而生陰"이라고 한 것은 動한 다음에야 바야흐로 陽이 생한다는 것은 아니다. 대개 動하는 것은 곧 陽이 있고, 靜한 다음에 음양이 있어서 이것이 확연히 양단이 되어 이러한 理가 먼저 있은 후에 음양이 있다는 것은 아니다. 단지 태극의 動은 곧 양이고 靜은 곧 음이다.[72]

위와 같이 주자는 태극에 동정하는 理가 상대적으로 존재한다고 생각하지는 않았다. 理 밖에 따로 무엇이 존재하여 음양을 생하는 것이 아니고 그것은 理의 작용이 동적인 것은 양, 정적인 것은 음이라고 규

---

71) 馮友蘭, 『中國哲學史』下, 13章. 907面.
72) 『朱子語類』, 卷94 「周子書 太極圖條」, "太極動而生陽 靜而生陰 非是動而
後有陽 靜而後有陰 截然爲兩端 先有此理而有彼也 只太極之動便是陽 靜
便是陰."

명한 것이다. 풍우란이 字句나 용어에 집착한 논리는 본래 주렴계의 진의를 잘못 파악한 데서 나온 것이다.[73] 태극은 만유의 근원적인 원리이며, 무극은 태극의 개념을 밝히기 위한 異名이라고 할 수 있다. 따라서 태극은 우주의 모든 근원적인 원리를 가리킨 말로써 그것은 형체나 냄새나 소리를 측량할 수 없기 때문에, 천지만물이 有에서 생한다든가 그 有가 無에서 생한다는 논리는 '소리가 없고 냄새가 없는 그 오묘함을 드러내기 위한 것', '형상만 없고 理만 있는 것'을 풍우란은 잘못 파악한 것이라 할 수 있다.

　상술한 朱・陸의 논변이 단지 방법상의 문제이지 이들이 추구한 목적은 같다고 보는 견해도 있다. 이러한 이론은 물론 부분적인 이해에서 나온 것이기는 하지만 설득력이 있다고 보인다. 즉 유학본원에서 볼 때 태극의 '極'은 단순히 상산의 말대로 '中'의 개념만 내포하고 있는 것도 아니며 주자의 말대로 '至'의 개념만도 아닌 이들 두 개념을 모두 포괄하고 있는 것이다. 그러므로 中과 極의 궁극적 개념은 서로 상통한다고 보아야 한다.[74] 육상산이 주장하는 中이라는 개념은 다만 외형적으로 極의 범위를 한정해 주는 위치개념일 뿐이라고 생각하였던 것이다. 그러나 상산이 주장하는 中의 본래의 뜻은 단지 외형적으로 極의 범위를 한정해 주는 위치개념만을 의미하는 것은 아니다. 희로애락이 발하지 않은 것을 中이라 하고, 발하여 절도에 맞는 것을 和라고 한다. 中은 천하의 큰 근본이요, 和는 천하의 통달한 道이다. 이와 같이 상산이 말하는 中의 의미 또한 極의 내포를 결정짓는 본질적 정의인 것이다. 즉 희로애락의 감정들이 아직 發하기 이전의 본연의 상태

---

73) 張在釪, 「太極의 槪念과 論辯의 再檢討」, 『민족문화』7집, 민족문화추진회, 1981, 125面.
74) 熊十力, 『續經示要』, 卷3, 51面.

이자 천하의 대본이 되는 우주의 본체[75]라고 생각할 수 있는 것이다.

그러나 '태극이무극'에 관한 주자의 입장은 태극이 천지만물의 근원이자 더 이상 추극할 수 없는 본원으로서 理의 극치임을 밝히고 있고, 무극은 無聲無臭한 진리의 묘리를 말하는 것으로서 태극의 개념이 형태가 없다는 의미를 설명하기 위하여 요청된 개념임을 밝히고 있다고 할 수 있다. 우주 만물은 모두 태극에 의해서 생성되는 까닭에[76] 태극은 '生生之理'가 되고, 또 일물마다 구유한 理로써 일물마다 각기 하나의 태극을 구유하고 있는 것이다.[77] 따라서 무극, 즉 태극은 一理의 異名을 말하는 이중적 성격을 지니고 있다고 볼 수 있다. 주자의 이러한 견해는 그가 송대 성리학을 이론 중심으로 전환시켜 집대성하는 정초가 되었다고 할 수 있다.

2) 尊德性과 道問學

위에서 논한 바와 같이 '무극이태극'의 논변뿐만 아니라 주자와 상산은 二程 이래의 송명이학을 서로가 다른 차원에서 이론을 체계화하였다. 특히 존덕성과 도문학은 공부방법론에서 양자의 사상을 분변할 때 제시되는 주된 개념으로 사용되어 후대에까지 그 영향을 미쳤다. 청대의 황종희는 朱・陸의 이와 같은 사상의 분변을 다음과 같이 이해하였다.

---

75) 장윤수, 「太極圖說에 관한 朱・陸論辯」, 『한국의 철학』, 제 19호, 경북대 퇴계연구소, 1991. 135면.

76) 『太極圖說解』, "造化之樞紐 品揮之根柢"

77) 『朱子語類』, 卷94 「周子之書」, "人人有一太極 物物有一太極."

육상산의 학문은 존덕성을 종지로 하여 "먼저 근본을 세우고 나면 하늘이 나에게 부여한 바가 작은 것에 의해 빼앗기지 않는다. 진정 본체를 밝히지 않고 밖으로 모색하려는 노력만을 한다면 이것은 근원이 없는 물과 같은 것이다"라고 하였다. 주희의 학문은 도문학을 주로 하여 "격물 궁리는 바로 성인의 경지로 들어가는 계단이다. 心이 옳다는 것을 믿고 오직 사색에만 몰두한다면 心의 작용을 섬기는 것이다"라고 하였다.[78]

이처럼 주자와 상산의 사상적 차이는 心에 대한 이해에 있다. 주자는 '心統性情'이라 하여 마음이 未發의 본성과 已發의 情을 포괄하는 것으로 보았다. 그러나 상산은 '심즉리'를 근거로 하여 본심을 心으로 본다. 주자는 주관인 나를 미발의 본성(理)에 정초시켜야 한다고 이해하여 미발의 理를 찾는 공부방법론으로 격물치지를 주장한다. 상산은 나를 이발의 마음에 근거하는 것으로 보아서 나의 능동성을 확립하는 것, 즉 나의 마음을 밝게 하는 방법론을 찾는다.

이와 같이 주자와 육상산은 학문방법에 대해서 서로 다른 의견을 제기한 것이다. 상산을 따라 아호사의 모임에 참석했던 朱亨道의 설명에서 보면 양자의 異見을 어느 정도 짐작할 수 있다.

鵝湖寺의 모임에서 교육방법을 논의하였다. 주희는 사람으로 하여금 폭넓게 보고 널리 살핀 후에 간략함으로 돌아가게 해야 한다고 주장했으며 육구연과 육구령은 먼저 사람의 본심을 밖에 드러낸 후에 두루 살피게 해야 한다고 했다. 주희는 육씨 형제의 사람을 가르치는 방법이 지나치게 간단하다고(太簡) 생각했으며, 육씨 형제는 주희의 방법이 지루한 것이라 생각했다. 이러한 양자의 견해는 합치되지 않았다.[79]

---

78) 『宋元學案』, 卷58 「宗義案」, "先生之學以尊德性爲宗 謂先立乎其大 以後 天之所以與我者 不爲小者所奪 夫苟本體不明 而徒致功于外索 是無源之水 也 同時紫陽之學 則以道問學爲主 謂格物窮理 乃吾人入聖人階梯 夫苟信 心自是以 推從事覃思 是師心之用也 兩家之意見 旣不同建."

주자는 폭넓게 보고 널리 살핀 후에 간략함에 돌아가자는 입장이고, 육상산 형제는 먼저 본심을 밝혀낸 후에 두루 살펴야 한다는 주장이다. 그러므로 주자는 육상산 형제의 방법이 지나치게 간단하다(太簡)고 비판했으며, 육씨 형제는 자신들이 易簡한 방법에 비해 주자의 방법은 지루하다고 서로 비판함으로 공부방법을 어떻게 볼 것인가 하는 논변이 제기된다.

상산은 『주역』의 '易簡'과 『맹자』의 '先立乎其大'사상을 절충하여 공부방법에 있어서 간이함과 번쇄함, 博文과 約禮의 관계로 자신의 견해를 제시하고, 대체를 세워 본심을 밝힐 것을 주장하였다.

주자는 "사물에 나아가서 理를 궁구하고"(卽物而窮其理), "폭넓게 배우고 사색하며"(博學多思), "세밀하게 분석하는"(銖分毫析) 방법론을 주장하였다. 이런 주자의 방법론에 대해 외부에서 빌려 온 것을 주인으로 삼고 하늘이 나에게 부여해 준 것을 도리어 객으로 삼아서 주객을 전도시켰다고 상산은 비판한 것이다. 그는 먼저 대체를 세우고 본심을 밝히는 것이 가장 쉽고 분명하며 가장 믿을 만한 공부방법론으로 제시했다. 따라서 外物인 대상을 분석하는 방법은 번쇄하고 지루하며 잘못될 여지가 많다고 비판한 것이다.

주자와 상산의 太簡과 支離의 공부방법론인 존덕성과 도문학의 이론은 『중용』에서 유래된 것이다.

> 그러므로 군자는 존덕성하고 도문학하며, 광대함을 지극히 하고 정미함을 극진히 하며 고명함을 지극히 하여 『중용』에서 말미암은 것이다.[80]

---

79) 『象山全集』, 卷36, "鵝湖之會 論及教人 元晦之意 欲今人泛觀博覽而後歸之約 二陸之意 欲先發明人之本心 而後使之博覽 朱以陸之教人爲太簡 陸從朱之教人爲支離 此頗不合."

『중용』에서 학자는 내면적인 도덕의 수양과 외면적인 학문 수양방법이라는 두 가지 경로를 통해서 인간의 이상적인 인격에 이를 수 있다는 방법을 명시한 것이다. 본래 이 두 가지 방법은 이상적인 인격의 실현을 목표로 하는 유학의 이념에서 볼 때 중요한 주제였다. 존덕성은 『대학』의 정심·성의의 공부방법이고, 도문학은 격물·치지의 공부방법이다.

주자의 학문방법론은 내성외왕의 도로서 수기치인의 인격 완성을 성인에 두고 있다. 따라서 존덕성이 정심·성의의 內聖의 공부방법이라면, 도문학은 격물·치지의 外王의 공부방법으로 이는 聖人之學이라고 할 수 있다. 그러므로 주자는 내성외왕의 성인지학을 아래와 같이 설명하였다.

> 대저 성인지학이란 마음에 근본 하여 이치를 궁구하고 이치에 순응하여 사물에 대비하는 것이니 마치 몸이 팔을 부리고, 팔이 손가락을 부리는 것과 같다. 그 道가 평이하고 통행하니 그 거처함이 넓고 편하며 그 이치가 實하니 행동은 자연스럽다.[81]

이러한 성인지학의 이치를 궁구하기 위해서 힘써야 할 일은 정신을 고요하게 하여 외부의 유혹을 차단하는 데 있으며 察識과 涵養으로 마음을 수렴하여 외부 사물의 이유로 착란되지 않는 敬의 상태를 유지하는 데 있다. 敬공부는 우리의 본질인 虛靈不昧한 명덕을 至虛至靈하게 이끌게 되는데 이는 구체적으로 '克己復禮'[82]의 극기와 '絶四'의

---

80) 『中庸』, 27章. "故君子尊德性而道問學 致廣大而盡精微 極高明而道中庸."
81) 『朱子文集』, 卷67 「觀心說」, "大抵聖人之學 本心以窮理 而順理以應物 如身使臂 如臂使指 其道夷而通 其居廣而安 其理實而行自然."
82) 『論語』, 「顏淵」 1章.

‘毋意, 毋必, 毋固, 毋我’의 수신의 방법을 통해 본연한 순수자성의 吾心之中을 드러내는 방법으로 파악되어야 한다.[83]

주자는 『중용』에서 "성실한 것은 하늘의 道요, 성실하려고 하는 것은 사람의 道이니, 성실한 사람은 힘쓰지 않아도 맞으며 생각하지 않아도 터득하고 從容히 정도에 맞는 것이니 이것은 성인이다. 성실케 하려는 사람은 착한 것을 선택하여 굳게 잡는다."[84]라는 말에 대해 성실하려는 조목으로 다음과 같이 제시하였다. 즉 ‘博學·審問·愼思·明辨’ 등 도문학의 방법론을 그 例로 든 것이다. 또 "誠으로부터 밝힌 것을 性이라 이르고, 明으로 말미암아 성실하려는 것을 가르침이라고 하는 것이니 성실하면 밝아지고, 밝으면 성실해진다."[85]라는 말을 주석하여 "自誠明은 德이 不實하지 않아 밝음을 비추지 않음이 없다. 그러므로 성인의 덕이며 性인 바에 있으니 大道이다. 自誠明은 먼저 善을 밝힌 뒤에 그 善한 것을 채움이니 현인의 학이며 배움을 통해 들어온 것으로 인도이다. 따라서 성실하면 밝지 않음이 없고, 밝으면 성실한 곳에 이를 수 있다."[86] 이처럼 주자는 격물궁리에 의하여 ‘吾心의 全體大用’을 밝히려고 한 것이다. 이것은 정욕의 가려져 있음을 제거하여 ‘虛靈不昧’한 心의 본체를 회복하여 應事萬物에 있어서 과불급의 치우침이 없는 ‘中’을 실천하려는 것이다.

상산은 맹자의 사상을 계승하여 사람마다 양지와 양능의 본성을 가

---

83) 柳七魯, 「儒學에 있어서 앎의 문제」, 『한국동서철학연구회』 문경출판사 1988 151面.

84) 『中庸』, 20章. "誠者 天之道也 誠之者 人之道也 誠者 不勉而中 不思而得 從容中道 聖人也 誠之者 擇善而固執之者也."

85) 『中庸』, 21章. "自誠明 謂之性 自明誠 謂之敎 誠則明矣 明則誠矣."

86) 『中庸』, 21章 註. "德無不實而明無不照者 聖人之德 所性而有者也 大道也 先明乎善而後能實其善者 賢人之學 由敎而入者也 人道也 誠則無不明矣 明則可以至於誠矣."

지고 있기 때문에 객관세계의 지식에 의하지 않아도 도덕 실현이 가능하다고 본 것이다. 다만 인욕과 外物에 은폐되어 사람의 본심이 가려져 있으니 心의 양능을 잘 보존해야 한다고 주장한다.

> 우리들의 마음을 해치게 되는 것은 무엇 때문인가? 바로 욕심 때문이다. 욕심이 많으면 心을 간직하는 것이 적게 마련이고 욕심이 적으면 心을 간직하게 되는 것이 많기 마련이다.[87]

사람이 본심을 갖기 위해서는 욕심을 적게 하여 그 본래심인 양지와 양능을 갖게 하는 것이고, 이와 같은 도덕 수양이 곧 존덕성의 일이라고 생각한 것이다.

주자도 또한 존덕성이 主가 됨을 부정하지는 않았다. 그는 다만 상산이 도문학을 경시하는 것에 반대하여 존덕성이 도문학과 불가분의 관계에 있음을 말한 것이다.

> 그러므로 군자의 학문은 존덕성으로써 그 큰 것을 온전히 하고 나서 반드시 도문학을 통하여 작은 것을 남김없이 해야 한다. …… 학자는 여기에서 당연히 존덕성을 중심에 두어야 하지만 도문학에 대해서도 그 힘을 다 기울이지 않을 수 없다. 이것들을 서로 번갈아 북돋우고 서로를 밝히게 하면 자연히 남김없이 통달하게 되어 道體의 온전함에 모자라는 곳이 없게 된다.[88]

---

87) 『象山全集』, 卷32. "養心莫善於寡欲 夫所以害吾心者何也 欲也 欲之多 則心之存者必寡 欲之寡 則心之存者必多."

88) 『朱子文集』, 卷74「玉山講義」, "故君子之學 旣能尊德性以全其大 使須道問學以盡其小. …… 學者於此固當以尊德性爲主 然於道問學亦不可不盡其力 要當使之有以交相滋益 互相發明 則自然該貫通達而於道體之全 無欠闕處矣."

주자 역시 육상산이 내면의 수양공부에서 '靜坐'와 '剝落'의 방법을 외면한 것은 아니다. 단지 주자가 주장하는 것은 내면의 수양 공부만 중시하여 자칫 객관 세계의 조리를 외면해서는 안 되기 때문에 반드시 내외가 병행되는 공부를 해야 한다고 강조한 것이다. 본래 주자는 內外, 本末, 思學을 병행해야 한다고 강조한다. 인간은 안과 밖 그리고 정미함과 거침의 차이는 없지만, 마음은 기품의 사사로움과 물욕에 의해 가려져 있기에 마음에만 의존해서는 천리를 체인할 수 없다고 본 것이다. 따라서 내면으로는 존덕성하고 밖으로는 외물에 나아가 궁리를 해야 한다고 주장했다. 주자는 이런 과정이 오래되면 활연관통하게 되어 내외·본말을 超絶하는 절대세계의 경지에 이를 수 있다고 보았다. 주자가 존덕성과 도문학을 상보적인 관계로 파악하여 體認하는 과정을 살펴보면 다음과 같다.

> 치지가 격물에 있다는 것은 밖으로 말미암아 나를 녹이는 것이 아니요 내가 본래 가지고 있는 것이다. 物(對象)로 인하여 옮김이 있으면 미혹하여 알지 못하니 천리가 멸해진다. 고로 성인은 이것(德性之知)을 格하고자 한다.[89]

이천은 치지를 격물 외에 있는 것이 아니고 격물 내에 있는 것으로 파악하였다. 즉 격물의 방법으로는 독서에 의하여 의리를 講明하고 혹은 고금의 인물을 논하여 그 시비를 가리고 혹은 사건을 처리하거나 사람과의 대응에 있어 공명 적절히 하는 것 등으로 본 것이다.[90]

---

89) 『二程全書』, 卷28. "致知在格物非由外鑠我也 我固有之也 因物有遷 迷而不知 則天理滅矣 故聖人欲格之."

90) 上揭書, 卷19. "凡一物上有一理 須是窮致其理 窮理亦多端 或讀書講明義理 或論古今人物 別其是非 或應事接物而處其當 皆窮理也."

주자는 이천의 이러한 설에 찬동하여 격물을 事와 物인 객관 대상의 理에 窮至하여 인식함으로 그 지극처까지 알고자 하는 것이다. 치지란 나의 지식을 추극하여 그 지식을 다 이루고자 하는 것이니 격물하여 치지하면 物格知至가 되는 것으로 물격은 물리의 極處가 이르지 아니함이 없는 것이요, 知至란 내 마음의 안 바가 다하지 아니함이 없는 것이다.[91] 주자의 '吾之知識'과 '事物之理'는 心知와 物理를 언급한 것으로 이것은 곧 주체와 객체로 나누어 볼 수 있다. "知는 吾心의 知요, 理는 사물의 리이다. 此로서 彼를 아는 것이니 스스로 主와 賓의 분변이 있는 것이다."[92] 그러므로 주자의 학문은 吾之知識인 心知와 주체로서 이루어지는 것이 아니요, 반드시 事物之理인 物理로서의 객체인 대상과 일치되어야 지식이 이루어지는 것으로 본 것이다. 주자의 이러한 논거는 공자의 사상에서 연유되었음을 알 수 있다.

공자는 "學而不思則罔 思而不學則殆"[93]라 하여 주체적 사유함과 경험적 학습은 서로 돕는 것으로 보았으며, 또한 『중용』에서 '博學愼思' 등은 學과 思를 분리해서 생각할 수 없는 것으로 이해하는 근거가 된다.

> 인을 좋아하면서 배우기를 좋아하지 않으면 그 폐단은 어리석음으로 전락되고, 앎을 좋아하면서도 배우기를 좋아하지 않으면 그 폐해는 무절제함으로 전락되고, 믿음을 좋아하면서도 배우기를 좋아하지 않으면 그 폐해는 의를 해치는 賊으로 전락하며, 곧음을 좋아하면서도 배우기를 좋아하지 않으면 그 폐해는 얽매임으로 전락되는 것이

---

91) 『大學章句』, 2章 註 "格物者 物理之極處 無不到也 知至者 吾心之所知 無不盡也."

92) 『朱子文集』, 卷44 「答江德公」, "知者 吾心之知 理者 事物之理 以此知彼 自有主賓之辨."

93) 『論語』, 「爲政」15章.

며, 勇을 좋아하면서도 배우기를 좋아하지 않으면 그 폐해는 무질서한 데로 전락되는 것이며, 강직함을 좋아하면서 배우기를 좋아하지 않으면 그 폐해는 무모하게 되는 경우로 전락된다는 것이다.[94]

여기서 六言, 즉 '仁·知·信·直·勇·剛'의 여섯 가지 덕목은 배움이 게으르게 될 때에는 상대적으로 六弊로 전락됨을 지적한 것이다. 공자 자신도 종일 밤낮으로 먹지도 자지도 않으면서 사색공부를 해 보았으나 무익하여 그 얻어짐이 없어 이것은 배움만 같지 못하였다[95]고 하였다.

주자도 공자의 이러한 사상을 계승하여 上一截에만 집착하지 않고 치지와 역행을 강조하였다. 즉 知에 진실하고 진실하지 못함 그리고 意에 성실하고 성실하지 못함을 알고자 한다면 다만 해서 어떤 것이 참된 것인가를 보아야 한다.[96] 이처럼 주자는 知에 관한 문제에 있어서 단순한 인식적 원리를 넘어 체증적 원리를 다루기 때문에 인식지의 완성뿐만 아니라 과학적, 경험적인 외적 견문지를 추구하고 동시에 내적 덕성지를 겸유해야 한다고 본 것이다. 이것은 소이연과 소당연을 盡知함으로써 德性之知에 이르러 精義入神의 경지에 도달하게 되는 것을 의미한다. 그리고 『주역』, 「계사전」의 "뜻을 정밀히 하여 신비로운 데 들어가는 것은 쓰려 하기 때문이요, 쓰는 것을 이롭게 하여 몸을 수월하게 함은 덕을 높이려 하기 때문이다."[97]라는 말은 精義와 利用 양자의 관계가 서로 互進한다는 것을 보여준다. 이 양자의 관계

---

94) 『論語』, 「陽貨」8章, "好仁不好學 其弊也愚 好知不好學 其弊也蕩 好信不好學 其弊也賊 好直不好學 其弊也絞 好勇不好學 其弊也亂 好剛不好學 其弊也狂."

95) 『論語』, 「衛靈公」30章, "子曰 吾嘗終日不食 終夜不寢 以思 無益 不如學也."

96) 『朱子語類』, 卷15 「大學」, "欲知知之眞不眞 意之誠不誠 只看做如何眞個."

97) 『周易』, 「繫辭傳」, "精義入神 以致用也 利用安身 以崇德也."

는 내와 외, 주와 객, 我와 物의 관계이니 이 양자가 서로 작용하여 그 극치에는 '활연관통' 또는 『중용』의 이른바 '明則誠'의 成德成聖의 경계에 들어가는 것이다.

주자는 위와 같은 논리 때문에 육상산의 학문이 일상생활에서 학문적인 노력인 도문학에 힘쓰지 않고 한순간에 곧바로 본성을 깨달아 가는 것과 같다고 보았다. 즉 그것은 공허한 것이기 때문에 『대학』의 격물치지 공부에 힘써야 함을 강조한 것이다.

치지격물은 대학의 단서요 공부를 시작하는 일이다. 한 사물을 궁구하면 한 지식이 이르게 되니 그 힘씀이 점차로 쌓여 오래되면 통달하게 된다. 그런 연후에 가슴속이 환해져서 행한 바를 의심하지 않게 되어 뜻이 성실해지고 마음이 바르게 되는 것이다. 그러므로 알게 된 지식에는 진실로 얕고 깊음이 있으니, 어찌 요순과 같이 여겨 하루아침에 홀연히 그것을 보려고 하는가? 이는 서 씨가 하나를 들어 천 가지를 깨닫고 한순간에 곧바로 깨달아 들어갔다는 것과 같이 공허한 것이니, 성인의 문하에서 선을 밝히고 몸을 성실하게 하는 일은 아니다. …… 책을 읽어서 그 득실을 찾고 사물을 접하여 그 시비를 살피는 것이 바로 격물치지의 일이니, 어디를 가든지 이 리 아닌 것이 없다. 지금 무자를 버리고 오로지 몸에서만 궁구한다면 오히려 근심이 생기고 일이 잡되게 되어 분주함만 더할 뿐이니, 이는 전일하지 못하여 리와 사물이 둘로 되는 것이다. 반드시 사물을 다 살핀 후라야 리를 구할 수 있을 것이다.[98]

---

98) 『朱子文集』, 卷72「呂氏大學解辯」, "致知格物 大學之端 始學之事也 一物格則一知至 其功有漸 積久貫通 然後胸中判然不疑所行 而意誠心正矣 然則所致之知固有淺深 豈遽以爲與堯舜同者 一旦忽然而見之也哉 此殆釋氏一聞千悟 一超直入之虛談 非聖門明善誠身之實務也 …… 讀書而原其得失 應事而察其是非 乃所以爲致知格物之事 盖無適而非此理也 今乃去文字而專體究 猶患雜事紛獲 不能專一 則是理與事物爲二 必事盡屛而後理可窮也."

도문학과 존덕성은 마치 새의 두 날개와 같고 兩輪과 같아서 상보적인 관계이다. 따라서 먼저 도문학인 격물치지를 한 다음에 요순과 같은 깨달음의 경지를 추구해야 한다. 만약 책을 읽고 사물에 응하는 도문학을 도외시하고 곧바로 깨달아 간다는 것은 불교와 같은 이단의 학문과 마찬가지라고 본 것이다.

주자가 육상산의 이론을 禪學이라고 비판한 것은 다음과 같은 논리에서도 찾을 수 있다. 상산은 "이른바 강학이라는 것은 빈말을 이루어 거짓된 습속이 넘치게 하는 것이다."[99]라고 했는가 하면, 또 "그 하는 것이 이따금 세속과 달라서 견고 독실하고 정밀 근면하여 잠깐 동안도 한가할 겨를이 없다. 또 무리들이 전하여 온 것을 답습하는 데 하루도 쉴 날이 없고, 또 책이 너무 많아 미혹되어 빠지고, 고질병이 들어 얽혀 있으니, 소인이나 보통 사람이 되는 것보다 심하다."[100]라고 하여 격물치지의 도문학을 맹렬하게 비판한다. 그는 모든 사물의 理가 갖추어져 있는 인간의 본심의 밝히는 것을 근본으로 한다. 즉 '존덕성'의 공부가 가장 근본이 된다고 본다. 상산은 '格'을 '至'로 해석하여 궁리의 窮이나 연구의 究와 동의어이고 모두가 연마하고 고찰하여 그 지극함을 구하는 것이라고[101] 하였다. 격물치지를 착수처로 하여『중용』의 博學·審問·謹思·明辨은 격물의 방법이요, 독서는 師友의 관계를 친숙하게 하는 것을 배우기 위한 것이라고 보아 주자와 같이 격물설을 해석한다. 그러나 사유만은 자기가 하게 되는 것이라고[102] 하

---

99)『象山全集』, 卷12「與趙然道」, "所謂講學者 逐爲空言以滋僞習."

100)『象山全集』,「與林叔虎」, "其所爲往往不類流俗 堅篤精勤 無須臾閑暇 又有黨徒傳習 日不暇給 又其書汗牛充棟 而迷惑浸溺 流痼纏綿 有甚於甘心爲小人甘心爲常人者."

101)『象山全集』, 卷20「格矯齋說」, "格 至也 與窮字究字同義 皆研磨考索 以求其至耳."

여 후에 왕양명이 正物로 해석할 수 있는 가능성을 시사하고 있다. 나아가서 상산은 '存心', '求放心', '養心'을 논함에 君心을 格하지 않으면 邪念이 발생하여 매사에 큰 폐단이 일어나게 될 것이나 君心을 格하게 되면 바르게 된다고 하는 격물설103)을 주장하기도 하였다.

주자는 상산의 이와 같은 이론에 반론을 제기한다. 즉 존덕성을 궁극적인 목표로 설정하고, 또 이것을 가능하게 하기 위해서는 독서와 講學이 필요하고 격물궁리를 통하여 理를 체인하는 도문학이 필수적이라고 본 것이다. 따라서 주자에게는 존덕성과 도문학의 관계는 불가분 不相離 合看의 관계를 의미한다. 상산의 견해처럼 존덕성과 도문학이 離看의 관계가 아니고 朱·陸논변에서 언급한 바와 같이 동전의 양면처럼 상보적 관계임을 알 수 있다.

그러므로 주자와 육상산의 존덕성과 도문학의 학문방법론은 性·心·理의 개념을 본질로 삼는 본체론과 심성론에 관한 서로 다른 입장을 대변한 것으로 볼 수 있다. 즉 주자는 理를, 상산은 心을 최고 범주로 설정한 것이다. 상산은 "우주에 가득 찬 것이 오직 하나의 리뿐이다"104)라고 하여 리를 모든 존재의 근거이면서 현실적으로 현상 세계에서 사리 판단을 하는 데 가치 기준이 된다고 보았다. 이 理는 언제나 우주 가운데 충만해 있으면서 때와 장소에 따라 수시로 변하여 한 순간도 멈춰 있지 않는다고 한다.105) 아울러 천하의 올바른 리는 두 개가 있을 리 없어 리를 밝히게 되면 천지도 이와 달리하지 않고 귀

---

102) 『象山全集』, 卷34 「語錄」, "格物致知是下手處 中庸言博學審問謹思明辨 是格物之方 讀書親師友是學 思則在己."

103) 『象山全集』, 卷34 「語錄」, "某與人理會事 便格君心之非事."

104) 『象山全集』, 卷12 「與趙泳道」, "塞宇宙一理也."

105) 『象山全集』, 卷34 「語錄」, "君子以理制事 以理觀象 故日變動不居 周流 六虛上下無常 剛柔相易 不可爲典要 唯變所適."

신도 이와 달리하지 않으며 千古의 성현도 이와 달리하지 않는다고 보았다.[106) 따라서 인간은 리에 순응하면 길하게 되나 리를 거슬리면 흉하게 되고, 리에 밝지 못하면 가려져 어리석게 되지만, 리에 밝으면 밝고 지혜롭게 된다. 어리석으면 리를 보지 못하는 까닭에 사리에 어긋나고 흉하게 되나, 밝고 지혜로우면 리를 보게 되어 리에 순응하게 될 뿐만 아니라 길하게 된다.[107) 이렇게 리는 본래 心의 본체이면서 객관적으로는 사물세계의 준칙이요 도덕의 가치 근거가 된다고 육상산은 보았다.

이와 같이 육상산의 '심즉리'의 心은 감각·지각·분석·종합 등의 인식능력과 그 내용을 가리키는 것이 아니라 보편적으로 갖추고 있는 본심, 즉 윤리도덕의 속성을 가리킨다. 맹자가 "그 마음을 극진히 다한 자는 본성을 알 수 있고, 본성을 알면 하늘을 알 수 있다"[108)고 한 데서 볼 수 있듯이, 자신의 心을 바탕으로 확충해 가면 곧 天과 동일시되는 신성을 가질 수 있고 따라서 인간이 하늘의 이치에 따르고 순종함으로 인간과 하늘이 합일될 수 있다는 이론을 계승한 것이다. 따라서 상산은 말하기를 "마음의 體는 매우 크다. 나의 마음을 극진히 다하면 곧 하늘과 같다. 학문을 한다는 것은 이것을 아는 데 있다"[109)고 하였다. 인간의 心이란 윤리속성의 실체를 갖추고 있는데 이는 하늘이 나에게 부여한 것으로 외부로부터 온 것이 아니다. 따라

---

106) 上揭書, 卷21 「雜著」, "天下正理 不用有二. 若明此理 天地不能異此 鬼神不能異此 千古聖賢不能異此"

107) 上揭書, 卷34 「語錄」, "此理塞宇宙 誰能逃之 順之則吉 違之則凶 其蒙蔽則爲昏愚 通徹則爲明知 昏愚者 不見是理 故多逆以致凶 明之者 見是理故能順以致吉."

108) 『孟子』, 「盡心上」1章. "盡其心者 知其性也 知其性則知天矣."

109) 『象山全集』, 卷35 「語錄」, "心之體甚大 若能盡我之心 便與天同 爲學只是理會此"

서 상산이 말한 본심은 사유와 지혜 능력을 단련하거나 보강하는 것이 아니라 내심으로서 체인 성찰을 말한다. 이것은 개인의 도덕수양을 말한 것으로 객관사물을 인식하여 체증하는 것이 아닌 것으로 주자의 이론과 대치되는 논리이다.

그러나 주자의 인식론은 종적으로는 '下學而上達'법이며 횡적으로는 '격물치지법'으로 일관하였다. 따라서 그는 앎을 마음의 신명이며 중리를 묘용해서 만사를 재제하는 것으로 보았다.[110] 이러한 一心, 그 자체는 본래 광명한 것으로 心知는 거울에 비유하면 본래 전체가 통명한 것이다. 다만 心知가 어두워지고 가려졌을 따름으로 지금 차츰차츰 닦아 나가 네 변이 다 비추도록 하면 그 밝음이 이르지 못할 곳이 없게 된다[111]고 생각한 것이다. 그러므로 주자는 당시의 불교의 유심론이나 맹자의 求放心과 같이 내면을 직접적으로 성찰하는 것에 의존하지 않고 心知의 대명성을 『대학』의 '致知在格物'에 근거를 두고 있기 때문에 격물법에 의하지 않고는 치지를 구할 수 없다고 본 것이다. 불교의 禪宗은 현실의 구체적인 문제는 언급하지 않는다. 다만 생사 윤회하는 苦의 문제를 해결하고자 초월적인 심신의 방법에 의해 초월적인 경지를 궁구함으로 중생의 현실문제에 대해서는 문외한이다. 오늘날 禪을 배우는 사람들은 平居하여 性命의 문제를 高談하지만 세상사에 이르면 종종 직접 모두 밝히지 못하는 것이 있으니 이것은 다만 실질적으로 얻는 바가 없기 때문이다.[112] 주자는 불교가 이처럼 현실에 어두운 점은 사사물물을 궁구하지 않고 곧바로 돈오하려는 방법에

---

110) 『大學或問』, "若夫知 則心之神明 妙衆理而萬物者也."

111) 『朱子語類』, 卷12 「大學二」, "致知 乃本心之知 如一面鏡子 本全體通明 只被昏翳了 而今逐旋磨去 使四邊皆照見 其明無所不到."

112) 『朱子語類』, 卷126 「釋氏」, "今之學禪者 平居高談性命之際 至於世事 往往直有都不曉者 此只是實無所得也."

210

있다고 보았다.

한편 왕양명이 치지라고 하는 것은 후세 유가들이 일컫는 것과 같이 그 지식을 확충함에 이르는 것이 아니고 본래 타고난 내 마음의 양지에 이르는 것을 말한 것이다.[113) 즉 知는 선천적으로 본래 구비하고 있는 양지를 말하는 것이고, 致란 이 양지에 이르는 것을 말하는 것이다. 양지는 맹자의 양능 양지에서 유래하였으니 양지는 선천적이며 보편적이고,[114) 만인이 동일하고 聖愚의 차별이 없는 것으로[115) 소위 道이며 천리이며 道心이고 虛靈明覺한 본체이다.[116) 이러한 致良知의 공부는 사욕이 가려져서 어둡게 된 양지를 학문에 의하여 사욕을 버리게 하고 본연의 양지에 이르는 데 있다. 다시 말하면 『효경』이나 「弟子職內篇」 등을 읽지 않아도 孝를 하려고 하는 양지만 밝히면 천하의 사물이 모두 사람 안의 일처럼 직각적으로 알게 된다는 것이다.

이와 같이 왕양명에 있어 격물이라는 것은 양지를 밝혀 바르지 않은 물을 格(正)하는 것으로 성의와 같다. 양명은 격물치지를 곧 성의라고 보았고,[117) 吾心의 양지를 실현시키는 것은 치지이고, 각 사물마다 모두 그 이치를 얻은 것이 격물이니,[118) 격물, 치지, 성의가 唯一

---

113) 『王陽明 全書』, 卷1. "致知者云 非若後儒所謂充廣 其知識之謂也 致吾心之良知耳焉."
114) 『孟子』, 「盡心上」15章. "孟子曰 人之所不學而能者 其良能也 所不慮而知者 其良知也."
115) 『王陽明全書』, 卷2. "良知之在人心 無間於聖愚 天下古今之所同也."
116) 『王陽明全書』, 卷5. "心之本體 即天理也 天理之昭明靈覺 所謂良知也."
　　　『王陽明全書』, 卷2. "良知 是天理之昭明靈覺處 故良知即是天理 思是良知發用."
　　　上揭書, 卷2. "心之虛靈明覺 即所謂本然之良知也 其虛靈明覺之良知 應感而動者謂之意."
117) 『傳習錄』 上. "工夫難處 全在格物致上 此即誠意之事."
118) 『傳習錄』 中, 「答顧東橋書」. "致吾心之良知者 致知也 事事物物皆得其理

不二한 것으로 생각했다. 이와 같이 양명은 양지의 體悟만 강조한 나머지 궁리를 부정하게 되고, 또한 禪學과 같이 돈오를 강조하게 되어 불학에 빠졌다는 비판을 받게 된다. 그리고 그는 유심적 주관론에 빠져서 객관적 사물의 理의 탐구를 인정하지 않는다는 점에서 비판을 야기하고, 따라서 知의 대상도 양지이고 주관도 양지이어서 내외의 구별이 없이 모두 도덕적 주관론으로 흐른 것이다.

주자는 육상산과 이후에 그의 사상을 계승한 양명의 이와 같이 돈오만 강조하고 궁리를 부정하게 되는 방법론을 비판하여 다음과 같이 지적하였다.

> 맹자가 이르기를 "학문의 도는 다른 것이 없다. 그 방심을 구하는 것뿐이다."라고 했는데 어찌 이 일밖에 다른 일이 없겠는가? 다만 이러한 本이 서지 않으면 곧 하수처가 없기 때문이다. 이 本이 이미 섰으면 자연히 길을 얻어 찾아 나아가기를 그치지 않게 되는 것이다.[119]

사람이 그 본성을 따라 행하면 백행이 다 善할 것이나 외계의 착란으로 惡을 행하게 되고 물욕에 가려져서 양심이 梏하게 된다. 그러므로 본능의 기능을 회복하여 善한 상태로 회복시키는 공부방법이 곧 구방심이다. 주자는 『맹자집주』에서 "학문을 하는 것은 진실로 일단만이 아니다. 그 도는 구방심에 있을 뿐이니…… 하학이상달인 것이다."[120] 또 『어류』에서 "처음 볼 때에는 구방심에 불과했으나 두 번째

者 格物也."

119) 『朱子文集』, 卷56 「答鄭子上」, "孟子云 學問之道無他 求其放心而已 豈是此事之外更無此事 只是此本不立 卽無可下手處 此本旣立 卽自然尋得路遡進不已耳."

120) 『孟子』, 「告子上」 11章 註. "學問之道 固非一端 然 其道 則在於求其放心而已. ……下學而上達也."

212

보니 방심을 구하고 나서 궁리를 해야 한다는 것이다. 궁리 후에 구방심이 마땅한 것이지 구방심 후에 궁리하는 것이 아니다."[121] 라고 하여 주자는 구방심을 통해 학문에 이르는 방법상 유의해야 할 준거를 지적하고 있는 것이다.

또 주자는 공자의 이론에 근거하여 그의 이론의 합리성을 주장하였다. 즉 공자가 "군자는 상달하고 소인은 하달한다."[122] 라고 한 주석에서 주자는 "군자는 천리에 순종함으로 날로 고명함에 나아가고 소인은 인욕에 현혹됨으로 날마다 汗下에서 궁구한다"[123] 라고 하여 하학이상달의 방법론을 제시한다. 이 하학이상달은 소인에서 시작하여 군자의 경지에 이르는 방법론이다. 주자는 이 방법론에 의해 객관 사물을 궁구하여 주체성을 확립하여 내성을 거경함으로써 활연관통한 경지에 도달하는 천인합일의 이론체계를 수립하였다.

이러한 유학본원인 천인합일의 관점에서 보면 상산도 주자 논변의 쟁점은 크게 상치되지는 않는다. 육상산의 존심·양심·구방심의 簡易工夫는 윤리도덕에 대한 자아반성·자아인식·자아완성의 과정으로 설명한 것이 바로 그 실례이다.

> 배움에는 본령이 있어 앎에 미치려 하는 자는 이에(本領) 미치고 仁을 지키려 하는 자는 이를 지키며 때를 익히며 說할 자는 이를 설하며 즐길 자는 이를 즐기는 것이 마치 높은 지붕 위에서 동이로 물을 붓는 것과 같다. 그러므로 학문은 진실로 그 근본을 알면 六經이 모두 다 나의 註脚인 것이다.[124]

---

121) 『朱子語類』, 卷59 「告子上」, "又問 舊看放心一段 第一次看 謂不過求放心而已 第二次看 謂放心旣求盡當窮理 今聞此說 乃知前日 第二說已是隔作兩端 須是窮理而後求得放心 不是放心而後窮理 曰 然."
122) 『論語』, 「憲問」24章, "子曰 君子上達 小人下達."
123) 上揭書, 註 "君子 循天理 故日進乎高明 小人 徇人欲 故日究乎汗下."

　　육상산은 배움의 본령이 앎을 알아서 이 본령을 미치고자 하는 것
이 곧 仁이며 建瓴之水와 같이 簡易直截하게 실천궁행할 수 있는 방
법론을 제시한다. 따라서 그는 이 본령이 바로 본심이며 본심을 밝히
는 것이 본령을 밝힐 수 있다고 본 것이다. 그러므로 도덕의 본원이
사람의 본심에 있다는 것을 자각하여 본심의 토대 위에서 이를 확충
해 나아가 도덕 수양의 완성을 꾀할 수 있다. 그리하여 천인이 합일
하는 경지에 이를 수 있다고 본 것이다.

　　이와 같이 주자와 상산의 학문방법은 객관세계를 긍정하느냐 하지
않느냐의 방법론상의 문제이다. 주자의 경우는 격물치지의 도문학의
방법으로 내외를 활연관통한 목표를 설정한 것이고, 상산은 존덕성의
방법인 대체를 세워 본심을 회복하여 확충해 나가면 천인합일의 경지
에 이를 수 있는 방법론을 제시한 것이다. 따라서 양자의 논변은 방법
론상 이견을 보인 것이지 이들이 본래 추구하고자 했던 유학본원의
목적에는 부합되는 것이라고 이해할 수 있다.

3) 性卽理와 心卽理

　　주자와 상산의 논변은 '무극이태극'과 '존덕성과 도문학'의 문제가
중요한 논쟁이었음을 위에서 살펴본 바와 같다. 즉 주자는 격물궁리를
주장하였고 육상산은 본심을 드러내 밝힐 것을 주장한 것이다. 이러한
관점에서 두 사람은 인성론을 보는 철학적 시각에 상당한 차이가 있
음을 알 수 있다.

　　풍우란은 이러한 시각의 차이에 대해 이렇게 말하였다. "주자는 성

---

124) 『象山全集』, 卷35 「語錄」, "苟學有本領 知之所及者 反此也 仁之所守者
　　守此也 時習之習此也 說者說此 樂者樂此 如高屋之上 建瓴水矣 學苟知
　　本 六經皆我註脚."

214

즉리를 말하고 육상산은 심즉리를 말하였다. '성'과 '심', 이 한 글자의 차이가 실지로 두 사람 철학의 주요한 차이점을 나타낸다.", "주자는 심을 리와 기가 합하여 생긴 구체 사물로 보았기 때문에 절대로 심은 추상적인 리와는 같은 세계 안에 존재할 수 없다. 마음속의 리는 이른 바 성이니, 마음속에 비록 리가 있으나 마음이 리는 아니다. 따라서 주자 계열에서는 '성즉리'는 말할 수 있어도 '심즉리'를 말할 수는 없다.", "주자가 본 실재는 두 세계가 있는데, 하나는 시간과 공간 속에 존재하고 하나는 그 속에 존재하지 않는다. 반면에 상산이 본 실재는 단지 하나의 세계, 즉 시간과 공간 속에 존재한다. 하나의 세계만 존재하고 그 세계는 마음과 일체가 된다.", "주자 계열에 의하면 심은 형이하의 것으로서 구체적인 개체가 있을 때 바야흐로 있는 것이다."125)라고 하여 '성즉리'설과 '심즉리'설의 차이점을 설명하고 있다.

유학은 본래 우주와 자연의 理法을 연구하여 현실 사회의 인륜을 문제 삼는다. 인간의 본성이 천리와 격단되지 않고 '生生不已'할 때 도가 문제시된다. 그리하여 『중용』의 '天命之謂性 率性之謂道 修道之謂教'126)가 유학의 진리를 체계적으로 정리한 것이다. 宋儒들이 모든 이론을 전개할 때 『주역』과 『중용』을 중시하는 점도 여기에 있고, 또한 주자가 『근사록』이나 『성리대전』에서 주렴계의 『태극도설』을 중시한 이유를 알 수 있다.

주자에 의하면 존재 일반을 탐구하는 존재론은 인간 주체의 윤리적 자각과 실천을 통하여 '成德成聖'하는 대로 나아감으로 결국 '성즉리'로 귀결되는 것이며, 理와 氣에 의해서 사람이 생성된다고 보았다. 따

---

125) 馮右蘭, 박성규 옮김, 『중국철학사』하책, 14장 「주육동이」, 583~586쪽 참조. 까치 1999,

126) 『中庸』, 1章.

라서 천리는 浩浩不窮하여 이 기가 아니면 비록 이 리가 있어도 머무를 곳이 없게 되어 반드시 二氣가 교감하여 凝結生聚한 후에 이 리가 부착이 되는 것으로 설명하였다.[127] 그러면 주자의 설명대로 사람이 이 理와 氣에 의해서 완전한 개체가 형성될 때 리로서의 인간의 본성은 어떻게 내포되어 있는 것인가? 주자는 이러한 점을 다음과 같이 설명한다.

> 命은 令과 같다. 性은, 즉 理다. 하늘은 음양오행으로 만물을 화생하는데 氣로써 形을 이룰 때 理 역시 부여하였다. 마치 이는 命令과 같다. 그리하여 人·物이 탄생함에 각각 부여되는 그 理를 가지고 健順五常의 德으로 삼고 있으니 이것이 소위 性이다.[128]

命을 천지의 理라고 하여 선험적 당위규범과 같은 것이고, 性은 人·物의 理이므로 당연히 따라야 할 노력규범이다. 따라서 性과 命은 理로써 일관될 수 있다. 이것은 命이 元·亨·利·貞과 오행 등 庶類萬化가 모두 여기에서 비롯되고, 性은 인간이 갖추어야 할 인의예지와 오륜 등 만물과 만리가 여기에 포함된다. 理는 사물의 속성과 같은 것이고, 性이란 心에 내재하는 원리를 말한다. 이러한 '성즉리'를 주자는 다음과 같이 설명하였다.

---

127) 『朱子語類』, 卷4 「性理一」, "人之所以生 理與氣合而已 天理固浩浩不窮 然非是氣 則雖有是理 而無所湊泊 故必二氣交感 凝結生聚 然後是理有所附着."
128) 『中庸集注』, 「天命之謂性條」, "命 猶令也 性 卽理也 天以陰陽五行化生萬物 氣以成形 而理亦賦焉 猶命令也 於是人物之生 因各得其所賦之理 以爲健順五常之德 所謂性也."

性은 理이다. 心에서는 性이라고 부르고, 事에서는 理라고 부른다.[129]
生의 理를 性이라고 부른다.[130]
性은 단지 이 理일 뿐이다.[131]
性은 天이 생성하는 많은 도리이다.[132]
性은 天理이다. 만물이 이것을 품수하여 一理라도 갖추지 아니함이
없다.[133]

이와 같이 性이란 인간의 마음속에 내재하고 있는 理를 말한 것이다. 따라서 '성즉리'라 함은 인간이 하늘로부터 품부한 천리를 본성으로 부여받았다는 것을 의미한다. 즉 『중용』의 '天命之謂性'을 가리킨다. 그러므로 천리를 품수한 인간의 본성은 본래가 虛靈不昧한 것이기 때문에 『대학』에서는 '명명덕'이라고 한 것이다.

주자의 '성즉리' 사상은 이천의 사상을 계승하여 이기론의 철학적 방법론으로 체계화한 것이다.

성즉리와 같은 말은 공자 이후로부터 오직 伊川만이 말할 수 있다.
이 한 구절의 말은 곧 千萬世 동안 性을 말하는 이들의 근본 바탕이
된다.[134]

이천의 '성즉리'설은 人道의 본원을 보편적이고 절대적인 원리인 천

---

129) 『朱子語類』, 卷5 「性理二 呂燾錄」, "性卽理也 在心喚做性 在事喚做理."
130) 『朱子語類』, 卷5 「性理二 甘節錄」, "生之理謂性."
131) 『朱子語類』, 卷5 「性理二 甘節錄」, "性之是此理."
132) 『朱子語類』, 卷5 「性理二 甘節錄」, "性是天生成許多道理."
133) 『朱子語類』, 卷5 「性理二 魏椿錄」, "性者卽天理也 萬物稟而受之 無一理之不具."
134) 上揭書, 卷93 「孔孟周程 葉賀孫錄」, "如性卽理也一語 直自孔子後 惟是伊川說得盡 這一句便是千萬世說 性之根基."

도에 근거하여 말한 것이다. 따라서 인간의 본성은 순선한 가능성을 가지고 있게 된다. 여기서 말하는 天은 단순히 자연 과학적인 물리적 공간으로서의 天이 아니라 인격적으로 도야된 인간이 내적 성찰에 의하여 자각할 수 있는 철학적 의미에서의 天이다.[135] 그러므로 천명과 인간의 본성이 같아질 수 있고 성즉리라 할 때는 하늘과 인간이 만날 수 있는 천인합일의 길을 열어 놓은 것이다.

주자는 性을 理라고 할 때 그 구체적인 내용으로 다음과 같은 논리를 들어 설명하였다.

> 性은 이미 형체가 없어서 다시 理라고 말했는데, 理는 또 볼 수가 없으니 어찌해야 하는가고 물으니 말하기를 부자에게는 부자의 理가 있고, 군신에게는 군신의 理가 있다고 하였다.[136]
> 性은 무엇이라 말할 수 없다. 性이 善하다고 할 수 있는 까닭은 단지 그 측은·사양의 사단이 선한 섯반을 보년 ㄱ 性의 善을 볼 수가 있다. 예컨대 흘러가는 물이 맑은 것을 보면 그 원류가 반드시 맑다는 것을 아는 것과 같다.[137]

性은 천리로 인간이 살아가야 할 도리이다. 따라서 성은 순수하게 착한 것을 일컫는다.[138] 성 그 자체는 선악을 논할 수가 없고 단지 성의 발로인 사단이 현실적으로 드러난 것을 보면 알 수 있다. 마치 물의 흐름이 맑은 것을 보면 그 시원이 맑다는 것을 알 수 있다고 본

---

135) 儒敎事典編纂委員會. 『儒敎大事典』, 박영사 1990, 736-737面.

136) 『朱子語類』, 卷5 「性理二 甘節錄」, "問 性旣無形 復言以理 理又不可見 曰 父子有父子之理 君臣有君臣之理"

137) 『朱子語類』, 卷5 「性理二」, "性不可言 所以言性善者 只看他惻隱辭讓 四端之善則 可以見其性之善."

138) 『朱子語類』, 卷5 「性理二」, "性則純是善低."

것과 같다.

이와 같이 주자는 성을 천리라고 파악하여 인간에 있어서는 바로 태극과 같은 성격을 지닌다. 본래 태극의 혼연한 體는 부여할 수 있는 마땅한 명칭이 없지만, 그 가운데는 萬理의 법칙이 함유되어 있다. 이 만리 중에서 최고의 덕목이 인의예지이다. 맹자는 바로 이 천리를 궁극적으로 이해하여 사단설을 확립한 것이다. 이 사단이 미발시에는 적연부동이지만 인성에 감응되면 측은·수오·사양·시비의 情이 발로된다.

또한 주자는 性을 형식상 본연과 기질로 나누어 그 본연은 태극처럼 형이상학적인 본체로 파악하였다. 본연지성과 기질지성은 구별되어 있는 것이 아니고 본연지성이 기질 속에 있는 것으로 동일한 천리가 기질 가운데 墮在할 때 이 기질의 차이에 따라 성인이 실현되기도 하고 그렇지 못하기도 하다. 이 때문에 인간의 수양과 공부의 노력이 필요한 것이다.

그러므로 리가 인간 존재에 있어서는 성이 되고 다시 실천 덕목으로서 仁이 되어 도덕적 규범을 실천할 수 있다. 또 인간의 성은 기질을 떠나 운위될 수 없음으로 수양과 공부가 필요하다. 인간이 천리를 간직하여 인욕에 은폐되지 않고 기품에 구애되지 않으면 仁의 주체적 체인을 통하여 바로 천인합일의 경지에 도달할 수 있다고 주자는 보았다.

육상산은 이천의 학문을 계승한 주자의 '성즉리'에 대해서 '심즉리'를 주장하였다. 상산이 말하는 心은 인간으로서 인간의 본심을 말하는 것이다. 그 실례를 상산은 다음과 같이 들었다.

대인은 赤子之心을 잃지 않은 사람이니, 사단이 곧 이 心이요 天이 나에게 부여한 것도 이 心이다. 사람에게는 모두 이 心이 있고, 心은 모두 理를 갖추고 있으니 심즉리이다.[139]

육상산은 心을 맹자가 말한 赤子之心, 즉 사단을 가리킨 것이다. 따라서 상산에게 있어서 인간의 보편적 心은 하늘에서 부여받은 心, 즉 赤子之心이 사단으로서 본심을 의미한다. 이것은 義理之辨에서 말한 利欲之心도 아니고 萬化의 軸이 될 수 있는 內直한 도덕규범의 心도 아니다. 또한 그 본심을 성실하려는 心으로 성리학에서 말하는 윤리도 아닌 것이다. 단지 心과 理는 둘이 아님을 명시한 것이다.[140] 상산의 심즉리설은 바로 본체와 현상을 일원화시켜 본체인 道 밖에는 현실적인 事는 있을 수 없고 또한 事 밖에는 道가 없다고 보아[141] 본체와 현상은 본래 일체여서 둘로 양분될 수 없는 하나의 존재인 것이다.

후에 왕양명이 상산의 학문을 전수하여 상산의 학문은 참으로 맹자를 계승하였다고 평가한 것처럼[142] 상산의 심학은 맹자의 심학을 계승했다고 양명은 술회하고 있다. 또한 상산 스스로도 자신의 학문은 맹자를 읽고 자득한 것이라고 말한다.[143] 모종삼은 상산학의 心은 초월적 본심으로 인간 누구나 다 같이 구유한 영원하고 보편적인 존재로 이해하면서 초월적 본심은 인심이라고 표현하였거니와[144] 상산의 이러한 사상은 본래 명도가 仁을 본체로 한 천지만물 一體說을 주장한 바 있는 일체론과 연결시켜 볼 수 있는 이론이라고 했다.[145] 이처럼

---

139) 『象山全集』, 卷11. "大人者 不失其赤子之心 四端者 卽此心也 天之所以
　　　與我者 卽此心也 人皆有是心 心皆具是理 心卽理也."

140) 上揭書, 卷11. "心一心也 理一理也 至當歸一 精義無二 此心此理 實不容
　　　有二."

141) 上揭書, 卷34. "道外無事 事外無道."

142) 『王陽明全集』, 卷7, "象山文集序. 有象山陸氏. ……眞有以接孟子之傳.
　　　……要其學之必求諸心則一而已矣 故吾嘗斷以陸氏之學 孟氏之學也."

143) 『象山全集』, 卷35. "因讀孟子而自得之."

144) 牟宗三,『從陸象山到劉蕺山』, 學生書局, 民國 68, 86面.

145) 牟宗三,『心體與性體』, 卷2, 中正書局, 1970, 96面.

220

모종삼은 상산의 사상적 연원을 직접 맹자에 그 근원을 두어 어떠한
학맥 없이 맹자의 사상을 直承하였다고 말한다.146) 그렇다면 맹자의
어떤 사상이 육상산의 '심즉리'에 영향을 주었는가를 살펴보고자 한다.

맹자는 말하였다. 마음의 기능은 생각하는 것이다. 생각하면 그것
을 얻고, 생각하지 않으면 얻지 못한다. 또 말하기를 인간에게 간직되
어 있는 것 중 어찌 어질고 의로운 마음이 없겠는가? 또 말하기를 마
음에 이르러 홀로 다 같이 그러한 바가 없겠는가? 또 말하기를 군자
가 보통사람보다 다른 까닭이란 그가 마음을 간직하고 있기 때문이
다. 또 말하기를 현명한 사람만이 이 마음을 가진 것이 아니다. 사람
은 누구나 다 가지고 있다. 현명한 사람은 잃어버리지 않을 수 있을
뿐이다. 또 말하기를 인간이 짐승과 다른 이유는 거의 없다. 서민은
그것을 버리고 군자는 그것을 간직한다. 그것을 버린다는 것은 이 마
음을 버린다는 것이다. 그러므로 이것을 일러 본심을 잃는 것이라 하
였다. 그것을 간직하는 자는 이 마음을 간직하는 것이다. 그러므로 큰
인물은 그 어린이의 마음을 잃지 않는다고 하였다. 사단이란, 즉 이
마음이다. 하늘이 나에게 준 것이란, 즉 이 마음이다. 사람은 모두 이
마음을 가지고 있으며 마음은 이 이치를 갖추고 있다. 마음은 곧 이
치이다.147)

상산이 맹자의 심학을 직접 계승한 것을 위 문장을 통해 알 수 있
다. 여기서 心이란 본심을 가리키고 군자와 소인의 차이가 이러한 본

---

146) 蔡仁厚, 『宋明理學』(南宋篇), 學生書局, 民 66－69, 227面.

147) 『象山全集』, 卷11. "孟子曰 心之官則思 思則得之 不思則不得也 又曰 存
乎人者 豈無仁義之心哉 又曰 至於心 獨無所同然乎 又曰 君子之所以異
於人者 以其存心也 又曰 非獨賢者有是心也 人皆有之 賢者能勿喪耳 又
曰 人之所以異於禽獸者幾希 庶民去之 君子存之 去之者 去此心也 故曰
此之謂失其本心 存之者 存此心也 故曰 大人者不失其赤子之心 四端者
卽此心也 天之所以與我者 卽此心也 人皆有是心 心皆具是理 心卽理也"

심을 간직하고 있는가 아닌가에 의해서 결정되고, 이러한 본심은 누구
나 평등하게 갖고 있다. 다만 군자는 본심의 가치를 자각한 것이고 仁
義之心을 간직한 것이다. 또한 현실적인 일상생활에 사단이 드러나게
되어 그것을 가치기준의 근거로 삼는다. 그러므로 '심즉리'라고 하였다.

그러나 가치의 자각은 군자나 소인처럼 밝혀지기도 하고 또 사욕에
가려질 수도 있다. 이것은 하늘이 부여해 준 것으로 시간과 공간의 제
약을 받을 수 없지만, 다만 사람의 사사로움 때문에 가려진다.

> 가려진 데가 있고, 옮겨져 빼앗긴 데가 있고, 흠뻑 빠져 버린 데가 있
> 으면 이 마음은 그것 때문에 신령스럽지 못하고 이 이치는 그것 때문에
> 밝지 못하게 되는데, 이것을 일러 그 올바름을 얻지 못하였다고 한다.
> 그 견해는 곧 邪見인 것이며, 그 설은 곧 邪說인 것이다. 일단 여기에
> 빠져 버리면, 강학을 거치지 않고는 스스로 회복되지 못한다. 그러므로
> 마음은 사특하고 올바름을 논해야 되는 것은 없앨 수 없는 것이다.[148]

육상산은 사람의 사사로움으로 인해서 올비름을 논할 수 없고 그
본심이 어둡게 된다고 말한다. 즉 본심인 사단은 누구나 다 갖고 있지
만, 본심에 의해서 밝게 되고 사사로움에 의해서는 어둡게 되는 것이
다. 이 어두운 상태를 회복해야 곧 바름과 밝음을 찾을 수 있다.

> 귀와 눈 등 감각기관은 생각하는 기능이 없으므로 物에 가려지니
> 物(耳目)과 物(外物)이 서로 교접하면 거기에 이끌려 갈 뿐이다. 心
> 의 기능은 생각하는 것이니 생각하면 알고, 생각하지 않으면 모른다.
> 이것이 하늘이 나에게 준 것이다.[149]

---

148) 『象山全集』, 卷11. "有所蒙蔽 有所移奪 有所陷溺 則此心爲之不靈 此理
　　爲之不明 是謂不得其正 其見乃邪見 其說乃邪說 一溺於此 不由講學無自
　　而復 故心當論邪正 不可無也."

먼저 큰 것을 세우면 그 작은 것이 빼앗길 수 없으니, 이것이 대인이 되는 길이다. 대인이 되는 방법이 눈과 귀와 外物에 의해서 오염되지 않고, 본심을 잘 발현하면 사사로움은 자연히 본심에 의해서 제거될 수 있다고 맹자는 생각했다. 상산은 맹자의 이런 사상을 계승하여 어두운 상태를 회복하여 밝음을 찾을 수 있는 방법으로 강학 및 공부를 제시하는데, 이 공부 역시 본심을 회복하려는 노력의 일환이다.

> 오늘날 세상 사람들이 천박하게도 감각적인 소리, 색깔, 냄새, 맛을 위하고 한 걸음 나아가 부귀와 이익과 영달을 위하고, 또 한 걸음 나아가 文章과 技藝를 한다. 또 일반인이 있는데 그들은 모두 알지도 못하고 오히려 학문을 이야기한다. 나는 한마디로 단언하여 말했다. 이것은 이기려는 마음이다.[150]

여기서 이기려는 마음은 바로 사람들의 사사로운 의지이다. 이목과 외물에 의하여 본심이 가려져 있으므로 문장과 기예 학문 또한 이기려는 마음인 사사로운 의지인 것이다. 따라서 의리와 공리를 가려내어(義理之辨) 본심을 밝혀내야 한다. 그러면 자연히 공과 사를 가려내게(公私之辨) 되어 사심을 주로 한 이익을 추구하는 마음이 소멸되는 것이다. 공정한 마음이 밝아지면 현실적인 수많은 병통이 사라지게 된다. 상산이 백록동서원의 강학에서 『논어』의 "군자는 의리에 밝고 소인은 이익에 밝다(君子喩於義 小人喩於利)."라고 한 講義 역시 이런 맥락에서 설한 것이다.

---

149) 『孟子』, 「告子上1」5章, "耳目之官 不思而蔽於物 物交物則引之而已矣 心之官則思 思則得之 不思則不得也 此天之所與我者 先立乎其大則其小者 不能奪也 此爲大人而已矣."

150) 『象山全集』, 卷34. "今世人 淺之爲聲色臭味 進之爲富貴利達 又進之爲文章技藝 又有一般人 都不會 卻談學問 吾總以一言斷之 曰 勝心."

그러나 육상산의 심학은 "우주는 곧 내 마음의 일이고 내 마음은 곧 우주다."151)라고 한 우주와 내가 하나가 된 '發明本心'하는 데 주력하여 외적 사물에 유인되지 아니한 본래적 자기 주체를 확립하는 데 역점을 두고 있다. 따라서 辨志와 義理之辨에 중점을 두어 의리실천 문제를 거론하고 있다.152)

그러므로 서복관은 상산의 학문형성 관계에서 불교의 영향관계에 큰 비중을 두고 있다. 그는 첫째, 상산학의 기본명제인 '심즉리'설이 마치 禪學의 '明心見性說'과 같다고 보았다. 둘째는 상산의 辨志의 '先立乎其大'에서 언어문자를 주장하지 않는 바는 禪家의 "不立文字 直指人心"의 논리와 유사하다는 것이다. 셋째는 상산이 인격수양의 방법론으로 제시한 '剝落'은 바로 禪家의 '擎拳竪拂'의 방법과 같은 '手勢'로 보아 전적으로 불가의 영향관계로 본 것이다.153) 또 상산은 安坐하여 閑目하기나, 正坐하는 등 拱手의 방법을 통해 정신을 모으는 것, 즉 정신을 수렴할 것을 강조한다. 이 방법을 계속 추구하여 정진하게 되면 홀연히 이 마음을 깨달아 맑고 밝은 경지에 도달하게 된다.154) 이와 같이 상산은 불교의 坐禪을 통한 頓悟的 방법을 주장하기도 했다. 또한 김길락 교수는 '심즉리'설을 계승한 양명 자신이 禪學에 대한 지대한 관심을 표명하고 그 스스로가 선학과의 관련성 문제를 깊이 있게 천명하고 있다155)고 한 것을 보면 육왕의 심학이야말로 禪學의 영

---

151) 『象山全集』, 卷34. "宇宙便是吾心 吾心便是宇宙."

152) 蔡仁厚, 『宋明理學』, 南宋篇, 227面.

153) 徐復觀, 『中國思想史論集』. 54. 57面.

154) 『象山全集』, 卷35, 語錄 "右問詹阜民子南所錄 他日侍坐無間 先生謂曰 學者能常閑目亦住 某因此無事 則安坐目冥目 用力操存 夜以繼日 如此者 半月半日下樓 忽覺此心. 같은 책. 正坐拱手 收拾精神 自作主宰 萬物皆備於我 何欠闕 常惻隱時 自然惻隱."

155) 金吉洛, 「陽明哲學과 禪學의 關係」(哲學硏究, 제28집, 1979. 12.) 115面.

향관계를 배제할 수 없는 것이 사실이다.

그러나 주자는 육상산의 이러한 방법과는 달리 '하학이상달'과 '격물치지법'으로 일관하여 內外, 本末, 思學을 병행해야 한다고 강조한다. 내면으로는 존덕성하고 밖으로는 도문학하여 이런 과정이 오래되면 활연관통하게 되어 내외, 본말을 뛰어넘는 절대경지에 이를 수 있다고 본 것이다. 이러한 방법론 등이 양자의 '성즉리'와 '심즉리'의 차이점으로 드러난 것이다.

3. 朱·陸論辯에 대한 哲學的 理解

지금까지 주자와 육상산, 주자와 진량의 논쟁에 대하여 중국대륙 계통의 학자들은 주자와 상산의 논쟁은 같은 유심론 내부에서 일어난 의견대립으로서, 그 둘은 각각 객관적 유심론과 주관적 유심론에 속한다고 보았다. 그러나 주자와 진량과의 논쟁은 근본적인 입장의 차이에서 나온 것으로 그 둘은 각각 유심론과 유물론을 대표한다. 따라서 주자와 상산과는 상통할 수 있으나 진량과는 조화될 수 없다.[156] 다시 말하면 주자와 상산의 논변은 사변 철학 내부에서 일어난 방법상의 문제이지만, 주자와 진량의 논변은 근본적으로 대립되는 두 노선의 투쟁으로 본 것이다.[157] 따라서 朱·陸의 '무극이태극' 논변은 '무극'에 대한 본원의 문제이다. 즉 '무극'이라는 개념 자체가 유가적이냐 아니

---

156) 손영식, 『송대 신유학에서 철학적 쟁점의 연구』, 서울대 박사학위논문, 1993, 180면.

157) 陽天石, 『朱晦及其哲學』, 268~285면. 候外廬 外 편, 『中國思想通史』, 권 4하, 595, 648, 739면 참조.

면 도가적이냐가 발단이 된다. '무극'이라는 용어가 유가의 경전에는 찾아볼 수 없고, 단지 노자의 『도덕경』에 있는 것을 기점으로 도가의 경전에는 그 용례가 눈에 띄게 나타난 것이 사실이다.

그러나 상술한 바와 같이 양자의 논쟁이 유심론의 내부에서 일어난 의견대립이라면 서로 상통하는 공통점이 있을 것이다. 왜냐하면 학문이라는 것이 우주 자연의 이치를 자각한 이후 답습이나 모방에 의해서 발전 향상되어 왔음을 착안한다면 이와 같은 문제는 현대인의 학문적인 평가로 해결되리라 믿는다. 蔡元培의 '무극이태극'에 대한 견해처럼 "명칭과 지엽적인 뜻에 사소한 차이가 있었을 뿐이지, 큰 뜻에 있어서는 별다른 차이는 없다."[158]고 하는 견해가 이를 증명한다.

그 이유로는 공자도 선왕의 도를 근본으로 하여 '述而不作 信而好古'[159]하는 학문자세로 춘추 이전의 학술사상을 집대성했을 뿐만 아니라 요·순의 사상을 초석으로 히어 그외 학문을 후세에 전하고, 뮤왕과 무왕의 사상을 법으로 편 것이다.[160] 그러므로 堯·舜·文·武가 공자에게는 祖述憲章의 대상이었으므로 이들의 치적을 통해서 수기치인에 도달하는 이상적인 목적으로 이어받아 유학을 개창한 것이다. 그렇다면 주자가 무극이 유가의 연원이라고 본 이론이 설득력이 있다. 복희가 易을 만들 때에 一劃에서 시작했고, 『주역』을 연역함에 있어 乾元으로부터 비롯했으나 일찍이 태극을 말하지 않았는데 공자가 비로소 태극을 말했다. 공자가 『주역』을 찬역할 때에도 태극에서 시작하면서 무극이란 말을 한 적이 없다. 그런데 주렴계가 이를 밝혔으니, 이는 선왕과 後聖이 일관된 것이 아니겠는가? 만약 여기에서 태

---

158) 蔡元培, 『中國倫理學史』, 臺北 商務書館, 1987, 133面.

159) 『論語』, 「述而」 1章.

160) 『中庸』, 30章. "仲尼祖述堯舜 憲章文武上律 天時下襲水土."

극의 眞體를 실제로 환하게 보았다면 말하지 아니하였다고 해서 적은 것이 아니며, 말을 했다고 해서 많은 것이 아니라는 것을 알 수 있을 것이다. 굳이 字句를 가지고 분분할 필요가 있을까[161]라고 한 답변에서 충분한 설명이 될 수 있을 것이다. 또한 주자와 상산의 학문 본원이 선진유학에 있다고 한다면 이것은 유학의 방법론상의 문제이다. 朱·陸이 세상을 떠난 후에 元代에서 '兼縱', '和會'의 분위기가 형성되었다.[162] 또한 주자도 이것을 예상한 것처럼

> 江西學(陸學)은 禪學이며, 浙學(주로 진량을 지칭)은 오로지 공리설이다. 선학이란 후일 학자들이 찾다가도 어느 날 찾을 수 없을 때 스스로 되돌아오지만, 功利란 학자들은 이를 익히면 효과를 볼 수 있다. 이는 매우 걱정스럽다.[163]

주자가 사실 염려한 것은 육상산의 학문이 아니라 진량의 공리설이다. 상산의 학문은 궁극을 이해하고자 하는 방법론상의 차이로 언젠가는 유학의 본원에 되돌아올 수 있지만, 진량의 학설은 현실적인 사사로운 이욕에 의해서 사회와 정치에 영향을 미칠 것을 마음속으로 걱정한 것이다. 또 이러한 사실들이 현대에 이르러 수많은 사회적 혼란을 야기하는 점을 볼 수 있기 때문이다.

---

161) 『朱子文集』, 卷36 「答陸子靜」, "伏羲作易 自一劃以下 文王演易 自乾元以下 皆未嘗言太極也 而孔子言之 孔子贊易 自太極以下 未嘗言無極也 未先聖後聖 豈不同條而貫哉 若於此有以灼然實見本極之眞體 則知不言不爲少 而言之者 不爲多矣 何至若此之紛紛哉"

162) 『宋元學案』, 卷92 「草廬學案」, "(全祖望)草廬出於雙峯固朱學也 亦後亦兼陸學 (全祖望)繼草廬而和會朱陸之學者 鄭師山也"

163) 『朱子語類』, 卷123 「陳君擧」, "江西之學只是禪 浙學却專是功利 禪學後來學者摸索一上 無可摸索 自會轉去 若功利 則學者習之 便可見效 此意甚可憂"

　주자와 육상산이 주렴계의 『태극도설』 속에 있는 '무극이태극'의 논변을 전개한 이론은 앞서 살펴본 바이다. 朱·陸 논변의 발단이 된 『태극도설』은 천도론과 인성론을 종적으로 연결시킨 유가 최초의 이론으로 이에 따라 신유학은 천도론, 즉 우주론의 이론체계를 갖게 되었고 도·불학에 비해 손색없는 철학체계를 구성한 것이다. 또 주렴계를 신유학의 先河로 삼는 것은 송명 유학이 이 『태극도설』을 기점으로 발전되었기 때문이다.[164] 퇴계도 주렴계의 『태극도설』을 유가철학의 시원이자 모든 이론의 근원으로서 생각하고 『태극도설』을 통하지 않고서는 유학의 본원에 이를 수 없고 전체를 활연관통할 수 없는 유가철학의 이론적 씨앗으로 보았다.[165]

　주자와 상산의 논변을 이처럼 『태극도설』의 천도론과 인성론의 측면에서 고찰해 보면 이들의 사상이 귀일됨을 볼 수 있다. 송명 유학이 추구하는 천인합일의 사상에 근거해서 검토해 보면 오히려 이들의 논변의 갈등이 해소되리라 확신한다. 왜냐하면 태극은 천리와 인성을 일관하는 하나의 진실한 존재로서 천인을 관통하는 誠道이고, 그 자체가 '生生不已'하는 존재론적 실체이자 도덕적 가치이기 때문이다. "惟天之命 於穆不已", "天地合其德", "萬物皆備於我" 등 인간이 우주를 통섭할 수 있는 마음을 구비하고 있어 천지의 운용의 묘를 체증할 수 있다. 송명 유학이 체계화된 이론을 정립하면서 도·불의 사상과는 다른 유학본연의 입장을 명료하게 드러낸 것이 사실이다. 불교는 현실의 일체현상이 無常하기 때문에 고통스럽고, 생사문제는 가장 고통스러운 인간의 문제로 해탈이 바로 생사문제를 해결한 것이다. 따라서 불교는 인륜현실을 부정하는 태도에서 그 연원이 시작되지만, 유가는 선진시

---

164) 金忠烈, 『中國哲學散稿Ⅱ』, 온누리 1990, 258面.
165) 『退溪全書』, 上, "朱子謂此(太極圖說)是道理大頭腦處 又以爲百世道術淵源"

대부터 천리와 인도의 관계가 단절되어 있었던 것이 아니라 ‘天命之謂性’으로 천명의 이념을 인간이 부여받은 것이다. 그러므로 率性하는 것이 人道의 극치인 道이며 中이고 진리인 것으로 盡性이란 각자가 품부한 천명을 각성하는 것이다.

주자는 천인합일사상을 『논어』, 「헌문」의 “하늘을 원망하지 않으며 사람을 허물치 않는다. 아래로 배워서 위로 도달하겠다. 다만 나를 아는 것은 하늘뿐인가 보다.”[166]라고 한 그 註에서 말하기를 “하늘에서 얻지 못했다 해서 하늘을 원망하지 말며 남이 나를 알아주지 않는다 해서 남을 허물치 말라. 다만 하학할 줄 알면 자연적으로 상달하는 것이다. 이것이 바로 자기 자신을 반성하여 객관 사물의 조리와 순서에 따라서 점차 나아가는 길이다. 이것은 다른 사람과 다를 것이 없이 보이나 사실은 그 知가 이루어지는 것이다.”[167]라고 설명하였다. 이것이 ‘하학이상달’법으로 인성을 통해 천도와 활연관통하려는 격물치지법인 것이다. 그러므로 앎은 마음의 신명이며 모든 이치를 妙用해서 만사를 裁制하는 것이다.[168] 그러므로 理가 인간 존재에 있어서는 性이 되고 다시 실천 덕목으로서 仁이 되어 도덕적 규범을 실천할 수 있다. 또 인간의 성은 기질을 떠나 운위될 수 없음으로 수양과 공부가 필요하다. 인간이 천리를 간직하여 인욕에 은폐되지 않고 기품에 구애되지 않으면 仁의 주체적 체인을 통하여 바로 천인합일의 경지에 도달할 수 있다고 주자는 보았다.

상산은 천인합일사상을 맹자가 “그 마음을 극진히 다한 자는 본성을 알 수 있고, 본성을 알면 하늘을 알 수 있다.”[169]에서 보듯이 자신

---

166) 『論語』, 「憲問」 37章, “子曰 不怨天 不尤人 下學而上達 知我者 其天乎.”
167) 上揭書, 註. “不得於天 而不怨天 不合於人 而不尤人 但知下學 而自然上達 此但自言其反己自修 循序漸進耳 無以甚異於人 而致其知也.”
168) 『大學或問』. “若夫知 則心之神明 妙衆理而萬物者也.”

의 心을 바탕으로 확충해 가면 곧 天과 동일시되는 신성을 가질 수 있다고 보았다. 따라서 인간이 하늘의 이치에 따르고 순종함으로 인간과 하늘이 합일이 될 수 있는 근거를 마련하였다. 상산은 "마음의 體는 매우 크다. 나의 마음을 극진히 다하면 곧 하늘과 같다. 학문을 한다는 것은 이것을 아는 데 있다."[170]고 하여 본심을 다하면 "우주는 곧 吾心이고 吾心은 곧 우주이다"[171]라고 하여 인간은 만물의 영장이며 우주의 중추이다. 따라서 우주만물의 理는 인간의 心에 갖추어져 모든 사람들의 백행의 표준도 心에 구비되어 있는 것이다. 인간의 心이란 윤리속성의 실체를 갖추고 있는데 이는 하늘이 나에게 부여한 것으로 외부로부터 온 것이 아니다. 천지만물은 천리로 말미암아 질서를 가지고 사람은 이에 의해서 인륜이 서지는 것이다.

우리의 현실은 "발현하여 모든 상황에 척척 들어맞는"[172] 그런 상황도 아니고, 또한 "힘쓰지 않아도 늘어맞고 생긱지 않아도 깨달아지며 자연스럽게 도에 들어맞는"[173] 이러한 모습을 지닌 것도 아니다. 현실 생활 속에서 실망과 고뇌를 느끼며, 그러한 삶 속에서 새로이 각성하고 이상을 실현하려는(誠之) 실질적인 삶의 형태일 것이다. 그러므로 실제의 현실 속에서 이러한 誠之者로서의 삶이 곧 최상의 형태(太極)를 말해 주는 것이고, 誠之하려는 것과 태극이 다름 아닌 이상세계의 誠 자체이고 성인의 상태인 無極이라 할 수 있을 것이다. '무극'이라는 말 자체가 "힘쓰지 않아도 잘 들어맞고 생각지 않아도 깨달

---

169) 『孟子』, 「盡心上」 1章. "盡其心者 知其性也 知其性則知天矣."
170) 『象山全集』, 卷35 「語錄」, "心之體甚大 若能盡我之心 便與天同 爲學只是理會此."
171) 『象山全集』, 卷36. "宇宙便是吾心 吾心卽是宇宙."
172) 『中庸』, 首章. "發而皆中節."
173) 『中庸』, 20章. "不勉而中 不思而得 從容中道."

230

아지며 자연스럽게 도와 일치하는"174) 경지를 말한다. 즉 일용현실(有)에 있어서 최고의 노력 상태(太極)가 곧 어떠한 인위적인 표준이나 기준 노력도 필요 없는 초월적 절대경지인 이상(無極)과 서로 통한다는 말이다. 이러한 현실과 이상세계와의 하나 됨(天人合一)이 송명 유가 철학이 지향하는 핵심 이론이다.175)

이러한 방법적인 문제를 추론해 보면 朱·陸의 이론적 대립은 저절로 해소될 수 있다. 즉 어떠한 과정을 통하여 개인의 도덕성을 완성할 것인가의 문제이고, 그 과정에서 드러난 朱·陸의 대립은 방법론상의 대립이지 본질적인 세계관의 대립은 아니다. 원대 吳澄이176)

> "주자는 도문학의 공부에 힘을 많이 쓰고, 상산은 존덕성의 학문을 주로 했는데, 학문이 덕성에 근본하지 않은즉 그 폐단은 반드시 언어 훈석 같은 지엽적인 것에 기울게 되므로 학문은 반드시 덕성을 근본으로 해야 원만하게 된다고 하였다."177)

주자와 육상산의 학문을 역설한 것이다. 또한 황종희가 "두 선생은 다 같이 강상을 세우고 名敎를 세웠으며 공자와 맹자를 똑같이 존숭하였다. 비록 견해가 끝내 일치되지 못했지만 그것은 단지 어진 이는 仁을 보고, 지혜로운 자는 지혜를 본 것에 불과하다."178)고 한 것은

---

174) 『中庸』, 20章. 註 참조.

175) 張閏洙, 「太極圖說에 관한 朱·陸論辯」. 경북대 퇴계연구소 『한국철학』 제19호. 137面 참조.

176) 吳澄은 주자의 사위인 황간의 제자로 朱·陸의 학문의 병행을 주장한 사람이다.

177) 『宋元學案』, 卷92 「草廬學案」, "朱子於道問學之功居多 而陸子以尊德性爲主 問學不本於德性則其蔽必偏於言語訓之末 故學必德性爲本 庶幾得之."

178) 『宋元學案』, 「象上學案」, "二先生同植綱常 同扶名敎 同宗孔孟 卽使意見終於不合 亦不過仁者見仁 智者見智."

이 점을 말한 것이다. 풍우란은 "주자는 도문학에 편중했고, 육상산은 존덕성에 편중했다고 말한다. 이런 견해는 당시에 이미 있었다. 그러나 주자학의 최종 목적도 우리 마음의 全體大用을 밝히는 것이었으므로, 존덕성은 일반 도학자들의 공통 목적이었다. 따라서 상산이 도문학을 그다지 중시하지 않았다는 말은 옳지만, 주자가 존덕성을 중시하지 않았다는 말은 옳지 않다."[179]고 하였다. 또 '성즉리'와 '심즉리'에 대한 차이점에 대해서도 명대의 羅欽順(1465~1547, 字는 允升, 號는 整庵)은 "정자는 성즉리를 말하고 상산은 심즉리를 말하였는데, 지당한 것은 하나로 귀일되니 정밀한 뜻이 둘일 수는 없다. 이것이 옳으면 저것이 그르고 저것이 옳으면 이것이 그를 것이니, 어찌 밝게 분별하지 않을 수 있는가?"[180]라고 하였다. 나흠순은 젊었을 때 불교에 심취한 적이 있었으나 후에 氣一元論者로 학문의 방향을 바꾸었다. 그는 "수십 년 동안이나 마음으로 깊이 고심하였는데, 60세가 되어서야 비로소 심성의 실상을 알고 그것을 자신하였다. 그리하여 朱·陸의 학문을 여기서 비로소 구별할 수 있게 되었다."[181]고 술회할 정도로 朱·陸논변에 대한 그의 학문적 깊이가 상당하였음을 알 수 있다.

그는 "心이란 사람의 신명이요, 性이란 사람이 살아가는 이치이다. 이치가 있는 곳을 일러 심이라 하고, 심이 소유하고 있는 것을 일러 성이라 하니, 섞여서 하나가 될 수 없다."[182]고 하였다. 즉 심은 인간

---

179) 풍우란 저, 박성규 옮김, 『중국철학사』, 하책 14장, 583쪽, 까치, 1999.

180) 『明儒學案』, 卷47 「困知記」, "程子言性卽理也 象山言心卽理也 至當歸一 精義無二 此是則彼非 彼是則此非 安可不明辯之."

181) 『明儒學案』, 卷47 「困知記」, "積數十年用心甚苦 年垂六十 始了然有乎心性之眞 而確乎有以自信 朱陸之學於是乎僅能辨之."

182) 『明儒學案』, 卷47 「困知記」, "夫心者人之神明 性者人之生理 理之所在謂之心 心之所有謂之性 不可混而爲一也."

의 의식 활동의 능력과 그 과정을 설명하는 것이고, 성은 인간의 마음 속에 선천적으로 구비되어 있는 도덕성품을 말한다. 성은 지각의 능력이 없으므로 심이 될 수 없다. 또 성이 없다면 심의 허령한 지각 작용에는 그 잣대가 없어서 당위성의 시비를 가릴 수가 없게 된다. 이에 나흠순은 "신령하게 깨닫는 妙에서 나오는 것이지만, 경중 장단을 판단하는 종류는 모두 중용을 취한 것이 아니면 지나친 것이 아니라 모자라는 것이다. 신령하게 깨닫는 것을 잡아 곧장 지극한 이치로 여긴다면 禪學이 아니라면 무엇인가?"183)라고 하였다. 심이 비록 의식 활동으로 작용하여 경중 장단을 판단하는 종류는 중용을 취한 것으로 이는 성과도 다르며, 심에 지각이 있다 해도 理와는 다르다. 만약 인간의 의식 활동이 언제 어느 때나 어떤 사람에게도 모두 이치에 맞게 된다면 심즉리라 말해도 무리가 없겠지만, 의식 활동이 신령하게 곧장 깨달아 이치를 터득하면 禪學으로 용인될 수밖에 없다. 이것은 바로 인간의 의식 활동으로 하여금 완전히 리에 일치되도록 하는 데 격물 궁리의 공부와 관련되어 있음을 지적한 것이다.

그러나 송명 리학의 일관된 사상의 관점에서 볼 때, 氣學이나 理學, 心學까지도 전체를 지탱하는 디딤돌이다. 왜냐하면 內省과 博學, 존덕성과 도문학, 감성과 이성, 이론과 실천, 덕성과 견문, 내성과 외왕 등의 문제 등은 모두 상호 보완되어야 兩翼이기 때문이다. 이처럼 주자와 육상산이 비록 그 방법론에 있어서 대립은 하였지만, 인간의 본질과 체제를 지탱하기 위해서 윤리강상을 유지하고, 공맹의 도통을 이어 유학을 부흥시키고자 하는 송명이학의 근본취지에서는 같은 입장에 서 있었던 것이다.

---

183) 『明儒學案』, 卷47 「困知記」, "雖或有出於靈覺之妙 而輕重長短類 皆無所取中 非過焉斯不及矣 遂及執靈覺以爲至道 謂非禪學而何."

제 4 장

朱子와 陳亮의 王覇論辯

1. 王覇論辯의 思想的 淵源

1) 孔子의 德治觀

공자가 살던 춘추 말기는 각 제후국의 정세가 쇠퇴하여 백성은 도탄에 빠지고 名敎는 그 실질을 잃어 약육강식이 난무하는, 극도로 혼란한 시기였다. 이런 시기에 공자는 救世濟民의 이상을 실현하려고 각국을 순회하면서 제후들에게 仁政을 유세하였으나 그 뜻은 끝내 이루지 못하였다. 공자의 사상은 先王의 道에 근본을 둔 "述而不作 信而好古"[1]였다. 즉 요·순의 사상을 초석으로 하여 후세에 전하고, 문왕과 무왕의 사상을 法으로 폈던 것이다.[2] 또 周의 문물제도를 夏·殷代에 비교하여 보면 郁郁히 빛나므로 周를 따르겠다[3]는 입장을 분명히 했다.

이렇게 볼 때 공자는 요·순·문·무·주공을 修己治人에 도달하는 이상적인 인물로 규정하고, 周나라 정치를 이상적인 형태로 보아 周의 문물제도를 실현하려고 노력하였음을 볼 수 있다. 따라서 공자는 도덕의 실현이 정치라고 생각했다. 그러므로 "정치는 바른 것이다."[4]라고 표현하여, 질서가 있고 안정된 사회를 이룩하는 데 가장 중요한 것은

---

1) 『論語』, 「述而」1章.
2) 『中庸』, 30章, "7仲尼祖述堯舜 憲章文武上律 天時下襲水土."
3) 『論語』, 「八佾」14章, "子曰 周監於二代 郁郁乎文哉 吾從周."
4) 『論語』, 「顔淵」17章, "政者 正也."

이른바 '正名'의 확립이라고 생각하였다.

자로가 공자에게 정치를 하려면 무엇을 으뜸으로 삼아야 하느냐고 묻자, 공자는 "반드시 正名을 해야 한다."[5]고 대답했다. 또 齊景公이 공자에게 정치하는 도리를 묻자, 공자는 "임금은 임금다워야 하고, 신하는 신하다워야 하고, 부모는 부모다워야 하고, 자식은 자식다워야 한다."[6]고 대답하였다. 바꾸어 말하면 이름마다 모두 어떤 함의를 가지고 있는데, 이것이 그 집합된 사물들의 본질이며 이 집합의 사물에 이 이름이 적용된다. 그러므로 그러한 사물들은 이 이상적 본질과 일치되어야 한다. 통치자의 본질은 '王道'의 실현이다. 만일 통치자가 이 왕도에 따라서 정치를 한다면 그는 참으로 명실상부한 통치자가 될 수 있다.[7]

공자가 생각하기에 통치자는 최고의 덕을 소유한 사람만이 그 백성을 中道의 덕으로써 교화하고 지도하며, 백성들은 치자의 덕에 교화되어 비로소 도덕이 천하에 펴져 국가가 자연히 태평할 수 있다고 보았다. 그래서 공자는 이렇게 말한다.

> 법령으로 백성들을 이끌려고 하고 형벌로써 整齊하려고 한다면 백성들은 법망을 피하여 형벌을 면한 것을 수치스럽게 생각하지 않게 된다. 도덕으로써 백성들을 인도하고 예법으로써 백성들을 整齊하려고 하면 백성들은 부정을 수치로 알고 또한 바르게 된다.[8]

---

5) 『論語』, 「子路」3章, "子路曰 衛君待子而爲政 子將奚先 子曰 必也正名乎."

6) 『論語』, 「顏淵」11章, "齊景公 問政於孔子 孔子對曰 君君 臣臣 父父 子子."

7) 馮友蘭, 鄭仁在 譯, 『中國哲學史』螢雪出版社, 71面.

8) 『論語』, 「爲政」3章, "子曰 道之以政 齊之以刑 民免而無恥 道之以德 齊之以禮 有恥且格."

통치자가 자신의 이욕을 위해서 법령이나 형벌로써 백성들의 행위를 다스린다거나 법이라는 그물로써 사람들을 통제하는 법치주의는 백성들이 요행히 법망을 피하려 하고 법을 어겨도 형벌을 면하면 된다고 생각하여 수치를 모르게 된다. 그러나 통치자의 덕에 의해서 백성을 善하게 이끌고 예법으로써 백성들을 整齊한다면 백성들은 부끄럼을 알아 바르게 될 수 있다. 통치자가 백성을 덕으로써 감화시키고 예악으로써 순화시킨다면 마치 북두칠성이 그 자리에 있고 여러 별들이 그것을 향하는 것과 같다[9]고 하여, 백성들이 통치자를 중심으로 참다운 생활을 영위하며 옹호한다는 것이다. 즉 통치자가 덕으로써 백성을 다스리면 그 은택은 자연히 백성들에게 돌아갈 수밖에 없다. 이것이 곧 仁政이다.

이와 같이 공자의 이상적 정치는 仁政이요 德治라 할 수 있다. 인정이나 덕치는 治者의 도덕성을 전제하는 것이고 治者의 도덕적 모범을 통해 백성의 도덕화가 가능하다고 보는 것이다. 따라서 공자는 이렇게 말한다.

> 그대가 스스로 착하고자 하면 백성은 저절로 착하여질 것이다. 군자의 덕은 바람이요 소인의 덕은 풀이니 풀 위에 바람이 불면 반드시 누울 것이다.[10]

통치자의 도덕적 모범을 통해 도덕적 교화가 이루어질 수 있음을 바람에 따라 풀이 눕게 되는 것에 비유하고 있다. 마찬가지로 윗사람의 몸가짐이 바르면 명령하지 않아도 백성들은 행하지만 그 몸가짐이

---

9) 『論語』, 「爲政」1章, "爲政以德 譬如北辰 居其所 而衆星 共之."
10) 『論語』, 「顏淵」19章, "子欲 善 而民 善矣 君子之德 風 小人之德 草 草上之風 必偃."

바르지 않으면 비록 호령하더라도 좇지 않게 된다.[11] 이와 같이 공자의 덕치관은 지도자의 선의지만 보장된다면 낙관적인 결과가 가능하다는 관점이다.

그런데 그는 管仲에 대한 인물평에서 관중을 적극 옹호하여 칭찬함으로써 선한 동기 못지않게 현실적 事功도 중시하고 있음을 볼 수 있다. 즉 본래 관중은 맹자에 의해서 覇者로 지목되었던 인물이다. 그런데 그는 "관중은 자기의 주군을 따라 죽지 못했으니 仁者가 아니지 않느냐?"는 물음에 대해 "관중이 환공을 도와서 패자가 되게 하고 천하를 한 번 바로잡았으니 백성들은 아직도 그 은혜를 입고 있다. 만약 관중이 없었던들 우리는 머리를 풀어 헤치고 옷깃을 왼편으로 여미는 오랑캐의 풍습을 좇았을 것이다. 大仁은 자질구레한 절개에 구애받지 않는다."[12]고 대답하였다. 이와 같이 그는 관중이 자신의 임금을 위해 죽지 않은 것은 小節로 보고 오히려 관중이 환공을 도와서 전쟁을 하지 않고 제후가 된 것은 大仁에 속한다고 평가하는 것이다.

따라서 공자는 일면 治者의 선의지만 전제되면 낙관적인 결과를 기대할 수 있다는 동기 중심의 입장을 밝히지만, 또 일면에 있어서는 正名論이나 管仲의 인물평에서 보듯이 名에 대한 實이나 현실적 事功에 대해서도 중시하고 있음을 알 수 있다. 이렇게 볼 때 공자는 통치자의 '선한 동기'와 현실정치에 있어서의 '성공적 결과'라는 두 마리의 토끼를 좇고 있는 양수겹장의 전략을 구사하고 있음을 알 수 있다.[13]

---

11) 『論語』, 「子路」6章, "子曰 其身正 不令而行 其身 不正 雖令不從."

12) 『論語』, 「憲間」18章, "子貢曰 管仲 非仁者與 桓公 殺公子糾 不能死 又相之 子曰 管仲 相桓公覇諸侯 一匡天下 民到于今 受其賜 微管仲 吾其被髮左衽矣."

13) 이승환, 「진량과 주자의 왕패논쟁」, 『논쟁으로 보는 중국철학』, 김충열 외 공저, 예문서원, 1994, 208면.

2) 孟子의 王覇觀

공자의 이상적 정치형태가 仁政이요 德治라 할 때 그것은 곧 王道
를 의미한다. 왕도는 그 내용에 있어서는 修己治人, 內聖外王으로 요
약된다. 공자의 이러한 덕치이념을 계승하여 王覇문제를 처음으로 명
확히 체계화한 이는 맹자이다.

> 힘으로써 仁을 빌리는 것은 覇니 패는 반드시 大國이 있고, 덕으로
> 써 仁을 행하는 것은 왕이니 왕도는 大國을 기대하지 않는다. 탕이
> 칠십 리로써 (王道를) 행하고 문왕이 백 리로써 (王道를) 행했다.14)

이와 같이 맹자는 왕도를 '以德行仁'으로, 패도를 '以力假仁'으로 규
정함으로써 정치의 본질에 있어서 왕도는 덕을 근본으로 삼지만 패도
는 힘에 기초하고 있음을 알 수 있다. 여기에서 왕도정치의 본질이라
할 수 있는 덕이야말로 인간의 천부적인 본성 내지 본심을 의미하는
것이다. 왕도는 仁心에 의한 仁政이요 덕에 의한 德治요 '不忍人之心'
에 의한 '不忍人之政'이라 할 것이다. 그러나 패도란 힘으로써 백성을
다스리는 정치형태이다. 힘이란 무력, 폭력, 金力 등 여러 가지로 말할
수 있는데 이는 일종의 강제력을 의미한다. 따라서 힘으로써 사람을
복종케 하는 것은 마음으로 복종하는 것이 아니라 힘이 넉넉하지 못
해서 부득이한 것이며, 덕으로써 사람을 복종케 하는 것은 마음속에서
진심으로 우러나 진실로 복종하는 것이니, 칠십여 제자가 공자에게 복
종한 것과 같은 것이다.15) 이처럼 패도의 경우는 힘에 의한 강제적

---

14) 『孟子』, 「公孫丑上」3章, "孟子曰 以力假仁者覇 覇必有大國 以德行仁者王
　　王不待大 湯以七十里 文王以百里."

15) 『孟子』, 「公孫丑上」3章, "以力服仁者 非心服也 力不贍也 以德服人者 中

복종이기 때문에 민심의 진정한 歸一을 기대할 수 없는 것이고, 오직 왕도만이 진정한 의미의 心服, 悅服을 기대할 수 있는 것이다. 즉 왕도는 백성의 자발적인 복종이라 할 것이다. 따라서 나라의 진정한 힘은 자발적인 복종을 통해 가능하다.

이와 같이 맹자는 왕도와 패도를 구별하고 누구든지 노력하면 왕도를 실현할 수 있고 또 패자가 아닌 王者가 될 수 있음을 역설하였다. 그것은 맹자가 기본적으로 인간의 본질에 대해 낙관적이고 긍정적인 신념을 갖고 있기 때문이다. 맹자는 항상 선악을 말하고 이것의 구체적인 실례로서 요순을 들었다.[16) 또한 사람마다 보편적인 입맛이 있고 보편적인 청각과 시각이 있듯이 어찌 보편적인 마음이 없겠느냐고 반문하면서 그 보편적인 인간의 마음을 理 또는 義라 하였다.[17) 그리고 그것은 다시 구체적으로 惻隱之心, 羞惡之心, 恭敬之心, 是非之心으로서의 四端之心으로 표현된다.[18)

이와 같이 인간은 누구나 선천적으로 도덕가능의 존재임을 확신하는 데에서 왕도의 가능성이 주어진다. 다시 말하면 왕도의 철학적 근거가 성선의 인간관에 있다 하겠다.[19)

그런데 맹자는 왕도정치의 출발은 민생의 안정에 있고 그것은 더 나아가 윤리적 교화를 통해 비로소 완성될 수 있다고 보았다. 이에 관한 맹자의 말을 인용해 보기로 하자.

　　心悅而誠服也. 如七十者之服孔子也."

16) 『孟子』, 「滕文公上」1章, "孟子 道性善 言必稱堯舜."

17) 『孟子』, 「告子上」7章, "故曰 口之於味也 有同耆焉 耳之於聲也 有同聽焉 目之於色也 有同美焉 至於心 獨無所同然乎 心之所同然者 何也 謂理也義也."

18) 『孟子』, 「告子上」7章, "惻隱之心 人皆有之 羞惡之心 人皆有之 恭敬之心 人皆有之 是非之心 人皆有之."

19) 金吉洛, 『孟子王道政治의 研究』, 忠南大學校(博士學位論文), 1976, 46~47 면 참조.

농사짓는 때를 어기지 아니하면 곡식을 이루 다 먹지 못할 것이며 빽빽한 그물을 연못에 드리우지 아니하면 고기와 자라를 이루 다 먹지 못할 것이며, 도끼를 가려 숲에 들이면 재목을 이루 다 쓰지 못할 것이니. 곡식과 물고기를 이루 다 먹지 못하며, 재목을 이루 다 쓰지 못하면 이는 백성으로 하여금 삶을 기르고 죽은 사람을 장사하는 데 유감 됨이 없게 하는 것이 왕도의 시작이다. …… 학교 교육을 부지런히 실시하여 효도와 공경하는 법을 가르친다면 반백이 된 노인이 길에서 짐을 지거나 이고 다니지 아니할 것이다. 칠십이 된 노인이 비단옷을 입으며 고기를 먹을 수 있고, 백성이 굶주리지 아니하며 추위에 떨지 않게 하고도 왕 노릇을 하지 못하는 사람은 없을 것이다.[20]

이와 같이 왕도정치는 일차적으로 백성들로 하여금 의식주의 기초적 경제생활에 문제가 없어야 한다. 그러나 이것만으로 왕도정치가 온전할 수는 없고 교육을 통해 백성들의 윤리의식을 제고함으로써 왕도정치는 완성된다 하겠다. 즉 경제와 윤리의 具足이야말로 왕도정치의 구체적 내용이라 할 것이다.

그러므로 한 개인에 있어서도 恒心과 恒產이 문제된다. 즉 일반적으로 백성들은 항산이 없으면 항심이 없게 되고 항산이 있으면 항심이 있게 된다. 다만 선비는 항산이 없어도 항심을 지킬 수 있다.[21] 여기에서 항산을 인간의 삶에 필요한 경제적 기초라 한다면 항심은 인간의 본심이 된다. 즉 인간에 있어 정신과 물질, 경제와 윤리의 상관

---

20) 『孟子』, 「梁惠王上」1章, "不違農時 穀不可勝食也 數罟不入洿池 魚鼈不可勝食也 斧斤以時入山林 材木不可勝用也 穀與魚鼈 不可勝食 材木不可勝用 是使 民養生喪死 無憾也 養生喪死無憾 王道之始也…… 謹庠序之敎 申之以孝悌之義 頒白者 不負戴於道路矣 老者衣帛食肉 黎民不飢不寒 然而不王者 未之有也."

21) 『孟子』, 「梁惠王上」7章, "無恒產而有恒心者 惟士惟能 若民則無恒產 因無恒心."

성에 관한 이론이라 할 것이다. 적어도 일반적인 의미에서 인간이란 경제적 기초의 확립함이 없이는 인간의 윤리적 본성을 발휘하기 어려움을 언표한 것이다.

또한 맹자는 "生亦我所欲也 義亦我所欲也"라 하여 생과 의가 인간의 기본 욕구임을 말한다. 그러나 이 두 가지를 겸하여 얻지 못한다면 생을 버리고 의를 취하겠다는 입장을 취한다.[22] 여기에서도 맹자는 생리와 의리 다시 말하면 생리적인 가치와 의리적인 도덕적 가치의 具足을 이상으로 삼으면서도 궁극적으로는 생보다 의리, 생리적 가치보다는 의리적인, 도덕적 가치에 그 우위성을 두는 것이라 하겠다. 이러한 맥락에서 『맹자』의 서두에서 義·利문제를 다루고 있는 것이다. 본래 의와 利는 대립적인 것이 아니다. 利가 義에 맞으면 公利가 되지만 의에 반하면 私利가 된다. 따라서 의와 대립되는 利란 사리를 의미하는 것이다. 맹자가 양혜왕을 향해 비난했던 利는 곧 사리였음을 알 수 있다.

살펴본 바와 같이 맹자의 왕도정치 사상은 그의 성선의 인간관에 기초하면서 그 내용에 있어서는 義와 利, 恒心과 恒産, 윤리와 경제의 具足을 이상으로 했던 것을 알 수 있다.

또 맹자의 왕도는 인간 본래의 성선 내지 사단지심의 사회적 확충에 지나지 않는 것이며, 인간 보편심으로서의 理·義가 천하공간에 펼쳐지는 王道라 하겠다. 그러나 패도는 이기적인 사심 내지 이욕에 기초한 힘의 정치라 할 것이다. 따라서 왕도와 패도의 구분이 바로 도덕적 동기에 있음을 알 수 있다. 맹자가 왕도의 구체적 내용으로 그리고 왕도의 시작으로서 경제적 기초를 중시한 것은 사실이지만, 왕도와 패도의 구분에 있어서는 현실적 事功보다 윤리적 동기에 그 강조점을

---

22) 『孟子』, 「告子上」10章.

242

두었음을 알 수 있다. 그렇다고 맹자를 전적으로 윤리적 동기주의자로 간주함은 재고되어야 할 것이다.[23] 왜냐하면 맹자는 공자와 마찬가지로 정명에 입각하여 '왕의 왕다움'을 중시하기 때문이다. 治者의 心法 차원에서 도덕적 선의지만을 강조한 것이 아니라 실제로 도덕적 실천을 통해 도덕적 인간이 되고 그러한 도덕적 의지에 따라 구체적으로 백성들에게 경제적 안정과 윤리적 교화가 베풀어졌을 때 진정한 의미에서 왕도라 보기 때문이다.

그러므로 맹자에 있어서는 공자에서보다도 더 구체적인 왕도의 실천적 대안들이 제시된다. 특히 맹자에 이르러서는 누구든지 왕도를 실현한다면 그를 왕도로 인정하겠다는 논리가 분명한 것이라 하겠다. 여기에서 '仁義之心만 가지고 정치한다면'이라는 것과 '仁義之心에 따라 왕도를 실현한다면'이라는 것과는 구별되어야 할 것이다. 이는 동기에서 한 걸음 나아가 구체적 실천 내지 결과도 고려된 것이라 하겠다. 즉 맹자는 실천이 결여된 동기 차원에 머물지 않고 명실상부한 입장에서 동기와 함께 실천을 통한 결과도 중시한 것이라 하겠다.[24] 따라서 맹자를 지나치게 동기주의 내지 이상주의적 관점에서 평가함은 재론의 여지가 있다고 보인다.

---

23) 이승환 논문. 211면.

24) 이에 대한 맹자의 견해는 『孟子』 梁惠王 上下를 통해 충분히 입증된다. 예컨대 "칠십 노인이 비단옷을 입고 고기를 먹으며 백성들이 주리지 아니하고 춥지 아니하고서 왕 노릇 못 하는 자 없다"고 한다든지, "백성의 부모가 되어 정치를 행함에 짐승을 거느려 사람을 먹게 하는 사태를 면치 못한다면 어찌 백성의 부모라 하겠느냐"고 하는 말에서 충분히 입증된다. 이는 단순히 어진 마음의 동기만 가지면 된다는 것이 아니라 구체적으로 '率獸而食人'의 사태를 방지해야 하고 백성들로 하여금 굶주리고 춥지 않도록 해야 한다는 事功의 측면을 전제하는 데서 王이 될 수 있고 王道가 가능하다고 보는 관점이다.

물론 맹자의 管仲에 대한 인물평에서는 동기에 치우친 감이 없지 않으나 『맹자』 전편에 흐르는 정신은 동기와 함께 결과도 고려되었음을 간과해서는 안 될 것이다. 다만 순자와 비교할 때는 맹자가 보다 동기주의적이고 이상주의적이라는 평가를 내릴 수 있을 것이다.

3) 荀子의 王覇觀

맹자와 철학적 입장을 달리했던 순자에 있어서 왕도와 패도에 대한 견해는 어떠한지 검토해 보기로 하자. 순자에 의하면 나라를 다스리되 도의를 앞세우는 이는 王者가 되고, 信義를 앞세우는 사람은 覇者가 되고, 권모술수를 앞세우는 이는 멸망한다고 한다.[25] 왕도의 본질을 도의로 보는 것은 공자, 맹자와 다를 바 없으나 패도를 믿음(信)으로서 성치적 본질로 삼은 것은 특이하다. 그에 의하면 온 국민에게 예의를 실천하여 여기에 조금이라도 위배되는 일이 없도록 하고, 한 번이라도 의롭지 못한 일을 한다거나, 단 한 사람이라도 죄 없는 사람을 죽인다거나 하여 그것으로 설령 천하를 얻는 한이 있더라도 仁者는 절대로 그런 일을 하지 않는다고 한다.[26] 또한 덕이 아직 부족할 뿐 아니라 도의의 실천마저 완전하지 못한데 그러면서도 천하의 조리는 거의 한 몸에 지니고 있어 상벌이라든가 한번 작정한 일에 대해서는 반드시 그대로 실천하여 신용 또한 세상에 널리 알려져 있어야 한다. 그렇기 때문에 모든 신하들이 알기를 임금이 일단 약속한 일은 속이는 일이 없다고 믿는다. 또 정치 법령을 한 번 내린 이상에는 설령 거

---

25) 『荀子』, 「王覇篇」, "故用國者 義立而王 信立而覇 權謀立而亡."
26) 『荀子』, 「王覇篇」, "挈國以呼禮義 而無以害之 行一不義 殺一無罪 而得天
　　下 仁者不爲也."

기에 이해관계가 달라지는 한이 있더라도 법령을 뜯어 고친다던가 하여 백성을 기만하는 일을 아니하며, 약속이 일단 맺어진 이상에는 어떠한 이해관계에도 동맹국을 속이지 않아야 한다고 보았다.[27] 이러한 정치가 패도인데 그 대표적인 예가 이른바 춘추오패라 하였다.[28]

또한 이와는 달리 모든 백성들에게 공리만을 부르짖어 도의를 편다든가 신의를 지키려고 힘쓰는 일은 없이 오직 이익만을 추구하여, 안으로는 작은 이익을 찾아 자기 백성들을 예사로이 속이고 밖으로는 큰 이익을 얻기 위하여 자기의 동맹국을 거리낌 없이 속이며, 안으로 자기가 이미 보유하고 있는 토지 및 재물을 다스리려는 생각은 아니하고 언제나 남의 소유물에만 눈독을 들이고 있게 되면 신하와 백성들은 모두 속이려는 마음으로 윗사람을 대하게 된다. 윗사람은 아랫사람을 속이고 아랫사람은 윗사람을 속인다면 결국 상하가 서로 등을 돌리게 되고 만다. 이렇게 되면 적국이 이를 얕보게 되고 동맹국 또한 이를 의심하게 되어 나중에는 날마다 권모술수만이 극성하게 되어 나라는 자연히 위험과 침략에서 벗어날 길이 없게 되고 마지막에는 속절없이 멸망하게 되는 것이다.[29]

또한 예의를 쌓은 군자와 함께 나라를 다스려 나가면 王者가 되고, 성실하고 정직하고 신실하며, 도덕을 완성한 군자와 함께 나라를 다스려 나가면 패자가 되고, 권모술수로써 남을 넘어뜨리기를 일삼는 사람

---

27) 『荀子』, 「王覇篇」, "德雖未至也 義雖未濟也 然而天下之理略奏矣 刑賞已諾 信乎天下矣 臣下曉然 皆知其可要也 政今已陳 雖覩利敗 不欺其民 約結已定 雖覩利敗 不欺其與."

28) 『荀子』, 「王覇篇」.

29) 『荀子』, 「王覇篇」, "挈國以呼功利 不務張其義 齊其信 唯利之求 內則不憚詐其民 而求小利焉 外則不憚詐其與 而求大利焉 內不修正其所以有 然常欲人之有 如是則臣下百姓 莫不以詐心待其上矣 上詐其下 下詐其上 則是上下析也 如是則敵國輕之 與國疑之權謀日行 而國不免危削綦之而亡."

과 함께 나라를 다스려 나간다면 망국자가 된다고 한다.[30]

　이와 같이 순자는 王, 覇, 亡의 세 가지 유형을 제시하여 도의적 정신이 순수하면 王者가 되고, 여기에 권모가 섞여 있으면 패자가 되며, 도의적 정신이 전혀 없으면 망국자가 된다고 보았던 것이다.[31]

　순자는 또 왕자는 천하의 인심을 얻은 사람이요, 패자는 이웃동맹국을 얻은 사람이며, 강자는 남의 영토를 자기 손에 넣은 사람이라고 한다. 따라서 천하의 인심을 얻은 이는 뭇 제후를 자기의 신하로 만든 사람이요, 이웃 동맹국을 얻은 이는 제후를 벗으로 한 사람이며, 남의 영토를 빼앗은 이는 제후를 원수로 한 사람이다. 제후를 신하로 한 사람은 왕자가 되고 제후를 벗으로 한 사람은 패자가 되나 제후를 원수로 한 사람은 위태롭다고 한다.[32]

　이와 같이 순자에 있어서는 예로 다스리고 현인을 들어 쓰는 지도자가 왕자이고, 법을 중시하고 백성을 사랑하는 통치자가 바로 패자이며, 이익을 좋아하고 속임수가 많은 통치자를 危라 하였던 것이다.[33]

　이렇게 볼 때 순자에 있어서는 맹자와 같이 패도가 왕도에 반하는 부정적 개념으로 배격되는 것이 아니라 왕도보다는 못하지만 현실적으로 차선인 정치형태로 긍정되는 것이다. 순자에 의하면 패자는 '信으로 세워지는 것', '바르고 참되고 믿음이 온전한 군자와 함께 다스리는 정치', '이웃 동맹국을 얻어 제후를 벗으로 하는 정치', '법을 중시하고 백성을 사랑하는 통치형태'로 규정되고 있는 것이다. 따라서 비

---

30) 『荀子』, 「王覇篇」, "故與積禮義之君子爲之則王　與端誠信全之士爲之則覇　與權謀傾覆之人爲之　則亡."

31) 『荀子』, 「王覇篇」, "故曰粹而王　駁而覇　無一焉而亡　此之謂也."

32) 上揭書, 「王制篇」, "王奪之人　覇奪之與　彊奪之地　奪之人者臣諸侯　奪之與者衣諸侯　奪地者敵諸侯　臣諸侯者王　衣諸侯者覇　敵諸侯者危."

33) 上揭書, 「大略篇」, "君人者　隆禮尊賢而王　重法愛民而覇　好利多詐而危."

246

록 왕도만은 못할지라도 부득이한 경우에는 패도도 무방하다는 입장이다. 이러한 관점에서 순자는 五覇의 머리가 된 齊桓公을 覇의 대표적 인물로 보고 桓公을 도와 事功에 성공한 管仲에 대해서도 긍정적인 평가를 하고 있는 것이다.[34]

이처럼 공자, 맹자, 순자가 모두 유가의 입장에서 도덕적인 동기를 중시한 점은 공통적이라 할 수 있다. 다만 공자는 正名論이나 管仲의 인물평에서 보듯이 현실적 결과 또한 소홀히 하지 않았음을 알 수 있다. 맹자는 비교적 정치에 있어 선한 동기를 중시하는 입장으로 王覇를 분명히 구분하여 왕도만을 제후들에게 권고하고 패도에 대해서는 혹독한 비판을 서슴지 않았음을 볼 수 있다. 그러나 맹자에 있어서도 공자와 마찬가지로 治者가 도덕적 의지를 가지고 실제로 명실상부한 덕치를 실현하고 민생의 안정과 윤리적 교화를 실현하며 與民同樂할 수 있다면 누구든지 王者로 인정하겠다는 의지가 『맹자』 도처에서 볼 수 있다. 따라서 맹자를 전적으로 동기 중시로 보는 관점은[35] 재고되어야 하지 않을까 생각된다. 맹자가 비록 王覇를 엄격히 변별하고 도덕적 선의지를 기초로 한 왕도를 중시한다 하더라도 그가 단순히 정치에 있어서 동기만을 중시한 것은 아니라 보이기 때문이다. 동기와 함께 현실적인 정치의 결과적 측면도 고려하고 있음을 간과해서는 안될 것이다. 또한 순자는 맹자에 있어 부정적으로 비판되었던 패도를 긍정하면서 단지 정치적 동기주의에 머물지 않고 공자나 맹자보다 한걸음 더 현실적인 결과에 주목했던 것으로 보인다. 그리고 이러한 王覇觀을 통해서 볼 때 공자나 맹자에 비해 순자의 경우가 보다 현실적인 관점에서 정치를 이해했던 것이라 보인다.

---

34) 上揭書, 「王覇篇」 참조.
35) 이승환 논문, 211면.

2. 王覇論辯의 過程과 爭點

1) 王覇論辯의 過程

陳亮(1143 ～ 1194)은 浙江省 永康사람으로 字는 同甫, 號는 龍川이다. 그의 본명은 汝能이었는데 諸葛亮을 지극히 흠모하여 亮으로 바꾸었다 한다. 그는 일정한 스승이 없이 공부한 것으로 전해지고 있으며, 어려서부터 '覇王大略'을 좋아하고 병서를 좋아하였는데, 이는 南宋의 중흥을 통해 金에 대한 원수를 갚고 중원을 회복해야 한다는 그의 일관된 염원과 무관하지 않다. 진량은 당대의 혼란한 시대상을 극복할 수 있는 이론으로 '事功之學'을 주장했다. 그 주장의 핵심적 내용은 '義利雙行', '王覇立用', '農商幷重' 등이다. 진량은 서신 왕복을 통해 주자와 王覇, 義利의 문제에 관해 변론했다. 이 장에서는 주지의 변론한 두 이론을 고찰해 보도록 하겠다.

진량은 永康學派의 대표적 인물[36]인데 이들은 事功의 문제를 가장 중시하였다.[37] 진량은 장남헌, 여조겸, 주자 등과 많이 사귀었는데 특히 여조겸과 친하였다. 따라서 진량과 주자 사이에 교량 역을 한 이가 바로 여조겸이다. 여조겸은 두 사람 사이를 오가며 상대의 학문적 경향을 소개해 주었으며 학문적 친교를 권고하기도 했다. 그러나 여조겸이 죽을 때(1181년)까지 이들은 직접 만나거나 서신왕래를 하진 못했다. 그가 죽은 후 1182년(淳熙 9년 壬寅)에 주자는 浙東의 常平茶鹽의 提擧가 되어 가는 도중 여조겸의 묘소를 참배하고 마침 이곳에 살던 진량을 방문함으로써 두 사람의 교유가 이루어졌다. 그 후 진량은 답방의

---

36) 范壽康저, 洪瑀欽 역, 『朱子와 그 哲學』, 영남대 출판부 1988, 307면.
37) 勞思光저, 정인재 역, 『中國哲學史』(宋明篇) 探求堂, 1989. 406면.

예로 그해 衢婺로 주희를 방문하였고, 주희는 이에 첫 편지를 보냄으로
두 사람 사이에 서서히 학문적 토론이 있게 되었다. 그 후 이들은 1186
년까지 5년여에 걸쳐 서신왕래를 통해 피차의 학문적 견해를 탐색하고
격렬한 학술논변을 벌이게 된다. 그 후 1187년에서 1192년 사이에는 서
신왕래의 흔적이 잘 보이지 않고 1193년에 주자가 진량의 진사 급제를
축하하는 편지를 끝으로 이들의 서신왕래는 끝난다. 그것은 진량이 그
이듬해 임지로 가던 중 세상을 떠났기 때문이다. 1182년에서 1186년까
지 오고 간 편지는 『朱文公文集』과 『龍川全集』에 각각 수록되어 있
다.[38] 이를 바탕으로 이들의 王覇논변을 검토하게 될 것이다.

2) 王覇論辯의 爭點

주자와 진량의 왕패논변은 앞서 공자, 맹자, 순자에서의 정치관 내
지 역사관에 근거하고 있는 것이다. 정치적인 측면에서 왕도와 패도를
어떻게 볼 것이냐 하는 문제와 이와 연관하여 '義理'와 '功利'라는 유
교적 가치판단에서 보는 관점 그리고 漢·唐시대를 보는 역사철학적
관점의 차이가 이들 논쟁의 주된 쟁점이었다. 그러나 이러한 문제의
핵심은 사실 동전의 양면처럼 서로 분리시켜 논의할 수 있는 성질의
것은 아니다. 그렇다면 이제 '왕패논변'의 내용을 이러한 관점에서 고
찰해 보기로 한다.

---

[38] 이들 중 주회가 진량에게 보낸 것이 13편인데 『朱文公文集』에 수록되어
  있고, 또 진량이 주회에게 보낸 8편이 『龍川文集』에 수록되어 있다. 그
  밖에도 『朱文公續集』 卷7에 「與陳同父」와 『朱文公文集』 卷28에 「答陳同
  父」 두 편이 있으나 언제의 글인지 알 수 없고 그 내용도 중요한 것은
  되지 못한다.

① 義理와 義利雙行, 王道와 王覇竝用

공자는 선인들의 사상을 계승하여 "예로써 의를 행하고, 의로써 리를 도모하고, 리로써 백성을 다스린다. 이것이 바로 정치의 大節이다."[39]라고 하여, 義로써 利를 도모한다고 하였다. 義란 예에 준거해서 행하여지는 행위의 표준이 바로 예이다. 또 예란 인간관계에서 성립된 제도로 모든 사람들이 지켜야 할 윤리이다. 이러한 예에 의거해서 분배되는 것이 義이다. 물론 공자가 말하는 의는 분배의 차원을 뛰어넘어 인간관계의 각 방면을 포괄하고 있다. 요컨대 利란 의에서 비롯되어 백성을 다스리는 것으로 중시된다. 利가 義에서 나온다는 말은 義에 근거한 利, 즉 "利者義之和也"[40]를 의미한다. 백성을 다스리는 원리로서의 利란 私利가 아닌 公利인 것이다. 그러므로 『논어』에서도 '見利思義'라 하고 『左傳』 成公16年條에서는 '義以建利', 昭公10年條와 『大戴禮記』 四代篇에서는 '義利之本'이라 하여, 義를 利의 근본 내지 직접 '義卽利'의 의미로 사용하고 있는 것이다.[41]

또한 맹자는 伯夷를 聖之淸者로, 伊尹은 聖之任者로, 柳下惠는 聖之和者로 보는 동시에 공자를 聖之時者로 하여 각각 그 서로의 다름을 지적하고 있지만, 공자의 聖之時는 聖之淸, 聖之任, 聖之和를 집대성한 최고의 위치임을 말해 준다. 공자를 時聖으로 보는 것은 경우에 따라서 時宜에 좇아 백이의 聖之淸도 할 수 있고, 이윤의 聖之任도 할 수 있고, 또 유하혜의 聖之和도 할 수 있다는 말이 된다. 이렇듯 공자의 時聖은 한편으로 치우쳐 있는 것도 아니요 고정되어 있는 것도 아니다. 오히려 고정되고 치우쳐 있으면 時中을 잃어 상대에 빠지게 되므

---

39) 『春秋左傳』, 「成公 2年」, "禮以行義 義以生利 利以平民 政以大節也."

40) 『周易』, 「乾卦, 文言傳」.

41) 韋政通, 『中國哲學辭典』, 大林出版社, 民國 67년. 679~680면 참조.

250

로 맹자가 말하듯이 백이는 편협한 것에 빠지고, 유하혜는 좁고 不恭함으로 빠져 버리게 된다.[42] 공자의 道는 상황에 따라 時措之宜에 맞게 얼마든지 바꿀 수 있는 것을 말한다.

공자의 사상은 이런 합리적인 방법으로 利를 보면 그것이 義에 합당한지를 생각하고 난 다음에 취해야 한다고 본 것이다. 이것을 공자는 "믿음이 의에 가까우면 말을 실천할 것이며, 공손함이 예에 가까우면 부끄럼과 욕된 것을 멀리하여, 그 친한 이를 잃지 아니하면 그를 존경할 수 있을 것이다."[43]라고 한다. 만약 불합리한 것을 취하여 추구한다면 욕되고 수치스럽게 된다. 그러므로 "의롭지 못한 부귀는 나에게 뜬구름과 같다."[44]고 말하게 된다.

군자는 본인에게만 의를 준수할 것을 요구할 뿐만 아니라 또한 온 힘을 다해 사회가 그렇게 되도록 노력을 해야 한다. 벼슬에 오르는 것도 이와 같은 것을 실현하기 위해서다.[45] 세상을 의롭게 하려면 군자는 의에 관해서 많은 성찰과 이해가 있어야 한다. 그러므로 "군자는 의에 밝고 소인은 利에 밝다."[46]고 하는 것이다. 그러나 소인은 의에 대한 바른 평가를 내릴 수 없을 뿐만 아니라 그 방법에 대해서도 관심이 없는 것이다. 이익만 좇아서 행하면 반드시 원망이 많다.[47] 따라서 군자가 소인의 利를 보고 합리적인 방법을 사용하지 않고 과감히 의를 외면하면 혼란이 야기되는 것이다.[48]

---

42) 『孟子』, 「公孫丑上」 9章, "伯夷隘 柳下惠不恭 隘與不恭 君子不由也."

43) 『論語』, 「學而」 13章, "有子曰 信近於義 言可復也 恭近於禮 遠恥辱也 因不失其親 亦可宗也."

44) 『論語』, 「述而」 15章, "不義而富且貴 於我如浮雲."

45) 『論語』, 「微子」 7章, "君子仕也 行其義也."

46) 『論語』, 「里仁」 16章, "君子 喩於義 小人 喩於利."

47) 『論語』, 「里仁」 12章, "子曰 放於利而行 多怨."

공자, 맹자의 의에 대한 이론을 충실히 계승하여 '道統'을 계승한 의리지학은 행위의 현실적 功利나 효용(事功)보다는 행위자의 선험적 도덕성(義理)을 중시한다. 주자는 맹자처럼 도덕적인 선한 동기를 갖고 왕도정치를 실현하면 바람직한 정치적 결과를 가져올 수 있다는 신념이다. 이것은 한 사람의 통치자가 성현의 도통을 실현하면 만민이 도덕적 교화를 통해서 인본주의를 실현할 수 있다는 것이다. 그러나 진량의 입장은 논리적이고 이론적인 것보다는 현실적이고 공리적인 측면을 강조한다. 즉 도가 인간의 구체적인 생활 속에서 작용하는 현실적인 생활원칙이라고 보았다. 즉 인간의 구체적인 생활을 이끌어갈 수 없는 도는 쓸모가 없게 된다.

태초 이후에 성현들이 계속해서 나타나 도통이 날로 분명히 밝혀졌다. 그 이후 비록 평화와 혼란이 교차하여 발생했지만 도는 하루라도 천하에서 시리진 일이 없있다. 그렇나면 선국시대와 진한시대 이후에 천오백 년 동안 이 도는 도대체 어디에 있었는가? 그리고 그 사이에 누구 하나 도를 이해하는 사람이 나타나지 않았고 또 성현이 다시 일어난 것도 아니라면, 천하는 결국 (도의 힘이 아니라) 인간의 지력에 의존하여 유지되어 온 것이 되며, 도는 마침내 전해질 수 없는 신비한 물건이 되고 만다. 그러면 儒者들은 어디에서 그 도를 얻었다는 말이며, 그것으로 인해 자신들을 높이고 천하에 홀로 설 수 있다는 말인가?[49]

---

48) 『論語』, 「陽貨」23章, "子曰 君子 義以爲上 君子有勇而無義 爲亂 小人 有勇而無義 爲盜."

49) 『龍川集』, 卷36, 「錢叔因墓碣銘」, "洪流之初 聖賢繼作 道統日以修明 雖時有治亂 而道無一日不在天下也 而戰國秦漢以來 千五百年之間 此道安在 而無一人能識其用 聖賢亦不作 天下乃賴人之智力以維持 而道遂爲不傳之妙物 儒者又何從而得之 以尊其身而獨立於天下."

진량이 합리적으로 추구하는 도는 현실적인 삶에서 보편성과 역사성을 동시에 갖춘 통일된 도였다. 따라서 삼대의 이상적인 시대 이후의 역사는 도가 상실된 역사라고 이해하는 주자의 이론과는 대치된다. 그럼에도 불구하고 주자는 학문의 궁극적인 목표는 경서에 나타난 성인의 도리를 체득하는 것이라고 강조한다. 그것이 바로 "성현의 의도를 파악"[50]하는 일이고, "성현의 의도를 통해 자연의 리치를 보는 것"[51]이다. 주자는 경서가 성인의 도뿐만 아니라 자연의 도(理)까지 구현하는 길이라고 확신하여 유학의 도통관을 지지하였다. 따라서 주자는 당시의 현실적이고 공리적인 학풍을 비판하면서, 경서에 중점을 두는 폭넓은 역사와 제도의 연구를 주창한다.

오늘날의 학자들은 먼저 경서에 대한 충분한 독서가 대단히 미비하고, 도덕적 판단(義理)의 기준이 확립되지 않은 상태에서, 곧바로 역사서를 읽어 과거와 현재의 정치적 질서와 무질서(古今治亂)의 원인을 탐구하고자 하며 제도와 법률 등을 이해하려고 한다. 독서란 마치 흙으로 둑을 만들어 논밭에 대는 것에 비유할 수 있다. 둑을 만들 때에는 그 속에 반드시 물을 가득 채워 놓아야 한다. 그런 다음에야 그 물을 열어 논밭의 곡식에 충분한 물을 제공할 수 있는 것이다. 그러나 둑 안에 고인 물이 겨우 한 움큼에 불과할 때에는 조급히 물을 대어 관개를 한다 해도, 논밭에는 아무런 도움도 주지 못할 뿐 아니라, 고여 있는 물마저도 다 없어지는 결과가 되고 만다. 경서의 충분한 독서를 통해 도덕적 판단의 기준이 확립되면, 그 후에 반드시 마음속에 척도가 분명해질 것이다. 그러한 연후에도 역사를 연구하지 않고, 질서와 혼란의 원인을 탐구하지 않고, 제도와 법률을 이해하려고 하지 않는다면, 그것은 마치 저수지 안에 물을 가득 채워놓고도 그것을 터서 논밭에 물을 대지 않는 것과 마찬가지이다. 그러나 독서

---

50) 『朱子語類』, 卷10 「讀書法上」, "觀聖賢之意."
51) 『朱子語類』, 卷10 「讀書法上」, "因聖賢之意 以觀自然之理"

가 충분하지 않고 도덕적 판단의 기준이 확립되지 않은 상태에서 조급하게 역사서를 읽는 것을 급선무로 삼는다면, 그것은 마치 저수지에 고여 있는 겨우 한 움큼밖에 되지 않는 물을 대서 논밭을 관개하는 것과 같은 경우가 되어, 잠시 서서 기다리는 사이에 물은 말라 버리고 말 것이다.[52]

주자는 경서를 통해서 도덕적 판단이 확립되어야 한다고 주장한다. 역사와 제도는 그 시대와 여건에 따라 현실적으로 운영되지만 성인이 가리키고자 하는 궁극적인 원리는 보편적이고 절대적으로 본 것이다. 주자는 진량과의 논변에서 훌륭한 제도 자체가 역사 속에서 도를 실현하는 것이 아니라 성현이 제시한 도가 역사 속에서 훌륭한 제도를 실현시킨다고 주장한다. 그러므로 그 성현의 도는 역사와 제도에 앞서서 실재하는 초시간적 진리로서 역사 속에서 진행되는 것이고, 그것은 완전하고 분명한 경서를 통해서 드러나게 되어 있는 것이다. 그는 이를 염려하여 黃直卿에게 보낸 서신에서 "단지 요즈음 婺州에는 일종의 논의가 더욱 가증스럽다. 이들은 대체로 여조겸을 종주로 삼는다 하면서, 사실은 同父(同甫)의 학설을 종주로 삼고 있다. 潘 씨 댁에서 초청하여 머물게 한 빈객도 이따금 모두 이러한 類의 사람들이다. 심히 걱정되고 한탄스럽다."[53]고 말한다.

---

52) 『朱子語類』, 卷11 「讀書法下」, "今人讀書未多 義理未至融會處 若便去看史書 考古今治亂 理會制度典章 譬如作陂塘以漑田 須是陂塘中水已滿 然後決之 則可以流注滋殖田中禾稼 若是陂塘中水方有一勺之多 遽決之以漑田 則非徒無益於田 而一勺之水亦復無有矣 讀書旣多 義理已融會 胸中尺度一一已分明 而不看史書 考治亂 理會制度典章 則是猶陂塘之水已滿 而不決以漑田 若是讀書未多 義理未有融會處 而汲汲焉以看史爲先務 是猶決陂塘一勺之水以漑田也 其涸也可立而待也."

53) 『朱文公續集』, 卷1 「答黃直卿」, "但婺州近日一種論議愈可惡 大抵名宗呂氏 而實主同父 潘家所招館客 往往皆此類 深可憂歎"

주자는 진량에게 보낸 제3서신에서 인간은 최선을 다해 실현해야
할 사회적 목적이 경서의 이론에 있음을 주장한다.

> 작년에 보내 준 열 편의 논문 대의는 아마 '물에 빠진 형수의 손을
> 시동생이 손을 내밀어 구해 준다'는 權의 의미가 너무 강해서 '남녀가
> 직접 손으로 주고받지 못하게 하는' 經의 중요성을 소홀히 한 것입니
> 다. 후학들이 삼강오상의 正道를 알지 못한 채, 문득 이러한 학설만
> 듣는다면 그 害는 장차 구해 낼 수 없게 된다. 바라건대 明者는 그것
> 을 반성해 보기 바랍니다.54)

주자는 經이 大經大法으로서의 정당한 도리일 뿐 정미곡절한 곳까
지는 미치지 못하는 것이기 때문에, 權이 그 뜻을 곡진히 하여 經이
미치지 못하는 그 부분을 대행한다고 보았다. 그러므로 '中'을 말하는
데 權을 귀하게 여기는 것은 이 때문이다.55) 주자의 이러한 주장은
진량의 현실적인 결과나 공리적인 事功만을 문제 삼고, 선험적인 도덕
성의 문제를 소홀히 하고 있음을 비판한 것이다. 1184년(淳熙 11년,
甲辰)에 진량은 무고한 누명을 입고 옥에 갇혀 있다가 풀려났다.56)
이에 주자는 다시 진량에게 위로의 서신(제4서)을 보내면서 진량의

---

54) 『朱子文集』, 卷36 「答與同甫」, "去年十論大意 亦恐授溺之意大多 無以存
不親授之防耳 後生輩未知 三綱五常之正道 遽聞此說其害將有不可勝救者
願明者之反之也."
55) 『論語』, 「子罕」30章, 朱子小註. "經者 只是存得箇 大經大法 正當底道理而
已 若精微曲切處 固非經之所能盡也 所謂權者 於精微曲切處 曲盡其意以
濟 經之所不及耳 所以說中之爲貴者 權者 即是經之要妙處也."
56) 진량은 호방한 기질로 말미암아 일생에 세 번에 걸쳐 투옥되었다. 첫 번
째는 1171년 술에 취해 한 狂士와 놀이를 하면서 임금의 역할을 했다가
투옥되고, 두 번째는 1184년 마을의 연회에 참석했다가 살인사건의 용의
자로 지목받아 무고를 당한 것, 세 번째는 1191년에 신중하지 못한 행위
때문에 이웃과 싸움에 연루되어 투옥된 경우이다.

학설에 다음과 같은 충고를 보낸다.

 노형은 성품이 고명하고 剛決하여 과오를 고치는 데 인색하지 않습니다. 원컨대 어리석은 말을 깊이 생각하여 義와 利를 같이 추구하고(義利雙行) 왕도와 패도를 같이 쓸 수 있다(王覇竝用)는 학설을 물리치며, 분한 생각을 뉘우치고 욕망을 억제하여 개과천선의 일에 종사하여 醇儒의 도리로써 自律한다면 어찌 홀로 人道의 화만 면할 따름이겠습니까?[57]

 義利雙行이나 王覇竝用은 醇儒로서 할 행위가 아니라고 힐책하고 있다. 한 고조와 당 태종은 仁義에 우연히 합치(暗合)되는 때가 있었지만 삼대의 왕도에 우연히 부합되는 때도 없었던 것은 아니다. 그래도 한·당은 삼대의 의리의 마음을 지니지 못하였고 이욕의 마음만 가지고 있어 왕도가 아닌 패도만 행했을 뿐이다. 이와 같이 한·당이 패도와 이욕으로 행한다는 주자의 의견에 진량은 義利雙行과 王覇竝用의 설이 옳다는 근거를 한·당 시대의 역사적 사실을 통하여 다음과 같이 논박한다.

 맹자와 순자가 義·利, 王·覇를 논한 이후 한·당의 諸儒들은 그 뜻을 깊이 규명하지 못하였고, 本朝의 伊洛 諸公들은 천리·인욕으로 이를 분변하여 王·覇, 義·利설을 이에 크게 밝힌 바 있습니다. 그러나 삼대는 도로 천하를 다스리고 漢·唐은 智力으로 천하를 유지했다는 말로써 사람의 마음을 굴복시키기에 미흡하였습니다. 그리하여 근세 제유들은 마침내 삼대는 오로지 천리를 행하였고 한·당은 오로지 인욕으로 행하였지만 그 사이에는 천리와 은연중 부합되는 바 있었기

---

57) 『朱子文集』, 卷36 「答與同甫」, "老兄 高明剛決 非吝於改過者 願以愚言思之 紐去義利雙行 王覇竝用之說 而從事於懲忿窒慾 遷善改過之事 粹然以 醇儒之道自律 則豈獨免於人道之禍."

에 또한 장구할 수 있었다고 말합니다. 만일 이렇게 본다면 1500년 기간이란 천지는 또한 비 새는 집을 임시로 대강 막아서 세월을 보내고, 인심 또한 터진 옷자락을 억지로 당겨 임시로 가려 막아 기워 입고서 하루하루를 지탱한 형상이라 할 것이니, 그렇다면 만물이 어떻게 성대할 수 있으며 도가 어떻게 항상 존재할 수 있겠습니까? 그러므로 나는 한·당 군주의 본령이 드넓고 커서 확 트여 열려 있기에 그 나라가 천지와 더불어 병립할 수 있었고 인물은 그에 힘입어 살아갈 수 있었다고 생각합니다. …… 諸儒의 말처럼 曹孟德 이하 모든 사람을 옳지 못하다고 하여 한·당까지 끊어 버리는 것은 원통한 일이 아니겠습니까? 이 말에 대하여 어찌 고조와 태종이 구천에서 마음으로 굴복할 수 있겠습니까?[58]

주자가 "삼대는 오로지 천리로 행하였고 한·당은 오로지 인욕으로 행하였다."는 말에 진량은 천지는 터진 구멍을 임시로 막아 겨우 하루하루를 보낸 셈이고, 인심 역시 헤어진 옷자락을 억지로 당겨 임시로 가리거나 기워 입고서 간신히 나날을 보낸 셈이라고 이해하였다. 즉 만물이 격단되지 않고 끊임없이 번성하였으며 도가 항상 존재하여 왔던 사실이 이를 증명한다고 본 것이다. 진량은 한·당 군주의 본령이 뛰어났기에 천지와 더불어 병립할 수 있었고, 이런 인물들에 힘입어 한·당이 살아갈 수 있었다고 긍정하였다. 그러므로 曹操에 대해서 '인욕으로 행하였다'는 지탄을 하면서도 한·당의 군주까지 그렇게 보

---

58) 『龍川集』, 卷20 「又甲辰答書」, "自孟荀論義利王覇　漢唐諸儒未能深明其說　本朝伊洛諸公辨析天理人欲　而王覇義利之說於是大明　然謂三代以道治天下　漢唐以智力把持天下　其說固已不能使人心服　而近世諸儒遂謂三代專以天理行　漢唐專以人慾欲行　其間有與天理暗合者　是以亦能久長　信斯言也　千五百年之間　天地亦是架漏過時　而人心亦是牽補度日　萬物何以阜蕃　而道何以常存乎　故亮以爲漢唐之君　本領非不洪大開廓　故能以其國與天地竝立　而人物賴以生息……　諸儒之論爲曹孟德以下諸人設可也　以斷漢唐　豈不冤哉　高祖太宗豈能心服於冥冥乎."

는 것은 잘못이라고 생각하였다.

또한 진량은 삼대와 한·당 시대의 질적인 차이도 인정하지 않았다. 어느 시대나 현실적으로 당시의 문제가 항상 존재하게 마련이고, 그러한 시대적 상황의 문제를 해결할 때 비로소 도의가 실현될 수 있고 평화와 안정이 올 수 있다고 본 것이다. 어떤 사람에게나 욕망은 부정할 수 없는 사실이고, 그 시대 그 상황에서 욕망으로 인한 문제를 해결할 수 있는 궁극적인 것을 바로 대세라고 보았다.

> 雜覇라고 일컫는 것도 그 도는 본래 왕도에 근본이 있습니다. 제유라고 자처하는 자는 의라 말하고 왕이라고 말한다면, 한·당의 제왕이 해서 이룬 것은 利라고 말하고 覇라고 말합니다. 한편에서(覇道)는 이와 같이 말하고 한편에서(王道)는 스스로 그와 같이 실행했다고 말하는 것은 비록 매우 좋으나 실행했다는 것도 또한 나쁘지 않습니다. 이와 같이 의리와 이익이 함께 행해지며(義利雙行), 왕도와 패도를 아울러 쓰는 것(王覇並用)이다. 내가 말하는 것은 곧바로 위에서 아래로 단지 하나의 요점은 "해서 이루자(做得成)"라는 것뿐입니다.59)

이와 같이 진량은 왕도와 패도, 의리와 이익을 단지 대세에 따라 그 상황에 처한 문제를 해결하는 것도 중요하다고 보는 것이다. 즉 雜覇들은 말이나 이론보다는 실행을 강조하여 현실화시키는 이익과 힘(覇道)을 가지고 있다. 진량은 바로 이러한 요소를 중시하였기 때문에 왕도와 패도, 도덕과 이익을 통일시키는 관점이 '해서 이루자'는 문제

---

59) 『龍川集』, 卷20 「又甲辰答書」, "謂之雜覇者 其道固本於王也 諸儒自處者 曰義曰王 漢唐做得成者曰利曰覇 一頭自如此說 一頭自如彼做 說得雖甚好 做得亦不惡 如此却是義利雙行 王覇幷用 如亮之說却是直上直下 只有一箇 頭顱 做得成耳."

해결에 있었다. 따라서 주자처럼 선험적 도덕규범인 천리에서 문제를 시행했느냐 사사로운 인욕의 인심에서 그 문제를 해결했느냐 하는 동기가 중요한 것이 아니다. 진량은 행위가 법도에 맞고 그의 시도가 문제를 해결을 해결하기 위해 시행을 한 행위자가 현실에 맞게 그 문제를 해결했느냐 하는 결과를 중시한다.

진량은 이처럼 '王霸竝用 義利雙行'이 통합되는 계기를, 폭력을 방지하고 난리를 그치게 하여 백성을 사랑하고 모든 것을 이롭게 한다는 현실론에 두고 있다. 그래서 한 고조와 당 태종이 본래 군자의 사수였으나, 오직 말몰이꾼이 올바름에 순수하지 못해서 그 활을 쏘는 것이 들쭉날쭉 했다고 보았다. 그러나 끝내 폭력을 금하고 난리를 그치게 하여 백성을 사랑하고 모든 것을 이롭게 했던 그 가릴 수 없는 공적은 그 본령이 크고 넓어 확 트였기 때문이라고 보았다.[60] 그는 이것을 『맹자』에 나오는 射手와 말몰이꾼의 이야기로 설명한다. 즉 몰이꾼이 법도에 맞게 수레를 몰자 사수가 짐승을 한 마리도 못 잡았는데, 법도에 어긋나게 수레를 몰자 하루아침에 열 마리나 잡았다. 맹자는 이익을 위해서 요령껏 법도를 지키거나 어겨서 결과물을 취득하는 행위는 바로 소인의 행위라고 보았다. 왜냐하면 말을 모는 몰이꾼도 사수에게 아부하는 것을 부끄럽게 여겨 짐승을 잡기를 구릉과 같이 많다 해도 하지 않았으니, 선비라는 사람이 도를 굽혀 불의를 따를 수가 없다는 주장이다.[61] 그러나 진량은 사수는 천하의 평화를 위하여

---

60) 『龍川集』, 卷20 「又甲辰答書」, "高祖太宗本君子之射也 惟御者之不純乎正 故其射一出一入 而終歸於禁暴戢亂 愛人利物而不可掩者 其本領宏大開廓 故也."

61) 『孟子』, 「滕文公下」1章, "昔者趙簡子使王良與嬖奚乘 終日而不獲一禽 嬖奚反命曰 天下之賤工也 或以告王良 良曰 請復之 彊而後可 一朝而獲十禽 嬖奚反命曰 天下之良工也 簡子曰 我使掌與女乘 謂王良 良不可曰 吾爲之範我馳驅 終日不獲一 爲之詭遇 一朝而獲十 詩云 不失其馳 舍矢如破 我

떨쳐 일어난 군주이고, 말을 모는 사람은 그를 보좌하는 신하라고 보았다. 또한 짐승을 잡는 것은 바로 평화를 위하여 군사 행동 등을 할 때 행하는 현실적인 결과로 보았다. 즉 맹자가 말하는 법도란 도덕률이 아니라, 현실 상황을 결정하는 군사 전략적 법칙으로 이해한다. 따라서 그는 말을 모는 사람이 제대로 말을 몰지 못하면, 사수는 짐승을 한 마리도 잡을 수가 없다고 생각한 것이다.

따라서 진량은 한 고조나 당 태종이 천하의 혼란을 제거하려고 궐기한 그 마음은 혼란을 극복하여 평화를 유지하기 위해 백성을 사랑하는 넓고 탁 트인 마음으로 본다. 그러나 주자는 패도를 추구하다 우연히 맞아 승리한 자가 한·당 시대의 영웅이라고 보았다. 그리고 어쩌다 우연히 왕도에 비슷한 정치를 구현했던 한·당의 영웅들에 대해서도 주자는 '인과 의를 빌림'(假仁借義)에 지나지 않는다고 혹평한다.

　　지는 천리 인욕 두 글자는 고금의 제왕이나 패자의 행적만을 통해서 구할 것이 아니라고 생각해 왔습니다. 이것을 내 마음의 의로움과 사리(義利), 사악함과 정대함(邪正) 사이에서 되돌아보고, 그것을 살피는 것이 세밀하면 할수록 그것을 보는 안목은 더욱더 분명해지고 그것을 지키는 자세가 엄정하면 할수록 그것을 드러내는 태도는 더욱더 용감해지리라고 생각해 왔습니다. 맹자가 말한 '호연지기'란 법도와 표준에 따라 수렴하여 감히 함부로 행동하지 않는 것이니, 천하를 스스로 담당하겠다는 그 중압감은 비록 孟賁이나 夏育과 같은 용사라도 빼앗을 수 없습니다. 이것이 어찌 재능과 혈기로 할 수 있는 일이겠습니까? 노형은 한 고조와 당 태종이 행한 바를 보고 그 마음을 살펴보십시오. 그들의 행적이 과연 의로움에서 나왔는지 이로움에서 나왔는지, 사악함에서 나왔는지 정대함에서 나왔는지를 말입니다. 한 고

不貫與小人乘 請辭 御者且羞與射者比 比而得禽獸 雖若丘陵 弗爲也 如枉道而從彼 何也 且子過矣 枉己者 未有能直人者也."

조와 같은 사람은 사사로운 생각의 정도가 그다지 성하지 않았습니다
만 전혀 없다고 말할 수 없습니다.

당 태종의 마음은 오히려 한 마음이라도 인욕에서 나오지 않은 것
이 없다고 생각합니다. 바로 인과 의를 빌려서 그 사사로움을 실행했
으나 당시 태종과 더불어 싸웠던 사람들은 재능과 술수가 그보다 못
하고, 또 인과 의도 거짓으로 빌릴 수 있다는 점을 알지 못했습니다.
그래서 저들(당 태종과 같이 인과 의를 빌려 승리한 사람)이 이들(당
태종과 같이 싸워서 패배한 사람)보다 나았기 때문에 성공을 거둘 수
있었습니다. 만약 그들이 능히 국가를 잘 세울 수 있었고 또 능히 이
것을 세세손손까지 전할 수 있었다는 기준을 가지고 이들이 천리의
바름을 얻었다고 한다면, 이것은 바로 성공과 패배로써 시시비비를
논하려고 하는 것에 불과합니다. 다만 새와 짐승을 많이 사냥하는 것
만을 높이 평가하고 그의 속임수가 올바르지 않다는 것을 부끄러워하
지 않는 것과 같은 것입니다. 천오백 년 사이에 참으로 이와 같은 논
의가 성행하였습니다. 따라서 비가 새는 집을 겨우 고치고 헤진 옷을
억지로 꿰매어 입는 식으로 세월이 흘러갔습니다. 그 사이에 다소 평
안을 유지한 상태가 없었던 것은 아니지만, 요순과 삼왕, 주공과 공자
가 전한 도는 단 하루도 천지 사이에서 행해지지 않았습니다.

그런데 도는 항상 존재하는 것이라는 점에서 말한다면 그것은 처
음부터 사람이 간여할 수 없는 것입니다. 이것은 옛날부터 오늘에
이르기까지 항상 존재하는 불멸의 것으로 비로 천오백 년 동안 인간
에 의해 파괴당하기는 했지만 끝내 이 도를 모조리 없애 버릴 수는
없었습니다. 한·당의 현명한 군주라고 일컬어지는 분들이 일찍이
무슨 한 가닥 힘이 있어 이 도를 일으켜 세우는 데 힘을 더한 적이
있습니까?[62]

---

62) 『朱子文集』, 卷36 「答陳同甫」, "嘗謂天理人欲二字 不必求之於古今王伯之
迹 但反之於吾心義利邪正之間 察之愈密 則其見之愈明 持之愈嚴 則其發
之愈勇 孟子所謂浩然之氣者 蓋斂然於規矩準繩 不敢走作之中 而其自任以
天下之重者 雖賁育莫能奪也 是豈才能血氣之所爲哉 老兄視漢高帝唐太宗
之所爲而察其心 果出於義耶 出於利耶 出於邪耶正耶 若高帝 則私意分數

이처럼 동일한 행동이라 할지라도 그 동기가 요순이 전한 천리에서 나왔는가, 아니면 사사로운 인욕에서 나왔느냐에 따라서 곧 왕도와 패도로 갈리는 분기점이 되는 것이다. 그리고 그 척도는 고금의 제왕이나 패자의 행적을 통해서만 가름할 수 있는 것이 아니라고 주자는 말한다. 그것은 바로 내 마음의 義利와 邪正을 반성하고 세밀하게 살펴서 행하면 가능한 일이고, 그 구체적인 방법으로 맹자의 '호연지기'라고 그 해답을 제시한다. 맹자는 누구나 성인이 될 수 있는 가능성을 열어 놓고 있다.[63] 그는 사람의 본성 가운데 본래 사단이 갖추어져 있으며 이 사단을 확충한다면 모두 성인이 될 수 있다고 보았다. 따라서 주자는 한 고조와 당 태종이 행한 정치의 형태는 '假仁借義'에 지나지 않는다고 진량에게 말한다.

또한 義利雙行 王覇並用說이 성패로써 시비를 논하려는 오류를 범했음을 밝히고 있다. 주자는 현실적 결과의 성패 문제가 도덕규범의 시비문세가 될 수 없다고 판단한 것이다. 그것은 사냥하는 사람이 사냥의 동기나 앞으로 도래할 삶의 방향성을 보지 못한 채 단지 그 결과인 수확물을 자랑하는 형국으로 본다. 그는 맹자가 "빽빽한 그물을 깊은 연못에 드리우지 아니하면 고기와 자라를 이루 다 먹지 못할 것이며, 도끼와 자귀를 때를 가려 숲에 들이면 재목을 이루 다 쓰지 못

猶未甚熾 然已不可謂之無 太宗之心 則吾恐其無一念之不出於人欲也 直以其能假仁借義 以行其私 而當時與之爭者 才能知術 旣出其下 又不知有仁義之可借 是以彼善於此 而得以成其功耳 若以其能建立國家 傳世久遠 便謂其得天理之正 此正是以成敗論是非 但取其獲禽之多 而不羞其詭遇之不出於正也 千五百年之間 正坐如此 所以只是架漏牽補 過了時日 其間雖或不無小康 而堯舜三王周公孔子所傳之道 未嘗一日得行於天地之間也 若論道之常存 却又初非人所能預 只是此箇 自是亘古亘今 常在不滅之物 雖千五百年被人作壞 終殄滅它不得耳 漢唐所謂賢君 何嘗有一分氣力扶助得它耶."

63)『孟子』,「告子」, "人皆可以爲堯舜."

할 것이니, 곡식과 고기들을 이루 다 먹지 못하며 재목을 이루 다 쓰지 못하면 이는 백성으로 하여금 삶을 기르고 죽은 사람을 장사하는 데 유감이 없게 하는 것이니, 삶을 기르고 죽은 이를 장사하는 데 유감이 없게 하는 것이 王道의 시초이다"[64]라고 한 時宜의 방법을 알지 못한 것이라고 주장한다. 따라서 진량은 한 고조와 당 태종의 현실적인 공적만 칭찬하였지 이들의 時宜의 동기나 미래에 어떤 결과가 도래할 것이지는 묻지 않은 것이다.

그래서 사람이 사람답게 살 수 있는 도리를 전한 요순이나 삼왕, 주공과 공자와 같은 현인들은 현실적인 동기의 문제도 중요하게 생각하였을 뿐만 아니라 또 현실적인 문제로 도래할 결과까지 고려하였다. 그 이유로 1500년 동안 파괴당하기만 했던 도를 없애 버릴 수 없었기 때문이다. 이 세상은 '生生不息'하는 변화의 세계이다. 즉 日月星辰, 鳥獸草木, 春夏秋冬, 晝夜寒暑 등 자연현상은 千變萬化하여 잠시라도 정지함이 없음으로 '變易'이라고 한다. 이와 같이 변하는 자연현상 속에는 정연한 질서와 불변의 법칙이 있으므로 '不易'이라고 한다. 또 이와 같은 법칙은 일련의 질서에 따라 변화하기 때문에 그 변화는 미리 짐작할 수 있는 변화요, 미리 알 수 있는 명백한 변화이므로 '簡易'이라고 하였다.[65] 이러한 도는 항상 존재하는 것으로 사람이 간여할 수 없는 것으로 옛날부터 오늘에 이르기까지 항상 존재하는 불멸의 도이다. 한·당의 1500년 동안에도 존재해 있었고, 또 앞으로도 변함없이

---

64) 『孟子』,「梁惠王上」3章, "數罟 不入汚也 魚鼈 不可勝食也 斧斤 以時入山林 材木 不可勝用也 穀與魚鼈 不可勝食 材木 不可勝用 是便民養生喪死無憾也 養生喪死 無憾 王道之始也."

65) 孔穎達, 『周易正義』, 第一論 "易之三名 乾鑿度云. 易一名而含三義 所謂易也變易也不易也."
『周易』, 繫辭傳. "易則易知 簡則易從, ……易簡而天下之理得矣."

존재할 것이라는 것이 주자의 주장이다.

이와 같이 어떤 사람의 행위가 도덕적 평가를 받기 위해서는 그 동기가 天理에서 나왔는가 人欲에서 나왔는가를 분석해 보지 않을 수 없다. 따라서 개인의 업적이나 공적도 중요하지만, 그 사람의 개인적인 사생활 역시 도덕적 시비를 판단하는 준거가 된다. 주자는 제4신에서 진량의 사생활에 대해 그가 투옥된 사실을 묵과하지 않고 충고한 것이다. 주자는 천리와 인욕에 대해서 "성인들의 천만가지 말씀은 단지 사람들에게 천리를 보존하고 인욕을 없애도록 가르친 것뿐이다."[66]라 한다. 인욕을 없앤다는 것은 인간 본성의 욕망을 소멸시키는 뜻이 아니고 '부정한 행위', '도리에 따르지 않는 것'을 없앤다는 뜻이다. 즉 인간의 사사로운 욕심은 근원부터 제거하지 않는다면 결국 천리는 드러날 수가 없기 때문이다.

천리는 항상 마음에 내새하는데 아무리 그 기능이 억눌려도 없어지지 않는다. 천리는 항상 그렇게 존재하며, 사욕 가운데서 發出하지 않는 때가 없다. 단지 사람이 지각하지 못할 뿐이다. 마치 明珠와 大貝가 모래 가운데 섞여 있어도 때가 됨에 점차 조금씩 나오는 것과 같다. 이 선의 의지의 싹을 즉시 인식하고 아주 작은 싹이라도 차례로 모아 점차로 늘린다면, 천리는 자연히 순고해지고 지난날의 사욕은 자연히 사라져 오래도록 다시 싹트지 않을 것이다. 만약 사욕을 없애려는 노력만 하고 선을 향한 의지의 싹을 조장하지 않는다면, 설령 한 순간에 사욕을 억누르더라도 또한 움직여 나올 것이다. 인성은 본래 밝은 것이지만, 마치 흐린 물속에 가라앉은 진주와 같아서 그 밝음이 드러날 수가 없다. 흐린 물을 버리면 진주는 예컨대 저절로 빛난다. 자신이 이 인욕에 가려졌음을 알아낸다면 바로 밝은 것이다.[67]

---

66) 『朱子語類』, 卷11「學5」, "聖人千言萬語 只是敎人存天理 滅人欲"
67) 『朱子語類』, 卷117「訓門人5」, "蓋天理在人 亘萬古而不泯 任其如何蔽錮

인욕과 사욕을 소멸시키는 것도 필요하지만 선을 향한 의지의 싹을 양성하는 것도 잊어서는 안 된다. 본래 사람의 성은 밝은 것이지만, 마치 흐린 물속에 가라앉은 진주와 같아서 그 밝음이 드러날 수가 없다. 흐린 물을 버리면 진주는 저절로 빛난다. 자신이 이 인욕에 가려졌음을 알아낸다면 바로 밝게 드러나는 것이다.[68]

주자와 진량의 차이점은 이와 같은 점에서 분명하게 드러난다. 당 태종의 경우에 진량은 난세를 극복하여 백성을 구하겠다는 신념으로 거병하여 안정시킨 것이지 자신의 영리 창달이 목적이 아니라고 본다. 반면에 주자는 그가 오로지 황제가 되기 위해서 그의 이욕 때문에 두 형을 죽인 것은 아무리 결과가 많다 해도 묵과할 수 없다고 본 것이다.

② 漢·唐時代의 歷史 哲學觀

주자와 진량의 논변은 義利문제와 함께 王覇문제가 중요한 논쟁이었음은 위에서 논한 바와 같다. 이러한 관점에서 두 사람은 漢·唐을 보는 역사철학적 시각에 상당한 차이를 두고 논쟁하게 된다. 이런 두 사람 사이에 한·당의 역사철학적 관점을 고찰해 보기로 하자.

주자에 의하면 인간과 사물은 氣가 凝聚할 때 精粹한 것과 粗雜한 것에 따라서 달라진 것이며 精粹한 인간에 있어서도 또 氣의 청탁에 따라서 각 개인의 정도의 차이가 생긴다고 본다. 그러므로 인간의 학

而天理常自若 無時不自私意中發出 但人不自覺 正如明珠大貝 混雜沙礫中 零零星星逐時出來 但只於這箇道理發見處 當下認取 簇合零星 漸成片段 到得自家好底意思日長月益 則天理自然純固 向之所謂私欲者 自然消靡退 散 久之不復萌動矣 若專務克治私欲 而不能充長善端 則吾心所謂私欲者日 相鬪敵 縱一時按伏得下 又當復作矣."

68) 『朱子語類』, 卷11 「學5」, "人性本明 寶珠沈溷水中 明不可見 去了溷水 則 寶珠依舊自明 自家若得只是人欲蔽了 便是明處"

습과 수양이 필요한 것이다. 인욕과 천리에 대해서도 서로 맞닿아 있는 것이지 별개가 아니다. 따라서 모름지기 천리에 있으면 천리를 보존해야 하고 인욕에 있으면 인욕을 버려야 한다[69]고 하여 욕구 자체를 거부하거나 없애라는 것이 아니다. 천리란 인간의 선험적인 도덕의 공공한 욕구요, 인욕은 인간의 이기심에 의해 손익을 계산하는 사적인 욕구이다. 즉 때가 되어 배가 고파서 음식을 먹고자 하는 것은 천리이며 음식을 먹되 思量하여 감미로운 맛을 요구하는 것 같은 것은 인간의 사사로운 욕심이다.[70] 그런데 주자는 인심을 일종의 인욕지심으로 보면서도 인심을 오로지 인욕만으로 보는 것은 아니다.[71] 이 마음의 신령함이 그 이치를 깨닫게 하는 것은 도심이요, 욕심을 생각하는 것은 인심이다.[72] 도심인 본연지성은 성인과 범인 물론 사람과 만물 사이에 어떤 차별도 없이 동일하지만 그 기로 말하면 그 正한 것이 사람이 되고, 치우친 것이 만물이 된다. 사람 중에도 성인의 기는 맑고 범인의 기운은 탁하다. 결국 인심인 기질지성은 육체를 말한다. 그러므로 도심과 인심은 두 개로 독립하여 존재하는 것이 아니라 서로 의지하는 對待적인 성질이다. 인심은 바로 형기에 의거해서 발동된 마음으로 성인이라도 없을 수 없으며, 도심은 마음이 의리에 의거해서 생긴 것으로써 어리석은 자라도 없을 수 없는 것이다. 이 천리와 도심은 우리 마음속에 恒存하는 마음으로 잘 발현하여 나온 도덕적 양심 같은 것이다.

---

69) 『朱子語類』, 卷11 「學5」, "天理人欲是交界處 不是兩箇. …… 須是在天理 則存天理 在人欲則去人欲."

70) 『朱子語類』, 卷11 「學5」, "飮食者 天理也 要求美味 人欲也."

71) 錢穆, 『朱子新學案』卷2(14). "人心不全人欲 若全是人欲 則豈止危而已哉"

72) 『朱子語類』, 卷62 「中庸一」, "此心之靈 其覺於理者 道心也 其覺於欲者 人心也."

이렇게 역사적으로 삼대는 도덕적 양심(道心)으로 다스린 시대이고, 도는 인간이 당연히 體悟해야 할 대상이며, 이것은 또한 요·순·우·탕·문·무·주공이 전수한 道이다 이것은 "인심은 오직 위태롭고, 道心은 오직 은미하니 정밀히 하고 한결같이 하여 진실로 그 中을 잡으라."는 心傳의 도통이며 밀지였다. 이 밀지를 탕왕이나 무왕은 들어서 인식하여 깨달은 것이다. 이것을 공자는 안연·증삼에게 전하고, 이는 다시 자사·맹자에게 전하여졌다. 그러므로 안연에게 "하루라도 자기를 이기고 예로 돌아가면 천하가 仁으로 돌아간다."고 하였다. 또 증자에게는 "나의 도는 하나로 일관했다."고 말하고, 자사는 "도는 잠시라도 떠날 수 없다. 그러므로 군자는 남이 안 보이는 데에서도 경계하고 조심하고 두려워해야 한다."고 전했다. 또 맹자는 호연지기를 말하였으며 이것이 서로 전한 도통이며 밀지이다. 그러나 맹자가 죽고 난 뒤에는 서로 전해졌던 도통과 밀지는 전해지지 않고 다시는 이러한 학문이 있었다는 것을 알지 못했다. 한때 영웅호걸의 선비도 그 행동이 우연히 도에 합치되는 것이 있었으니, 이는 利欲의 사사로움을 면하기 어려운 것이다.[73] 따라서 한·당 시대는 도통이나 도심이 어둠에 묻힌 채 모든 사람들이 인심 속에서 사사로운 욕심을 가지고 서로 투쟁했을 뿐이다. 이 때문에 한·당 1500년간은 도의를 구현한 人道를

---

73) 『朱子文集』, 卷36 「答陳同甫 第8書」, "所謂人心惟危 道心惟微 惟精惟一 允執厥中者 堯舜禹相傳之密旨也. …… 至於湯武 則聞而知之 而又反之以至於此者也 夫子之所以傳之顏淵曾參者此也 曾子之所以傳之子思孟軻者亦此也 故其言曰 一日克己復禮 天下歸仁焉 又曰 吾道一以貫之 又曰 道不可須臾離也 可離非道也 是故君子戒愼乎其所不睹 恐懼乎其所不聞 又曰 其爲氣也 至大至剛 以直養而無害 則塞乎天地之間 此其相傳之妙. ……然自孟子既沒 而世不復知有此學 一時英雄豪傑之士 或以資質之美 計慮之精 一言一行 偶合於道者 蓋亦有之 而其所以爲之田地根本者 則固未免乎利欲之私也."

시행하지 못했다고 본 것이다. 삼대의 성인이 전수한 도는 영원불변하고 객관적이며 절대적인 필연성을 갖고 있기 때문에 왕도이고, 또한 요·순 三王에게는 의리의 마음이 있었으나 한 고조와 당 태종에게는 이욕의 마음이 있어서 이러한 마음으로 행한 것이 패도라고 본 것이다. 주자가 한·당 시대를 이욕과 무력에 의한 우매한 시대로 보는 것은 북송시대 이후 당시 지식인들의 역사에 대한 반성에서 나온 것이다.[74] 도는 삼대로부터 한·당에 이르기까지 각기 다른 역사를 거치면서 義·利라는 상반성으로 나타났고, 주자와 진량의 논변은 현실사회를 위해서 實事·實功의 영웅호걸이 되었는가, 아니면 '醇儒自律'의 군자가 되었는가가 문제이다. 이것은 결국 그 동기가 순수한 선험적 윤리규범에 의거했느냐 아니면 현실사회에서 어떤 해결책을 가지고 문제점을 어떻게 극복했느냐 하는 결과 중심의 문제이다. 주자가 말하는 도는 선험적 윤리도덕이기 때문에 요·순·우·탕·문·무·주공이 전수한 노이다. 이처럼 성인이 전수한 도는 왕도이기에 의리의 마음이 있는 것이다.

주자에 따르면 한·당의 경우는 왕도와 같이 우연히 합치(暗合)된 것으로 선험적 도덕규범이 결여된 행위로 간주한다. 왜냐하면 한·당의 제왕은 오직 이욕의 마음이 있어 인욕에 의해서 인의를 빌려 왕도인 척 가장했기 때문이다. 진량은 주자가 예로 들었던 사냥하는 법을 다시 예로 들어 한 고조와 당 태종의 행위를 옹호한다.

---

74) 노장과 불교사상으로부터 벗어난 유학의 본질은 현실 사회에서 최고 이념의 체현자로 聖人을 상정하고, 이것을 목표로 하는 사상과 실천을 중시. 司馬光의 자치통감, 歐陽修의 춘추론 등 경전에 대한 새로운 해석이 시도되었고, 程頤는 또한 도통론을 전개한 것이다.

내가(陳亮) 한당 제왕들의 수확물이 많음을 기뻐하는 것은 아니다. 바로 당시의 말몰이꾼들이 죄가 있을 뿐이다. 한 고조와 당 태종은 본래 군자다운 사수였으나, 오직 말몰이꾼들이 정도에 순수하게 부합하지 못했기 때문에 그 활을 쏘는 것이 어떤 때는 빗나가고 어떤 때는 적중하게 되었던 것이다. 그러나 (한 고조와 당 태종은) 끝내는 폭력을 금하게 하고 난리를 그치게 하여 백성을 사랑하고 만물을 이롭게 했던 공적은 가릴 수가 없는 것이니 그 본령이 크고 넓어 열려서 확 트였기 때문이다.[75]

진량은 한 고조와 당 태종이 폭력을 금하고 난리를 그치게 하여 천하의 사람과 만물을 이롭게 했다면, 그것이 힘의 추구일지라도 정당하게 보았다. 따라서 한 고조와 당 태종은 현실적으로 난세를 극복한 업적이 위대했을 뿐만 아니라 그 동기 면에서도 오히려 순수했다고 옹호한다. 단지 한 고조와 당 태종이 정도에서 벗어난 통치는 이들의 통치형태가 잘못된 것이 아니라 이들을 인도했던 신하의 잘못이 크다는 관점이다. 즉 한 고조와 당 태종은 군자다운 사수였으나, 이들을 인도했던 말몰이꾼들이 바로 올바른 길을 인도하지 못했기 때문에 이런 결과를 초래한 것이라고 보았다.

주자는 진량이 두둔하는 한 고조와 당 태종의 도덕성 여부는 차치하더라도 현실적인 수확물만 많이 노획하려는 부도덕한 사냥꾼과 같다고 혹평한다. 이들은 마치 천하의 대권을 잡으려는 권력욕으로 인해서 도덕적 시비는 제쳐 놓고 오직 현실적인 利欲에만 그 목적을 추구한다고 본 것이다. 주자는 '동기'에 그 도덕적 준거를 두고, 한 고조와 당 태종이라는 역사적 인물을 평가하여 그 시비의 논거를 가리려 하

---

75) 『龍川集』, 卷20 「與朱元晦秘書」, "亮非喜漢唐獲禽之多也　正欲論當時御者之有罪耳　高祖太宗本君子之射也　惟御者之不純乎正　故其射一出一入　而終歸於禁暴戢亂　愛人利物而不可掩者　其本領宏大開廓故也."

지만, 진량은 결과만 좋으면 그 동기도 정당화하여 합리화한다. 주자
는 한 고조에 대해 約法三章을 말했으나 삼족을 멸하는 것은 법령은
제거하지 못했고, 그와 함께 韓信과 같은 공신들을 모두 오랑캐로 몰
아서 멸하기까지 했다. 당 태종에 대해 그는 혼란을 제거하겠다는 뜻
은 좋았으나 그것을 위해 자기 부친에게 신하로서 해서는 안 되는 궁
녀를 취하게 해 주었고,[76] 천자가 되기 위해 자기 형들을 죽이는 등
여러 패륜적인 일을 저질렀기 때문에 의리에 합치되는 것은 항상 적
었고 합치되지 않는 것은 항상 많을 수밖에 없었다. 그런데 문제는 의
리에 합치되는 것은 항상 작은 것이고 합치되지 않는 것은 항상 큰일
이기 때문이다. 또 후대의 관찰하는 사람이 이 근본 공부에 본디 결함
이 있으므로, 그것이 잘못인 줄을 알지 못하고 이치에 해가 되지 않는
다고 여기거나 아니면 이치에 해가 되더라도 '많은 수확물(獲禽之多)'
를 얻는 데 해가 되지 않는다고 생각하는 데 더 큰 문제가 있다.[77]
이렇게 볼 때 陳傅良의 양자에 대한 평은 시사하는 바 크다.

"功業이 성공한 곳에 바로 德이 있는 것이고, 일들이 해결된 곳에
바로 이치가 있다."는 것은 바로 노형(역주, 陳亮)의 설이며……"功

---

76) 당 태종 이세민은 수나라 말기 혼란한 시기에 백성과 나라를 위해 거병
   을 결심했으나 부친인 이연이 동의하지 않자, 이연이 지키는 궁궐에 왕
   의 궁녀를 몰래 보내어 동침하게 했다. 당시 신하가 궁녀와 동침하는 것
   은 대역죄에 해당된다. 이연은 이런 연유로 어쩔 수 없이 거병에 찬동하
   게 되었다.

77) 『朱子文集』, 卷36 「答陳同甫」, "且如(漢高祖)約法三章 固善矣 而卒不能
   除三族之令 一時功臣無不夷滅 (唐太宗)除亂之志 固善矣 而不免竊取宮人
   私侍其父 其他亂倫逆理之事 往往皆身犯之 蓋擧其始終而言 其合於義理者
   常小 而其不合者常多 合於義理者常小 而其不合者常大 但後之觀者 於此
   根本功夫 自有欠厥 故不知其非 而以爲無害於理 抑或以爲雖害於理 而不
   害其獲禽之多也"

業이 우연히 성공했다 하더라도 어찌 반드시 그 안에 德이 있다고 할 수 있으며, 일들이 우연히 잘 이루어졌다고 해서 어찌 반드시 그 안에 이치가 담겨 있다고 할 수 있단 말인가?"는 바로 朱 어른(朱丈, 朱子)의 설이다.[78]

따라서 진량은 한 행위의 '결과'가 성공적이면 곧 그 행위에 덕이 깃들어 있는 것으로 보았고, 이에 반해 주자는 '결과'의 성패 여부와는 상관없이 행위자의 '동기'에 근거하여 그 행위의 德스러움을 판단하고자 한다. 진량은 '행위자'의 문제(즉 행위자의 주관적 동기)보다는 '행위'의 문제(즉, 동기)를 중시한다. 이것으로 볼 때 진량은 '행위 중심의 윤리학'(action-oriented ethic)을 전개하고 있고, 주자는 '행위자 중심의 윤리학'(agent-oriented ethic)을 염두에 두고 있음을 알 수 있다. 결과적으로 진량-주자의 왕패논쟁은 윤리학적 측면에서 볼 때, 결국은 판단의 준거를 '행위자의 동기'에 두느냐 아니면 '행위자의 결과'에 두느냐 하는, 화합할 수 없는 두 입장으로 귀결되는 셈이다.[79]

3) 王覇論辯의 哲學的 基礎

위와 같이 주자와 진량의 王覇論辯에는 그 바탕에 철학적 기초가 자리하고 있음을 간과할 수 없다. 이제 두 사람의 철학적 입장이 어떻게 자리하고 있는지 살펴보기로 하자.

맹자 이래 왕도와 패도, 이성적 본성과 충동적 본성, 선험적 도덕규

---

78) 『陳傳良』, 「止齋文集」, 卷36, "功到成處 便是有德 事到濟處 便是有理 此老兄之說也 ……功有適成 何必有德 事有遇濟 何必有理 此朱丈之說也."

79) 이승환, 「진량과 주회의 왕패논쟁」, 『논쟁으로 보는 중국철학』, 예문서원, 1994, 224면.

범(義)과 물질적 이익(利)으로 나누는 二分法的 사고방식은 주자에 의해 형이상과 형이하, 미발과 이발로 구분되며, 다시 역사에 적용되어 夏·殷周 三代와 漢·唐이 각각 형이상과 형이하로 나누어진다.[80] 요임금으로부터 맹자까지 道가 전해 오다 그 이후 단절된 도통론을 전개하여 삼대는 왕도로 다스려졌던 시대이고, 한·당은 패도로써 다스려졌던 시대로 보았다.

무릇 三才가 삼재다울 수 있는 것은 두 개의 도가 있지 않기 때문입니다. 그러나 천지는 무심하지만 사람에게는 욕심이 있기에, 천지의 운행은 무궁하나 사람에게는 때때로 천지처럼 무궁할 수 없습니다. 대개 의리의 마음이 잠시라도 있지 않으면 人道는 쉬게 되고, 인도가 쉬게 되면 천지의 운용이 비록 그치지 않지만 나에게 존재하는 이것은 진실로 행하여질 수 없습니다. 이 때문에 하늘은 항상 위에서 운행하고 순종하는 땅은 항상 아래에 있을 뿐 아니라 인도는 어느 때나 성립되고 천지에 힘입이 존재하여 증험하는 섯입니다. 도의 존망은 사람에게 관계되는 바이기에 사람을 떠나 도가 존재할 수 없다. 바로 도란 일찍이 없어진 것이 아니라 사람이 이를 체득했느냐 못 했느냐에 있을 뿐입니다. 만약 이 몸이 있다면 도가 스스로 존재하고 이 몸이 없어져야만 도가 사라진다는 것을 일컫는 것은 아닙니다.

물론 세상사람 모두가 요임금처럼 될 수는 없습니다. 그러나 요의 도가 시행된 뒤에야 사람의 기강이 닦을 수 있고 천지가 설 수 있습니다. 세상의 모든 사람이 걸 임금처럼 될 수는 없습니다. 그러나 사람마다 모두 걸과 같은 사람이 된 뒤에야 사람의 기강을 닦을 수 없고 천지가 설 수 없는 것은 아닙니다. 다만 이 도를 주재하는 사람이 한순간 요와 같지 않고 걸과 같다면 바로 이 순간은 새는 집을 임시로 고쳐 지내고 터진 옷을 끌어당겨 가리면서 보내는 것입니다. 도

---

80) 손영식, 『宋代 新儒學에서 哲學的 爭點의 研究』, 서울대학교, 1992년 박사학위논문, 222면.

마음이 항상 사라지지 않지만 때때로 사라지기도 한다면, 또 어찌 이른바 '반은 죽고 반은 살아 있는 벌레'가 아니겠습니까? 생각건대 도는 사라진 적이 없으나 사람이 스스로 그것을 사라지게 하는 것이니, "도가 사라진 것이 아니라 幽와 厲가 도를 시행하지 않는 것이다."라는 말은 바로 이것을 두고 말하는 것입니다.[81]

이와 같이 주자는 도는 무궁한 운행을 통하여 영원불변하지만, 사람의 욕심이나 사심에 의해서 천지의 마음과 같지 않을 뿐이지 도가 존재하지 않는 것은 아니라 한다. 즉 사람이 도에 힘입은 것이지 도가 사람에게 힘입은 것은 아니다. 이것은 사람이 욕심이 있기 때문이다. 그러므로 한·당 시대에 인욕이 있었기 때문에 천도의 체험과 인도의 실행을 보지 못하게 된 이유이다. 이 때문에 삼대에 시행된 바는 의리로서 왕도이며, 한·당 시대에 시행된 바는 인욕으로서 패도라고 보는 것이다. 그러나 삼대에도 혼란이 있었고 한·당에도 평화가 있었지만, 한·당 시대의 평화란 주자에 의하면 '우연히 인의에 맞았다'(暗合)는 말로 해석되고 만다.

---

81) 『朱子文集』, 卷36 「答陳同甫第8書」, "夫三才之所以爲三才者 固未嘗有二道也 然天地無心 而人有欲 是以天地之運行無窮 而在人者有時而不相似 蓋義理之心頃刻不存 則人道息 人道息 則天地之用雖未嘗已 而其在我者則固卽此而不行矣 不可但見其穹然者常運乎上 頹然者常在乎下 便以爲人道無時不立 而天地賴之以存之驗也 夫謂道之存亡在人 而不可舍人以爲道者 正以道未嘗亡 而人之所以體之者 有至有不至耳 非爲苟有是身 則道自存 必無是身然後 道乃亡也 天下固不能人人爲堯 然必堯之道行然後 人紀可修天理可立也 天下固不能人人皆桀 然亦不必人人皆桀而後 人紀不可修天地不可立也 但主張此道之人 一念之間不似堯而似桀 卽此一念之間 便是架漏度日牽補過時矣 且曰 心不常泯而未免有時之或泯 則又豈非所謂半生半死之蟲哉 蓋道未嘗息 而人自息之 所謂非道亡也 幽厲不由也 正謂此耳"

후대의 이른바 영웅들(한 고조, 당 태종 등)은 요순임금이 서로 전한 심법공부를 해 본 적이 없고, 다만 천하의 패권을 쟁취해서 황제가 되기 위한 利欲의 싸움터에서 머리를 내밀었으나 머리는 없었습니다. 그 바탕이 아름다운 자는 곧 요순의 심법(天理)과 우연히 합치(暗合)하는 바가 있어 그 분수에 따라 다소가 설 수 있었습니다. 그러나 어떤 이는 우연히 적중하고, 어떤 이는 우연히 적중하지 않았으나 모두 선할 수는 없었다는 측면에서 하나일 뿐입니다.[82]

주자는 각자의 이욕에 따라 서로 싸우다 그중 우연히 천리에 적중하여 승리했다는 것이다. 이러한 이론은 선진유학의 '道統'을 표방하는 도학자들에게는 현실의 이익을 추구하는 事功의 문제일 수밖에 없다.

주자에 의하면 도통에 의해 계승된 천리는 역사와 시대를 초월하여 常存하고 불변하는 가치기준이다. 이러한 가치기준이 삼대에는 실현되었지만, 한·당대에는 통치자의 인욕 때문에 천리가 실현되지 못했다고 보았다.

아마 도 그 자체는 사라진 적이 없으며, 다만 사람만이 사라졌을 따름입니다. "도가 사라진 게 아니고 幽와 厲가 도를 시행하지 않았을 뿐이다."라는 말이 바로 이것을 두고 말하는 것입니다. ……남을 속이는 사람은 남도 그를 속이고, 남을 속박하는 사람은 남도 그를 속박합니다. 이것이 한·당의 정치가 극도로 융성했으나 사람들이 마음으로 복종하지 않아 끝내 삼대의 융성했던 시대와 비교하면 부끄러움이 없을 수 없는 이유입니다. 대개 사람은 사람이고 도는 도일 뿐입니다. 어찌 삼대와 한·당에 따라 구별이 있겠습니까? 다만 유학이 전해지지 않고 요·순·우·탕·문·무 이래로 번갈아 주고받았던 마

---

82) 『朱子文集』, 卷36 「答陳同甫 第9書」, "後來所謂英雄 則未嘗有此功夫 但在利欲場中頭出頭沒 其資美者 乃能有所暗合 而隨其分數之多少 以有所立 然其或中或否 不能盡善 則一而已."

음이 세상에 밝혀지지 않았기 때문에 한·당의 군주가 가운데 비록 우연하게도 도에 합치하는 일이 전혀 불가능하지는 않았겠지만, 그 전체는 다만 이기심과 욕망에 머물러 있는 것입니다.[83]

주자는 천리가 인욕에 의해서 실현하지 못하는 것이 아니고 인욕에 상관없이 도는 언제나 항상 불변하는 형이상학적 실체로 실존한다고 본 것이다. 한·당의 정치가 극도로 융성했으나 백성들은 진심으로 마음에 우러나 복종하지 않았지만 삼대의 융성했던 시대에는 백성들이 마음에서 진심으로 우러나 복종했기 때문에 이를 비교하면 그 실체를 분간할 수 있는 것이다.

맹자는 정치의 형태를 왕도정치와 패도정치로 나누어 설명했다. 왕도정치는 유가철학의 궁극적인 원리인 仁을 구체적으로 실현하여 도덕적 교화를 통하여 백성들이 경제적으로 안정되어 잘살 수 있게 하는 정치이다. 그러나 패도정치는 군주의 무력과 강압에 의한 통치형태로 백성들에게 고통과 폐해를 주는 정치를 말한다. 맹자의 왕도정치는 공자의 仁政을 기반으로 한 정치형태이다. "하·은·주 삼대가 천하를 얻은 것은 仁政을 했기 때문이며, 천하를 잃은 것은 인정을 아니 했기 때문이다. 나라가 쇠퇴하고 흥성하며 존재하고 멸망하는 것도 또한 그러하다."[84]

---

83) 『朱子文集』, 卷36 「答陳同甫 第8書」, "蓋道未嘗息 而人自息之 所謂非道亡也 幽厲不由也 正謂此耳…… 欺人者人亦欺之 罔人者人亦罔之 此漢唐之治所以雖極其盛 而人不心服 終不能無愧於三代之盛時也 夫人只是這箇人 道只是這箇道 豈有三代漢唐之別 但以儒者之學不傳 而堯舜禹湯文武以來 轉相授受之心不明於天下 故漢唐之君 雖或不能無暗合之時 而其全體却只在利欲上."

84) 『孟子』, 「離婁上」3章, "孟子曰 三代之得天下也以仁 其失天下也以不仁 國之所以廢興存亡者亦然."

그가 말하는 仁政은 가장 이상적인 정치로 여겼던 요순의 정치 역시 인정으로써 천하를 다스렸다고 본 것이다. 따라서 仁政을 하느냐 인정을 하지 않느냐의 차이는 그 나라의 흥망과 존폐를 결정하는 관건이 되는 것이다. "요순의 道도 仁政으로 하지 않았다면 천하를 다스려 평천하할 수는 없었을 것이다."[85] 라고 하였다.

그러므로 맹자는 힘으로써 남을 복종시키는 것은 상대방이 마음으로 복종하는 것이 아니라 힘이 모자라기 때문에 할 수 없이 복종하는 것이라고 보았다. 그러나 인과 덕으로써 남을 복종시키는 것은 상대방이 마음에서 우러나 진심으로 복종하는 것으로 70인의 제자가 공자에게 복종하는 경우와 같다고 보았다.[86] 왕도정치는 이처럼 인과 덕으로써 백성을 복종시키는 정치형태이며, 이는 인간의 선한 본성을 기반으로 한 것이다.

주자도 마찬가지로 천리는 역사 속에서도 절대적인 실체로 모든 시대를 일관한다는 형이상학적인 보편사관을 가지고 있었고, 그것이 유학의 본원을 실천하는 길이라고 생각하였다. 그러나 진량은 주자의 이러한 주장에 대해서 반대하는 입장이다.

> 보내 준 글에서 내가 한·당을 높이 받들어 삼대와 다르지 않다고 하여 삼대를 깎아내려 한·당과 다르지 않다고 여겨 쓴 것이 있다. 나의 견해에 대한 이러한 평가는 나의 마음을 살피지 못한 것일 뿐만 아니라, 나의 말까지도 잘 살피지 못한 것이다. …… 한·당의 1500년간을 하나의 빈틈으로 여기면서 인도가 사라져도 천지의 일정한 운행에는 아무 지장이 없다고 여기고 자기 홀로 탁연하게 깨달은 척하는

---

85) 『孟子』, 「離婁上」1章, "堯舜之道 不以仁政 不能平治天下."

86) 같은 책, 「公孫丑上」3章, 以力服人者 非心服也 力不贍也 以德服人者 中心悅而誠服也 如七十子之服孔子也

276

것은 너무도 高孤한 일이 아니겠는가? 진실로 나는 선생님의 말에 결
코 심복할 수 없다.[87]

진량은 인간의 행위규범과는 상관없이 항존하는 보편적이고 절대적
인 도덕가치인 '천리'를 전면 부인하고 있다. 진량이 보는 천리는 인간
의 행위 자체에서 떠나 초월적으로 존재할 수 없으며 도는 오히려 인
간의 노력 그리고 문화적 성취에 의해 만들어진다는 것이다. 진량의
이러한 입장을 道器一元論이라 할 수 있다.[88]

주자에 의하면 삼대는 천리(理)와 인욕(氣)의 이분법에 의거하여
상대되는 '天理'에 의거한 통치가 행하여졌고, 한·당은 인욕에 의해서
통치가 행하여졌다고 보았다. 이를 근거로 주자는 『詩經』, 『書經』에
나오는 성왕들은 순수하고 정결한 마음을 가졌다고 보았다. 그러나 진
량은 『시경』, 『서경』의 성왕은 공자 등에 의해서 윤색하여 만들어진
것으로 『시경』과 『서경』 등의 경전들은 불변하는 초월적 진리로서의
'道'를 담고 있는 것은 아니라 한다. 단지 후세 학자들의 관심과 재조
명을 통해서 '만들어진 것'이라는 것이다.

또 주자는 진량과 반대로 유가경전에 대해 '진리의 담지자'로서의
절대적 지위를 부여한다. 유가경전에는 초시간적이고 보편적인 진리
(天理)가 담겨 있다고 이해하는 것이다. 다시 말하면 모든 시대를 관
통하는 '천리'는 초시간적이고 보편적인 역사의 지향점이 있으므로 각
시대의 역사는 이러한 '천리'라는 기준에 비추어 객관적으로 설명되고

---

87) 『龍川集』, 卷20 「又書」, "來諭謂 亮推尊漢唐以爲與三代不異 貶抑三代以
爲與漢唐不殊 如此 則不獨不察其心 亦併與其言不察矣. …… 使千五百年
之間 成一大空闕 人道泯息. 而不害天地之常運 而我獨卓然而有見 無乃甚
高而孤乎 宜亮之不能心服也."

88) 이승환, 「진량과 주회의 왕패논쟁」의 논문, 228면.

판단될 수 있다고 생각한 것이다.[89] 그러나 진량은 역사 발전에서의 객관적 조건과 실제적 상황을 중시한다. 즉 현상 세계(器) 내에서 객관적이고 실제적인 조건에 의거하여 역사를 이해하고 판단하려 했다.

이러한 양자의 합치될 수 없는 견해의 저변에 그들의 형이상학적 이론이 자리하고 있다. 주자는 근본적으로 理氣二元의 입장에서 천하에 理 없는 氣가 없고 또한 氣 없는 理가 없다고 말한다.[90] 따라서 理는 일찍이 氣를 떠난 적이 없다.[91] 마찬가지로 明道를 계승하여 '器亦道 道亦器'라 하여 道와 器는 형이상자와 형이하자로서 분별이 있으나 서로 떨어질 수 없다고 한다.[92]

이와 같이 주자는 이 세계는 理와 氣, 道와 器로 되어 있는데, 양자의 사이는 떨어질 수 없는 불가분의 관계에 있다고 본 것이다. 그런데 이기는 본래 선후가 없는데 그 所從來를 미루어보고자 하면 모름지기 먼저 理가 있다고 말할 수 있다고 한다.[93] 이러한 그의 이기관은 인긴문제로 옮겨시면서 보다 主理的인 경향을 갖게 된다. 즉 객관적 당위성으로서 도덕규범을 강조하고 그것은 때와 장소를 초월해 보편적인 것임을 강조하는 것이다.

이에 대해 진량의 경우는 "천하에 본래 도 밖의 일이 없다"[94]든가 "천지 사이에 어떤 물이 도 아닐까"[95]라고 하여 道와 事, 道와 物을

---

89) 上揭書. 230면.

90) 『朱子語類』, 卷1「理氣上」, "天下未有無理之氣 亦未有無氣之理."

91) 『朱子語類』, 卷1「理氣上」, "理未嘗離乎氣."

92) 上揭書, 卷75「易11」, "器亦道 道亦器 有分別而不相離也."

93) 上揭書. 卷1「理氣上」, "曰此本無先後之可言 然必欲推其所從來 則須說先有是理."

94) 『龍川集』,「勉彊行道大有功」, "天下豈有道外之事哉"

95) 上揭書, 卷20「與朱元晦秘書(乙巳)」, "天地之間 何物外道."

278

不離的 관점에서 이해한다. 형이상자로서의 도가 현상적 사물을 떠나 초월적으로 존재하는 것이 아니라 事와 物에 내재해 있음을 분명히 한 것이라 하겠다. 그리고 그는 말하기를 "천지를 버리고는 道될 것이 없다"96)든지 "우주에 가득 찬 것은 物 아닌 것이 없고 日用間에 事 아닌 것이 없다"97)고 하여, 도를 말하되 천지를 비롯한 日用事物 속에서 하고 있으며 道보다 오히려 事나 物의 현실적 측면이 강조되는 감이 없지 않다.

  이렇게 볼 때, 주자의 경우에는 이기이원의 세계구도를 설정하면서, 이 세계란 궁극적으로 理의 법칙을 실현해 나가는 것에 지나지 않는다는 면에서 主理的 사고가 불가피할 뿐 아니라, 도덕적 인간의 도덕적 행위를 추구하는 입장에서 理의 주재능력을 고려하지 않을 수 없었다. 아울러 理 개념의 이중성으로 인해 理의 초월성 또한 불가피하지 않을 수 없었다. 이에 반해 진량의 경우는 철저하게 사물을 떠난 초월적인 도의 실재를 부정함으로써 구체적 현실세계에 보다 관심을 갖는 입장이라 할 것이다.

  이러한 리기론적 기반 위에서 주자와 진량 두 사람의 왕패논쟁에서의 견해가 다르게 나타났던 것이라 생각된다. 즉 주관적 도덕성과 객관적 현실성 혹은 당위성과 현실성이라는 점에서 볼 때 주자는 원칙을, 진량은 현실을 강조한다. 물론 이 경우 주자는 객관적인 理를 주장하므로 현실에 접근하나 그 理는 초시대적으로 보편타당한 당위성이므로 구체적으로 당면한 현실의 문제와는 거리가 있다. 또한 보편적인 원칙성(形而上, 未發)과 현실적 차별성(形而下, 已發)의 측면에서 볼 때 주자는 보편적인 원칙성을, 진량은 현상적 차별성을 주장하였던

---

96) 上揭書, 권20 「與朱元晦秘書」 "……捨天地則無以爲道也"
97) 上揭書,, 卷10 「經書發題 書經」, "盈宇宙者 無非物 日用之間 無非事."

것이다.[98] 요컨대 두 사람의 왕패논변에 있어서의 상호대립은 주자가 理에, 진량이 氣에 그 강조점을 두는 그들의 철학적 입장과 무관하지 않다 할 것이다.[99]

　다만 주자를 지나치게 이원론자로 규정한다거나 또 지나치게 주리 논자로 규정할 수는 없다. 왜냐하면 그의 철학체계에서 보면 이기이원 을 말하지만 하나의 존재양태임을 명백히 하고 있으며, 또 氣를 떠난 理를 인정하지 않기 때문이다. 따라서 주자를 主理, 진량을 主氣 식으 로 구별함은 어디까지나 양자의 철학적 경향을 상대적으로 비교하는 데서 불가피한 서술이라 할 것이다.

3. 朱子와 陳亮論辯의 哲學的 意義

　한 시대의 어떤 역사적 인물에 대해서 도덕적 윤리 가치를 판단하 는 데 그 판단 기준을 역사적 인물의 선험적 도덕규범인 동기에 둘 것인지, 아니면 외면적 결과에 둘 것인지의 결론은 용이하지 않다. 이 문제를 논의하기 앞서 먼저 현재 적용되는 동기와 결과의 문제를 검 토하고자 한다.

　모든 시대, 모든 장소, 모든 사람에게 보편타당한 선험적 도덕규범 이 적용되고 있는가에 대해서는 부정적인 답변이 강하게 나타난다. 대 부분의 사람들이 세계질서와 사회양상이 급격하게 변화하는 이 시점에 서 시대와 장소와 사람에 따라 적용되는 윤리가 다르다고 생각한다. 현대 산업사회의 문화와 기술의 혁신은 이제 미래에 도래할 변화를 예

---

98) 손영식 논문, 243면.

99) 손영식 논문, 251면.

측하는 것도 더 이상 불가능하게 만들었다. 이러한 현실 속에서 전통 윤리는 자연과학에 뒤떨어져 급기야 쓸모없다는 불신을 받게 되었다.

그러나 모든 사람에게 보편타당한 선험적 도덕규범을 강요하기란 현실적으로 매우 힘든 일이지만, 절대적인 도덕규범을 부정하는 윤리가 득세하면 득세를 할수록 도덕적 무정부 상태를 막을 길이 없어지고 현재 세계 각처에서 이러한 무질서, 폭력, 파괴 등 끊임없는 혼란이 야기되고 있다. 따라서 이러한 문제를 해결하기 위한 절대적인 도덕규범이 필요하고, 또 그 내용을 밝혀 인간이 어떻게 살아가야 할지 그 방향을 설정해 주어야 할 것이다.

서양철학의 경우 칸트(Kant)의 의무론적 윤리학은 동기주의에 비중을 둔 것이라면, 밀(Mill)과 벤담(Bentham) 등 공리주의 윤리학은 결과주의에 관심을 기울였다. 칸트는 인간에게 행동의 결과를 고려하지 않고 오로지 그 행동이 옳기 때문에 그 행동을 선택하여 실천하려는 선의지가 인간에게 내재해 있다고 보았다. 칸트에 의하면 인간의 행동은 바로 선의지의 실현을 지향해야 하고, 따라서 참다운 선한 행동은 인간의 의무로 본 것이다. 그 의무의 내용이 바로 "네 의지의 준칙이 항상 동시에 보편적 입법의 원리로서 타당하도록 행동하라."는 것으로 동기의 최고법칙으로 주장되었다.[100] 또한 영국에서 활동한 벤담은 공리주의 윤리학자였다. 공리주의란 일반적으로 인간의 삶은 자기만의 최대 쾌락을 도모해서는 안 되고 사회 전체의 최대 쾌락을 추구해야 한다는 것이다. 벤담의 이러한 주장은 인간이 모두 자기의 쾌락을 추구하지만 합리적으로 생각해 보면 모두가 자신의 이익만을 추구하다가는 결국 만인에 대한 투쟁으로 사회 전체의 질서가 무너진

---

100) kant Grundlegung Zur Metaphysik der Sitten 1838년판 (Rosenkranz Schubert 공편) 36.

다는 사실을 인식하여 '최대 다수의 최대 행복'을 추구해야 한다는 것이다.[101]

이와 같이 주자와 진량의 논변 내용도 상반적이다. 선험적 도덕규범과 현실적인 상황, 당위성과 현실성이 이들 두 사람이 강조하는 이론의 핵심이다. 주자는 도덕적 당위성(形而上. 未發)과 이것을 근거로 해서 드러나는 현실성(形而下. 已發)은 천인합일이나 활연관통의 세계로 제시된다. 그러나 진량은 도덕적 당위성보다는 처해진 상황에서 어떻게 대처하여 그 문제를 극복하느냐 하는 구체적 현실을 중시하여 결과에 따라서 평가가 달라진다. 즉 주자의 입장은 어떤 행위의 결과가 아무리 성공적이고 대세를 도모하려는 일이라도 그 동기가 순수하지 못하면 그 행위는 이미 道心에서 멀어진 것이며, 도심에서 멀어지면 바로 천리에 반한 것이라고 본다. 그러나 진량에 의하면 어떤 행위의 결과가 대세에 의해서 성공적이라면 그 안에 이미 도심이 내재해 있고, 천리 또한 그 안에 실현되어 있다는 것을 의미한다. 그러므로 어떤 행위의 촉발은 그 나름대로의 문제 상황이 필연적으로 내포되어 있고, 이러한 문제들이 성공적으로 해결되었을 때 바로 궁극적인 가치가 실현된다고 보았다.

주자는 이러한 문제 해결에 대해서 반론을 제기한다. 아무리 어떤 문제 상황이나 그 시대의 현실 조건에도 이것을 초월하는 불변적 절대가치를 상정하고, 이러한 윤리적 도덕 판단에 의해서 행위의 가치 실현을 창조해야 한다고 주장한다. 주자는 진량의 이러한 주장에 대해서 진량이 옹호하는 당 태종은 대세를 위해서 혼란을 평정하려는 의도는 좋았으나 이를 목적으로 자신의 부친에게 궁녀를 취하게 해 주

---

101) J. Bentham, An Introduction to the Principles of Morals and Legislation Ch. 1, Par. X.

는 대역죄를 범했고, 제왕이 되기 위해 자신의 형들을 살해하는 등 패륜적인 행위를 했다 하여 반론을 제기한다.

진량에게 중요한 것은 문제 상황 속에서 객관적인 조건을 냉철하게 파악하는 이성이다. 문제 상황은 어느 시대에도 있었고, 그 문제를 해결하는 것이 그 시대의 과제이다. 따라서 삼대는 이상 사회이고, 한·당은 암흑사회라고 할 수 없다. 또한 문제 상황은 시대마다 다르므로 해결방법도 다르다. 따라서 삼대의 법도가 어느 시대에나 실현되어야 하는 보편적인 원리(天理)는 아니다. 이런 점에서 역사를 단절된 것 혹은 이질적인 두 시대로 이루어졌다고 보는 주자를 반대하고, 연속되며 동질적인 것으로 파악한다. 이는 그들의 당위론(朱子)과 현실론(陳亮)에 대응하는 것이다.

주자가 어느 시대 어느 상황에도 적용되는 보편타당한 당위적 법칙(天理)으로 제시하는 것은 주로 도덕규범이다. 그는 어떠한 상황에서도 자신의 이익과 손해를 따져서 타협하거나 우선 문제를 해결하려는 것에 반대하고, 그 상황에서 어떻게 도덕률을 실천할 수 있는가 하는 점을 강조한다. 즉 도덕적 이성을 강조한다. 따라서 객관적 조건을 냉철히 파악하여 그 상황의 문제를 해결할 것을 강조하는 진량에 대하여 그것은 단지 상황 논리에 불과하며, 이익과 손해만 따지는 이성을 강조하는 것이 아닌가 하고 비판한다.[102]

이처럼 주자는 선험적 윤리규범의 가치판단에 보편적, 필연적, 절대적이라는 의미를 부여하고 있지만, 진량은 우연적, 가변적, 주관적인 의미를 부여하고 있다. 그러므로 이들이 보는 三代나 한·당의 가치기준은 엄연히 다를 수밖에 없는 것이다. 이렇게 볼 때 이승환의 동기와 결과의 상관성에 대한 다음 설명은 많은 참고가 된다.[103]

---

102) 손영식 논문. 244면.

1. 순수한 동기에서 출발하여 결과에 있어서 성공적인 경우,

2. 순수한 동기에서 출발하였으나 결과에 있어서 실패한 경우,

3. 순수하지 못한 동기에서 출발하였으나 결과에 있어서는 성공적인 경우,

4. 순수하지 못한 동기에서 출발하여 결과에 있어서도 실패적인 경우.

선진 유학에서(내성+의왕)는 1의 경우(순수한 동기+성공적 결과)를 이상적 도덕규범으로 간주한다. 그러나 전통유학이 역사적으로 보여주었듯이 이것은 '도덕적 이상주의'에 불과하다. 진량의 입장도 1의 경우를 주장한다. 왕패병용과 의리쌍행의 설이 그것이고, 이를 주장하기 위해 한 고조와 당 태종의 동기를 순수했던 것으로 강변한다. 한 고조와 당 태종의 행위는 3의 경우(즉 순수하지 못한 동기+결과는 성공적)임에도 가장 이상적인 1의 경우로 억지 해석하려는 의도가 역력하게 드러난다.[104] 주자는 현실적으로 1의 경우가 불가능할 때 차선채으로 2를 택히려는 반면, 진량은 1의 경우 불가능하면 3의 경우를 택하려는 것이 이 양자의 차이점이다. 1과 4는 자명한 판단이 가능하지만, 2와 3은 그렇지 못하다. 이것이 남송 당시의 시대 상황으로 진량과 주자의 논변의 핵심이고 진량은 이러한 현실 문제를 해결하기 위해서 결과를 중시하는 자신의 주장을 살려서 한 고조와 당 태종이라는 역사적 인물에 의존할 수밖에 없었다. 이러한 진량의 억지 해석이 또 다시 주자의 논변을 일으킬 수밖에 없었다.

이와 같이 동기나 결과에 대한 문제는 쉽게 그 결론을 이끌어 낼 수 없다. 다만 진량의 이러한 입자에 대해서 劉述先은 "결과를 가지고

---

103) 이승환 논문. 233 −234면 참조.

104) 『龍川集』, 卷20 「又甲辰答書」, "如亮之說　却是直上直下　只有一箇頭處做得成耳."

동기나 수단까지 합리화시키려는 위험한 발상이며 자칫 잘못하면 결과만 좋다면 동기나 수단은 상관없다"[105])는 주장으로 일관되기 쉽다고 충고한다. 이것은 현실사회에서 사실상 그 결과만 좋다면 그 동기나 수단은 상관이 없다는 지나치게 결과를 중시했기 때문에 생기게 되는 폐해를 똑바로 직시하고 있는 것이다.[106]) 주자는 삼대에는 천리가 완전히 실현된 사회이지만, 한·당 시대에는 사사로운 인욕에 의해서 천리가 은폐된 시대로 보았다. 그 증거로 요·순·우·탕·문·무·주공·공자·맹자까지 전수된 密旨가 한·당 이후에는 전해지지 않았다고 제시한다. 주자는 어려운 현실 속에서도 性命을 깨우치고 밀지를 체득해야 한다고 주장했다. 이러한 도통이 북송 제유에 의해서 다시 이어졌으며 한·당 시대의 부정은 새로운 사대부층이 지배계층으로 등장한 송대 사회의 시대적 요청이라고 할 수 있다. 송대는 문신관료지배의 확립, 비약적으로 성장한 경제규모 등은 한·당 시대의 혼란이 없는 근세적 사회에 적합하고 안정된 평화를 지속시키려 했다.

그러나 진량의 갑작스런 죽음으로 말미암아 진량과 주자의 논변은 결국 결말을 보지 못하고 끝을 맺었지만, 이들이 남긴 논변의 주제는 현실의 문제 상황에서 학자로 하여금 어떤 선택을 결정해야 할지 결단을 촉구한다. 만약 내가 고려 말에 살고 있다면 과연 나는 정몽주를

---

105) 劉述先, 『朱子哲學思想的發展與完成』, 學生書局 民 71, 374面.

106) 동기나 수단을 무시하고 오직 나타난 결과만 가지고 그 가치를 인정한다면, 시험을 부정한 방법으로 보아서 장학금을 수혜받는다거나 입사시험에 합격했을 때 정직이 오히려 피해를 입게 되는 경우, 안정과 평화를 목적으로 국민을 속이고 희생시키는 일도 얼마든지 정당화될 수 있으며, 또 경제 개발이나 반공이라는 국가의 목적을 이유로 하여 국민의 기본권 행사를 제한하고 국가를 위한 희생을 요구하므로 개인적인 경제활동이나 자유를 제한하는 일도 얼마든지 합리화될 수 있는 근거를 가지고 있다.

따라야 하는가 아니면 정도전을 따라야 하는가? 만약 내가 조선 말에 살고 있다면 과연 나는 斥邪衛正을 외쳐야 하는가 아니면 문명개화를 외쳐야 하는가? 비슷하게 현대에 살고 있는 우리들에게도 실존적 결단을 요구하는 문제는 도처에 산재해 있다.107)

주자와 진량의 논변은 理學사상과 功利사상의 대립을 반영한 것으로 理學 내부에서 주자와 육상산의 논변과는 다르다. 朱·陸의 논변은 理學上 방법론의 문제로, 이 방법적인 문제들은 朱·陸이 세상을 떠난 뒤 元代에서 '兼綜', '和會'의 분위기가 형성되었다.108) 그러나 진량의 공리주의 학설에 대한 걱정은 끊이지 않았다.

江西學(陸學)은 禪學이며, 浙學(주로 진량을 지칭)은 오로지 功利說이다. 선학이란 후일 학자들이 찾다가도 어느 날 찾을 수 없을 때 스스로 되돌아올 수 있지만, 功利란 학자들은 이를 익히면 효과를 볼 수 있다. 이는 매우 걱정스럽다.109)
陳同甫의 학문이 이미 (육상산의) 강서 지방에까지 유행하여
浙人들 가운데 그를 믿고 따르는 사람이 많으며 집집마다 왕패를 논하면서, 소하나 장량은 말하지 않고 왕맹을 입에 올린다. 그리고 공맹의 설은 말하지 않고 단지 文中子의 설만 말하니 대단히 두려운 일이다.110)

---

107) 이승환 논문. 235면.
108) 『宋元學案』, 卷92 「草盧學案」, "(全祖望)草盧出於雙峯固朱學也 亦後亦兼陸學 (全祖望)繼草盧而和會朱陸之學者 鄭師山也."
109) 『朱子語類』, 卷123 「陳君擧」, "江西之學只是禪 浙學却專是功利 禪學後來學者摸索一上 無可摸索 自會轉去 若功利 則學者習之 便可見效 此意甚可憂."
110) 『朱子語類』, 卷123 「陳君擧」, "陳同父學已行到江西 浙人信向已多 家家談王覇 不說蘇何張良 只說王猛 不說孔孟 只說文中子 可畏 可畏."

사실 주자가 걱정하고 염려하는 것은 공리학파가 현실적인 사사로운 이욕에 의해서 육상산 심학의 본고장인 강서 지방까지도 진량을 추종하여 사회와 정치에 영향을 미칠 것을 마음속으로 걱정한 것이다. 또 이러한 사실들이 현대에 이르러 수많은 사회적 혼란을 야기하는 점을 우리는 볼 수 있기 때문이다.

결론적으로 말해서 주자와 진량의 王覇논변의 철학적 의의는 다음과 같이 정리해 볼 수 있다.

첫째, 주자는 행위의 동기를 중시했다면 진량은 결과를 중시했다고 볼 수 있다. 물론 주자가 전적으로 결과를 도외시하고 동기만을 추구했다고 보는 것은 잘못이다. 다만 진량과의 비교적 관점에서 보면 주자는 공자나 맹자의 전통을 이어 행위의 동기에 주목하고 있는 특징이 있다. 그 행위의 동기란 구체적으로는 도덕적인 선의지를 의미한 것이다. 이에 대해 진량은 무엇을 이루었으며 무엇을 해내었느냐는 현실적인 결과에 주목하는 것이다.

둘째, 주자는 義理라는 도덕적 가치를 중시하고 진량은 의리와 이익의 두 가치를 함께 추구한다. 이렇게 보면 주자보다 진량의 주장이 보다 현실적이고 바람직하다는 생각이 가능하다. 그러나 유의해야 할 점은 전통적으로 공자, 맹자로부터 이어온 유가철학의 義·利론이란 그 利가 문제되는 것이다. 본래 義와 利가 상호 대립적인 것이 아니다. 義에 기초한 利야말로 공리로써 유가철학이 추구하는 이상태라 할 수 있다. 문제는 義에 反한 利, 즉 사리야말로 義와 대립되는 것이고 전통유가에서 부정되는 것이다. 이렇게 볼 때, 주자가 義를 중시한 것은 사리에 대응한 관점에서의 주장이지 公利까지도 부정한 것이 아님을 유의할 필요가 있다. 즉 주자는 진량의 義利雙行에서 그 利가 私利化되어 인욕이 된다는 점에서 경계와 우려를 가졌던 것이라 하겠다.

셋째, 주자는 가치의 절대성을 인정하고 진량은 상대성을 옹호한다. 주자는 理의 보편성을 인정하는 바탕 위에서 理 내지 道라는 가치의 절대성을 믿고 인간이야말로 이 보편적이고 절대적인 가치(理)를 추구하며 살 때 도덕적 인간이 가능하고 인간다움이 실현될 수 있다고 보았다.

반면 진량은 절대적인 가치란 있을 수 없고 때와 장소 그리고 사람에 따라 타당한 가치와 도덕률은 달라질 수 있다고 본다. 이는 그가 理의 초월성이나 보편성을 믿기보다는 사물 속에서 도를 보았던 그의 철학적 입장과 일치하는 것이다. 이러한 관점에서 하은주 삼대나 한·당이 질적으로 다른 바 없다고 보는 것이며 漢·唐에 대한 역사적 평가를 달리하는 것이라 하겠다.

넷째, 주자는 이기론적인 틀에서 볼 때 氣를 무시하는 것은 아니지만 主理的 전통에 있다고 볼 수 있고, 진량은 主氣的 전통에 있다고 볼 수 있다.[111] 이리힌 평가는 자칫 오류를 범할 수 있는 위험이 따르는데 주자와 진량을 비교적 관점에서 볼 때는 이렇게 볼 수 있을 것이다. 주자가 진량에 비해 理에 보다 관심이 많았다 해서 氣를 부정한 것이 아님을 유의할 필요가 있다.

다섯째, 주자는 가치론에 있어서 理·氣의 분별을 강조하는 데 대해 진량은 氣(事와 物) 속에서 理(道)를 이해하는 관점이다. 주자는 분명히 존재론적 관점에서는 理氣가 떨어질 수 없는 하나의 존재 양태로 존재함을 잊지 않지만 가치론상에 있어서는 理(義)와 氣(利)의 분별적 관점에 있다. 따라서 왕도와 패도, 천리와 인욕, 義와 利를 구별하게 되는 것이라 하겠다. 그러나 진량은 구체적 사물 속에서 도를 보기 때문에 왕도와 패도, 義와 利를 나누지 않고 도리어 一元的 내지

---

111) 손영식 논문. 251면.

竝行해서 보려는 태도로 나타나게 되었다고 볼 수 있다.

여섯째, 주자가 이상주의적 성격이 짙다면 진량은 현실주의적 성격이 짙게 풍긴다. 주자의 경우는 절대적 가치의 실현이라는 관점에 서기 때문에 理대로 실현되어야 한다는 당위론이 제기된다. 따라서 현실과는 관계없이 인간은 그 절대적 가치를 향해 나아가야 한다는 도덕적 삶의 무거운 짐을 벗을 수 없는 것이다. 그러나 진량의 경우는 현실적으로 성공할 수 있고 현실적인 결과가 충족된다면 거기에 바로 정당성이 확보될 수 있다고 믿는 것이다. 따라서 양자 사이에는 이러한 일정한 거리가 존재한다 하겠다. 이 또한 극단적 관점의 논의가 아니라 두 사람의 비교적 관점에서의 평가임을 유의할 필요가 있다.

일곱째, 주자는 진량에 비해 윤리적 색채가 짙다면 진량은 주자에 비해 실용적 색채가 짙다. 이는 두 사람의 王覇논쟁이나 義·利논쟁 그리고 漢·唐대로 보는 역사철학적 관점에서도 뚜렷이 드러난다. 주자는 윤리라는 안경을 쓰고 정치나 역사를 보기 때문에 진량과는 달리 강한 도덕주의적 성격을 갖게 되는 것이고, 진량은 실용이라는 안경을 쓰고 정치나 역사를 보기 때문에 강한 실용주의적 성격을 갖게 되는 것이다. 따라서 주자에게는 옳음(義)이라는 잣대가 중시되는 것이고 진량에게는 이로움(利)이라는 잣대가 중시되는 것이다. 물론 진량이 義·利의 雙行을 말하지만 강조점은 利에 있다고 볼 수 있기 때문이다.

이상의 철학적 분석을 통해서 볼 때 양자의 논쟁이 비록 합일될 수 없었음에도 불구하고 진량의 주자철학에 대한 비판과 도전은 주자철학의 형성과정에서 이론적 미비점을 반성 보완하는 의미가 있었던 것이다. 다만 이와 같은 상대적 비교의 틀로 인해 주자학이 어느 일면에 머무는 철학으로서 孔·孟유학의 본질을 왜곡했다거나 변질시켰다고 보는 것은 유의해야 할 것이다. 왜냐하면 주자철학이야말로 기본적으로 선진유학 내지 공·맹유학에 굳건히 뿌리하고 있는 것이며, 또 그 철학체계가 송학의 집대성이라는 평가에서 보듯이 결코 어느 일면에 머문 것은 아니기 때문이다.

제 5 장

朱子學의 哲學的 特性과 意義

1. 宋學의 集大成

중국 철학사에 있어서 가장 뚜렷한 발자취를 남긴 두 사람을 예로 든다면 고대에 있어서는 공자이고, 근대에 있어서는 주자이다.[1] 이러한 이유는 이들을 집대성자로 추존하기 때문이다.

집대성이란 말은 맹자가 공자를 존숭하여 부른 데서 그 연원이 시작된다. 즉 맹자는 백이를 聖之淸者로, 이윤은 聖之任者로, 유하혜는 聖之和者로 보았다. 또 공자는 聖之時者[2]라 하여 각인의 특징을 지적하고 있지만, 공자의 聖之時는 聖之淸, 聖之任, 聖之和를 집대성한 至尊의 위치임을 맹자는 설명한 것이다.

> 공자는 여러 소리를 모아서 크게 이룬 것과 같다. 모아서, 크게 이루었다(集大成)는 것은 처음에는 종을 울리고 끝으로 경쇠를 쳐서 음악을 그친다. 종소리를 울림은 조리를 시작하는 것이요, 경쇠로 음악은 그침은 조리를 마치는 것이니, 조리를 시작하는 것은 지혜의 일이요, 조리를 마치는 것은 성인의 일이다.[3]

---

1) 錢穆 『朱子學 新學案』, 卷一, 臺北 三民書局. 民國 78. 1面.

2) 『孟子』, 「萬章下」1章, "孟子曰 伯夷聖之淸者也 伊尹聖之任者也 柳下惠聖之和者也 孔子聖之時者也."

3) 『孟子』, 「萬章下」1章, "孔子之謂集大成 集大成也者 金聲而玉振之也 金聲也者 始條理也 玉振之也者 終條理也 始條理者 智之事也 終條理者 聖之事也."

이와 같이 공자를 집대성자로서 時聖으로 보는 것은 상황에 따라 時宜에 좇아 백이의 聖之淸도, 이윤의 聖之任도, 또 유하혜의 聖之任도 할 수 있다는 것을 말한다. 이렇게 공자의 時聖은 어느 한편으로 치우쳐 있는 것도 아니고 고정되어 있는 것도 아니다. 時聖은 어느 한편으로 치우치고 고정되어 있을 때 時中을 잃어 상대에 빠지게 된다. 그러므로 맹자는 백이를 偏狹하고 유하혜는 不恭함으로 치우쳐 있는 것을 비판한다.[4] 따라서 공자의 道는 이러한 모든 것을 포용한다는 의미에서 집대성자라고 맹자가 칭한 것이다.

주자는 北宋 五子의 학문을 집대성한 학자이다. 그의 학문연원과 형성을 보면 주렴계를 뿌리로, 二程(특히 程頤)을 줄기로, 소강절과 장횡거를 가지로 하고 있으므로 이른바 宋代 道學의 正脈을 이어받았다.[5] 이것은 집대성의 대상이 北宋 道學者들의 道學임을 구체적으로 언급한 것이다. 또한 錢穆은 주자를 북송 오자를 대표로 하는 북송의 성리학을 집대성했을 뿐만 아니라 唐末 宋初에 걸쳐 일어난 새로운 학술 분위기 속의 제 경향을 모두 집대성했다는 의미에서 '송학'의 집대성자라 한다. 그리고 더 나아가 주자가 한당의 주소학을 중시한 것을 들어 공자 이래의 유학을 집대성하였다고 해도 결코 과장되거나 지나친 것이 아니라[6]고 말하였다.

물론 주자를 집대성자로 부르는 것에 대해 이의를 제기하는 학자들도 있다. 주자 이전의 북송 오자의 맥을 계승하지 않고, 단지 한 학파의 대표적인 인물로 평가함으로 집대성자의 면모를 부정한 것이다. 이러한 견해의 대표적 학자는 모종삼과 채인후 등을 들 수 있다. 이들은

---

4) 上揭書, 「公孫丑上」9章, "孟子曰 伯夷隘 柳下惠不恭 隘與不恭 君子不由也."
5) 金忠烈, 『中國哲學散稿Ⅱ』, 온누리 1990, 284면.
6) 錢穆, 李完裁 白道根 역. 『朱子學의 世界』 이문출판사, 1994, 36~47면 참조.

明道學이 북송 초 주렴계와 장횡거의 학문을 정통으로 이어받은 반면에 이천학은 명도학으로부터 벗어나 별도의 학파를 열었다고 보았다. 즉 주렴계·장횡거에서 정명도에 이르는 학통을 胡宏과 柳宗周가 정통으로 계승하였고, 육상산과 왕양명은 맹자를 直承하여 독자적인 학풍을 이루었다고 보는 것이다. 바로 이 두 학파를 '大宗'으로 그리고 정호와는 별도의 학파를 열은 程朱學을 '別宗'으로 나누고 있는 것이다.[7]

상술한 견해에 의하면 정주학은 유학본원에서 볼 때 비정통일 뿐만 아니라 북송 성리학도 제대로 계승하지 못한 '別宗'에 불과함으로 주자를 북송 성리학을 집대성했다고 말할 수 없다는 것이다. 물론 이러한 견해는 이론의 근거가 전혀 없는 것은 아니나 이들의 주장 역시 하나의 새로운 도통론을 제기한 것임에 불과하다고 생각된다.

이들과는 달리 陳榮捷 같은 학자는 주자학을 유학사상의 변천사적인 입장에서 전통유학의 계승과 시대사적인 당면과제의 문제점을 성리학적인 철학범주로 집대성하여 학적 체계를 세웠다고 보았다. 집대성한 업적으로 신유가 철학의 발전과 완성을 기하고, 도통 개념을 완성하여 전수하였던 점, 사서를 표장하고 확정하여 중국, 한국 및 일본의 사상영역까지 파급시킨 점을 예로 든다. 또한 신유가 완성을 다시 네 가지로 분류하여 언급하고 있다. 첫째는 주자가 신유가의 학문 방향을 확정한 것이고, 두 번째는 리와 기의 관계를 분명히 정리한 점이고, 세 번째는 태극의 개념을 발전시킨 점이고, 마지막으로 仁의 개념을 잘 발전시킨 점[8]을 들었다. 또 丸山은 주자학이 첫째, 經書의 漢·唐訓詁學적 연구를 배격하고 도통의 계승을 주창하는 사서 중심의 의리학문을 세우고, 둘째, 종래 유교의 사상적인 약점이었던 이론성의

---

7) 牟宗三, 『心體與性體』 卷1. 42~60面 참조. 蔡仁厚, 宋明理學(南宋 篇). 4面.
8) 陳榮捷, 『朱學論集』, 學生書局 民國 71. 2~23면 참조.

결여를 보완하기 위해 우주와 인성을 관통하는 형이상학의 체계(宇宙論, 人性論, 實踐倫理 등)를 정립하였다[9]고 주자의 업적을 들었다.

이와 같이 집대성자로서의 면모는 철학사적인 입장에서도 찾아볼 수 있다.

> 송이 남쪽으로 피신함에 이르러 新安의 주자가 程氏의 정통을 이어받아 더욱 깊이 연구하였다. 그 대략을 말하면 격물치지를 학문의 착수처로 하고 明善誠身을 요점으로 하였다.『詩·書』육예의 文과 공·맹의 유언이 秦火에 의해 착란되고, 漢儒에 의해 지루 산만하게 되고, 魏晉 六朝 때에 파묻혀 버렸으나 주희에 이르러 밝게 그 모습이 드러나고 질서 있게 각 경전이 그 위치를 찾았다. 이것이 宋儒의 學이 諸子를 초월하여 위로 맹자에 연결되는 까닭이 아니겠는가?[10]

이『道學傳』의 설명에 의하면 도의 전통이 공자로부터 시작하여 면면히 이어져 내려오다가 그 도통이 맹자에 와서 끊어져 버렸다. 그러므로 도학은 주렴계, 장횡거에서 일어나 二程子에게 계승되고 주자에게서 대성된 학문이다. 이것은 도통을 중시하는 것과 사서에 의해 유교의 정신인 공·맹의 도를 발현하려는 것이다. 이와 같이 공·맹사상과 북송 오자의 사상은 주자에 의해서 집대성되어 독자적인 자기의 사상을 체계화했다. 즉 北宋 五子에서 제기된 성리학의 각종 개념을 일관하여 종합했을 뿐만 아니라 공·맹사상을 주축으로 노·불 등의

---

9) 守本順一郎, 김수길 역,『東洋政治史 研究』(丸山眞男, 日本政治思想史 研究), 동녘, 1981, 25면 재인용.

10)『宋史』, 卷427「道學傳」, "迄宋南渡 新安朱熹得程氏正傳 其學加親切焉 大抵以格物致知爲先 明善誠身爲要 凡詩書六藝之文 與夫孔孟之遺言 顧錯 於秦火 支離於漢儒 幽沈於魏晉六朝者 至是皆煥然而大明 秩然而各得其所 此宋儒之學所以度越諸子 而上接孟氏者歟."

296

각종 관념론적 이론과 事功學派 등의 유물론적 사상을 객관적인 방법으로 비판한 것이다. 이것은 인륜의 일상생활을 중시하면서도 도덕이 결여된 현실을 부정한 것이다. 따라서 주자학은 중국 후기 봉건사회의 관방철학으로 또 조선조 성리학의 중심이론으로 그 역할을 할 수 있었던 이유도 여기에 있었던 것이라고 하겠다.

이렇게 볼 때, 주자야말로 다소의 異論에도 불구하고 공자 이래 송학을 종합적으로 체계화시킨 유학사적 위치를 인정하지 않을 수 없고 주자학 또한 공·맹유학 이래 송학의 집대성이라는 위치를 인정하지 않을 수 없을 것이다.

2. 先秦儒學의 傳承과 創造

주자학은 상술한 바와 같이 선진유학의 공·맹사상을 전승한 신유학이다. 따라서 주자학은 한·당대 이래의 經學인 『五經』과 '正學' 등 여타 송대 유학과 대별되는 것이다. 사상적인 면에서 살펴보면 주자학이 이단의 도·불학을 배척한 이유를 들 수 있겠고, 이러한 이론을 체계적으로 뒷받침해 주는 유교의 경전적 근거가 마련되지 않으면 안 될 것이다. 주자가 『오경』 중심의 경학보다는 새로 사서를 표장하고 이에 주석을 붙인 것도 이와 같은 맥락 속에서 이해될 수 있다.

주자는 淳熙元年(1190) 61세 되던 해에 『논어』, 『맹자』, 『대학』, 『중용』을 사서로서 간행하였다. 당대 이전까지 유학은 주공, 공자를 稱揚하여 太學에서는 반드시 오경을 교재로 하고 『논어』는 이와 같이 동일하게 예우를 받지 못했으며, 『맹자』서는 諸子의 서에 편입시킬 정도로 이단시하여 왔다.[11] 또한 『대학』과 『중용』은 모두 『예기』의 한 편에 불과했던 것을 한유와 이고가 別册하여 『논어』, 『맹자』와 함께 사서로 인정할 때까지 유학자들의 별다른 관심을 얻지 못했다. 이러한 사서가 모두 존숭되기 시작한 것은 송대부터였으며 주자가 이를 체계적으로 그 사상 내용을 정리한 것이다.

주자가 오경보다 사서에 더욱 큰 비중을 둔 것은 "『논어』, 『맹자』의 학습은 그 양이 적으나 효과가 크고, 『오경』의 학습은 그 양이 많으나 효과는 적다"[12]고 보았기 때문이다. 이렇게 주자가 자신의 사상을 명확히 한 단서는 사서에 대한 '集註'와 '章句'를 제정한 데서 찾을 수 있다.

이와 같이 주자는 사서에 무려 30여 년 동안 그의 정력을 기울였다. '집주'라는 명칭에서 볼 수 있듯이 신유학의 주석 중 중요한 것을 자기 입장에서 취사선택하여 集錄하고, 거기다 자기 의견을 덧붙이는 형식으로 편찬하였다. 이처럼 사서는 단순한 집록이 아니라 주자의 일관된 입장과 사상이 나타나 있는 점에 우리는 유의해야 한다. 주자는 또 집주에서 충분히 설명하지 못한 견해와 자기 주석에 대한 이유를 따로 '或問'으로 펴내었다. 그러므로 주자의 '혹문'이나 '장구'가 단지 章節篇次를 수정하고 거기에 약간의 주석을 가한 것이라고 일부 학자가 주장하지만, 실제로 그의 '장구' 역시 사서집주와 마찬가지로 자기 사상의 표현인 것이다.[13] 왜냐하면 그는 서거 3일 전에도 『대학』의 '誠意章' 편의 自註를 개정하였던 것을 보면 이러한 사실을 알 수 있다.

그러므로 주자의 이러한 사서 간행은 그의 사상과 밀접한 관련이 있으며 사상사적 의의도 매우 큰 것이다. 그것은 첫째, 사람들로 하여금

---

11) 錢穆, 『宋明理學槪述』, 臺北, 三民書局, 1977, 159면.

12) 『朱子語類』, 卷19 「語孟綱領」, "語孟工夫少 得效多 五經工夫多 得效少."

13) 李東熙, 『朱子學의 哲學的 特性과 그 展開樣相에 관한 研究』, 성대대학원 박사학위논문 1990, 8면.

오경이라는 고전의 권위로부터 벗어나게 했고, 둘째, 『논어』·『맹자』를
통해 공·맹사상을 직접 접할 수 있는 길을 열었으며, 세 번째는 아울
러 고전 경적을 연구하는 합리적인 방법을 제시해 주었다고 볼 수 있
다.14) 따라서 주자는 오경과 사서의 중요한 차이점이 있다는 것을 자
각하고 그 차이점을 다음과 같이 명시하였다. 즉『논어』, 『맹자』는 공
맹사상을 직접 알 수 있는 자료이지만, 오경은 간접자료에 불과하고,
사서는 '性, 心, 仁, 義'와 같은 철학적 문제를 다루고 있고, 사서는 또
한 체계적인 학문방법을 제시해 준다고 생각하였다.15) 이 체계적인 학
문방법이란 주자가 제시한 사서의 독서 순서를 보면 잘 알 수 있다. 그
는 먼저『대학』을 읽어 학문의 목적과 그 규모를 정하고, 다음에『논어
』를 읽어 그 근본을 말하고, 그다음에는『맹자』를 읽어 그 전개 응용됨
을 보고, 다시 그다음에『중용』을 읽어 고인의 은미하고 오묘한 사상의
진수를 탐구해야 한다16)고 설명하였다. 이는 유학사적으로 五經을 중
심한 고전의 학적 태도로부터 사서와『주역』의 이론을 철학적 입장으
로 전환한 것이고, 내용적으로는 요·순에서 주공까지의 정치적 치적
으로부터 공·맹 중심의 철학적 체계에로 관심의 초점을 전환시킨 것
이다. 그러나 선진시대의 공·맹설은 性과 天道 그리고 수양의 방법을
논했을지라도 모두 당시의 쇠락한 예악정치 제도를 재건하려는 데 뜻
이 있었으므로 그 진정한 관심이 학문 자체에 있지 않고 문화 재건에
있었던 것이다.17)

사서 가운데에서도 주자가 이전의 유학과 대별되는 사상적 기초를

---

14) 陳榮捷, 『朱學論集』, 19면

15) 陳榮捷, 『朱學論集』, 22面.

16) 『朱子語類』, 卷14 「第三[某要]條」, "先讀大學以定其規模 次讀論語以言其
根本 次讀孟子以觀其發越 次讀中庸以求古人之微妙."

17) 唐君毅 『中國哲學原論』, 「原道篇三」, 臺灣 學生書局 民國 66, 426면

마련한 것은『대학』이다. 먼저『대학』表彰의 배경을 살펴보면 한유가 도·불학에 대항하는 유교의 인륜적 입장에서『대학』을 중시한 이후 주자에 의해서 본격적으로『대학』에 관한 이해도 더욱 심화되고 정미하게 되었다. 정명도는 "『대학』은 공자의 유서이다. 반드시 이 書에 따라 학문을 해야 어긋남이 없이 밝게 된다."[18)라고 강조하였으며, 정이천은 "入德의 문은『대학』만 한 것이 없다. 오늘날 배우는 사람들은 이 일편『대학』에 의거해야 한다. 이 외에는『논어』와『맹자』만 한 것이 없다고 하였다."[19) 二程子의『대학』설명은 한유의 '修齊治平'의 관점에서 진일보하여 '격물치지'에 역점을 두어 상세히 설명한 것이 특징이며, 이러한 점이 주자학의 '격물치지'의 성립에 공헌이 컸다고 하는 소이이다. 二程子를 이은 주자는『대학』의 삼강령 팔조목을 확립하고 經文의 錯簡을 교정했다. 또한 빠진 부분(格物補傳)을 보충하는 한편, 처음으로 경전과의 차별을 정하여 경 일 장과 전 십 장으로 定本을 만들었던 것이다.

이와 같이 주자는『대학』을 통해서 진정한 학문세계를 직접 접하고 그것을 스스로 궁행하는 것을 학문의 요체로 삼았다. 따라서 주자는 '격물'이라는 새로운 학문방법을 창안한 것이다.『대학』은 수신과 학문방법의 전형이 있는데 그 처음의 시작이 바로 격물이라고 주자는 보았다. 그리하여 그는 '격물보전'을 지어서 내외를 일관하고 상하를 꿰뚫는 지적 직각법으로 활연관통한 경지에 입문할 수 있는 방법을 제시한 것이다. 주자의 이 방법은 과학적인 철학방법으로 정당화시켜 주는 계기를 마련해 주었고, 그의 철학이 현대에서도 중요한 역할을 담

---

18) 『二程全書』, 册1 「遺書 第2」, "大學乃孔子遺書 須從此學則不差."

19) 『二程全書』, 册1 「伊川先生語八 上」, "入德之門 無如大學 今之學者 賴有此一篇書存 其他莫如論孟."

당할 수 있는 증거이다. 그러므로 '격물치지설'은 주자사상의 핵심을 이루게 되었다.

이렇게 볼 때, 주자가 사서를 표장한 것은 사서를 통하여 한·당 이래로 단절된 도통을 계승하여 공·맹사상을 직접 접할 수 있는 길을 열어 놓은 것이며 도·불학의 이단을 배척하는 척도로 삼은 것이다. 따라서 사서를 통해 공맹사상을 연구하는 계기가 되었고, 이로부터 사서는 과거와 교육에 있어 중요한 기본서가 되었다. 주자학의 사상적 특징도 이러한 사서 연구를 통해서 점차 형성되었음을 알 수 있다. 요컨대 주자의 경학연구야말로 일면 선진유학의 계승이라는 의미를 담고 있지만 선진유학에 대한 새로운 해석이라는 면에서 주자학의 창조적 성격을 결코 간과할 수 없을 것이다.

3. 合理的인 哲學體系 定立

주자학은 이처럼 공맹사상을 중심으로 하여 천리를 실현하려는 인본주의에 있다. 인간은 수신의 덕목에서 제가 치국평천하에 이르기까지 본래적 도덕성과 사회적 실천에서 인간의 본성에 의한 조화가 요구된다. 따라서 인간의 주체성과 객관적 리의 실재성을 동시에 요구하므로 도·불학이나, 事功學派, 陸王學派에 반대한 것이다. 그러므로 주자학의 특성이 합리주의와 윤리적 순수성을 강조하여 실천규범을 준수하려는 이유도 여기에 있다.

합리주의는 주자가 형이상학적인 문제를 규명한 우주론이나 인성론, 수양론 등을 논리적으로 체계화한 공적에서 그 의미를 찾을 수 있다. 태극이기론이라든가, 인간의 심성정론이나, 거경궁리의 수양방법론을 이론적으로 제시한 것이다. 또 사서의 표장과 주석에 있어서도 새로운 철학정신을 보여주었다. 즉 선진 공맹 유학에 대하여 형이상학적 근거의 이론을 제공하였다. Hegel의 변증법적 사고인 正反合의 논리로써 주자학의 사상사적 위치를 설명해 본다면 다음과 같이 정리할 수 있을 것이다. 선진유학의 공맹학을 正으로 본다면 魏晋隋唐朝에 이르기까지 흥성한 도·불 사상은 正에 대한 反으로 나타났다고 볼 수 있고, 이러한 反의 논리는 또 송대의 유학에 와서 비로소 合의 면모를 가진 것이라고 할 수 있다. 그리고 송학은 주지에 의해 집대성되었다는 점에서 유학사적인 의미가 크다 하겠다. 이제 주자학의 비교적 합리적인 철학체계를 몇 가지 특성으로 나누어 고찰해 보고자 한다.

1) 天人合一의 哲學體系

주렴계의 『태극도설』은 천도론과 인성론을 종적으로 연결시킨 유가 최초의 이론이다. 이에 따라 신유학은 천도론, 즉 우주론의 이론체계를 갖게 되었고 도·불학에 비해 손색없는 철학체계를 구성한 것이다. 또 주렴계를 신유학의 先河로 삼는 것은 송명 유학이 이 『태극도설』을 기점으로 발전되었기 때문이다.[20] 퇴계도 주렴계의 『태극도설』을 유가철학의 시원이자 모든 이론의 근원으로서 생각하고 『태극도설』을 통하지 않고서는 유학의 본원에 이를 수 없고 전체를 豁貫할 수 없는 유가철학의 이론적 씨앗으로 보았다.[21]

태극은 천리와 인성을 일관하는 하나의 진실한 존재로서 天人을 관통하는 誠道이고, 그 자체가 '生生不已'하는 존재론적 실체이자 도덕적

---

20) 金忠烈, 『中國哲學散稿Ⅱ』, 온누리 1990, 258面.
21) 『退溪全書』上, "朱子謂此(太極圖說)是道理大頭腦處 又以爲百世道術淵源."

가치이기 때문이다. '惟天之命 於穆不已', '天地合其德', '萬物皆備於我' 등 인간이 우주를 통섭할 수 있는 마음을 구비하고 있어 천지의 운용의 묘를 체증할 수 있다. 주자학은 천인합일의 체계화된 이론을 정립하면서 도·불의 사상과는 다른 유학본연의 입장을 명료하게 드러낸 것이 사실이다. 불교는 현실의 일체현상이 무상하기 때문에 고통스럽고, 생사문제는 가장 고통스러운 인간의 문제로 해탈이 바로 생사문제를 해결한 것이다. 따라서 불교는 인륜현실을 부정하는 태도에서 그 연원이 시작되지만, 유가는 선진시대부터 천리와 인도의 관계가 단절되어 있었던 것이 아니라 '天命之謂性'으로 천명의 이념을 인간이 부여받은 것이다. 그러므로 率性하는 것이 인도의 극치인 도이며 中이고 진리인 것으로 盡性이란 각자가 품부한 천명을 각성하는 것이다.

우주 본체론에서 태극과 음양은 인성론에서 성과 기질로 표현된다. 태극과 음양의 관계가 '不相離 不相雜'의 관계로 '二而一', '一而二'의 관계라면 성과 기질도 이러한 관계에 있다.[22] 현실생활 속에서 이루어지는 인간의 성은 기질을 떠나 운위될 수 없지만, 맹자는 본연지성인 성선을 강조하여 윤리의 기본적 정초를 마련하였다. 그러므로 본연지성과 기질지성은 인간존재의 차별성과 보편성이 만나는 자리가 된다. 따라서 도덕을 실천하는 인간의 생활이 현실세계라면 실천이성의 선험적 도덕 실현이 성즉리로서 천인합일로 드러나는 것이다.

이천이 성즉리라고 한 말은 인간의 본성이 선하다는 맹자의 성선을 밝히는 데 있지만, 주자는 이 말을 우주론에 관통하는 의미로 사용하였다. 그리고 그는 자신이 체계화한 우주론적 리기론과 관련하여 성즉

---

22) 『朱子語類』, 卷5 「性理二」, "性猶太極也 心猶陰陽也 太極只在陰陽之中 非能離陰陽也 然至論太極自是太極 陰陽自是陰陽 惟性與心亦然 所謂一而 二 二而一也."

리를 설명하기도 한다.23) 그러므로 성즉리라는 것은 인간의 본성이 우주 자연의 리로 통하는 것이다. 性은 선험적이고 보편적인 인간의 본성을 말한다. 주자는 이천의 성즉리를 계승한 성즉리요, 理卽太極24) 이고 道卽性이요 性卽道25)이므로 性은 리, 태극, 도와도 일관되어 있음을 볼 수 있다.

주자는 맹자와 순자의 성론을 공자의 예론을 통해서 '天理之節文'과 '人事之儀則'26)으로 설명하였다. 즉 맹자에서 정이천으로 이어지는 천리를 강조한 맥락과 순자에서 사마광으로 이어지는 儀則중시의 맥락이다. 주자는 이 두 맥락을 종합함으로써 그의 윤리사상이 형성된 것이다.

주자는 천리의 확립을 주렴계의 우주론에 나타난 태극개념을 제시한다. 주자학에 있어 존재론의 최고 개념인 태극이나 종교의 절대가치를 상징하는 천이나, 가치판단으로서 최고의 선이 모두 리 자로 관통되어 있다. 이러한 리가 인간에게 부여된 것을 성이라고 한다. 즉 리와 태극과 천이 주자학에 있어서는 일관된 것으로 사람마다 태극을 갖추고 있고, 천이 부여해 준 性을 갖추고 있다27) 말할 수 있다. 그러므로 천도에서 말하면 元亨利貞이라 하고 人性에서 말하면 인의예지28)라고

---

23) 錢穆, 이완재 백도근, 『朱子學의 世界』, 58~59면 참조.

24) 『朱子語類』, 卷94.

25) 『朱子語類』, 卷5 「性理二」, "道卽性 性卽道 固只是一物."

26) 『論語』, 「學而」12章, "有子曰 禮之用 和爲貴 先王之道 斯爲美 小大有之" 의 朱子註 "禮者 天理之節文 人事之儀則"

27) 『論語』, 「公冶長」12章, "子貢曰 夫子之文章 可得而聞也 夫子之言性與天 道 不可得而聞也"의 朱子註. "性者 人所受之天理 天道者 天理自然之本 體 其實一理也."

28) 『朱子語類』, 卷28 「論語10」, "譬如一條長連底無事 其流行者是天道 人得 之者是天道 人得之者爲性 乾之元亨利貞 天道也 人得之爲仁義禮智之性."

한다. 따라서 性은 天理이고 천리는 곧 태극이 되는 것이다.

태극은 혼연일체한 것으로 萬理를 내포한다. 인간에 있어서 최대강목은 인의예지이고, 이 인의예지는 천리로부터 인간이 부여받은 것이다. 인간의 성은 천리로부터 부여받은 바의 내용이 인의예지가 된다. 따라서 주자가 성을 말할 때는 언제나 도덕적인 입장과 관련해서 말하고 있다. 이 성은 도덕실천의 만능적 근거로서 실체인 선천적 근거가 되는 것이다. 이처럼 인간이 태어나지 않았을 때는 다만 리만 있을 뿐이고, 이때의 리는 성이라 말할 수 없고 오히려 命이라고 해야 한다[29]는 것이 주자의 이론이다.

주자가 천리와 인도의 일치를 주장한 것은 그의 합리적인 사유에서 비롯된 것이라고 丸山眞男은 규정했다. 丸山眞男에 의하면 천리는 곧 인간이 가진 선천적인 본성이며 그것은 동시에 사회관계(五倫)를 규정하는 근본 규범(五常)이다. 그 궁극적인 리를 태극 또는 誠이라고 부른다. 오륜에 있어서 당위는 추위가 오면 더위가 간다는 자연의 필연성과 똑같은 실리에 기초한다. 더불어 오륜을 행하는 까닭은 오상 때문이며 오상은 本과 一心이며, 이 心이 지닌 리가 곧 성을 말하는 것이다. 그러므로 유교의 윤리적 규범은 주자학적 사유에서 二重의 의미로 자연화된다. 하나는 규범이 우주질서(天理)에 근거를 두었다는 것이며 또 다른 하나는 규범이 인간성에 선천적으로 내재한다는 의미에서이다. 여기에 전형적인 형태를 띤 주자학의 자연법적 사상이 내포되어 있는 것이다. 이처럼 丸山은 이기론을 중핵으로 주자학적 사유를 자연법적 사상으로 이해했다. 즉 주자학적 사유를 도덕이 자연에 종속된다는 의미에서 자연법이라 이해했으며 사회의 질서를 오상에 부수

---

29) 『朱子文集』, 「권 答歐陽希遜書」, "人物未生時 只可謂之理 說性未得 此所謂在天曰命也."

된 오륜에서 나타나는[30] 질서로 생각했다.

주자는 性은 사람이 품부받은 바의 천리요, 천도는 천리 자연의 본체이기 때문에 그 실체는 하나의 리이다.[31] 성은 인간이 선천적으로 갖춘 천리이고, 천도는 자연적이고 필연적인 천리의 본체를 의미한다. 천도를 인간의 성과 연관 지어 보면 천도와 인도는 항상 떨어질 수 없는 관계성을 지닌다. 즉 천도는 만물을 생성하는 조화의 원리이다. 조화는 음양·오행의 작용임에 틀림없다. 음양·오행은 기이지만, 그 기에 앞서서 리가 존재한다. 음양·오행인 기의 작용에 의해서 형체가 있는 사물이 생기면 필연적으로 리가 내재한다. 천도로서의 리는 建과 順, 인의예지의 인간성이지만, 그 리가 기와 합동하여 혼백·오장·백해의 신체를 형성한다. 그것은 주돈이가 "무극의 진과 이오의 정이 묘합하여 응결한다"고 하는 것과 같다.[32] 천도는 만물의 생성 근원으로서의 리와 인간성으로 선한 리라는 양면을 지니고 있다. 또한 理는 氣도 '不相離 不相雜'의 관계로 '二而一', '一而二'이다. 이러한 관계가 지속 확대되어 천도와 인도의 대응이 있고 또 그것이 하나로 통일되는 것을 알 수 있다.

주자는 주렴계의 우주론을 계승하여 그 본질인 태극과 리를 확립한 후 우주론 전개의 본래적인 목적인 인성론으로 환원시킨 것이다. 인성으로서의 천리의 확립이 실천윤리의 근거라면 윤리적 실천은 천리를

---

30) 守本順一郎, 김수길 역, 『東洋政治思想史 研究』, 丸山眞男, 日本政治思想史 研究. 177면 재인용.

31) 『論語』, 「公冶章」12, 朱子註, "性者 人所受之天理 天道者 天理自然之本體 其實一理也."

32) 『大學或問』, "天道流行 發育萬物 其所以爲造化者 陰陽五行而已 而所謂陰陽五行者 又必有是理 而後有是氣 及其生物 則又必因是氣之聚 而後有是形 故人物之生 必得是理 然後有以爲建順仁義禮智之性 必得是氣 然後有以爲魂魄五臟百骸之身 周子所謂無極之眞 二五之精 妙合而凝者 正謂是也."

체인한 사람만이 가능하고, 천리를 수렴하여 천인합일을 이룩한 사람이 바로 성인이 된다. 天賦의 본성을 실현하는 聖의 경지에 이르면 천지만물과 인간이 다름이 없게 되고, 또 성인과 범인은 본성에서의 차이가 있을 수 없고, 인간이면 누구나 천리를 실현할 수 있는 성을 공히 소유했다고 보는 것이 주자의 인성론이다.

유학사상은 유구한 역사적 발전과정 속에서 반성과 자각을 통해 시대의 변천에 따라 그 사상의 내용이 보완되면서 변천하여 각 시대사조로 나타났다. 그럼에도 불구하고 불변적인 요소는 인간의 생명과 존엄성을 강조하는 仁道의 정신으로 일관한 人道主義 사상이 있었기 때문이다.33) 여기서 인도주의는 바로 천리가 내재된 인도이기 때문에 현실을 외면하지 않고 인간의 사회성에 바탕을 둔 인도인 것이다. 그러므로 현실사회 속에서 발생된 인간적인 문제는 천리라는 대전제 속에서 융해되어 조화를 추구하는 것이 유학사상의 특성이다.

주자사상도 마찬가지로 이런 사상을 계승하여 인간의 생명과 존엄성을 강조하였다. 이것이 천인합일사상이다. 주자는 천리가 도덕실천의 주체로서 인간의 心속에 내재하고 있기 때문에 육신도 心에 의해서 당연히 제어를 받게 된다고 보았다. 천리와 육신은 바로 인간의 心에 의해서 매개됨으로 도덕행위라는 구체적인 가치판단을 내리게 된다. 즉 도덕적 당위성(形而上, 未發)과 이것을 근거로 해서 나타나는 현실성(形而下, 已發)은 천인합일이나 활연관통의 세계로 제시된다. 이와 같이 인간 존재의 근거를 천에서 찾고 인간 삶의 당위를 천에서 찾는 천인합일의 사고는 선진유학의 근본정신으로 주자학 또한 이의 계승이라는 점에서 그 철학적 특성을 발견하게 될 것이다.

---

33) 柳承國, 「韓國의 儒學思想에 대하여」, 『한국의 유학사상』. 이황·이이, 윤사순·유정동 역, 삼성출판사, 1993, 11~12면 참조.

2) 理氣二元的 一元의 哲學體系

주자는 모든 현상을 리와 기로 설명하였다. 즉 一物을 설명할 때도 리와 기의 두 방면으로 관찰하고 분석하였다. 이러한 주자의 이기론은 이기이원론의 입장을 취하였고, 그것은 北宋 五子의 사상을 계승하여 정리하고 종합한 것이다.

주자가 劉叔文에게 답한 구절에서 리와 기를 二元으로 설명하면서도 合의 관계로 보았다. 이른바 리와 기, 이것은 결단코 二物이다. 단지 사물에서 본다면 二物은 渾淪하여 不可分開의 관계이다. 각각 한 곳에 처해 있으면서 二物이 각기 一物이 되는데 서로 해치지 않는다. 만약 리에서 본다면 사물이 있기 전에 이미 사물의 이치가 있는 것이다.[34] 이처럼 리와 기의 개념은 그 내용과 의의가 각각 다르게 나타난다.

> 천지 사이에는 리와 기가 있나. 이는 형이상의 도이고 생물의 근본이다. 기라는 것은 형이하의 器이며 물을 낳는 재료이다. 그러므로 사람이나 물이 태어남에 있어 반드시 이 이를 품수한 연후에야 성이 있으며, 이 기를 타고난 연후에야 형체가 있다.[35]

이러한 설명은 주자가 리와 기라는 두 개념을 완전히 다른 측면으로 이해하고 있음을 보여준다. 그는 이와 기를 엄밀히 구분하여 "형이상자는 형태도 없고 그림자도 없으니 이것을 리라고 하는 것이요, 형

---

34) 『朱子文集』, 卷46 「答劉叔文」, "所謂理與氣 此決是二物 但在物上看 則二物渾淪不可分開 各在一處 然不害二物之各爲一物也 若在理上看 則雖未有物 而已有物之理."

35) 『朱子文集』, 卷58 「答黃道夫」, "天地之間 有理有氣 理也者 形而上之道也 生物之本也 氣也者 形而下之器也 生物之具也 是以人物之性 必稟此理 然後有性 必稟此氣 然後有形."

이하자는 감정도 있고 형태도 있으니 이것은 器라 한 것이다."[36] 주자는 현상세계를 전혀 상이한 이와 기의 세계로 설명하고 있는 것이다. 그러나 이 양자는 시간적으로 선후가 없고 공간적으로 離合이 없이 하나의 존재양태로 있다. 즉 천하에 리가 없는 기가 없고 기가 없는 리가 없는 것이다.[37] 이러한 점에서 이 세계는 이기이원의 존재 세계지만 그 존재 양태에 있어서는 일원적이라 할 수 있다. 리와 기라는 상이한 두 실체 개념을 전제한다는 점에서는 이원의 존재 구조라 하겠지만, 그것이 하나의 존재 양상으로 존재해 있다는 점에서는 일원적이라 할 수 있기 때문에 이기이원적 일원의 철학체계라 이름할 수 있을 것이다. 그러나 주자는 이기 선후를 말하기도 하는데[38] 이는 논리상의 존재론적 선후관계이지 시간상의 선후는 결코 아니라 하겠다.[39]

또한 주자는 이기의 선후 문제에 대해서 "만약 품부를 말할 것 같으면 기가 있은 뒤에 리는 따라서 갖추어진다. 그러므로 기가 있으면 곧 리가 있게 되며 기가 없으면 리도 없게 된다."[40]라고 하였다. 본체의 태극이 현상의 물에 품부되는 순서를 살펴보면 기가 리에 先在한다고 보아야 한다. 우주만물의 본체인 태극의 리와 기가 현상으로 나타나면 여기에 '統體一太極'이 품부되어 '各具一太極'이 되는 것이다. 따라서 현상계의 모든 존재는 하나의 태극이 내재하게 된다.

---

36) 『朱子語類』, 卷137 「戰國漢唐諸子」, "形而上者 無形無影 是此理 形而下者 有情有狀 是此器."
37) 『朱子語類』, 卷1 「理氣」, "天下未有無理之氣 亦未有無氣之理."
38) 『朱子語類』, 卷1 「理氣」, "未有天地之先畢竟也 只是理 有此理便有此天地 若無此理便亦無天地."
39) 『朱子語類』, 卷1 「胡泳錄」, "要之也先有理 只不可說是今日有是理 明日却有是氣 也須有先後 且如萬一山河大地都陷了 畢竟理却只在這裏."
40) 『朱子語類』, 卷1 「胡泳錄」, "若論禀賦則有是氣然後 理隨以具 故有是氣則有是理 無是氣則無是理."

그러나 주자는 현실을 언급할 때면 리와 기가 선후가 없다는 것을 명백히 했다. 그에 의하면 존재한다는 것은 리와 기가 동시에 공존한다는 것을 의미한다. 그러므로 현상 그 자체로 본다면 리와 기의 선후는 있을 수 없다. 이렇게 볼 때, 주자학의 이기이원적 일원의 철학체계는 理 一元 내지 氣 一元의 철학체계가 갖는 논리적 미비점을 보완할 수 있다는 점에서 보다 합리적인 철학체계라 생각된다.

3) 合看과 離看의 立體的 思惟

주자의 이기론에 관한 설명은 상호 모순되는 언급이 많음을 볼 수 있다. 리기 관계의 이러한 설명은 보는 관점에 따른 부득이한 현상이다. 모순을 매개로 하여 진리를 총괄적으로 표현하려는 理氣相涵의 논리는 모순되는 이면 속에 있는 일관된 논리를 정리함으로써 그것을 알 수 있다는 것이다. 그 논리는 다름 아닌 '理氣合離看'의 사유논리이다. 즉 이와 기를 합하여 말할 때와 이와 기를 분리하여 말할 때 리기 양자의 관계는 다르게 표현될 수 있다. 이 두 가지 표현의 모순을 대립 지양시켜 그것을 두 가지로 보지 않고 하나로 통일시켜 볼 때 거기에 참다운 진리가 나타난다. 다시 말하면 진리는 일종의 역설로밖에는 표현할 수 없다는 것이 전제되어 있다.[41]

이와 같이 리와 기에 대한 이해는 '一而二'·'二而一'의 관계로, '合看'의 방식으로 설명된다. 주자에 의하면 리와 기는 결단코 二物이다. 그러나 현상적인 사물 위에서 보면 리와 기는 섞여 각각 한 곳에 나뉘어 있는 것이 아니다.[42] 따라서 리기는 전혀 다른 둘이지만 하나의

---

41) 李東熙, 『朱子學의 哲學的 特性과 그 展開樣相에 관한 硏究』, 성대대학원 박사학위논문, 1990, 52~53면 참조.

존재 양태로 있고 하나의 존재 양태지만 그것은 다른 둘이다. 이처럼 주자는 존재 자체의 體認에 있어서는 이기를 하나로 이해하지만 존재의 개념적, 가치적 이해에 있어서는 리와 기를 나누어 보았던 것이다. 이기가 서로 떨어질 수 없는 하나의 존재라는 점에서 '理氣不相離'이라 말하고, '理氣不相雜'이라 말하게 된다. 전자는 종합적 사유 방식이라면 후자는 분석적 사유 방식을 의미한다. 주자는 이 양자의 사유 방식을 아울러 보고 있다는 점에서 입체적 사유 방식이라 할 수 있다. 즉 理亦氣, 氣亦理 등 통섭적으로 성리설을 구성하고 있으며, 이들의 상대성, 대립성은 오히려 해소하여 독특한 그의 성리체계를 형성한다.

이러한 주자의 철학적 사유의 논리는 합해 보기만 하거나 나누어 보기만 하는 편향적 사유가 아니라 양자의 조화와 균형을 통해 참된 진상을 파악하려는 것으로 중요한 의미가 있다. 리를 궁구하여 밝히는 것은 절대적이고 초월적인 면을 궁구하여 밝히는 것만으로 충분하지 않다. 즉 리의 상대적인 면인 기에 내재한 구명을 소홀히 해서는 안 되며, 이기의 '離看'의 사고뿐만 아니라 '合看'의 사고가 결여되어서는 안 된다. 그의 이러한 균형 잡힌 사유 논리가 바로 理氣之妙으로 표현될 수 있는 것이다.

이와 같이 주자학의 특성은 주자학을 지나치게 분석적이거나 이원적 사유라고 비판하는 데 대한 하나의 응답이 될 것이다.

주자학은 존재론에 있어서도 이기이원을 말하지만 일원적 존재 양태를 결코 간과하지 않는 것이며, 그 사유 방식에 있어서도 분석적 사유에 치우쳐 있는 것은 결코 아니다. 도리어 분석과 종합, '合看과 離看', '不相離와 不相雜'을 아울러 보는 데 주자학의 특성이 있는 것이라 하겠다.

---

42) 『朱子文集』, 卷46 「答劉叔文」, "所謂理與氣此決是二物 但在物上看 則二物渾淪不可分開各在一處 然不害二物之各爲一物也."

4) 均衡 잡힌 工夫方法論

다음 수양 공부방법론에 있어서 주자학의 특성을 검토해 보기로 하
자. 그의 공부방법론은 朱·陸논변에서 알아본 바와 같이 尊德性과 道
問學의 균형적인 공부방법론에 있다. 존덕성과 도문학의 이론은 『중
용』에서 유래된 것이다.

> 그러므로 군자는 존덕성하고 도문학하며, 광대함을 지극히 하고
> 정미함을 극진히 하며 고명함을 지극히 하여 『중용』에서 말미암은
> 것이다.[43]

『중용』에서 학자는 내면적인 도덕의 수양과 외면적인 학문수양 두
가지 경로를 통해서 인간의 이상적인 인격에 이를 수 있다는 방법을
명시한 것이다. 본래 이 두 가지 방법은 이상적인 인격의 실현을 목표
로 하는 유학의 이념에서 볼 때 중요한 주제였다. 존덕성은 『대학』의
'정심·성의'의 공부방법이고, 도문학은 '격물·치지'의 공부방법이다.
주자는 존덕성, 도문학을 통해 성인의 인격을 이룸에 공부의 목적
을 두고 있다. 따라서 존덕성은 行의 공부방법이라면, 도문학은 知의
공부방법으로 양자의 병행을 추구한다. 이는 달리 거경과 궁리로도 표
현된다. 만일 궁리하지 않으면 도리를 볼 수 없고 持敬하지 아니하면
도리를 보아도 곧 흩어져서 제대로 이해할 수 없게 된다.[44] 敬공부는
우리의 본질인 虛靈不昧한 明德을 至虛至靈하게 이끌게 되는데 이는
구체적으로 '극기복례'[45]의 克己와 '絶四'의 '毋意, 毋必, 毋固, 毋我'의

---

43) 『中庸』, 27章. "故君子尊德性而道問學 致廣大而盡精微 極高明而道中庸."

44) 『朱子語類』, 卷9 「陳淳錄」, "學者若不窮理 又見不得道理 然去窮理 不持
　　敬 又不得 不持敬 看道理便都散 不聚在這裏."

312

修身의 방법을 통해 본연한 純粹自性의 吾心之中을 드러내는 방법으로 파악되어야 한다.[46] 그래서 이천은 "함양할 때는 반드시 경을 사용해야 하며, 학문을 이루어 나가는 일은 치지에 달려 있다."[47]고 했으니, 존덕성의 방법은 바로 '敬以直內 義以方外'의 일이고, 도문학의 방법은 바로 '卽物而窮其理'의 일로 함양을 통하여 치지하는 방법을 제시한 것이다.

주자는 敬을 聖門의 綱領이고 存心의 要法으로서 한결같이 이것을 주로 하면 내외와 精粗의 간격이 없게 된다[48]고 보았다. 존심의 요법으로는 공자의 "居處恭 執事敬 與人忠"[49]을 말하고, 또 맹자의 '求放心' 역시 존심법으로서 성선을 아는 소이이고, 도·불의 禪定 坐忘과는 달리 心을 주재하고 안정시켜 臨事케 하는 것이라고 보았다.『중용』의 '致中和 贊化育'이 모두 心이며 나아가 치지는 心知이고 격물은 心格이며 극기는 心克이라고 한다.[50] 따라서 敬은 일이 있을 때나 없을 때나, 또 이발미발, 동정을 관통하여 미발시의 혼연은 敬의 體라면 이발시의 隨事省察은 敬의 用이니 心은 敬을 떠날 수 없다고 한다.[51]

---

45) 『論語』, 「顏淵」1章.

46) 柳七魯, 『儒學에 있어서 앎의 문제』 한국동서철학연구회, 문경출판사 1988) 151面.

47) 『遺書』, 卷8, "涵養須用敬 進學則在致知."

48) 『朱子語類』, 卷12 「持守」, "人惟有一心是主要 常常喚醒", "敬之一字 眞 聖門之綱領 存養之要法 一主乎此 更無內外精粗之間."

49) 『朱子語類』, 卷12 「持守」, "孔子曰 居處恭 執事敬 與人忠 便是存心之法."

50) 『朱子語類』, 卷12 「持守」, "學者須是求放心然後 識得此性之善." "今說求 放心……吾輩却要得此心主宰得定 方賴此做事業 如中庸說 天命之謂性 卽 此心也 率性之謂道亦此心也 修道之謂敎亦此心也 以至于致中和贊化育亦 只此心也 致知卽心知也 格物卽心格也 克己卽心克也."

51) 『朱子文集』, 卷43 「答林擇之書」, "敬字通貫動靜 但未發時則渾然是敬之體 非是知其未發 方下敬底工夫也 已發則隨事省察 而敬之用行焉."

이와 같이 존심이란 거경을 말하고, 궁리는 격물을 일컫는 것이며, 盡心은 치지가 된다. 따라서 거경은 궁리를, 치지를 하기 위한 근거를 마련해 주는 것이다. 그 근거란 바로 존심에 의하여 心을 항상 대명한 상태로 있게 하는 것을 말한다.

이러한 점이 주자에 있어서는 궁리와 거경이 상보적인 관계에 있음을 알 수 있고, 거경의 전제 위에 궁리가 가능함을 말하고 있다. 또한 거경은 미발시뿐만 아니라 이발시에도 필요하다. 미발시에는 거경함양함이 이발시에는 항상 존심이 되어 있다고 보기 어렵기 때문이다. 즉 이발시는 현실의 사욕 때문에 더욱 心을 보존하기 어려운데 이발시에 거경공부를 생략해 버리면 心이 항상 惺惺한 상태를 보존하기 어렵다.

> 거경은 하나의 수렴을 유지하는 도리요, 궁리는 하나의 궁극을 찾아내는 도리이다. 이 두 가지만으로는 서로 방해가 되지만 만일 공부가 무르익게 되면 서로 방해가 되지 않는다.[52]

미발이발을 통한 거경공부 위에서 궁리를 하게 되면 서로 상보적인 관계에 있으므로 방해가 되지 않는다고 본 것이다. 따라서 "치지와 존양은 비록 두 가지 일이지만 그 공효는 서로 원인이 된다."[53] 그리고 "함양 중에는 스스로 궁리공부가 있으니, 곧 함양하는 리를 궁구하는 것이다. 궁리 가운데에 절로 함양공부가 있으니 궁구하는 바의 리를 기르기 때문이다. 두 가지는 서로 떨어질 수 없는 것인데, 두 가지를 따로 병행해서 하면 이루지를 못한다."[54]라고 한 것이다. 이것은 궁리

---

52) 『朱子語類』, 卷9 「論知行」, "居敬時箇收斂執持低道理 窮理是箇推尋究竟低道理 只此二者 便是相妨 若是熱時 則自不相碍."

53) 『近思錄』, "存養 致知存養 雖兩事 而功實相因."

54) 『朱子語類』, 卷9 「論知行」, "涵養中自有窮理工夫 窮其所養之理 窮理中自

공부와 함양공부가 수레의 양 바퀴나 새의 양 날개와 같아서 그중 어느 하나도 빠트릴 수 없다[55]고 주자는 생각한 것이다.

이와 같이 궁리나 수양의 실천을 하기 위해 주자는 '존덕성'과 '도문학'을 중요시했다. 존덕성을 위한 방법론으로 이천은 '敬以直內·義以方外'를 제시하였고 도문학에 있어서 程·朱는 '卽物窮理'를 주장하였다.

이렇게 볼 때, 주자의 공부방법론을 도문학에 치우쳐 주지주의적 색채가 짙다고 평가하는 것은 일면 이해할 수도 있지만 반드시 옳다고 볼 수 없다. 그것은 위에서 살펴보았듯이 주자 공부방법론의 특징은 도문학과 존덕성, 궁리와 거경, 格致와 誠正, 知와 行을 병행함에 있기 때문이다. 이러한 정신은 주자학이 선진유가의 정신을 충실히 계승하고 있음을 의미하는 것이며 주자철학의 합리적 성격을 분명히 해주는 것이라 하겠다.

5) 卽物窮理를 통한 豁然貫通의 認識論

주자는 즉물궁리를 통한 활연관통의 인식체계를 확립하였다. 그는 상산과 같이 존덕성을 강조한 나머지 현실의 객관세계를 체증하지 않고 上達하려는 頓悟的인 방법론이 아니라 하학이상달법을 통해서 활연관통하는 인식세계를 추구하였다.

이처럼 주자의 인식론은 종적으로는 하학이상달법이며 횡적으로는 격물치지법으로 일관했다. 따라서 그는 앎을 마음의 신명이며 중리를 묘용해서 만사를 재제하는 것으로 보았다.[56] 이러한 一心, 그 자체는

___

有涵養工夫 養其所窮之理 兩項都不相離 纔見成兩處 便不得."

55) 『朱子語類』, 卷9「論知行」, "涵養窮索 二者不可廢一 如車兩輪 如鳥兩翼."

본래 광명한 것으로 心知는 거울에 비유하면 본래 전체가 통명한 것이다. 다만 心知가 어두워지고 가려졌을 따름으로 지금 차츰차츰 닦아나가 네 변이 다 비추도록 하면 그 밝음이 이르지 못할 곳이 없게 된다[57]고 생각한 것이다. 그러므로 주자는 당시의 불교의 唯心論이나 맹자의 求放心과 같이 내면을 직접적으로 성찰하는 것에 의존하지 않고 心知의 대명성을 『대학』의 '치지재격물'에 근거를 두고 있기 때문에 격물법에 의하지 않고는 치지를 구할 수 없다고 보았다. 불교의 禪宗은 현실의 구체적인 문제는 언급하지 않는다. 다만 생사윤회하는 苦의 문제를 해결하고자 초월적인 심신의 방법에 의해 초월적인 경지를 궁구함으로 중생의 현실문제에 대해서는 문외한이다. 오늘날 禪을 배우는 사람들은 평거하여 性命의 문제를 高談하지만 세상사에 이르면 종종 직접 모두 밝히지 못하는 것이 있으니 이것은 다만 실질적으로 얻는 바가 없기 때문이라고 한다.[58] 주자는 불교가 이처럼 현실에 어두운 점은 사사물물을 궁구하지 않고 곧비로 돈오하려는 빙법에 있다고 보았다.

이와 같이 즉물궁리하는 과정에서 하나하나 물리를 궁구 積習해 나가면 저절로 관통하는 데가 있다[59]고 주자는 강조해 왔다. 또 즉물궁리하여 터득한 세세한 조리들이 모여지고 합해져 오게 되면 자신도 모르는 사이에 힘들이지 않아도 깨닫게 된다[60]고 한다. 이 체오가 있

---

56) 『大學或問』, "若夫知 則心之神明 妙衆理而萬物者也."

57) 『朱子語類』, 卷12 「大學二」, "致知 乃本心之知 如一面鏡子 本全體通明 只被昏翳了 而今逐旋磨去 使四邊皆照見 其明無所不到."

58) 『朱子語類』, 卷126 「釋氏」, "今之學禪者 平居高談性命之際 至於世事 往往直有都不曉者 此只是實無所得也."

59) 上揭書, 卷115, 「訓問人三」, "須是窮得理多 然後有貫通處."
上揭書, 卷118, 「訓問人六」, "積習旣多 自然脫然有貫通處."
上揭書, 卷18 「或問」, "所以謂格得多後自能貫通者 只爲是一理."

316

기 이전에 사변은 언제나 외적인 대상을 분석적으로 이해할 수밖에 없다. 그러나 적습이 오래되어 그 순간에 내면의 心知상태인 직각능력이 점점 전체적으로 밝게 드러나기 시작하는 것이다.61) 이렇게 심지가 대명한 상태에 이르면 관통하는 一理를 體悟하게 된다. 이러한 방법은 귀납적 사변적인 지식을 가지고 萬殊處에 나아가 만물의 萬理를 궁구하되 작고 가깝고 얕은 物事로부터 精微 高大 深遠한 데에 이르기까지 남김없이 궁진할 것을 요구한 것이다.

이러한 관점에서 주자는 대체를 세워 본심을 밝힌다는 상산의 이론을 禪學이라62)고 비판했다.

천하의 사물은 하나의 물도 무릇 리를 갖추지 않음이 없다. 이런 까닭으로 聖門의 가르침에는 하학의 순서가 격물에서 시작하여 그 지에 다다르는 것이 일용의 사물에서 벗어나지 않고, 그 시비를 가리고 그 옳고 그름을 살피며 의를 정밀히 하는 것으로 말미암아 신적 경지에 들어감으로써 그 쓰임이 다다르는 것이니 그 사이에 여러 가지가 각기 순서가 있으니 하나로 꿰뚫어져 있는 것이다.63)

이것이 주자가 말한 바의 활연관통한 경지로 인심이 본유한 靈知가 모두 밝혀져서 사물의 이치가 모두 궁구된 주객합일의 경지인 것이다. 이것은 맹자가 "形色天性也 惟聖人然後 可以踐形"64)이라 하여 천부의

---

60) 上揭書, 卷18 「或問」, "積習旣多 自然脫然有貫通處 乃是零零碎碎湊合將來 不知不覺自然醒悟 其始須用力 及其得之也 又却不假用力."

61) 上揭書, 卷15 「大學」, "格物是零細說 致知是全體說."

62) 『大學或問』, 卷2.

63) 『性理大全』, 卷44 「學二」, "總論爲學之方 天下之物 無一物不具夫理 是以聖門之學 下學之序始於格物 以致其知 不離乎日事物之間 別其是非 審其可否 由精義入神以致其用 其間曲折纖悉各其次序 而一以貫通."

64) 『孟子』, 「盡心上」38章.

본성을 완전히 실현하고 자신의 모든 판단과 욕구와 행위가 莫非至理
한 경지이며, 공자의 "七十而從心所欲 不踰矩"[65]의 聖之時者의 경지
에서 실증된다. 이러한 경지의 행위는 그대로 보편적이며 절대적인 것
으로 시비선악 판단의 기준이 되는 것이다.

이처럼 주자는 卽物窮理라는 경험적인 하학법을 통해 활연관통이라
는 상달에 이르는 直觀法을 추구한 것이다. 이렇게 볼 때, 주자의 인
식체계를 지나치게 경험적이라고 비판하는 것은 다시 비판의 여지가
있게 된다. 주자는 경험적 인식을 기초로 한 활연관통의 직각적 인식
을 추구하는 데 그 특징이 있다. 경험적 인식 과정을 결코 배제하지
않으면서 또한 경험적 인식에 머물지 않고 활연관통의 인식까지 지향
한 데 그 특징이 있다. 이는 하학이상달이라는 선진유학의 정신을 계
승한 것이며 경험적 방법과 직관적 방법의 조화라는 점에서 주자학의
특성을 찾을 수 있을 것이다.

6) 現實과 理想의 調和

주자의 사상은 항상 현실에 자리하면서도 이상을 추구하는 데 그
특징이 있다. 예컨대 그의 존재론에 있어서도 이 세계는 현실적으로
리와 기로 되어 있는 세계지만 궁극적으로 기는 리대로 실현되어야 하
는 것이다. 즉 현실세계는 기와 떠날 수 없어 리의 실현 여부가 늘 문
제가 되지만 그 이상은 리대로 기가 실현되는 세계였던 것이다. 또한
인간의 心도 현실적으로는 성인이라 하더라도 인심이 없을 수 없다.[66]

---

65) 『論語』, 「爲政」4章.

66) 『栗谷全書』, 卷14, 人心道心圖說, "朱子旣曰雖上智不能無人心 則聖人亦有
　　人心矣 豈可盡謂人欲乎."

그러나 궁극적으로는 인심이 도심의 명을 들어 道心化되어야 한다.

虛靈한 것과 지각하는 것이 하나뿐이지만 사람의 인심 도심이 다름이 있는 것은 혹 형기의 사사로운 것에서 생기며 혹 性命의 바른 데서 근원함으로써 지각되는 것이 같지 않은 것이다. 이러므로 혹 위태하고 편안치 않으며 혹은 미묘하여 보기 어렵다. 그러나 사람의 형용이 있지 아니한 것이 없어 비록 上智라도 인심이 없을 수 없으며 또한 성품이 없을 수 없는 것이다. 그러므로 下愚라도 도심이 없을 수 없으니 두 가지가 마음 가운데 섞이어 있어 다스릴 바를 모르면 위태한 것은 더욱 위태하고 은밀한 것은 더욱 은밀하여 천리의 공평한 것이 마침내 인욕의 사사로운 것을 이기지 못하게 된다.[67] 따라서 인심 도심에 있어서도 인간은 현실적으로 인심을 벗어날 수 없지만 도심을 추구해야 된다는 것이 주자의 철학적 정신이다.

또한 주자는 인간의 性도 현실적으로는 合理氣로서의 기질지성이라고 본다.[68] 현실적 인간은 기질을 떠나 性을 말할 수 없다. 만일 기질을 떠나 性을 말한다면 이는 이상적인 性이거나 비현실적인 性을 일컫는 것이다. 그러므로 주자는 인격이 아직 생기지 아니했을 때야말로 근본이라고 말해야지 性이라 이름해서는 안 된다고 한다.[69]

이와 같이 기를 배제한 性으로서의 天地之性이나 본연지성은 리라

---

67) 『中庸章句序文』, "心之虛靈知覺一而已矣 而以爲有人心道心之異者 則以其或生於形氣之 私 或原於性命之正 而所以爲知覺者不同 是以或危殆而不安 或微妙而難見耳 然人莫不有是 形 故難上智不能無人心 亦莫不有是性 故難下愚不能無道心 二者雜於方寸之間而不知所以治之 則危者愈危 微者愈微 而天理之公 卒無以勝夫人欲之私矣."

68) 『朱子語類』, 卷4 「性理1」, "論天地之性 則專指理言 論氣質之性 則以理與氣雜而言之 未有此氣已有此性 氣有不存而性却常在."

69) 『近思錄』, 卷1 「道體類」, "朱子曰人生而靜以上 是人物未生時 只可謂之理 未可名爲性."

해야 옳지 性이라 이름해서는 안 된다고 보는 것이다.

그러나 주자는 현실적 인간의 性을 기질지성 중심으로 보더라도 궁극적으로는 순선을 추구하고 있음을 알 수 있다.

또한 주자는 인간의 한 마음은 천리가 있으면 인욕이 없어지고 인욕이 이기면 천리가 없어진다고 한다.[70] 이와 같이 인간의 마음에는 천리와 인욕의 양면성이 잠재해 있다. 그러나 궁극적으로 인간은 인욕을 막아서 천리를 보존해야 하는 것이니 여기에서도 주자가 현실적으로는 인욕을 지닌 인간의 마음을 인정하면서도 궁극적으로는 천리를 추구해야 한다는 이상을 엿볼 수 있다.

따라서 주자는 실생활에서 선험적 도덕 원리인 人事之儀則을 현실에 실천하고자 노력했다. 그 구체적 예로 淳熙 7년 여름에 남강군에 심한 한발이 들었으나 時宜에 맞게 처리함으로써 주민이 流民化하는 일이 없었다.[71]

또한 崇安縣 수해와 기근 때 창안한 社食法실시를 들 수 있다. 딩시 구휼제도인 常平義倉의 결함을 수정 보완하여 마을에 社倉을 건설하여 농민구제, 특히 하층 농민을 구휼할 복적으로 세운 것이 주자가 만든 사창이다. 友枝는 이러한 사창세목의 자세함을 "악에 흐르는 인정의 기미를 자세히 살펴서 그것을 미연에 방지하고자 합리적인 규약을 명시함에 있어 정말 경탄할 만큼 사용하는 되의 크기까지 제시하고 있다. 이 사창은 당시 촌락에 있어서 大地所有制下의 부농과 빈농, 지주와 소작인 간의 계층 분열의 위기를 구하는 하나의 조절방법이었으며 이러한 사창의 성립과 사창사목이라는 법률의 제정은 주자의 궁리설과 매우 밀접한 관련을 가진 것이다."[72] 이와 같이 주자의 현실

---

70) 『朱子語類』, 卷13 「力行」, "人之一心 天理存則人欲亡 人欲勝則天理減."
71) 姜浩錫 譯, 『朱子行狀』, 乙酉文庫189, 乙酉文化社, 38~39면.

320

적인 실천대응은 순수한 동기와 공평함이 내포된 결과로 나타난다. 따라서 현실의 제반 모순을 정의로써 극복하고 인의의 정신을 구현하려고 한 것이다. 그러므로 주자의 이론과 실천이 상호 병진하는 데서 그의 사상의 본질을 이해해야 하고 그의 학문이 성리학이라는 미명하에 관념적이라고 보아서는 안 될 것이다.

주자는 성현들의 모범된 행위를 기준으로 삼아 현실을 판단함으로써 서인의 지선한 행위를 인도할 수 있도록 역사를 중시하여 『通鑑網目』을 저술하였으며, 또한 성인들이 제정한 예를 바탕으로 후대의 현인들이 인륜생활상에 적합하도록 편찬한 예에 관한 서적을 종합하여 『가례』를 편찬하였다. 이『가례』는 역사서와는 달리 일상생활상의 행위규범을 성인의 經禮를 척도로 하여 이끌어 내는 윤리의 목적으로[73] 간행한 것이다.

이와 같이 주자의 예는 천리와 인사를 통관하는 전체 대용의 강령으로 제시된다. 전체의 보이지 않는 천리가 그물의 줄과 같이 가로 세로 조직을 만들어 낸 것이 바로 인륜이다.

이와 같이 주자의 윤리는 공자의 예를 계승하여 인간존재의 내면과 외면의 측면을 ‘天理之節文, 人事之儀則’으로 파악하여 수립한 것을 살펴보았다. 그러나 선험적인 도덕과 현실 속에서 생기는 모순과 대립을 어떻게 해결할 것인가의 문제는 여전히 남아 있게 된다. 진량과의 왕패논변에서 상술한 바와 같이 동기와 결과 중심의 문제점은 항상 존재하고, 이러한 문제는 곧 義와 利의 문제로 나타나는 것이다. 즉 본질적인 의에 치우치면 형식적인 利가 소홀히 취급되고 형식적인 利에 치우

---

72) 友枝龍太郎, 『朱子の思想形成』, 東京 春秋社, 昭和44年, 378~383면.

73) 孔泳立, 『朱子 倫理思想의 本質에 관한 硏究』, 成大大學阮 博士學位請求論文, 101면.

치면 본질이 소홀하게 취급되기 때문이다. 그렇기 때문에 어떻게 이 양자를 바람직한 관계로 平衡하게 조화시키느냐가 문제라고 하겠다.

주자와 진량의 논변 내용은 상반적이다. 선험적 도덕규범과 현실적인 상황, 당위성과 현실성이 이들 두 사람이 강조하는 이론의 핵심이다. 주자는 도덕적 당위성(形而上 未發)과 이것을 근거로 해서 드러나는 현실성(形而下. 已發)은 천인합일이나 활연관통의 세계로 제시한다. 그러나 진량은 도덕적 당위성보다는 처해진 상황에서 어떻게 대처하여 그 문제를 극복하느냐 하는 구체적 현실을 중시하여 결과에 따라서 평가가 달라진다. 즉 주자의 입장은 어떤 행위의 결과가 아무리 성공적이고 대세를 도모하려는 일이라도 그 동기가 순수하지 못하면 그 행위는 이미 도심에서 멀어진 것이며, 도심에서 멀어지면 바로 천리에 反한 것이라고 본다. 그러나 진량에 의하면 어떤 행위의 결과가 대세에 의해서 성공적이라면 그 안에 이미 도심이 내재해 있고, 천리 또한 그 안에 실현되어 있다는 것을 의미한다. 그러므로 어떤 행위의 촉발은 그 나름대로의 문제 상황이 필연적으로 내포되어 있고, 이러한 문제들이 성공적으로 해결되었을 때 바로 궁극적인 가치가 실현된다고 보았다.

이렇게 볼 때, 주자는 이기론에 있어서나 심성론에 있어서도 현실을 기반으로 하되 그 현실에 머물지 않고 이상을 추구함을 볼 수 있다. 그는 기 없는 리의 세계나, 기질을 배제한 리만의 性이나, 인욕이나 인심을 배제한 천리 내지 도심의 세계를 추구한 이상론자가 아니다. 또 이상을 포기하거나 무시한 현실론자도 아니다. 현실에 기반을 두면서도 이상을 추구하고 이상을 추구하되 현실을 잊지 않았기 때문에 주자학의 철학적 특성이 있다 하겠다.

그런데 이상에서의 주자학의 철학적 특성들은 앞에서 논의된 中和

논변, 朱·陸논변, 王覇논변의 과정을 통해 형성됐으며 직접·간접으로 밀접한 연관을 맺고 있다고 할 것이다. 그리고 이러한 주자학의 철학적 특성은 麗末 이후 전개된 한국 성리학에 있어서도 심대한 영향을 미쳤다 할 것이다.

結　論

본 연구는 주자학의 형성과 논변을 중심으로 그 철학적 특성을 다룬 것이다. 주자의 학문연원과 형성을 살펴보면 선진유가인 공맹사상을 계승하여 사서를 표장하고, 義理的인 경전 주석으로 성리학의 학풍을 전개하였을 뿐만 아니라 北宋 五子의 성리설을 수용하여 집대성한 것이다. 또한 송대 유학은 한·당대의 이념인 불교·도교를 비판하여 수립된 신유학이다.

주자학의 형성에 있어 먼저 도·불과의 관계를 주목하지 않을 수 없다. 주자가 그의 스승 이연평을 만나기 이전 초년에는 그가 가르침을 받았던 스승의 영향으로 禪을 섭렵하고 있었다. 그러나 연평과의 만남 이후 도·불을 이단으로 간주하여 배척하기에 이르렀다. 주자가 도·불을 이단으로 비판한 주 이유는 무위자연이나 유심을 강조한 나머지 인륜의 현실과 사물의 이치를 중시하지도 않고 또 이해하려고도 하지 않았다고 생각한 것이다. 이는 현실에서 실현되지 못하는 본래성은 공허한 이념이라고 보았기 때문이다. 따라서 下學而上達法이 아닌 一氣에로의 환원을 시도한 것과 上一截의 直入頓悟의 방법론을 배척한 것이다. 불교의 좌선이나 돈오법, 도가의 청정과 좌망의 방법은 현허하고 공무한 경지에 直入하는 해탈과 환원에 있으나, 송유는 천인합일론을 천명하여 형이상학적인 근거를 마련하였다.

이러한 현실의 본래성을 부인한 도·불에서 신유학에로의 사유전환은 주렴계의 『태극도설』에서 비롯된 것이다. 『태극도설』은 우주생성과 도덕의 근원을 밝혀 송학의 특성인 ‘生生不已’와 ‘天人合一’설을 제공한 것이다. 즉 태극은 하나의 참된 존재로 천인을 관통하는 誠道이기 때문에 '생생불이'하는 존재론적 실체이자 도덕적 가치의 원천이다. 그러므로 불교와 분명히 대별되는 논리체계가 형성되었다. 따라서 주자는 염계의 태극설을 계승하여 태극을 천지만물의 리로 규명하여 합리주의적인 철학을 수립한 것이다.

주자는 40세에 그의 사상을 일단 형성하였고, 北宋 五子의 사상을 계속하여 종합 정리하였다. 그의 존재론과 인성론, 실천수양론을 이해하기 위해서는 중화논변에 대한 고찰이 필요하고, 그의 논변은 일단 형성된 이발미발(己丑之悟)을 토대로 하여 시작되기 때문이다. 『중화론』에 있어서 '中'은 객관적인 경험성과 합리성을 바탕으로 하는 도문학과 본래적 선험성을 근거로 하는 존덕성을 통하여 인격완성의 세계에 입문할 수 있는 것이다. 따라서 인간 본성(中)의 자각과 도덕적 실천(和)이 일용현실에서 요청되는 것이다. 이와 같이 유학의 본질은 도더저 자기완성의 주건으로 '修身'을 바탕으로 하고 있다. 이 '수신'의 이상적 지표로서 곧 '중화'를 의미하는 것이다.

이와 같은 中和說을 주자는 스승 연평에게 사사를 받은 지 10년 동안 스승의 靜坐法으로 天理體認에 침잠했으나 어떤 시원한 깨달음의 경지를 얻을 수가 없었다. 그러던 중 연평의 죽음을 전후하여 남헌과의 교류가 시작되었고, 이 교류를 통하여 주자의 己發未發 사상이 변화를 가져오게 되었다. 이것이 바로 이발미발설에 대한 중화의 구설이다. 주자의 '중화신설'의 요점은 남헌의 察識端倪說의 영향으로 이발미발설을 心, 性으로 간주하였다. 따라서 이발미발설을 체용의 구조로 설명하여 이발미발 渾然一致라고 한 것이다. 그러나 주자사상에 결정적으로 영향을 끼친 것은 역시 이천의 사상이다. 이천은 맹자의 '本心卽性'을 분석하여 心, 性, 情으로 三分하였다. 性은 형상의 리요, 心과

情은 實然인 형이하의 기에 한정시켰다. 그러므로 理(性)의 측면에서는 활동을 입론할 수 없고, 활동은 단지 氣(心, 情)의 측면에서 찾아질 수 있는 것이다. 중화신설에서는 미발이 형이하의 일용인륜의 현실세계로 下貫하여 敬에 의한 도덕적 함양이 요청되었다. 이것은 객관세계의 이치를 탐구하여 미발의 본성과 관통하는 격물치지공부와 함께 해야 함을 자각한 것이다. 따라서 중화신설에서 수립한 이론은 心統性情과 격물치지의 이론에 있다고 볼 수 있다.

주자는 중화논변을 통하여 理學 중심의 이론을 정립하고 이에 반기를 든 상산, 진량과 논변을 전개하였다. 주자와 상산의 논변의 쟁점은 무극에 있었다. 주자와 상산, 주자와 진량의 논쟁에 대하여 중국대륙계통의 학자들은 주자와 상산의 논쟁은 같은 유심론 내부에서 일어난 의견대립으로서, 그 둘은 각각 객관적 유심론과 주관적 유심론에 속한다고 보았다. 그러나 주자와 진량과의 논쟁은 근본적인 입장의 차이에서 나온 것으로 그 둘은 각각 유심론과 유물론을 대표한다. 朱·陸의 '無極而太極' 논변은 무극에 대한 본원의 문제이다. 즉 무극이라는 개념 자체가 유가적이냐 아니면 도가적이냐가 발단이 된다. 무극이라는 용어가 유가의 경전에는 찾아볼 수 없고, 단지 노자의 『도덕경』에 있는 것을 기점으로 도가의 경전에는 그 용례가 눈에 띠게 나타난 것이 사실이다. 상산은 무극을 생성론적인 입장으로 보았기 때문에 태극의 초월성을 부정하여 無가 절대적인 無가 아니고 상대적인 無로 생각하였다. 그러나 주자는 무극이 空寂에 흐르지 않고 萬化의 근본임을 밝혀주는 理로 규정하였다. 따라서 무극, 즉 태극은 一理의 異名을 말하는 이중적 성격을 지니고 있는 것이다. 또한 상산은 격물치지인 도문학으로 미발의 리를 궁구하는 것이 번쇄하고 지루하다고 보았으며, 주자는 상산이 이발의 마음을 존덕성에 근거하여 대체를 세워 본심을 밝히는 방법이 지나치게 간단(太簡)하다고 비판하여 리학과 심학 간의 갈등을 초래하는 분기점이 되었다.

그러나 주자는 상산의 이러한 방법과는 달리 하학이상달과 격물치지법으로 일관하여 內外, 本末, 思學을 병행해야 한다고 강조한다. 내면으로는 존덕성하고 밖으로는 도문학하여 이런 과정이 오래되면 활연관통하게 되어 내외, 본말을 초절하는 절대경지에 이를 수 있다고 본 것이다. 이러한 방법론 등이 양자의 성즉리와 심즉리의 차이점으로 드러난 것이다.

이와는 상대적으로 事功學派인 진량은 현실적인 功利의 입장에서 역사를 조명하고자 하였다. 사공학파의 역사주의 결점은 본래성을 경시한 현실지향에 있었다. 그러므로 道란 각 시대의 위정자에 의한 정치적 결과인 事功에 따라서 달라진다. 그리하여 군주의 공업이 없이 역사적 시간은 충족되지 않는다. 따라서 종래의 한·당패도론을 정면으로 부정한 것이다. 즉 한 고조와 당 태종을 영웅으로 비화시킨 것이 그 例이다. 진량이 주장한 義利雙行, 王覇竝用은 事功을 정당화시키기 위한 이론이다. 그러나 주자는 왕정을 도심, 천리를 체득하는 윤리적 수양이 없이는 불가능하다고 본 것이다. 주자는 공자, 맹자의 전통을 이어 행위의 동기(善意志)에 주목하고, 진량은 무엇을 이루었으며 무엇을 해내었느냐는 현실적인 결과에 주목한 것이다. 이처럼 진량의 사공의 논리는 단순한 역사주의 입장에서 역사를 변화시킬 수 있는 현실적인 면만 강조하여 도덕적 주체의 역할이 부정된다. 이는 본래성이 결여된 현실 파악이라고 할 수 있다. 주자와 진량의 논변은 리학 사상과 功利사상의 대립을 반영한 것으로 리학 내부에서 주자와 상산의 논변과는 다른 양상을 갖는다. 주·육의 논변은 리학상의 방법론의 문제로 이 방법적인 문제들은 朱·陸이 세상을 떠난 뒤 元代에서 '兼綜,

‘和會’의 분위기가 형성되었지만, 진량과의 논변은 아직도 평행선을 달리고 있다.

주자의 사상이 초월적인 理를 근거로 하여 그 리를 부정한 상산과 진량의 두 요소를 겸비하고 있다는 논리는 천리를 통한 인도에의 구현에 있는 것이다. 『중용』에서 하늘에서 부여받은 것을 性이라 하고 性을 따르는 것을 도라고 한다. 이것은 『대학』의 ‘止於至善’에 그 목적이 있는 것이다. 주자는 이를 바탕으로 하여 예론을 정립시킨 것이다. 즉 天理之節文과 人事之儀則으로 誠敬의 수양 실천론에 근거를 두었다. 주자에 의하면 誠敬의 수양 실천론에 의해서 천인합일의 경지와 활연관통의 세계가 비로소 열리게 되는 것이다.

이와 같이 주자는 인륜 중심의 현실세계를 중요시하고 도덕실천을 회복하는 것을 목적으로 삼았다. 즉 천리를 통해서 인간이 가져야 할 목적과 이상을 실현하기 위한 정초를 마련한 것이다. 이러한 입장에서 그는 인륜세계와 현실세계의 가치와 의리문제를 도외시한 도·불 사상이나, 또 절대적인 태극을 부정하고 객관적인 사물의 세계를 통해서 궁구하는 공부방법이 아닌, 대체의 본심만 밝히려는 상산의 심학이나, 현실의 功利的인 결과에만 관심이 있는 진량 등을 비판 대상으로 삼은 것이다.

이상과 같은 논쟁은 주자학의 철학적 특성에서 나타난다. 그는 유학사상의 시대의 변천사적인 입장에서 전통유학의 계승과 시대사적인 당면과제의 문제점을 성리학적인 철학범주로 집대성하여 학적 체계를 세웠다. 집대성한 업적으로 신유가 철학의 발전과 완성을 기하고, 도통개념을 완성하여 전수하였던 점, 사서를 표장하고 확정하여 중국, 한국 및 일본의 사상영역까지 파급시킨 점이다. 또한 신유가 완성을 다시 네 가지로 분류하면, 첫째는 주자가 신유가의 학문 방향을 확정한 것이고, 두 번째는 理와 氣의 관계를 분명히 정리한 점이고, 세 번째는 태극의 개념을 발전시킨 점이고, 마지막으로 仁의 개념을 잘 발전시킨 점이다.

또한 그의 철학적 특성은 선진유학의 전승과 창조에 있다. 그의 선진유학의 전승은 사서 간행과 밀접한 관련이 있으며 사상사적 의의도 매우 큰 것이다. 그것은 첫째, 사람들로 하여금 오경이라는 고전의 권위로부터 벗어나게 했고, 둘째, 논맹을 통해 공·맹사상을 직접 접할 수 있는 길을 열었으며, 세 번째는 아울러 고전 경적을 연구하는 합리적인 방법을 제시해 주었다고 볼 수 있다. 따라서 주자는 오경과 사서의 중요한 차이점이 있다는 것을 자각하고 그 차이점을 다음과 같이 명시하였다. 즉『논어』,『맹자』는 공맹사상을 직접 알 수 있는 자료이지만, 오경은 간접자료에 불과하고, 사서는 '性, 心, 仁, 義'와 같은 철학적 문제를 다루고 있고, 사서는 또한 체계적인 학문방법을 제시해 준다고 생각하였다. 이 체계적인 학문방법이란 주자가 제시한 사서의 독서순서를 보면 잘 알 수 있다. 그는 먼저『대학』을 읽어 학문의 목적과 그 규모를 정하고, 다음에『논어』를 읽어 그 근본을 말하고, 그다음에는『맹자』를 읽어 그 전개 응용됨을 보고, 다시 그다음에『중용』을 읽어 古人의 은미하고 오묘한 사상의 진수를 탐구할 것을 권장한다.

다음으로 그의 철학적 특성으로는 천인합일의 철학체계이다. 주자는 주렴계의 우주론을 계승하여 그 본질인 태극과 리를 확립한 후 우주론 전개의 본래적인 목적인 인성론으로 환원시킨 것이다. 인성으로서의 천리의 확립이 실천윤리의 근거라면 윤리적 실천은 천리를 체인한 사람만이 가능하고, 천리를 수렴하여 천인합일을 이룩한 사람이 바로 성인이 된다. 天賦의 본성을 실현하는 聖의 경지에 이르면 천지만물과 인간이 다름이 없게 되고, 또 성인과 범인은 본성에서의 차이가 있을 수 없고, 인간이면 누구나 천리를 실현할 수 있는 性을 공히 소유했다고 보는 것이다.

주자는 모든 현상을 理와 氣로 설명하였다. 리와 기의 세계는 전혀 상이한 존재양상을 지니고 있지만 궁극적으로 추구하는 것은 순선무구한 존재의 세계이다. 이러한 리는 기와 더불어 一而二, 二而一의 관계로 표현된다. 이 양자의 관계는 공간상에서 볼 때 리는 기의 내용이므로 不相離하고, 理自理 氣自氣 측면에서는 不相雜이다. 또 시간상으로 볼 때 소이연과 소당연의 측면으로 理先氣後로서 不雜이다. 이러한 두 측면을 종합하여 一而二, 二而一이고, 不相雜 不相離라고 하는 것이다. 이러한 논리구조는 그의 공부방법론에서도 볼 수 있다. 즉 활연관통한 경지를 추구하기 위한 방법으로 그는 존덕성과 도문학을 중요시했다. 존덕성을 위한 방법론으로 이천은 ‘敬以直內·義以方外’를 제시하였고 도문학에 있어서 程·朱는 ‘卽物窮理’를 주장하였다. 격물궁리법은 후일 吾心의 리를 다하고 양지를 致한다는 육왕학파와 견해를 달리하지만, 주자도 격물궁리가 吾心의 전체 대용을 밝혀 虛靈不昧한 心의 본체를 회복하여 일을 처리하고 사물에 접하여 過不及의 偏이 없는 中의 체인에 목적이 있었다.

끝으로 그는 인간이 현실 속에서 추구해야 할 이상과의 조화에 주력하였다. 주자는 실생활에서 선험적 도덕 원리인 人事之儀則을 현실에 실천하고자 노력했다. 그 구체적 예로 淳熙 7년 여름에 남강군에 심한 한발이 들었으나 時宜에 맞게 처리함으로써 주민이 流民化하는 일이 없었다. 또한 崇安縣 수해와 기근 때 창안한 社食法실시를 들 수 있다. 당시 구휼제도인 常平義倉의 결함을 수정 보완하여 마을에 사창을 건설하여 농민구제, 특히 하층 농민을 구휼할 목적으로 세운 것이 주자가 만든 사창이다. 이와 같이 주자의 현실적인 실천대응은 순수한 동기와 공평함이 내포된 결과로 나타난다. 따라서 현실의 제반 모순을 정의로써 극복하고 仁義의 정신을 구현하려고 한 것이다. 주자의 현실과 이상의 조화는 천리와 인사를 통관하는 전체 대용의 강령으로 제시된다. 전체의 쓰임 속에서 보이지 않는 천리가 그물의 줄과 같이 가로 세로 조직을 만들어 낸 것이 바로 인륜이다. 그러므로 주자의 이론과 실천이 상호 병진하는 데서 그의 사상의 본질을 이해해야 하고 그의 학문이 성리학이라는 미명하에 관념적이라고 보아서는 안 될 것이다.

주자학의 특성은 선진유학의 도통을 계승하여 人道主義를 바탕으로 이단의 사상을 극복한 점에 있다. 그러므로 현대 산업사회가 안고 있는 문제점을 이성과 과학의 결합, 도덕과 현실의 화합, 주체와 객체의 만남으로 절충시켜 주자가 강조하는 진정한 인도주의가 실현될 때 현대문명의 이기가 극복되리라 생각된다.

이상과 같이 주자학은 그 자체가 광대하고 정미하면서도 존덕성과 도문학을 함께 중요시하였다. 따라서 도덕성이라 해도 천리가 내재되어 단순히 윤리적 차원에서 그치는 것이 아니라 실천과 관련되어 있고, 현실성이라 해도 선험적 도덕원리에 바탕을 둔 윤리성을 강조한다. 따라서 윤리적 실천과 도덕이 내재한 현실이 동시적으로 융해되는 인도주의를 말하는 것이다. 그러므로 현대문명의 위기가 주자학이 강조하는 이성과 과학, 도덕과 현실, 주체와 객체의 만남을 통하여 진정한 인도주의가 실현될 때 인류에게 기여할 바는 매우 크다고 생각된다.

參考 文獻

[經集類]

近思錄　　　　　　　　陽明全書
舊唐書　　　　　　　　栗谷全集
南軒集　　　　　　　　李翶全集
唐會要　　　　　　　　二十二史劄記
道德經　　　　　　　　入唐求法巡禮行記
明儒學案　　　　　　　二程全書
復性書　　　　　　　　莊子
四書集注　　　　　　　朱子文集
四書或問　　　　　　　朱子語類
象山全書　　　　　　　朱子年譜
荀子　　　　　　　　　周子全書
性理大全　　　　　　　張子全書
宋明學案　　　　　　　傳習錄
宋元學案　　　　　　　龍川集
小學　　　　　　　　　退溪全書
宋史　　　　　　　　　韓愈全集
十三經注疏　　　　　　清儒學案
延平答問　　　　　　　河南程氏遺書
　　　　　　　　　　　皇極經世書

[中國著述]

高令印·陳其芳, 『福建朱子學』, 福建省, 福建人民出版社, 1986.
羅 光, 『中國哲學思想史(5권)』, 學生書局, 民 70.
勞思光, 『中國哲學史(4권)』, 三民書局, 1981.
唐君毅, 『中國哲學原論(7권)』, 學生書局, 民 63－65.
牟宗三, 『心體與性體』, 正中書局, 1970.
－－－, 『中國哲學的特質』, 學生書局, 民 67.
－－－, 『才性與玄理』, 學生書局, 民 67.
－－－, 『中國哲學19講』, 學生書局, 1983.
－－－, 『從陸象山到劉蕺山』, 學生書局, 民國 68.
方克立, 『中國哲學史上的知行觀』, 人民出版社, 1982.
范壽康, 『朱子及其哲學』, 開明書店, 1975.
梁天石, 『朱熹及其哲學』, 中華書局出版, 1982.
劉述先, 『朱子哲學思想的發展與完成』, 學生書局, 民 71.
李澤厚, 『中國哲學思想史論』, 人民出版社, 1986.
韋政通, 『中國哲學辭典』, 大林出版社, 民國 67.
張岱年, 『中國哲學大綱』, 中國社會科學出版社, 1980.
張立文, 『宋明理學研究』, 中國人民大學出版社, 1985.
－－－, 『朱晦思想研究』, 北京, 社會科學出版社, 1981.
錢 穆, 『朱子新學案(5권)』, 三民書局, 1970.
－－－, 『朱子學提綱』, 臺北, 三民書局, 1971.
陳 來, 『朱晦哲學研究』, 中國社會科學出版社, 1987.
陳榮捷, 『朱學論集』, 學生書局, 民 71.
－－－, 『朱子門人』, 學生書局, 民 71.
－－－, 『朱子新探索』, 學生書局, 民 77.
蔡元培, 『中國倫理學史』, 臺灣, 中華書局, 民國 68.
蔡仁厚, 『宋明理學(2卷)』, 學生書局, 民 66－69.

馮友蘭, 『中國哲學史(2卷)』, 香港文蘭圖書公司, 民 56.

－－－, 『新原道(人人文庫373)』, 民 56.

黃公偉, 『宋明清理學體系論史』, 幼獅文化事業公司, 民 60.

[國內著書]

곽신환, 『주역의 이해』, 서광사, 1990.

金吉洛, 『象山學과 陽明學』, 예문서원, 1995.

金忠烈, 『中國哲學散稿』, 汎學圖書, 1977.

－－－, 『高麗儒學史』, 高大出版部, 1984.

－－－ 외 9인, 『논쟁으로 보는 중국철학』, 예문서언, 1994.

金夏泰, 『東西哲學의 만남』, 종로서적출판주식회사, 1985.

柳承國, 『東洋哲學硏究』, 槿域書齋, 1983.

－－－, 『韓國思想과 現代』, 東方學術硏究院, 1988.

柳仁熙, 『朱子學과 中國哲學』, 汎學社, 1980.

柳正東, 『東洋哲學의 基礎的硏究』, 成大出版部, 1986.

－－－외 4인, 『儒學原論』, 成均館大學校出版部, 1986.

－－－, 『退溪의 生涯와 思想』, 博英社, 1978.

裵宗鎬, 『韓國儒學史』 延大出版部, 1974.

－－－, 『韓國儒學의 哲學的 展開』, 延大出版部, 1985.

宋恒龍, 『東洋哲學의 問題들』, 여강출판사, 1987.

서울대동양사학연구실, 『講座中國史Ⅲ』, 지식산업사, 1989.

安炳周, 『儒教의 民本思想』, 成大. 大東文化硏究院, 1987.

劉明鍾, 『宋明哲學』, 螢雪出版社, 1976.

尹絲淳, 『退溪哲學의 硏究』, 高大出版部, 1980.

李相殷, 『退溪의 生涯와 學問』, 瑞文堂, 1973.

－－－, 『儒學과 東洋文化』, 汎學圖書, 1976.

蔡茂松, 『退溪・栗谷哲學의 比較硏究』, 成大出版部, 1985.

崔根德 外 4人, 『元代 性理學 圃隱思想硏究』, 1993.
한국동양철학회편, 『동양철학의 본체론과 인성론』, 연세대학 출판사, 1984.
黃義東, 『栗谷哲學硏究』, 경문사, 1987.

[번역서]

강호석 譯, 『朱子行狀』, 乙酉文化社, 1985.
시마다겐지, 김석근(외) 역, 『주자학과 양명학』, 까치, 1986.
동경대학 중국철학교실 편, 전남대학교 동양철학교실 역, 『중국철학사상
　　　사』, 전남대학교출판부, 1986.
武內義雄, 이동희 역, 『中國思想史』, 여강출판사, 1987.
方東美, 정인재 역, 『中國人의 生哲學』, 探求堂, 1983.
宇野精一편, 김진욱 역, 『중국의사상』, 열음사, 1986.
야마다케이지, 김석근 역, 『朱子의 自然學』, 통나무, 1992.
守本順一郞, 김수길 옮김, 『동양정치사상사연구』, 동녘, 1985.
張岱年, 최형식 역, 『중국유물사상사』, 이론과 실천, 1985.
장군매, 김용석 역, 『한유에서 주희까지』, 형설출판사, 1991.
牟宗三, 鄭仁在(외) 역, 『中國哲學特講』, 형설출판사, 1985.
牟宗三, 宋恒龍 역, 『中國哲學의 特質』, 同和出版公事, 1983.
勞思光, 鄭仁在 역, 『中國哲學史(4권)』, 探求堂, 1988.
范壽康, 洪瑀欽 역, 『朱子와 그 哲學』, 嶺南大學校出版部, 1988.
錢穆, 이완재(외) 역, 『주자학의 세계』, 이문출판사, 1994.
陳來, 안재호 옮김, 『송명성리학』, 예문서원, 1997.
陳來, 이종란 외, 『주희의 철학』, 예문서원, 2002.
풍우란, 박성규 옮김, 『중국철학사 상하』, 까치, 1999.

[論文類]

金敎彬,「本體論과 心性論을 통해 본 朱子의 格物致知 理解」, (東洋哲學
　　　研究6), 1985.

孔泳立,「朱子學에 있어서 心統性情의 問題」, (慶北大, 東洋文化研究5),
　　　1978.

金吉洛,「朱子哲學의 本體論」, (東亞大, 석당논총16), 1990.

柳七魯,「儒學에 있어서 앎의 문제」, (韓國東西哲學研究會, 文耕出版社),
　　　1988.

梁承武,「朱子의 仁說에 대한 再照明」, (栗谷思想研究 제1集 儒敎學會),
　　　1986.

梁承武,「朱子의 中和論에 관한 研究(二)」, (成均館大 中國文學研究3집),
　　　1985.

梁承武,「朱子의 中和論에 관한 研究」, (東洋哲學研究5集), 1984.

呂 凱,「朱晦와 性理學」, (檀國大 退溪기념중앙도서관, 退溪學의 現代的
　　　照明), 1987.

李基東,「朱子學の地域的展開」, (日本, 筑波大學 박사학위논문), 1987.

李光律,「朱子 中和新說의 形成過程研究」, (경산대, 논문집11), 1993.

李光浩,「中和論辯을 통하여서 본 朱子後期哲學의 端初」, (서울대, 철학논
　　　구12), 1984.

李東熙,「朱子의 已發未發說에 대하여」,『道原柳承國博士回甲기념논문집』
　　　(동 논문집 간행회), 1984.

李東熙,「明朝 朱子學과 朝鮮前期의 朱子學」, (동서문화 제20집, 계대. 동
　　　서문화연구소), 1988.

張潤洙,「太極圖說에 관한 朱·陸論辯」, (慶北大, 退溪研究所, 韓國의 哲
　　　學19), 1991.

張在釪,「太極의 槪念과 論辯의 再檢討」, (民族文化推進會, 民族文化7集),
　　　1981.

[學位論文]

金吉洛,『孟子 王道政治의 研究』,(忠南大 박사학위논문), 1976.
孔泳立,『朱子倫理思想의 本質에 관한 研究』,(成均館大, 박사학위논문), 1985.
柳仁熙,『朱子哲學 研究』,(延世大, 박사학위논문), 1980.
朴魯洪,『朱晦庵의 修養論에 관한 研究』,(東國大, 박사학위논문), 1993.
白道根,『朱子哲學의 和楷性에 관한 研究』,(嶺南大, 박사학위논문), 1992.
孫英植,『宋代 新儒學에서 哲學的 爭點의 研究』,(서울대, 박사학위논문), 1993.
尹用男,『朱子의 體用理論에 관한 研究』,(成均館大, 박사학위논문), 1992.
李東熙,『朱子學의 哲學的 特性과 그 展開樣相에 관한 研究』,(成均館大, 박사학위논문), 1990.
崔英攢,『朱子哲學에 있어서 孔·孟天人觀의 承受와 展開』,(忠南大, 박사학위논문), 1991.
崔一凡,『儒敎의 中庸思想과 佛敎의 中道思想에 관한 研究』,(成均館大, 박사학위논문), 1991.
洪元植,『程朱學의 居敬窮理說 研究』,(高麗大, 박사학위논문), 1991.

색 인

342

후 기

　나옹선사의 시에 "탐욕도 벗어 놓고 성냄도 벗어 놓고 물같이 바람같이 살다 가라 하네"라는 시구가 있다. 인생의 여정 속에 탐욕과 성냄을 벗어 놓으면 과연 남는 것이 무엇일까 하는 생각에 번민했던 철 모르던 시절이 있었다. 그런데 유학을 접하고 나서 『논어』에서 공자의 제자인 안연은 생활이 극도로 빈곤했지만, 그 가난에서조차도 '도를 배운다'는 안빈낙도의 생활에서 비로소 삶의 지혜에 대한 엄청난 그 무엇이 있다는 사실을 깨달았다.

　그리고 북송의 주렴계가 주요한 과제로 제기한 '공자와 안연이 즐거워한 것을 찾는 일'이 결국은 송명 성리학자들에게 인생의 이상인 동시에 이상적 경지의 문제였다면, 이것으로 인해 나로 하여금 주자의 학문에 귀의하게 한 동인이 되었다. 학자에게는 분명히 이 세상에서 부귀와 권력보다 더욱 존귀하고 너욱 욕심낼 만한 것이 있다. 그래서 공자 같은 성인도 인생의 가장 중요한 시기에 "배우고 때때로 그것을 익히면 또한 기쁘지 않겠는가?"라고 했던 것이다.

　또한 북송의 사마온공도 "아무리 많은 유산을 자손에게 남겨 주어도 자손이 능히 지키지 못하고 그리고 아무리 좋은 책을 자손에게 물려줘도 자손이 능히 다 읽을 수 있는 것은 아니니, 차라리 그것보다는 아무도 모르게 덕을 쌓음으로써 자손에게 본보기로 삼아야 한다."고 하였다. 음덕이란 어떤 대가나 보수를 바라지 않는 순수한 마음의 발로이다. 진정한 학자는 겸손하고 참을 줄 아는 '不忍人之心'이 있어야 한다. 진정한 유학을 접할 수 있게 삶의 여건을 만들어준 친지와 지우들에게 참으로 감사한다.

　본서는 필자의 1995년 박사학위논문의 내용을 수정하고 보완하여 책으로 엮은 것이다. 주자의 방대한 학문에 비해 항상 적다는 생각을 해왔다. 그럼에도 불구하고 용기를 갖게 했던 것은 지식뿐만 아니라 삶의 지혜를 통해 조금이나마 내 삶의 선생으로 학습하여 가슴속에 채워 항상 변하지 않는 향기로 담아 두고 싶었기 때문이다. 그러나 옛 선현들이 '천견박식淺見薄識'을 자탄하며 늘 성찰과 실행을 반복하여 채근한 것처럼 부족함을 채워 넣기를 반복했으나, 돌아보면 학문의 질정도 못 한 채 더 이상 정진도 못 했던 자신이 늘 부끄럽고 한심했던 것이 사실이다. 또 무엇보다도 여전히 숙제처럼 남아 있는 미숙함으로 주자의 학문과 기상을 제대로 파악했는가 하는 점이다. 이 점이 주자 선현에게 죄스러울 뿐이다.

　그러나 계속 침묵하는 것만이 능사가 아니라는 것을 비로소 자각했다. 더욱 힘써 주자의 학문을 연구하고 정진하는 것만이 미진했던 숙제를 해결할 수 있는 방안임을 알았다. 그래서 이제 이 책을 통해서 가뭄 끝에 목비처럼, 심한 삶의 갈증에 만난 생명의 오아시스처럼, 삶을 더욱 의미 있게 가꾸기 위한 발판으로 삼으려 한다.

　끝으로 지금까지 배전의 노력을 아끼지 않고 격려해 주신 류칠노 교수님과 이기호 군, 출판사 한국학술정보 채종준 사장님과 박주선 선생님 등 출판사 여러 관계자들께 진심으로 감사를 드린다. 그리고 어려운 여건 속에서 항상 불평 없이 충실한 내조를 해준 집사람 성인옥 여사에게 이 작은 선물로 대신한다. 열심히 노력을 했는데도 불구하고 여러 가지 미숙한 점에 대해서는 동학 여러분과 후학 여러분의 훌륭한 질책을 기대한다.

2007년 11월

변원종

· 저자 ·

변원종 **·약 력·**
(卞源宗)
한남대학교 철학과 졸업
한남대학교 대학원 동양철학과 철학박사

한남대학교 시간강사
청주대학교 시간강사
한국방송대학교 인천지역학습관 상담원
한남대학교 인문과학연구소 전임연구원
한남대학교 철학과 강의 전담교수 (현재)

·주요논저·
「예악사상과 중화사상의 상관성에 대한 고찰」(2006)
「주자의 격물치지에 관한 연구」(2006)
「본말종시론과 수기를 통한 격치론」(2006)
「대전지역 유현의 예학사상에 대한 고찰」(2005)
「한유의 성도론에 관한 고찰」(2005)
『주자의 철학』공저(2002)
『중국과 한국의 철학적 사유전통』 공저(2004)
『가례원류』 번역(2007)
외 다수

● 주자학의 형성과 논변의 사유구조

· 초판 인쇄	2007년 11월 26일
· 초판 발행	2007년 11월 26일
· 지 은 이	변원종
· 펴 낸 이	채종준
· 펴 낸 곳	한국학술정보㈜
	경기도 파주시 교하읍 문발리 513-5
	파주출판문화정보산업단지
	전화 031) 908-3181(대표) · 팩스 031) 908-3160
	홈페이지 http://www.kstudy.com
	e-mail(출판사업부) publish@kstudy.com
· 등 록	제일산-115호(2000. 6. 19)
· 가 격	33,000원

ISBN 978-89-534-7827-5 93150 (Paper Book)
      978-89-534-7828-2 98150 (e-Book)